법적 이슈, 실천기술, 권익옹호

이민자와 난민을 위한 사회복지

Fernando Chang-Muy · Elaine P. Congress 편저
김욱 · 최명민 · 강선경 · 신혜종 · 김기덕 · 강상경 공역

Social Work with Immigrants and Refugees:
Legal Issues, Clinical Skills, and Advocacy

학지사

역자 서문

이민자, 난민과 함께하는 사회복지 실천의 첫걸음은 그들과 관련된 법적 이슈, 실천기술, 권익옹호 그리고 그러한 법적 및 실천적 이슈와 그들의 주거, 고용, 건강, 교육, 기타 삶의 다양한 측면이 어떻게 연관될 수 있는지를 이해하는 것이다. 이 책은 『*Social Work with Immigrants and Refugees: Legal Issues, Clinical Skills, and Advocacy*』(2009)를 완역한 것이다. 이 책은 이민자, 난민과 함께 일하는 데 필요한 법적·실천적 이슈들을 광범위하게 다루고, 이주사의 역사적 배경과 정치, 경제, 사회, 문화적 맥락 및 최근 동향 그리고 이민자, 난민과 일하는 데 적용 가능한 이론, 정책 및 옹호 방법, 문화적 유능감 등과 관련된 내용을 담고 있다.

오랜 기간 이민자, 난민과 관련된 다양한 이슈를 경험하고 대처해 온 미국과 마찬가지로 우리나라도 오늘날에는 결혼 이민자, 이주 노동자 등 이민자가 점차 증가하고 있고, 아직은 우리에게 생경한 영역이지만 난민도 생겨나고 있다. 이민자의 증가는 사회인구 구성의 변화와 함께 다양한 이슈를 유발할 수 있기 때문에 이러한 상황에 보다 적극적이고 능동적으로 대처해야 할 필요성 또한 늘고 있다. 이에 대응하는 방법으로 이 책은 법적 이슈, 실천기술 그리고 권익옹호의 중요성을 부각하고 있다. 역자들은 증가하는 이민자, 난민과 일하는 것과 관련된 이러한 법적 이슈들과 실천방법들을 소개하는 내용의 전문서적이 사회복지학계는 물론 관련 학계에도 부족하다는 것을 실감하였다.

이에 점차 관심이 증가하는 이 분야의 법적·실천적 이슈를 종합적으로 다룬 이 책을 번역함으로써 사회복지 정책 및 실천 전문가, 연구자, 학생뿐만 아니라 관련 학계나 실무자들이 이민자, 난민과 함께 일하는 데 필요한 문화적 민감성을 증진시키고, 효과적으로 일할 수 있도록 돕고자 하였다. 이 책은 이민자, 난민과 함께 일하는 데서의 학술적 논의와 더불어 실천적 과제들을 집중적으로 다루고 있다. 특히 실천현장에서 어떻게 적용될 수 있을지를 풍부한 사례를 통해 보여 주고 있다. 역자들은 이 책의 주된 배경인 북미권과 환경은 다를지라도 우리나라에서 이민자, 난민과 함께 일하는 데 향후 어떠한 방향 설정이 필요하며, 구체적으로 어떻게 접근해야 하는지에 대한 단초를 이 책이 상당 부분 제공해 줄 수 있을 것으로 믿는다.

이 책은 6명의 역자가 각각 3개 장 정도를 맡아 번역하였다. 1, 2장은 김기덕 교수가, 3, 9장, 에필로그는 최명민 교수가, 4, 5, 14장(전반부)은 강상경 교수가, 6, 7, 8장은 강선경 교수가, 10, 11장, 색인은 신혜종 교수가, 서문, 12, 13, 14장(후반부)은 김욱 교수가 번역하였다. 역자들이 이민자 및 난민과 관련된 이슈에 관심을 가져 오다가 이 책의 가치를 알아보고 의기투합하여 뜻을 모아 번역에 참여했지만 방대한 내용을 충분히 이해하고 한국어로 번역하기가 쉽지는 않았다. 6명의 역자가 교차 검독을 하였음에도 오역이 있거나 저자의 뜻을 제대로 전달하지 못한 부분이 있다면 이는 전적으로 역자들의 역량 부족으로, 향후 성실하게 보완해 나갈 것을 약속드린다.

또한 이 책의 원서가 다수의 저자에 의해 다른 문체로 기술된 측면이 있고, 번역 또한 여러 사람이 함께하다 보니 용어를 통일하기 위한 노력을 기울였음에도 한계가 있음을 고백하지 않을 수 없다. 뿐만 아니라 원서는 북미권 저자들의 경험과 환경을 토대로 저술되었으므로, 우리나라의 실정과 다소 맞지 않는 내용도 있을 수 있다. 이러한 부분을 어떻게 이해하고, 우리 사회에서 어떻게 적용할지를 고민하는 것은 우리의 몫으로 남아 있다.

끝으로 이 책을 번역할 기회를 마련해 주시고, 진척 없는 지루한 번역 과정을 지지하면서 기다려 주신 학지사 김진환 사장님과 한승희 부장님 그리고 편집부 박나리 선생님께 감사드린다. 그리고 이 책의 번역을 허가해 주시고 한국어판 서문을 써 주신 포드햄 대학교의 Congress 교수님을 비롯한 원저자 분들과 Springer 출판사에 감사드린다.

2015년 4월
역자 일동

나는 한국어로 번역된 이 책『이민자와 난민을 위한 사회복지: 법적 이슈, 실천기술, 권익옹호』의 서문을 쓸 수 있게 되어 매우 기쁘게 생각합니다. 이 책의 공동편집장 역할을 맡은 Fernando Chang-Muy와 나는 이민자와 난민을 위해 문화적으로 유능한 사회복지 실천을 하는 데서의 주요 이슈들을 이 책에서 다루어 보고자 하였습니다. 이 책의 목적은 다양한 대상과 함께 일하는 사회복지사 및 관계자가 지식과 기술을 증진할 수 있도록 도움을 제공하는 데 있습니다.

미국과 한국에서 이민자와 난민의 수는 지속적으로 증가하고 있습니다. 미국과 한국을 포함한 모든 국가에는 이민자와 난민을 위한 국가 차원의 법이 마련되어 있습니다. 한국의 일부 합법적 이주자는 임시 노동자로 오는 경우가 있고, 결혼에 의해서 오는 경우도 있습니다. 미국과 한국 모두 매년 일정 수의 난민을 받아들이고 있으며, 불법적·비정규적인 이민자의 숫자가 증가하고 있습니다. 한국의 경우 대부분의 이민자는 인근 국가인 중국, 베트남, 몽골, 필리핀, 방글라데시 등 아시아 국가로부터 오고, 미국의 경우 역시 인근 국가인 멕시코, 캐리비안 그리고 중남미 국가로부터 오고 있습니다.

이민자와 난민에게 영향을 미치는 복잡한 법과 규정을 이해하는 것은 사회복지사에게 매우 중요합니다. 이러한 지식을 쌓는 것은 단지 사회복지사로서의 첫걸음에 불과하며, 사회복지사는 자신의 국가에 있는 이민자들의 권리와 복지를 증진시키기 위하여 반드시 옹호 기술을 배우고 사용해야 합니다.

법적 이슈 및 옹호 기술과 더불어 건강, 정신건강, 고용과 형사사법제도 등 다양한 관점에서 이민자와 난민의 이슈를 살펴보았습니다. 또한 아동, 노인, 여성, LGBT 등과 같은 특정 그룹의 이민자와 난민에 대해서도 관심을 두고 살펴보았습니다. 이 책에 담긴 내용이 지속적으로 증가하는 이민자, 난민과 함께 일하고 있는 한국의 사회복지사 및 관계자들에게 도움이 되기를 희망합니다.

마지막으로, 한국의 사회복지 관계자들을 위해 이 책을 번역해 주신 경기대학교 김욱 박사와 동료 교수님들에게 이 자리를 빌려 감사의 마음을 전하고 싶습니다. 20여 년 전 내가 디렉터로 일하던 포드햄 대학교 사회복지대학원에서 박사과정 중이던 김욱 박사를 처음 만났습니다. 나는 그가 사회복지교육에 기여하는 학자와 연구자로서 발전하는 과정을 지켜보는 즐거움을 누리고 있고, 그가 한국의 사회복지 관계자들을 위해 동료들과 함께 이 책을 번역하고 소개하는 것을 매우 감사하게 생각합니다.

이 책의 정보와 사례가 이민자, 난민과 함께 일할 때 필요한 지식과 기술을 증진하는 데 도움이 되기를 바랍니다. 이 책에 대한 질문이나 제안이 있으시다면, congress@fordham.edu로 문의해 주시기를 바랍니다. 감사합니다.

Elaine Congress, MSSW, DSW
Associate Dean and Professor
Fordham University Graduate School of Social Service
113 West 60th Street
New York, NY 10023

추천사 1

Elaine Congress 박사와 Fernando Chang-Muy 선생이 엮은 이 책은 이민자와 난민에 대한 사회복지 서비스에 매우 중요한 자료다. 이 책은 신규 입국자를 위한 폭넓은 사회복지활동, 이민자 수용에 대한 사법체계의 영향, 이민자들에 대한 연방·주·지방정부 차원의 혜택과 제한, 신규 이민자를 위한 옹호 활동의 중요성 등을 역설한 점에서 기존의 책들과는 차별된다.

의료, 정신보건, 교육, 취업, 특정 인구집단, 문화적 역량 등의 주제에서 법적인 이슈와 옹호를 통합하고 실천 이론을 제공함으로써 이 책의 넓이와 깊이를 확장하였다. 책 제목 『이민자와 난민을 위한 사회복지: 법적 이슈, 실천기술, 권익옹호』는 책의 내용을 집약적으로 드러내며, 책에서 제시하고 있는 훌륭한 사례와, 사례의 내용 및 개념의 관계를 살펴보도록 해 주는 질문을 통하여 지식이 실천에 적용되는 과정을 잘 보여 준다. 이 책의 편자와 저자는 이민 분야의 전문성이 있는 법률가, 사회복지사, 임상가, 행정가, 교수들이다. 따라서 이 책에는 이민 법률과 정책, 이민자와 난민자에 대한 서비스, 이민 경험의 본질에 관한 관점이 다학문적으로 분석되어 있다.

한편, 이 책에는 미국 입국, 예외와 추방, 시민권 취득방법 등의 법적인 근거에 관한 논의와 함께 청소년 이민자와 폭력 피해 여성의 특수 상황까지 고려하는 실천을 위한 중요한 지식이 제시되어 있다. 이민 변호사와 서비스 제공 기관의 협력이 요구되는 원조를 위한 계획에서는 법적 이슈와 실천현장의 상황을 잘 연결해서 보여 주고 있는데, 망명 신청이나 폭력 피해 증거확보를 위한 정보수집과 관련된 공조의 결과로 한 개인의 이민지위를 합법적인 영주권자로 바꾸어 준 것이 그 예다. 법에 대한 분석은 사회복지사들로 하여금 법적 구조가 이민자들이 주류 지역사회에 사회적으로나 경제적으로 통합되는 것을 지지 또는 방해하는 정책과 규정에 어떻게 영향을 미치는지를 쉽게 이해하도록 도와준다. 각 장에 법적 혹은 정책적 상황을 제시해 놓았으므로 독자들은 이민자들이 경험하는 포용과 배제의 정도에 대해서 쉽게 파악할 수 있을 것이다.

역사를 통해 볼 수 있는 신규 입국자들에 대한 포용과 배제 사이의 진자 운동은 이민자들에 대한 미국의 모호성을 잘 드러내고 있다. 이 책에서는 이민자들을 위한 서비스의 장애, 권리와 인권의 침해(특히 불법 거주자들에 대한), 반이민자 정서 등의 주제를 통하여 현재 우리 사회가 이민자들에 대한 제약의 확대와 배제를 향하여 이동하고 있음을 보여 준다. 옹호에 관한 부분은 위에서 제시한 문제를 다루는 데 필요한 정책 수정을 위한 기술과 전략에 대한 지식을 제공한다. 이민자 개인, 가족, 지역사회를 위한 옹호는 이민사회에서 자주 발생하는 부모의 추방으로 인한 가족 해체, 노동력 착취, 주거지 침해, 차별 등을 다루는 데 중요한 정보를 제공한다. 연방정부 차원의 프로그램에 참여할 수 있는 권리와 수혜 자격에 관한 정보도 사회복지사의 효과적인 실천을 위한 옹호와 관련된 논의에 잘 맞춰져 있다.

매우 적절한 시기에 출간된 이 책은 이민자와 난민 집단을 위한 사회복지실천의 개요서로, 임상실천의 맥락에서 신규 입국자의 삶에 지대한 영향을 미치는 법적 이슈를 강조하고 있다. 이 책은 이민자들의 권리와 서비스 수혜를 제한하는 사회적 · 경제적 · 정치적 시기에 이민자와 난민을 위한 옹호를 강조함으로써 사회복지사와 클라이언트에게 큰 기여를 할 것이다. 또한 사회복지나 법 분야의 실천가, 교수 및 대학원생들에게 매우 유용한 정보를 제공할 것이므로, 이 책을 이민자, 난민을 위한 서비스 기관의 참고서로 혹은 사회복지 실천가들을 위한 교육훈련자료로 활용해도 좋을 것이다.

Diane Drachman 박사
코네티컷 대학교 사회복지대학 부교수

사회복지사들은 미국의 가족을 강화하는 데 매우 중요한 역할을 하고 있다. 그들은 클라이언트를 위해 직장과 집을 찾아 주고 그들의 자녀를 위한 교육을 확보하는 전쟁의 최전선에 있다. 또한 사회복지사들은 사람들이 사회보장, 세금, 공립학교 등록, 의료 및 보건, 심지어 운전면허 신청과 혼인신고 등에 관한 복잡한 법과 규정을 잘 헤쳐 나갈 수 있도록 도와준다.

미국의 얼굴은 변화하고 있지만 미국에서의 꿈은 변하지 않는다. 사회복지사들은 이민사회가 다른 모든 미국인과 같은 목적을 위해 노력하고 있지만 그들만의 특별한 경험과 도전에 처해 있다는 사실을 이해해야 한다. 이 책은 이민사회의 강점과 도전에 대한 사회복지사들의 인식을 고취함으로써 그들이 최고의 전문가적 수준을 유지하는 데 도움을 줄 것이다.

물론 이민사회의 필요가 미국 태생 시민들의 필요와 매우 유사한 점이 있기는 하지만, 이민자들만이 접하게 되는 특별한 도전도 꽤 많다. 먼저, 이민의 배경과 이민자의 합법화 과정을 이해하는 것은 매우 중요하다. 현재 미국은 가족의 결합과 이민가족의 미국생활 통합을 효과적으로 이루지 못하게 하는 체계를 갖고 있다. 그 결과 이민 1세 혹은 2세 가족들은 미국에서 성공하기 위해 여러 가지 사회적·심리적 도전을 이겨 내야 한다. 이 책의 1장과 2장에서 그러한 도전에 대해 다루고 있다.

8장에서는 신규 이민자들이 당면하게 되는 취업 관련 이슈를 제시하고 있다. 이는 많은 이민자가 직장과 합법적인 지위를 얻기 위해 도움이 필요한 만큼 매우 복잡한 이슈다. 이민자들은 두세 개의 일자리를 가져야 하는 비숙련공부터 고차원의 기술자나 의료 전문인까지 광범위한 직업군에 걸쳐 있다. 각 개인은 우리 경제에 매우 중요한 인력으로 각자의 역할을 해내지만 서로 전혀 다른 어려움에 처해 있을 수 있다.

범죄 경력이 있는 신규 입국자들의 경우는 또 다른 이야기다. 7장에서는 사회복지사들에게 범죄와 이민법이 교차하는 특별 영역에 대한 개요를 제공하고 있다.

많은 불법 이민자와 난민에게는 미국에 입국하기까지의 과정에서 겪는 일상적인 급습, 발각과 추방의 두려움, 작업장에서의 학대와 보호장치의 부재, 신체 부상부터 성폭력까지 광범위한 부정적 경험으로 얻은 정신적·신체적 상처가 있다. 의료와 정신건강 이슈에 관한 장에서 이민자가 당면하게 되는 다양한 이슈에 대한 의식을 제고할 수 있을 것이다.

많은 이민자가 가족과 함께 도착하거나 도착한 이후 가족을 형성한다. 한 가족 안에서도 매우 다양한 이민자 지위가 존재할 수 있고, 이는 교육, 의료서비스, 직장 등에 대한 접근에 영향을 줄 수 있다. 3장에서는 가족 관련 이슈를 다루는데, 자녀와 교육, 여성, 노인, 레즈비언과 게이들에 관한 독립된 장에서 이들이 경험하는 도전에 대한 정보를 제공한다.

마지막으로 이 책은 논의의 초점을 개인 서비스로부터 체계 변화로 옮겨 간다. 이민자 옹호기관인 전미이민포럼의 전 대표이자 또 다른 이민자 옹호기관인 미국의 소리 현 대표로서, 이민자들에 대한 공정하고 공평한 대우의 옹호를 위해 클라이언트의 역량 강화와 연방, 주, 지방 비영리단체들의 협력의 중요성은 강조할 만하다. 이 책의 마지막 장에서는 사회복지사들이 이민자 가족과 지역사회에 수혜적 영향을 미칠 정책의 변화를 만들어 내기 위해서 직접적 임상 서비스를 제공하는 것뿐만 아니라 교육부터 로비까지 다양한 활동에 참여하는 것의 중요성을 제시하고 있다.

이민사회의 역량 강화와 서비스 제공을 원하는 사회복지학과 학생, 교수, 사회복지사들에게 뜨거운 박수를 보낸다. 이 책은 이민자들이 경험하는 많은 이슈에 대한 의식을 고취하고 그러한 문제의 해결책을 찾는 데 도움을 주는 매우 유용한 도구가 될 것이다. 무엇보다도 식민지 시대부터 지금까지 미국의 강력한 구조를 만들어 내는 데 일조한 미국의 이민자들에게 가장 큰 박수를 보내고 싶다.

Frank Sharry
미국의 소리 대표

편저자
서문

 이 책은 300여 년 전 유럽인들이 이 땅에 처음 도착한 때부터 제기된 질문인 '이방인들을 어떻게 환영할 것인가?'에 대한 대답을 시도하고 있다. 미국의 원주민들이 첫 번째 사회복지사일 수 있다는 주장도 제기될 만하다. 그들은 새로운 이주민들의 역량을 평가했고(원주민들은 순례자들의 강한 노동 윤리를 지지했으며, 이는 그들의 생존에 도움이 되었다), 약점을 명확하게 밝혔으며(원주민들은 지형을 잘 알지 못하는 이주민들이 어디에서 어떻게 농사를 지을 수 있는지에 대한 지침을 제공하였다), 그들이 통합할 수 있는(원주민들의 지원은 이주민들이 후에 미합중국으로 통합하는 데 지속적인 도움이 되었다) 능력을 고양시켰다.

 300년이 흐른 19세기 후반, 새로운 이주민들이 계속해서 미국에 도착할 즈음 Jane Addams는 이 이방인들을 환영했다. 근대 사회복지의 개척자 가운데 한 사람인 Addams는 오늘날 기준에서 보면 다양한 직접 서비스를 제공하는 기관인 인보관을 설립하였다. 인보관은 이민자의 대부분인 저임금 계층의 기본 욕구를 지원하고자 하는 목적으로 만들어졌다.

 시카고 서쪽 지역에 Addams가 설립한 인보관인 헐 하우스(Hull House)는 유럽 이민자들에게 가정과도 같은 곳이었다. 중부, 남부 그리고 동부 유럽인들로 이루어진 지역사회는 이전에 도착한 사람들과 마찬가지로 많은 욕구와 아울러 장점을 갖고 있었으며, 헐 하우스는 이러한 점들을 잘 활용하여 대처하고자 하였다. 헐 하우스의 구성원들이 시작한 프로젝트 가운데 하나인 이민자보호연맹(Immigrants' Protective League: IPL)은 이민자들에게 직접적인 서비스를 제공하고 이민자들을 대하는 방식의 체계적인 변화를 요구하였다. 이민자보호연맹은 이민자들이 미국에서의 삶에 적응할 수 있도록 직접적인 서비스를 제공하였다. 기차역에 대기방을 설치하고 여러 언어를 할 수 있는 남녀를 배치하여 미국에 막 도착한 이민자들이 친척이나 친구를 찾을 수 있게 하는 등의 도움을 주었다. 이민자보호연맹은 직접적 서비스에서 체계적 변화로 전략을 확대해 나갔으며, 이민자들에게 서비스를 제공하고 있다고 주장하면서 실상은 이들을 착취하고 있던 고용기관이나 대부업체와 같은 조직들을 조사하는 작업을 수행하였다. 이 책은 본질적으로 이주민들에게 경의를 표하고 있다. 그들이 도착하면서 인보관이 설립되어 이후 사회복지기관으로 변화하였으며 결과적으로 모든 사회복지 영역의 토대가 되었다. 사회복지 교사, 학생, 실천가는 모두 이주민들에게 감사해야 할 것이다!

이방인을 환영한다는 맥락에서—순례자들의 도착에서 인보관의 설립을 거쳐 오늘날까지—이 책은 우리가 어떻게 새로운 도착자들을 계속해서 도울 수 있을지를 탐색한다. 오늘날의 이주민들이 가진 장점과 더불어 그들이 직면하고 있는 도전에 대한 인식을 체계적인 방식으로 제고하고, 서비스 제공자와 기관들로 하여금 더욱 효과적인 방식으로 이주민 지역사회에 서비스를 제공하고 대변할 수 있도록 한다.

이 책의 두 편저자 모두 이민의 배경이 있으며, 그러한 연고로 이민자들의 문제에 관심을 가지게 되었다.

Fernando는 자신의 부모님이 미국 플로리다 남부에 도착한 1960년대에는 공식적인 사회복지 서비스 기관이 없었다—적어도 그들이 아는 한 하나도 없었다—고 회고하였다. 시카고 인보관은 마이애미에서 성공하지 못했던 것이다. 혹은 인보관이 설립되어 있다 하더라도 이중국적이나 이중문화에 익숙한 직원을 고용하여 적절한 홍보를 한다든지 혹은 공공마케팅을 통한다든지 해서 문화적으로 확실하게 접근할 수 있도록 만들지는 않았었다. 오늘날 많은 이주민의 자녀가 여전히 부모의 문화적 중개인으로 활동하고 있는 것처럼, 소수민족의 어린이였던 그가 자기 가족의 통역자이자 번역자였고 사회복지사였던 것이다.

Elaine은 그녀의 친할아버지가 미국에 도착했을 때 그가 17세였다고 기억한다. 도착했을 당시 그는 어떠한 직업이나 연고도 없었으며 오직 약간의 교육밖에 받지 못한 실정이었다. 그는 12세에 학교를 떠나 독일 농장에서 대장간 견습생이 되었다. 그녀는 언제나 이민자들의 지모와 노력에 놀라움을 금치 못했다. 어떻게 영어 한마디 못하는 십 대의 소년이 혼자서 대서양을 건너 미국에 도착해 철도 노동직을 구하고 야간학교에서 영어를 배워 여섯 명의 자식을 키웠으며 가장 어린 자녀인 그녀의 아버지를 대학에 진학시켰는지 궁금해하였다.

이 책을 제안하는 목적은 이주민들은 지속적으로—노동자로서, 부모로서, 가족으로서, 문화의 창조자와 수용자로서, 판매자와 구매자로서, 경제 기여자로서—스스로의 강점을 활용한다는 확신하에 사회복지사와 기관들이 자신의 서비스가 적절하고 접근성이 있다는 믿음을 가질 수 있도록 지원하는 것이다. 이민자들의 인구학적 특성은 시간에 따라 변화하고 있지만(1800년대의 유럽인에서 오늘날은 남미인, 아시아인, 아프리카인), 그들이 가진 장점과 자산, 그들이 직면하는 도전은 변함이 없다.

이 책은 100여 년 전에도 그러했던 것처럼 오늘날에도 적절하다. 아마 100년 후의 미래에도 그럴 것이다. 특히 9·11 이후 반테러리스트 관점에서 불법 이민자들이 근본적으로 공격을 받고 있는 오늘날에는 이 책이 더욱 중요할 것이다.

책의 구조와 내용

이 책의 1부인 '개관'은 우리에게 미국 이민의 뿌리를 일깨워 준다. 먼저 1장에서 새로운 이민자들의 인구학적 변화를 탐색한다. 그런 다음 이민자의 법적 분류를 다룬다. 2장에서는 사회복지사가 효과적인 서비스를 제공하고 법률체계와 협력하여 활동하기 위해 익숙해질 필요가 있는 법적 용어를 분석한다. 특히 사회복지사들이 비이민자(nonimmigrant), 이민자(immigrant), 영주권자(green-card holder), 시민(citizen) 등과 같은 용어의 법적 의미를 더 잘 이해할 수 있도록 돕고자 한다.

이 책의 2부인 '이민과 사회복지실천'은 먼저 문화적 역량이론(3장)과 사회복지실천(4장)의 탐색으로 시작한다. 이 장들은 독자들로 하여금 자신의 서비스 제공 전략(예를 들어, 자산 근거, 가족중심, 다양한 모델의 결합 등)을 돌아볼 수 있도록 할 것이다. 이 장을 통해 독자들이 자신의 고유한 이론적 혹은 개인적 편견을 분명히 인식하고, 이민자들과 일하는 데 활용할 수 있는 다양한 방법을 제공받기를 바란다.

다음으로 이 책은 새로운 이민자들이 직면할 수 있는 특수한 사회적 쟁점 및 도전과 아울러 이들을 돕기 위해 사회복지사가 사용할 수 있는 법적 혹은 여타의 처방을 다룬다. 특히 이주와 건강(5장), 정신건강(6장), 교정(7장), 고용(8장) 등을 다룰 것이다. 이 장들에서는 이주 노동자에 대한 착취(와 적절한 법적 조치), 건강 및 공적 서비스에 대한 접근, 난민과 피난민이 직면하는 삼중의 정신적 외상, 범죄 희생자인 이주민의 문제, 범죄의 유죄 판결로 인한 이민 관련 결과 등과 같은 이민사회에 대한 특정한 관심과 연관된 쟁점 등이 다루어질 것이다.

3부 '아동과 가족 이슈'에서는 비록 내재적으로 강하지만 미국 내에서 이민자의 지위로 인해 취약해진 가족 집단을 다룬다. 9장에서는 아이들의 공립학교 입학이나 언어문제와 같이 이민자 가족이 직면하는 도전들에 대해 알아본다. 10장에서는 독자적이든지 혹은 배우자에 의존하든지 간에 가정폭력이나 인신매매와 같은 범죄에 취약한 이민자 여성들이 직면하는 특수한 어려움을 다룬다. 11장에서는 차별적인 이민법으로 인해 자신의 동성애 혹은 양성애, 성전환자 배우자들과 분리됨으로써 미국 시민권자들이 부딪히는 가족 분리 쟁점을 기술한다. 마지막으로 12장에서는 귀화를 희망하는 노인들이 직면하는 법적 문제와 더불어 노인 이민자가 직면하는 소외 및 서비스 접근과 관련된 쟁점을 다룬다.

책은 헐 하우스와 이민자보호연맹이 시작된 곳으로 되돌아와 끝난다. 앞서 언급한 것처럼 Addams의 인보관은 직접 서비스를 제공한 장소이자 동시에 다양한 법률에 대해 영향을 미치고자 노력한 곳이다. 인보관의 네트워크와 연합하여 개별 사회복지사와 사회복지기관은 이민법의 입법, 여성의 참정권, 실업 보상, 산업재해 보상, 그 외 20세기의 첫 번째 20년 동안의 진보적 어젠다와 관련된 쟁점에 대해 연방정부 수준에서 성공적인 옹호를 수행하였다.

이러한 정신을 이어받아, 이 책의 4부인 '이민 정책'에서는 실천가들이 전략을 확대하고 개별 클라이언트(미시적 수준)뿐 아니라 조직·기관 차원(중범위 수준)과 연방·주·지방정부 수준(거시적 수준)에서 옹호를 수행할 수 있도록 독려하고 있다. 13장에서는 이민자 지역사회가 활용할 수 있는 다양한 연방정부 프로그램을 살펴보고, 이러한 프로그램들이 필요한 서비스를 더욱더 접근 가능하게 할 방법에 대해 논의한다. 마지막 장에서는 실천가들로 하여금 기관을 통하거나 혹은 개인적 차원에서 클라이언트와 활동할 때 이들을 보다 공정하고, 정당하고, 평등하게 대우할 것을 옹호하도록 권고하고 있다.

이 책의 특징

이 책은 학생이나 교육자 그리고 실천가에게 특별히 유용한 몇 가지 특성이 있다. 대부분 장의 말미에 가상의 사례 연구(주로 사회복지 기관에서 이민자들과 일한 저자의 경험에 기초한)와 토론 문제를 제시하여 학생들이 이론을 실천에 적용할 수 있게 하였다. 이러한 사례들은 학생들이 이민자들과 일하는 것과 관련된 복잡한 쟁점을 분명히 하는 데 도움을 줄 것이다. 또한 각 장의 말미에는 웹사이트, 서적, 논문, 이민자 쟁점과 관련된 부가 정보원 등과 같은 추가 자료가 포함되어 있고 책의 부록에는 망명을 위한 신청서와 같이 실천가가 신규 이민 클라이언트와 일하는 데 범례가 될 수 있는 신청서의 예시가 포함되어 있다.

마지막으로 교육자들을 위해 제공된 강의계획서 예시와 파워포인트는 수업 시간 중의 토의를 활성화하는 데 도움이 될 것이다. 이 책을 교재로 채택한 사람들은 이러한 자료들을 이용할 수 있는데, 보다 많은 정보를 얻으려면 웹사이트 http://www.springerpub.com/prod.aspx?prod_id=33355를 방문하기 바란다.

우리는 이 책을 읽고 난 뒤 학생, 교수, 실천가 모두 신규 이민자들이 가진 자산과 그들이 직면하는 도전에 대해 이해하고 그들이 이러한 장애들을 헤쳐 나갈 수 있는 로드 맵에 대해 느낌을 갖게 되길 바라며, 궁극적으로 오래된 그리고 새로운 이민자들의 지역사회가 이민자의 이 땅을 이전보다 더욱 군건하게 함께 만들어 갈 수 있기를 희망한다.

Fernando Chang-Muy
Elaine Congress

감사의 글

우리는 먼저 이 책을 출간하는 데 도움을 준, 우리가 일하는 두 대학의 학생들에게 감사의 마음을 표하고 싶다. 그 가운데 Kate M. Abramson, Brandis Anderson, Brianna L. Almaguer, Raj Bhandari, Sara R. Folks, Kimberly M. Najito, Anastasia Shown, Kathleen A. Sweeney, Amanda W. Tuffli, Katherine Walker, John M. Wenger와 펜실베이니아 대학교의 Namhee Yun은 사회복지를 전공하는 학생들이다. 집필에 필요한 조사 작업을 도와준 Maya Tsekenis(MSW, Fordham University, 2008)와 색인 작업을 도와준 포드햄 대학교 학부생 Matt Macri에게도 사의를 표한다. 또한 제작·편집을 맡아 준 Julia Rosen에게도 감사를 드린다.

무엇보다 Springer 출판사의 수석 편집장 Jennifer Perillo가 없었다면 이 책은 결코 출간되지 못했을 것이다. 사실 이 책은 Jennifer의 탐구적이고 창의적인 생각 덕분에 세상의 빛을 볼 수 있었다. 이 책의 공동 편저자인 Fernando Chang-Muy가 사회복지 학술지와 이민 문제에 대해 인터뷰를 한 적이 있는데, 학습과 독서와 탐색이 일상인 Jennifer가 그에게 전화를 걸어 사회복지와 이민에 대한 책을 집필해 보지 않겠느냐고 제안한 것이다. 게다가 타고난 중개인이자 연결 전문가인 그녀는 이전에 Springer 출판사에서 『*Multicultural Perspective in Working Families*』를 출간한 Elain Congress 박사를 떠올렸고, 이 두 사람이 이 책을 공동으로 편저하게끔 하였다. 처음부터 Jennifer는 이민자를 대상으로 한 성공적인 사회복지 실천은 법적 맥락을 이해하는 것에 달려 있다는 것을 알고 있었다. 그러므로 가장 큰 감사는 Jennifer에게 해야 할 것이다. 그녀가 없었다면 이 책의 탄생은 가능하지 않았을 것이다. Jennifer의 노력은 이 책에 대한 아이디어를 개발하고 저자들을 모으는 것에 그치지 않았다. 이 책을 만들어 나가는 매 단계에서 보여 준 그녀의 통찰력과 지적이고 헌신적이며 열정적인 노력은 이 책을 완성할 수 있도록 우리를 이끌어 주었다. 이러한 노력으로 우리는 이 책이 이민자를 대상으로 한 사회복지 실천과 법적 실천의 분리할 수 없는 관계를 명확하게 보여 줄 것으로 믿는다.

저자 일동

차 례

3부 아동과 가족 이슈

개 관

Overview

서론: 이민자들과 관련된 법적, 사회복지적 쟁점

Elaine Congress

이민은 당대 미국에서만 일어나고 있는 현상은 아니다. 역사 기록이 시작된 이래 인간은 음식, 주거, 자유, 안전을 찾아 자주 이주를 해 왔다. UN(2006)은 2005년도를 기준으로 191,000,000명 정도의 국제적 이주가 이루어졌다고 추정하였다. 비록 이민을 재정적 의존자로 간주하는 일부 시각도 있지만, 이들은 자신들이 거주하는 국가에 연간 약 2조 달러의 경제적 기여를 하고 있는 것으로 추정된다(Grange, 2006).

지난 60여 년 동안 UN은 인권선언(1948년 채택)을 시작으로, 인종차별철폐협약(1965 채택), 경제적·사회적·문화적 권리에 관한 국제규약(1966), 시민적·정치적 권리에 관한 국제규약(1966), 여성차별철폐협약(1979), 고문 및 그 밖의 잔혹하고 비인도적인 또는 굴욕적인 대우나 처벌의 방지에 관한 협약(1984), 아동권리협약(1989)을 포함해 이민자의 권리를 지지하는 다수의 인권 조약을 개발하여 왔다. 또 다른 UN 협약인 이주 노동자 및 가족의 권리 보호를 위한 국제협약(1990) 역시 특별히 이민자의 인권과 연관되어 있다.

84개국의 전문 사회복지조직체로 구성되어 있고 약 500,000명의 사회복지사를 대표하는 국제사회복지연맹(International Federation of Social Workers: IFSW) 역시 이민자와 그 가족의 인권을 촉진하려는 목적의 이주에 관한 국제방침(International Policy on Migration)(2005)을 두고 있다. 이 방침은 이민자가 원주민과 동일한 권리를 가져야 함을 명백하게 천명하고 있다.

국제사회복지연맹은 사회복지사들이 초청국가의 시민들이 향유하는 것과 비교하여 이주민의 권리와 의무, 책임을 축소하는 기준을 설정하거나 이주민의 권리를 억압하는 법적 조치들의 철폐를 지지해야 한다고 믿는다(International Federation of Social Workers, 2005, p.3).

전미사회복지사협회(National Association of Social Workers: NASW) 또한 이민자들의 욕구를 강조하고 있다.

전미사회복지사협회는 국가의 안보를 보호하면서 형평과 인권을 확인하고 지지하는 이민과 난민 정책을 지지한다. 사회복지 전문직은 비록 대립되는 주장의 도전을 피할 수 없다는 것을 인식하고 있지만, 이민 정책은 사회정의를 촉진하고 인종주의와 차별 그리고 인종·종교·출신지역·성별 혹은 여타의 근거로 수행되는 자료수집(profiling)을 방지해야 한다고 생각한다. 전미사회복지사협회는 이민과 난민 정책이 가족과 아동에게 미치는 영향에 대해 특별한 관심이 있으며, 가족의 재결합을 격려하고 아동이 그 부모의 이주민 신분으로 인해 과도한 불이익 속에서 성장하지 않도록 하는 정책을 지지한다(National Association of Social Workers, 2006).

증가하는 이민자 집단의 욕구가 엄청나게 다양하다는 것을 고려한다면, 사회복지사가 이민자를 둘러싼 법적·정치적 쟁점뿐만 아니라 심리적·사회적 쟁점까지 이해하는 것은 필수적이다. 비록 이주가 국제적인 현상이기는 하지만 이 책의 초점은 미국에서의 이민, 특히 이민자들을 대상으로 활동하는 전문가들과 연관된 법적·정치적·실천적 쟁점들에 맞춰질 것이다. 이민자 및 그 가족과의 활동은 다양한 실천현장에서 점점 증가하고 있다.

이 장은 현재 미국으로 이주하는 이민 유형과 이민자 집단에 대한 간략한 소개로 시작하고, 이어서 이민을 유발하는 동인에 대해 논의할 것이다. 그런 다음 이민 유형에 대한 짧은 역사를 다루고 현행 정책과 정서를 논의할 것이다. 마지막으로 사회복지실천에 대한 함의를 고찰한다.

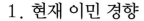

1. 현재 이민 경향

이 책에서는 주로 미국으로의 이민과 관련된 관심과 쟁점을 논의한다. 이민이 국제적 쟁점이라는 점에 주목하는 것도 중요하지만, 현재 미국으로의 이민이 가장 규모가 크다 (2005년 기준으로 미국에는 약 38,355,000명의 이민자가 거주하고 있다). 독일(10,144,000명), 우크라이나(6,833,000명), 프랑스(6,471,000명)와 같은 나라들 역시 수백만 명의 이주 자가 거주하고 있다. 아랍에미리트(71.4%), 쿠웨이트(62.1%)와 같은 중동 지역의 몇몇 국가는 인구의 절반 이상이 이민자라고 보고되고 있다(United Nations Department of Economics and Social Affairs, 2006).

1) 미국에서의 이민

미국 센서스(2003)에 따르면 현 인구 가운데 11.7%가 외국 태생이며, 이 이민자 가운 데 약 30%는 귀화한 시민이다(Passel, Capps, & Fix, 2004). 미국에 거주하는 사람 가운 데 외국 태생의 정확한 숫자는 33,500,000명이며, 이 가운데 1/3 이상(11,206,000명)이 1990년 이후에 이주한 이들이다(U.S. Census, 2003).

2) 주별 이주

미국 국토안보부(Department of Homeland Security)에 따르면 이민자가 가장 많은 6개 주는 캘리포니아, 뉴욕, 플로리다, 텍사스, 뉴저지, 일리노이스다. 당연히 대도시 지 역으로 많은 이민자가 모여들고 있다. 예를 들어, 뉴욕 시의 경우 인구의 35.9%가 외국 태생이다(New York City Office of City Planning, Population Division, 2004).

〈표 1-1〉은 대도시 지역의 법적 영주권자 비율이 가장 높다는 사실을 보여 준다. 대도 시 지역에 많은 이민자가 거주하고 있기는 하지만 도시, 교외, 농촌 지역 등 미국 전 지역 에 걸쳐 이민자가 증가하고 있다. 예를 들어, 라오스 출신 몽(Hmong)족의 상당수는 미네 소타 주의 세인트폴에 거주하고 있는 반면, 콜로라도 주의 덴버와 같은 지역의 경우 인구 의 23%가 스페인계 주민이다(American Community Survey, 2006).

표 1-1

핵심거주지역별(CORE-BASED STATISTICAL AREA(CBSA) OF RESIDENCE) 법적 영주 자격을 획득한 사람: 회계연도 1998~2007 (2007 지령변호판 인식 시스템에 의한 순위)

지역	1998	1999	2000	2001	2002	2003	2004	2005	2006	2007
뉴욕-노던뉴저지-롱아일랜드, 펜실베이니아, 뉴욕 주-뉴저지 주-펜실베이니아 주	120,975	120,533	132,382	157,419	154,420	117,484	138,577	172,844	224,439	175,753
로스앤젤레스-롱비치-샌타애나, 캘리포니아 주	74,422	71,420	92,773	121,860	133,404	79,588	110,824	98,241	120,881	95,413
마이애미-포트로더데일-폼파노비치, 플로리다 주	43,992	43,124	67,835	74,037	62,509	36,594	49,816	79,558	98,918	78,172
워싱턴-알링턴-알렉산드리아-룩빌, 컬럼비아 특별구-버지니아 주-메릴랜드 주-웨스트버지니아 주	25,557	24,643	29,995	39,546	38,253	29,643	32,275	37,146	54,549	40,698
시카고-네이퍼빌-졸리엣, 일리노이 주-인디애나 주-위스콘신 주	31,627	35,099	34,199	45,916	44,652	30,555	43,846	49,015	49,748	39,504
샌프란시스코-오클랜드-프리몬트, 캘리포니아 주	27,723	23,032	32,233	39,313	36,344	26,228	37,232	33,876	38,348	35,652
휴스턴-슈거랜드-베이타운, 텍사스 주	13,801	15,897	19,079	27,901	29,680	16,133	34,996	34,788	31,557	26,850
보스턴-케임브리지-퀸시, 매사추세츠 주-뉴햄프셔 주	11,407	11,441	19,260	23,748	25,533	16,555	22,712	27,135	28,469	24,679
댈러스-포트워스-알링턴, 텍사스 주	12,911	13,795	19,642	24,655	23,836	15,553	25,235	28,961	26,639	23,272
애틀랜타-샌디스프링스-매리에타, 조지아 주	7,612	7,253	11,660	15,436	16,600	8,506	12,970	25,347	25,270	22,056

(계속)

지역										
새너제이-서니베일-산타클래라, 캘리포니아 주	13,163	11,374	19,085	29,354	28,067	13,420	21,210	19,557	18,258	19,255
필라델피아-캠던-윌밍턴, 펜실베이니아 주-뉴저지 주-델라웨어 주-메릴랜드 주	9,982	10,302	13,841	16,154	14,734	11,285	14,699	22,675	20,754	18,455
샌디에이고-칼즈배드-샌마르코스, 캘리포니아 주	9,827	10,680	15,009	22,211	22,365	12,781	20,031	19,299	17,271	18,296
시애틀-타코마-벨뷰, 워싱턴 주	10,488	8,268	11,953	15,660	17,211	12,647	13,826	18,940	17,095	16,862
리버사이드-샌버나디노-온타리오, 캘리포니아 주	9,584	9,592	13,189	18,362	19,705	10,711	17,473	15,523	19,467	16,779
올랜도-키시미, 플로리다 주	3,770	3,409	7,281	7,235	5,726	4,109	6,018	10,428	17,409	14,618
디트로이트-워런-리보니아, 미시간 주	9,830	9,635	11,559	14,681	14,282	9,181	12,665	15,862	14,040	12,875
피닉스-메사-스코츠데일, 애리조나 주	3,266	4,714	7,620	11,836	12,553	7,464	12,678	13,394	15,219	11,943
미니애폴리스-세인트폴-블루밍턴, 미네소타 주-위스콘신 주	5,700	4,969	7,016	9,203	11,416	7,113	10,139	12,921	15,828	11,879
탬파-세인트피터즈버그-클리어워터, 플로리다 주	4,145	3,497	6,276	8,507	8,501	4,064	7,238	11,841	13,543	10,730
라스베이거스-파라다이스, 네바다 주	3,970	6,435	5,371	7,507	7,530	4,966	7,010	7,826	12,705	10,373
새크라멘토-아덴-아케이드-로즈빌-우드랜드, 캘리포니아 주	4,997	4,963	7,969	11,868	10,983	6,574	9,132	12,368	12,767	9,764
덴버-오로라, 콜로라도 주	4,181	4,510	5,239	8,018	8,031	7,068	7,311	7,807	8,401	7,384
볼티모어-타우슨, 메릴랜드 주	3,921	3,876	4,523	5,610	6,612	4,974	5,852	6,959	8,621	6,898
포틀랜드-베루커-비버턴, 오리건 주-워싱턴 주	4,747	3,964	6,838	8,915	10,683	6,007	7,338	8,924	8,201	6,885
호놀룰루, 하와이 주	4,205	3,276	4,719	4,843	4,202	3,733	4,909	4,956	5,728	5,507

(계속)

지역	1998	1999	2000	2001	2002	2003	2004	2005	2006	2007
브리지포트-스탬퍼드-노워크, 코네티컷 주	3,076	3,126	4,268	4,681	4,198	3,038	4,737	6,192	7,662	5,154
콜럼버스, 오하이오 주	1,642	1,222	1,946	3,958	3,562	3,179	3,703	5,037	5,568	4,768
오스틴-라운드록, 텍사스 주	2,089	2,416	3,120	4,458	5,601	3,425	4,273	5,415	4,973	4,551
프로비던스-뉴베드퍼드-폴리버, 로드아일랜드 주-매사추세츠 주	2,509	2,549	3,250	3,657	3,998	3,094	4,637	4,976	5,936	4,426
내슈빌-데이비슨-머프리즈버러-프랭클린, 테네시 주	1,196	1,068	2,144	2,502	2,433	1,511	2,415	3,997	4,939	4,227
샌안토니오, 텍사스 주	2,657	2,736	2,958	3,942	4,929	3,322	3,680	4,582	4,345	4,142
프레즈노, 캘리포니아 주	4,111	3,136	4,311	4,148	5,211	3,562	4,873	3,969	4,772	4,124
샬럿-개스토니아-콩코드-록힐, 노스캐롤라이나 주-사우스캐롤라이나 주	1,535	1,291	2,214	3,188	3,198	2,309	2,744	4,312	4,851	4,103
엘파소, 텍사스 주	3,358	3,556	4,109	6,297	4,057	2,490	4,157	3,736	4,295	4,004
하트퍼드-웨스트하트퍼드-이스트하트퍼드, 코네티컷 주	2,540	2,605	3,712	3,942	3,730	2,868	4,080	4,730	5,498	3,901
옥스나드-사우전드오크스-벤투라, 캘리포니아 주	3,118	3,242	3,863	5,241	4,870	2,967	4,520	3,621	4,093	3,818
잭슨빌, 플로리다 주	1,075	1,271	2,388	2,645	3,462	1,812	2,841	4,464	3,877	3,657
세인트루이스, 미주리 주-일리노이 주	2,006	2,481	3,352	4,933	5,600	3,618	4,197	5,830	3,793	3,618
스톡턴, 캘리포니아 주	1,890	2,263	2,790	3,235	2,877	2,161	3,448	3,327	4,299	3,551
롤리-캐리, 노스캐롤라이나 주	1,389	1,165	1,810	3,006	2,487	1,935	2,621	3,634	3,910	3,435
캔자스시티, 미주리 주-캔자스 주	1,813	1,979	2,829	3,052	3,519	3,122	3,492	3,640	3,552	3,146
클리블랜드-엘리리아-멘토, 오하이오 주	2,506	2,449	3,156	4,146	4,306	2,612	3,214	4,547	3,773	3,135

(계속)

신시내티-미들타운, 오하이오 주-켄터키 주-인디애나 주	1,305	1,100	1,521	2,737	2,549	1,784	2,424	3,163	3,384	3,096
버지니아비치-노퍽-뉴포트뉴스, 버지니아 주-노스캐롤라이나 주	1,347	1,594	1,886	2,064	1,988	1,755	2,161	2,673	2,917	3,054
솔트레이크시티, 유타 주	2,148	2,233	2,292	3,332	3,342	1,914	2,703	3,254	3,566	3,052
우스티, 매사추세츠 주	1,316	1,165	1,710	2,384	2,911	1,857	2,845	3,615	3,678	2,962
베이커스필드, 캘리포니아 주	1,983	1,946	2,589	2,609	3,465	2,515	3,191	2,668	3,176	2,896
케이프코럴-포트마이어스, 플로리다 주	657	505	935	1,267	1,107	664	1,315	2,107	3,218	2,884
네이플스-마르코아일랜드, 플로리다 주	778	962	1,497	1,698	1,554	935	1,408	2,136	3,413	2,864
그 외 중심도시권	113,982	114,132	156,046	191,207	192,457	131,514	179,549	216,414	223,039	190,072
그 외 메트로폴리탄 통계지구	95,823	95,564	131,333	163,104	164,360	111,912	153,807	186,218	190,022	161,917
그 외 마이크로폴리탄 통계지구	18,159	18,568	24,713	28,103	28,097	19,602	25,742	30,196	33,017	28,155
Non-CBSA	15,260	12,771	13,635	14,754	14,088	10,629	12,628	14,004	15,450	13,197
미상	117	123	125	24	25	14	15	23	27	26
합계	653,206	644,787	841,002	1,058,902	1,059,356	703,542	957,883	1,122,257	1,266,129	1,052,415

출처: 이민통계연보(Yearbook of Immigration Statistics) 2007, 미국 국토안보부(United States Department of Homeland Security). 2007, Washington, DC: 미국 국토안보부 이민통계청(U.S. Department of Homeland Security, Office of Immigration Statistics). 2008년 4월 20일 현재 http://www.dhs.gov/xlibrary/assets/statistics/statistics/yearbook/2007/table05.xls에서 검색 가능.

표 1-2

주별 합법적 영구 거주 자격 취득자 수: 회계연도 1998~2007

주 명칭	1998	1999	2000	2001	2002	2003	2004	2005	2006	2007
캘리포니아	169,923	160,924	216,447	281,469	289,422	175,579	253,858	232,014	264,667	228,941
뉴욕	96,452	96,764	105,521	113,698	114,531	89,538	103,151	136,815	180,157	136,739
플로리다	59,756	57,216	94,474	104,148	90,460	52,770	76,178	122,915	155,986	126,277
텍사스	44,285	49,294	63,391	85,905	88,142	53,412	92,440	95,951	89,027	77,278
뉴저지	35,044	34,008	39,778	59,587	57,478	40,699	50,699	56,176	65,931	55,834
일리노이	33,122	36,895	36,052	48,087	47,095	32,413	46,896	52,415	52,452	41,971
매사추세츠	15,844	15,125	23,302	28,847	31,498	20,127	28,067	34,232	35,558	30,555
버지니아	15,650	15,111	19,985	26,767	25,319	19,726	22,104	27,095	38,483	29,682
조지아	10,424	9,377	14,707	19,370	20,496	10,794	16,681	31,527	32,202	27,353
메릴랜드	15,523	15,543	17,565	21,919	23,677	17,770	20,549	22,868	30,199	24,255
펜실베이니아	11,912	13,465	17,970	21,328	19,428	14,606	18,813	28,902	25,950	22,811
워싱턴	16,886	13,003	18,245	22,977	25,631	17,935	19,758	26,480	23,803	22,657
미시간	13,914	13,614	16,655	21,386	21,724	13,515	18,851	23,591	20,907	18,727
애리조나	6,177	8,651	11,935	16,197	17,588	10,955	19,507	18,986	21,529	17,528
노스캐롤라이나	6,403	5,774	9,193	13,861	12,868	9,451	11,036	16,710	18,987	15,469
오하이오	7,684	6,832	9,201	14,653	13,827	9,787	12,072	16,892	16,585	14,078
미네소타	6,959	5,932	8,554	11,091	13,477	8,406	12,097	15,449	18,249	13,814
코네티컷	7,760	7,861	11,263	12,089	11,213	8,274	12,335	15,334	18,697	12,932
네바다	6,093	8,268	7,757	9,459	9,447	6,336	8,798	9,823	14,713	12,308
콜로라도	6,497	6,965	8,167	12,451	12,027	10,661	11,255	11,975	12,713	11,039
테네시	2,796	2,575	4,837	6,234	5,674	3,367	5,844	8,960	10,037	8,942

(계속)

오리건	5,895	5,217	8,479	9,560	12,083	6,946	8,540	9,623	9,188	7,905
위스콘신	3,718	3,038	5,034	8,442	6,486	4,357	5,580	7,907	8,339	7,381
하와이	5,458	4,292	6,047	6,282	5,478	4,899	6,405	6,480	7,499	7,236
인디애나	3,970	3,546	4,105	5,980	6,838	5,241	6,262	6,913	8,122	6,639
미주리	3,576	4,157	5,988	7,574	8,585	6,160	7,050	8,742	6,852	6,459
기타a	6,243	6,470	5,732	6,677	5,965	5,605	7,112	5,996	7,175	5,402
유타	3,352	3,547	3,667	5,218	4,871	3,159	4,346	5,082	5,749	5,168
사우스캐롤라이나	2,119	1,770	2,253	2,862	2,952	1,942	2,672	5,028	5,291	4,788
켄터키	2,012	1,528	2,902	4,525	4,667	3,038	3,820	5,265	5,504	4,340
오클라호마	2,272	2,367	4,550	3,471	4,215	2,385	3,578	4,702	4,590	4,269
캔자스	3,179	3,251	4,554	4,018	4,500	3,804	4,139	4,512	4,277	4,141
루이지애나	2,179	2,034	2,981	3,751	3,176	2,214	3,095	3,776	2,693	3,475
앨라배마	1,604	1,271	1,894	2,246	2,562	1,689	2,247	4,200	4,277	3,393
로드아일랜드	1,973	2,043	2,513	2,802	3,048	2,492	3,740	3,852	4,778	3,354
뉴멕시코	2,193	2,439	3,951	5,186	3,374	2,336	3,076	3,513	3,805	3,112
아이오와	1,655	1,771	3,035	5,014	5,570	3,419	4,067	4,535	4,085	3,103
네브래스카	1,267	1,437	2,201	3,839	3,655	2,827	3,002	2,996	3,795	3,066
아칸소	913	937	1,594	2,561	2,531	1,903	2,288	2,698	2,924	2,722
컬럼비아 특별구	2,372	2,130	2,528	3,034	2,719	2,491	2,148	2,457	3,775	2,541
뉴햄프셔	1,009	999	1,992	2,578	2,995	1,868	2,280	3,298	2,987	2,272
델라웨어	1,060	1,024	1,563	1,847	1,856	1,487	1,705	2,991	2,263	2,085
아이다호	1,500	1,904	1,914	2,285	2,229	1,686	2,299	2,768	2,377	2,044
알래스카	1,007	1,055	1,364	1,389	1,557	1,188	1,261	1,524	1,554	1,617

(계속)

주 명칭	1998	1999	2000	2001	2002	2003	2004	2005	2006	2007
미시시피	695	696	1,074	1,338	1,145	729	1,312	1,829	1,480	1,593
메인	708	558	1,123	1,185	1,265	992	1,322	1,907	1,717	1,488
버몬트	511	494	802	950	1,003	550	814	1,042	894	791
웨스트버지니아	375	392	569	736	635	483	634	847	763	721
사우스다코타	354	351	445	668	899	487	747	881	1,013	668
몬태나	298	306	488	484	419	453	452	589	505	575
노스다코타	472	312	414	556	770	331	591	864	649	496
와이오밍	159	251	247	306	278	253	304	321	376	380
미상	4	3	-	15	8	7	6	9	1	1
합계	653,206	644,787	841,002	1,058,902	1,059,356	703,542	957,883	1,122,257	1,266,129	1,052,415

주: -는 0명임.
a는 미국 보호령과 군 주둔지 포함.

출처: 이민통계연보(Yearbook of Immigration Statistics) 2007, 미국 국토안보부(United States Department of Homeland Security), 2007, Washington, DC: 미국 국토안보부 이민통계청(U.S. Department of Homeland Security, Office of Immigration Statistics).
2008년 4월 20일 현재 http://www.dhs.gov/xlibrary/assets/statistics/yearbook/2007/table04.xls에서 검색 가능.

〈표 1-2〉는 1998년에서 2007년까지 주별로 진행된 합법적 이민의 흐름을 보여 준다. 이 시기 동안 거의 모든 주에서 이민자가 증가하였다는 점에 주목해야 한다.

3) 법적 지위와 이주민

미국에 거주하고 있는 대부분의 이민자는 합법적 영주 거주자로 분류된다. 다시 말해, 이들은 미국에서 영원히 거주할 자격을 부여받은 사람들이다. 〈표 1-3〉은 출신지역과 나라별로 이들의 분포를 보여 준다.

현재 진행되는 대부분의 정치적 논쟁은 불법 이민자에 대한 것이다. 즉, 이들은 미국 내에서 불법으로 거주하고 있는 사람들이다. 비록 불법 이민자의 수를 명확하게 측정할 수는 없지만, 미국 인구조사국의 현행 인구 조사(Current Population Survey, 2003)에 따르면, 2004년 기준으로 해외에서 출생한 인구(10,300,000명)의 약 1/3이 불법 이민자로 추정되고 있다(Wassem, 2007). 그리고 이들의 대부분(80%)은 멕시코와 여타의 남미 국가들로부터 이주하였다(Wassem, 2007). 〈표 1-4〉는 출신국가별 불법 이주민의 분포를 보여 준다.

4) 이민자의 인구학적 통계

〈표 1-5〉는 미국에 거주하고 있는 합법적 영주 이민자의 평균 나이, 성, 결혼 상태, 직업 등을 보여 준다. 대략적으로 볼 때 이들의 대부분은 21세 이상으로, 기혼이며, 주로 (가정 외 고용으로서 고용 상태가 알려진 이들을 대상으로 했을 때) 관리직, 전문직 등에 종사하고 있음을 알 수 있다.

불법 이민자 다수가 남성, 실업자, 독신이라는 것은 일반적인 오해다. 2003년 기준으로 볼 때 불법 이민자의 대부분(90% 이상)이 일을 하고 있으며 이 수치는 미국 내 합법적 이민자보다도 높은 비율이다(Passel, Capps, & Fix, 2004). 게다가 불법 이민자의 40% 이상이 여성이며 대다수(54%)는 기혼이거나 다른 가족과 함께 거주하고 있다(Passel, 2005). 절반에 훨씬 미치지 못하는 숫자만이 순수하게 독신이다.

표 1-3

출신 지역과 국가별 합법적 영주권 취득자 수: 회계연도 1998~2007

출신 지역 · 국가	1998	1999	2000	2001	2002	2003	2004	2005	2006	2007
출신 지역										
아시아	219,371	198,918	264,413	348,256	340,494	243,918	334,540	400,098	422,284	383,508
북아메리카	252,503	270,719	338,959	405,638	402,949	249,968	342,468	345,561	414,075	339,355
유럽	90,572	92,314	130,996	174,411	173,524	100,434	133,181	176,516	164,244	120,821
남아메리카	45,281	41,444	55,823	68,484	74,151	55,028	72,060	103,135	137,986	106,525
아프리카	40,585	36,578	44,534	53,731	60,101	48,642	66,422	85,098	117,422	94,711
오세아니아	3,922	3,658	5,105	6,071	5,515	4,351	5,985	6,546	7,384	6,101
미상	972	1,156	1,172	2,311	2,622	1,201	3,227	5,303	2,734	1,394
합계	653,206	644,787	841,002	1,058,902	1,059,356	703,542	957,883	1,122,257	1,266,129	1,052,415
출신 국가										
멕시코	131,353	147,402	173,493	205,560	218,822	115,585	175,411	161,445	173,749	148,640
중국	36,854	32,159	45,585	56,267	61,082	40,568	55,494	69,933	87,307	76,655
필리핀	34,416	30,943	42,343	52,919	51,040	45,250	57,846	60,746	74,606	72,596
인도	36,414	30,157	41,903	70,032	70,823	50,228	70,151	84,680	61,369	65,353
콜롬비아	11,801	9,928	14,427	16,627	18,758	14,720	18,846	25,566	43,144	33,187
아이티	13,434	16,514	22,337	27,031	20,213	12,293	14,191	14,524	22,226	30,405
쿠바	17,304	14,019	18,960	27,453	28,182	9,262	20,488	36,261	45,614	29,104
베트남	17,635	20,335	26,553	35,419	33,563	22,087	31,524	32,784	30,691	28,691
도미니카공화국	20,355	17,811	17,465	21,195	22,515	26,159	30,506	27,503	38,068	28,024
한국	14,222	12,795	15,721	20,532	20,724	12,382	19,766	26,562	24,386	22,405

(계속)

엘살바도르	14,577	14,581	22,543	31,089	31,060	28,231	29,807	21,359	31,782	21,127
자메이카	15,123	14,693	15,949	15,322	14,835	13,347	14,430	18,345	24,976	19,375
과테말라	7,747	7,294	9,942	13,496	16,178	14,386	18,920	16,818	24,133	17,908
페루	10,141	8,414	9,579	11,062	11,918	9,409	11,794	15,676	21,718	17,699
캐나다	10,130	8,782	16,057	21,752	19,352	11,350	15,569	21,878	18,207	15,495
영국	8,976	7,647	13,273	18,278	16,297	9,527	14,915	19,800	17,207	14,545
브라질	4,380	3,887	6,943	9,448	9,439	6,331	10,556	16,662	17,903	14,295
파키스탄	13,083	13,485	14,504	16,393	13,694	9,415	12,086	14,926	17,418	13,492
에티오피아	4,199	4,262	4,053	5,092	7,565	6,635	8,286	10,571	16,152	12,786
나이지리아	7,730	6,742	7,831	8,253	8,105	7,872	9,374	10,597	13,459	12,448
에콰도르	6,843	8,882	7,651	9,665	10,561	7,066	8,626	11,608	17,489	12,248
방글라데시	8,616	6,038	7,204	7,152	5,483	4,616	8,061	11,487	14,644	12,074
우크라이나	7,444	10,102	15,511	20,914	21,190	11,633	14,156	22,745	17,140	11,001
베네수엘라	3,129	2,498	4,693	5,170	5,228	4,018	6,220	10,645	11,341	10,692
이란	7,873	7,176	8,487	10,425	12,960	7,230	10,434	13,887	13,947	10,460
폴란드	8,451	8,773	10,090	11,769	12,711	10,510	14,326	15,351	17,051	10,355
러시아	11,517	12,321	16,940	20,313	20,771	13,935	17,410	18,055	13,159	9,426
이집트	4,826	4,421	4,450	5,159	4,852	3,348	5,522	7,905	10,500	9,267
타이완	7,094	6,700	9,019	12,120	9,775	6,917	9,005	9,196	8,086	8,990
태국	3,090	2,366	3,753	4,245	4,144	3,126	4,318	5,505	11,749	8,751
온두라스	6,456	4,793	5,917	6,571	6,435	4,645	5,508	7,012	8,177	7,646
가나	4,455	3,707	4,339	4,023	4,248	4,410	5,337	6,491	9,367	7,610
독일	5,440	5,166	7,565	9,790	8,888	5,064	7,099	9,264	8,436	7,582
케냐	1,693	1,407	2,197	2,501	3,199	3,209	5,335	5,347	8,779	7,030

(계속)

출신 지역·국가	1998	1999	2000	2001	2002	2003	2004	2005	2006	2007
트리니다드토바고	4,845	4,259	6,635	6,618	5,738	4,138	5,384	6,568	8,854	6,829
일본	5,128	4,202	7,049	9,578	8,248	5,971	7,697	8,768	8,265	6,748
소말리아	2,623	1,690	2,393	3,007	4,535	2,444	3,929	5,829	9,462	6,251
루마니아	5,104	5,678	6,863	6,628	4,887	3,655	4,571	7,103	7,137	5,802
알바니아	4,220	3,695	4,755	4,358	3,765	3,362	3,840	5,947	7,914	5,737
가이아나	3,960	3,290	5,719	8,279	9,938	6,809	6,351	9,317	9,552	5,726
아르헨티나	1,503	1,387	2,317	3,297	3,661	3,129	4,805	7,081	7,327	5,645
러시아(구소비에트연방)	6,323	5,022	3,263	2,707	2,403	1,072	929	2,899	6,229	5,090
우즈베키스탄	600	1,221	1,631	2,031	2,317	1,445	1,995	2,887	4,015	4,665
모로코	2,402	2,970	3,614	4,958	3,387	3,137	4,128	4,411	4,949	4,513
이스라엘	1,982	1,847	2,783	3,744	3,826	2,741	4,160	5,755	5,943	4,496
터키	2,676	2,215	2,606	3,215	3,375	3,029	3,835	4,614	4,941	4,425
아르메니아	1,144	1,250	1,253	1,762	1,800	1,287	1,833	2,591	6,317	4,351
레바논	3,283	3,033	3,662	4,579	3,935	2,956	3,818	4,282	4,083	4,267
캄보디아	1,436	1,394	2,138	2,462	2,800	2,263	3,553	4,022	5,773	4,246
라이베리아	1,611	1,351	1,570	2,273	2,869	1,766	2,757	4,880	6,887	4,102
불가리아	3,731	4,171	4,917	4,400	3,608	3,825	4,253	5,635	4,828	3,981
요르단	3,244	3,269	3,900	4,572	3,964	2,927	3,431	3,748	4,038	3,917
이라크	2,217	3,360	5,087	4,965	5,174	2,450	3,494	4,077	4,337	3,765
인도네시아	1,017	1,186	1,767	2,525	2,418	1,805	2,419	3,924	4,868	3,716
니카라과	3,511	13,327	20,947	19,634	10,659	4,094	4,009	3,305	4,145	3,716
세르비아-몬테네그로	2,399	1,886	2,742	6,203	10,387	2,994	3,331	5,202	5,891	3,586
홍콩	5,272	4,910	5,407	8,300	6,075	3,574	3,951	3,705	3,256	3,527

(계속)

네팔	476	453	616	945	1,137	2,095	2,878	3,158	3,733	3,472
프랑스	2,342	2,196	3,442	4,569	3,797	2,375	3,595	4,399	4,258	3,423
카메룬	690	824	860	791	984	927	1,309	1,458	2,919	3,392
미얀마	1,370	1,200	1,201	1,373	1,356	1,193	1,379	2,095	4,562	3,130
남아프리카공화국	1,897	1,577	2,824	4,090	3,861	2,210	3,370	4,536	3,201	2,988
수단	1,158	1,346	1,531	1,650	2,921	1,883	3,211	5,231	5,504	2,930
볼리비아	1,509	1,444	1,761	1,819	1,664	1,376	1,768	2,197	4,025	2,590
라오스	1,606	846	1,358	1,398	1,245	896	1,147	1,242	2,892	2,575
이탈리아	1,817	1,512	2,448	3,096	2,578	1,644	2,346	3,066	3,215	2,569
코스타리카	1,199	883	1,310	1,733	1,591	1,246	1,755	2,278	3,109	2,540
오스트레일리아	1,139	1,103	2,044	2,811	2,557	1,836	2,604	3,193	3,249	2,518
예멘	1,857	1,160	1,789	1,607	1,227	1,382	1,760	3,366	4,308	2,396
시리아	2,835	2,048	2,367	3,350	2,557	1,938	2,256	2,831	2,918	2,385
벨라루스	978	1,320	2,170	2,901	2,923	1,858	2,255	3,503	3,086	2,328
칠레	1,228	1,085	1,700	1,921	1,839	1,310	1,810	2,404	2,774	2,274
말레이시아	1,010	991	1,551	2,439	2,124	1,200	1,987	2,632	2,281	2,149
카보베르데공화국	812	902	1,079	868	871	745	1,015	1,225	1,780	2,048
시에라리온	952	970	1,585	1,878	2,246	1,492	1,596	2,731	3,572	1,999
파나마	1,637	1,640	1,829	1,867	1,680	1,164	1,417	1,815	2,418	1,916
스리랑카	1,084	899	1,118	1,505	1,529	1,246	1,431	1,894	2,191	1,831
아프가니스탄	830	877	1,011	1,202	1,759	1,252	2,137	4,749	3,417	1,753
피지	1,717	1,599	1,483	1,452	1,208	1,095	1,593	1,422	2,115	1,637
카자흐스탄	539	723	1,493	2,310	2,315	1,740	1,906	2,223	2,073	1,604
스페인	1,040	869	1,254	1,711	1,361	917	1,339	1,888	1,971	1,578

(계속)

출신 지역·국가	1998	1999	2000	2001	2002	2003	2004	2005	2006	2007
보스니아 헤르체고비나	4,209	5,412	11,525	23,594	25,329	6,155	10,552	14,074	3,789	1,569
토고	246	254	386	487	935	1,187	2,041	1,523	1,720	1,565
조지아	295	310	493	786	886	735	964	1,389	2,003	1,554
아일랜드	944	804	1,296	1,505	1,398	983	1,531	2,088	1,906	1,503
우루과이	367	267	426	541	536	469	787	1,154	1,664	1,418
미상	972	1,156	1,172	2,311	2,622	1,201	3,227	5,303	2,734	1,394
네덜란드	914	773	1,337	1,679	1,549	981	1,303	1,815	1,651	1,368
리투아니아	1,191	1,147	1,349	1,732	1,786	2,266	2,480	2,417	1,885	1,361
쿠바	562	753	1,251	2,068	2,103	1,151	1,507	3,506	3,036	1,356
헝가리	806	694	1,023	1,263	1,274	1,021	1,272	1,567	1,704	1,266
마케도니아	785	569	790	921	821	653	775	1,070	1,317	1,227
코트디부아르	364	303	439	596	629	483	666	930	2,067	1,193
사우디아라비아	703	759	1,063	1,178	1,014	735	906	1,210	1,542	1,171
아제르바이잔	504	738	1,036	1,152	1,164	746	969	1,523	2,371	1,166
스웨덴	818	821	1,264	1,682	1,376	963	1,270	1,517	1,376	1,145
콩고민주공화국	155	87	123	145	178	110	155	260	738	1,129
우간다	355	250	418	457	575	455	721	858	1,372	1,122
기니	46	5	3	11	16	29	347	495	1,110	1,088
에리트레아	641	325	382	540	560	556	675	796	1,593	1,081
벨리즈	494	572	757	936	966	588	871	876	1,252	1,073
짐바브웨	186	184	322	475	484	358	628	923	1,049	1,057
뉴질랜드	625	522	964	1,205	1,117	877	1,131	1,293	1,100	1,047

(계속)

일체리	804	789	906	875	1,030	759	805	1,115	1,300	1,036
세네갈	372	368	554	663	530	522	769	913	1,367	1,024
포르투갈	1,529	1,058	1,343	1,609	1,313	808	1,069	1,125	1,409	1,019
쿠웨이트	747	801	1,015	1,258	1,056	707	1,091	1,152	1,230	1,017
싱가포르	388	355	668	1,100	1,033	582	966	1,204	997	985
콩고 공화국	118	190	189	311	677	513	670	1,064	1,600	972
세인트루시아	509	529	599	674	583	488	616	832	1,212	928
구체코슬로바키아	342	318	665	863	897	543	673	784	1,442	927
그리스	855	719	950	1,155	1,009	651	769	1,070	1,124	882
탄자니아	339	313	480	476	577	554	747	829	949	832
잠비아	226	183	231	390	343	263	422	581	897	826
슬로바키아	491	492	549	809	725	674	800	965	1,111	763
아랍에미리트	329	310	435	460	472	380	586	812	1,006	758
그레나다	655	661	655	645	634	481	609	840	1,068	751
바하마	602	398	766	924	808	423	586	698	847	738
스위스	825	647	1,029	1,298	1,004	632	855	1,092	983	705
바베이도스	725	715	777	895	813	516	630	846	959	689
모리타니	78	24	88	117	124	131	170	275	720	651
벨기에	419	426	670	814	769	455	638	859	716	638
키르기스스탄	111	189	388	582	473	356	439	656	785	597
잠비아	212	143	211	295	308	280	359	499	672	576
라트비아	369	444	548	711	683	458	605	768	892	568
세인트빈센트 그레나딘	413	442	497	559	480	322	400	625	756	567

(계속)

출신 지역·국가	1998	1999	2000	2001	2002	2003	2004	2005	2006	2007
파라과이	275	216	338	401	356	207	328	516	719	545
몽골	26	41	46	102	135	153	229	323	497	530
덴마크	454	367	537	706	609	405	566	718	699	517
오스트리아	290	230	405	522	483	295	402	532	524	485
크로아티아	547	580	1,058	2,853	3,798	1,153	1,511	1,780	945	482
통가	229	281	349	327	331	238	327	309	437	438
도미니카	283	40	95	93	148	204	132	198	471	428
핀란드	314	307	377	497	426	241	388	574	542	426
튀니지	200	150	307	438	540	353	457	495	510	417
엔티가 바부다	297	454	429	461	380	301	414	440	570	415
말리	83	72	109	119	105	124	163	277	408	412
에스토니아	128	142	239	348	343	235	322	438	423	368
르완다	52	97	73	148	217	109	163	276	502	357
세인트키츠 네비스	404	463	500	463	342	310	299	342	458	347
노르웨이	296	307	459	547	431	320	405	423	481	343
사모아	146	91	184	165	157	178	203	173	283	290
체코	144	145	244	307	267	267	457	476	344	287
베냉	47	59	62	75	137	76	185	193	275	258
부룬디	51	16	28	79	120	74	100	186	320	257
부르키나파소	14	17	48	68	64	60	103	128	221	238
투르크메니스탄	44	65	97	94	93	84	117	148	248	217
앙골라	66	57	87	94	92	59	107	188	272	199
수리남	143	141	256	245	247	180	166	300	314	197

(계속)

리비아	165	156	180	223	158	140	185	223	271	186
마카오	276	294	270	340	284	244	192	133	189	178
타지키스탄	66	104	156	187	181	137	167	207	239	172
미국	30	29	35	63	64	32	57	183	333	171
카타르	60	78	97	125	108	72	125	174	226	138
키프로스	119	106	160	216	158	123	143	196	180	137
바레인	52	70	106	118	85	59	116	140	148	133
말라위	39	41	61	70	56	62	83	131	131	123
버뮤다	62	63	71	98	108	92	100	116	160	108
오만	25	40	51	55	61	76	122	101	155	103
나제르	282	12	30	1,330	1,263	808	62	126	116	97
가봉	21	4	18	32	41	40	50	66	85	95
아이슬란드	111	79	129	134	93	97	105	135	145	95
네덜란드령 앤틸리스제도	61	35	53	114	97	59	72	116	100	93
모리셔스	37	38	54	84	83	57	65	99	108	88
슬로베니아	57	58	76	142	140	64	88	114	115	87
모잠비크	39	31	41	48	54	36	59	54	78	81
차드	8	24	23	44	47	8	23	31	73	74
몬트세랫 섬	65	80	70	61	42	36	33	50	90	66
나미비아	24	13	30	54	46	40	40	63	56	57
아루바 섬	23	14	25	29	32	27	31	42	51	55
마다가스카르	42	26	33	61	43	40	54	60	72	53
몰타	58	43	54	57	44	37	57	74	70	53
부탄	6	4	D	5	14	15	17	30	78	52

(계속)

출신 지역·국가	1998	1999	2000	2001	2002	2003	2004	2005	2006	2007
중앙아프리카공화국	6	3	4	11	13	6	17	24	51	52
보츠와나	12	5	13	24	30	27	34	54	53	49
마셜제도	6	3	3	D	26	26	48	32	53	48
버진아일랜드	55	76	67	70	43	43	35	41	47	40
케이맨제도	28	18	31	23	24	35	38	37	65	40
All other countries	22	33	46	49	61	35	43	65	53	40
룩셈부르크	21	11	26	34	32	16	13	35	28	39
과들루프 섬	30	54	51	84	38	35	59	48	53	38
브루나이	19	16	16	27	28	20	22	49	25	32
파푸아뉴기니	10	14	21	26	26	34	19	44	30	31
터크스케이커스제도	46	27	46	33	31	26	28	34	52	31
포낭스령 폴리네시아	14	9	13	16	12	14	13	19	37	27
앵귈라	26	20	25	55	20	26	22	35	32	25
기나비사우	165	134	204	273	289	176	5	26	25	25
지부티	15	6	14	22	30	16	37	50	34	23
마르티니크 섬	20	23	20	22	19	14	26	37	30	23
레소토	4	5	9	6	13	5	14	12	18	14
스와질란드	8	8	12	18	12	23	15	16	11	13
아메리칸사모아	4	11	7	28	26	16	12	15	28	11
팔라우	6	D	3	3	10	8	6	8	8	11
키리바시	4	-	3	-	4	4	D	4	8	10
솔로몬제도	5	D	7	7	7	5	6	3	5	10
포랑스령 기아나	D	5	13	8	6	4	3	8	15	9

(계속)

몰디브	D	–	D	9	9	15	7	6	D	9
미크로네시아	4	D	5	9	D	4	5	6	12	7
세이셸	4	10	18	18	20	16	25	16	15	7
모나코	6	5	12	9	17	3	7	7	4	6
적도기니	7	D	5	3	8	D	13	10	13	4
바진아일랜드	D	5	3	6	9	4	13	8	7	3
합계	653,206	644,787	841,002	1,058,902	1,059,356	703,542	957,883	1,122,257	1,266,129	1,052,415

주: D = 발표가 제한된 자료. -는 0명임.

a는 2003년 2월 7일 이전의 유고슬라비아.

출처: 이민통계연보(Yearbook of Immigration Statistics) 2007, 미국 국토안보부(United States Department of Homeland Security), 2007, Washington, DC: 미국 국토인보부 이민통계청(U.S. Department of Homeland Security, Office of Immigration Statistics).

2008년 4월 20일 현재 http://www.dhs.gov/xlibrary/assets/statistics/yearbook/2007/table03d.xls에서 검색 가능.

표 1-4

2000년에서 2006년 1월 사이 출신국가별 불법 이민 인구

출신국가	1월 추정 인구		백분율		백분율 변화	연간 평균
	2006	2000	2006	2000	2000~ 2006	2000~ 2006
전체 국가	11,550,000	8,460,000	100	100	37	515,000
멕시코	6,570,000	4,680,000	57	55	40	315,000
엘살바도르	510,000	430,000	4	5	19	13,333
과테말라	430,000	290,000	4	3	48	23,333
필리핀	280,000	200,000	2	2	40	13,333
온두라스	280,000	160,000	2	2	75	20,000
인도	270,000	120,000	2	1	125	25,000
한국	250,000	180,000	2	2	39	11,667
브라질	210,000	100,000	2	1	110	18,333
중국	190,000	190,000	2	2	–	–
베트남	160,000	160,000	1	2	–	–
Other countries	2,410,000	1,950,000	21	23	24	76,697

주: 숫자는 반올림한 것으로 전체 합이 정확히 일치하지는 않음.

출처: Estimates of the Unauthorized Immigrant Population Residing in the United States: January 2006, by M. Hoefer, N. Rytina, & C. Campbell, 2007. Retrieved April 20, 2008, http://www.dhs.gov/xlibrary/assets/statistics/publications/ill_pe_2006.pdf

표 1-5

성별, 나이별, 결혼 상태별, 직종별 법적 영주권 자격 취득 인구수: 회계연도 2007

인구 특징	합계	성별		
		남성	여성	미확인
나이별				
합계	1,052,415	471,377	581,031	7
1세 미만	10,209	4,058	6,151	–
1~4세	29,110	13,931	15,179	–
5~9세	50,705	26,007	24,697	1

10~14세	68,184	35,066	33,116	2
15~19세	91,166	46,239	44,926	1
20~24세	101,099	42,848	58,250	1
25~29세	121,014	48,750	72,264	–
30~34세	136,508	62,383	74,125	–
35~39세	113,790	53,351	60,439	–
40~44세	85,853	38,337	47,515	1
45~49세	63,673	27,467	36,205	1
50~54세	50,044	20,784	29,260	–
55~59세	40,266	15,721	24,545	–
60~64세	32,284	12,465	19,819	–
65~74세	43,367	17,733	25,634	–
75세 이상	15,137	6,233	8,904	–
미상	6	4	2	–

나이 집단별

합계	1,052,415	471,377	581,031	7
16세 이하	174,899	87,731	87,164	4
16~20세	97,042	48,229	48,813	–
21세 이상	780,468	335,413	445,052	3
미상	6	4	2	–

결혼 상태

합계	1,052,415	471,377	581,031	7
독신	387,252	200,264	186,984	4
결혼	610,134	258,710	351,424	–
사별	28,011	3,307	24,704	–
이혼/별거	22,307	6,899	15,408	–
미상	4,711	2,197	2,511	3

(계속)

직종				
합계	1,052,415	471,377	581,031	7
관리 · 전문직 관련 직종	106,763	65,319	41,444	–
서비스 직종	53,218	29,222	23,996	–
판매 · 사무 직종	40,732	18,221	22,511	–
농업 · 어업 · 삼림 직종	15,152	12,062	3,090	–
건설 · 채광 · 보수 · 수선 직종	9,340	9,125	215	–
생산 · 배달 · 운반 직종	45,529	33,502	12,027	–
군인	72	52	20	–
가정 외 미고용	507,200	177,759	329,437	4
주부	146,284	3,739	142,545	–
학생, 어린이	272,537	136,043	136,490	4
은퇴자	9,300	4,201	5,099	–
실업자	79,079	33,776	45,303	–
미상	274,409	126,115	148,291	3

주: –는 0을 의미.
출처: 이민통계연보(Yearbook of Immigration Statistics) 2007, 미국 국토안보부(United States Department of Homeland Security), 2007, Washington, DC: 미국 국토안보부 이민통계청(U.S. Department of Homeland Security, Office of Immigration Statistics).
2008년 4월 20일 현재 http://www.dhs.gov/xlibrary/assets/statistics/yearbook/2007/table08.xls에서 검색 가능.

2. 이민의 원인

이민이 언제나 한 국가로부터 다른 국가로 옮겨 가는 것을 의미하는 것은 아니다. 많은 이민이 국가 내 이주에 해당하며, 시골 지역에서 도시 지역으로 한 나라의 내부에서 이루어진다. 이러한 현상은 아프리카 국가들의 강제 이주와 같이, 복합적인 문화적 · 언어적 정체성으로 인한 상황 변화나 국지전이 야기되는 지역에서는 특히 그러하다(Amkpa, 2008).

불행히도 자신의 의지와 관계없이 진행되는 현대판 노예제의 희생양인 성적 · 경제적 강제 이주의 수는 점점 증가하고 있다. 대략 매년 600,000명에서 800,000명이 국경에서 인신매매되고 있는 것으로 추정된다. 인신매매는 국내에서도 발생한다. 미국 정부는 매년 14,500명에서 17,500명이 국내로 인신매매된다고 추정하고 있다(National Conference on State Legislatures, 2007).

이민은 일방통행로가 아니며, 점점 많은 수의 이민자가 자기의 고국으로 돌아가고 있다. 처음에는 다국적 기업을 묘사하기 위한 개념이었던 초국가주의(trans-nationalism)는 1990년대에 접어들어 국경을 넘어 이동은 하고 있지만 재정적·사회적으로 고국과 연결되어 있는 개인이나 집단을 언급하는 것으로 확대되었다. Schiller, Basch, and Blanc-Szanton(1992)에 의해 기술된 것처럼, 초국가주의는 지리적 국경을 넘어 사회·문화적 연계를 형성하고 유지하는 과정을 말한다. 전자 메일이나 이동 전화와 같은 기술적 진보와 항공 여행의 속도는 초국가주의의 발달을 증진시켰다. 남자에 비해 여자가 더 많이 국경을 넘어 자신의 고국으로 돌아가고 있다(Alicea, 1997).

점점 많은 수의 이민자가 고국과 강한 연계를 유지하면서 종종 자신의 고국으로 돌아가고 있다. 이러한 초국가적인 측면이 그들의 지위에 전혀 위험을 끼치지 않는 것은 아니며, 특히 미국에서 거주하기를 원하는 경우에는 더욱 그러하다. 종종 고국으로 돌아간 불법 이민자들은 자신의 고국에 재입국할 수 없는 위험에 직면한다. 정치적 난민이 자신의 고향으로 다시는 돌아가지 못하는 경우처럼 지리적으로 고국으로 돌아가지 못하는 사람들이 존재하며, 이러한 점은 이민자로서 갖게 되는 스트레스에 큰 영향을 미친다.

경제적인 이유로 이주를 강요당하는 경우와 더불어 자신의 인종, 종교, 국적, 집단정체성, 정치적 의견으로 인한 처벌이 두려워 다른 나라로 난민 신청을 하는 사람들이 있다. 경제적 이주뿐 아니라 난민, 망명자, 인신매매여성 등은 똑같이 그들을 받아들이는 국가 내에서 취약한 삶을 살 수밖에 없다. 〈표 1-6〉은 국가별로 최근 미국에 도착한 난민의 수를 보여 준다.

표 1-6

출신 지역·국가별 난민 수: 회계연도 1997~2006

출신 지역·국가	1997	1998	1999	2000	2001	2002	2003	2004	2005	2006
지역										
아프리카	6,069	6,665	13,048	17,624	19,070	2,550	10,719	29,110	20,746	18,185
아시아	11,771	13,669	14,041	13,622	15,356	6,885	5,862	10,896	14,977	9,245
유럽	48,450	54,260	55,877	37,664	31,526	15,406	11,269	9,254	11,316	10,456
북아메리카	2,986	1,587	D	3,233	2,968	1,924	305	2,998	6,368	3,145
오세아니아	-	-	-	-	-	-	-	-	-	-
남아메리카	-	-	D	-	5	-	149	579	331	119
합계	69,276	76,181	85,076	72,143	68,925	26,773	28,304	52,837	53,738	41,150
국가										
아프가니스탄	-	88	365	1,709	2,930	1,683	1,453	959	902	651
알제리	-	-	12	57	31	-	4	D	D	D
앙골라	-	-	-	D	34	16	21	20	21	13
아르메니아	NA	NA	35	20	27	30	63	88	86	87
아제르바이잔	NA	NA	210	259	449	114	406	407	299	77
벨라루스	NA	NA	1,008	1,050	971	680	702	659	445	350
보스니아-헤르체고비나	21,357	30,906	22,699	19,033	14,593	3,461	525	244	61	16
미얀마	182	186	295	637	543	128	203	1,056	1,447	1,612
부룬디	33	24	223	165	109	62	16	276	214	466
캄보디아	-	-	-	-	23	4	7	3	9	9
카메룬	19	15	9	7	5	6	6	D	6	29
중앙아프리카공화국	-	-	D	-	D	-	D	24	-	23

(계속)

차드	45	41	22	D	D	D	D	4	-	4
중화인민공화국	-	-	D	D	12	9	9	3	13	21
콜롬비아	-	-	-	-	-	8	149	577	323	115
콩고민주공화국	45	52	42	1,354	260	107	251	569	424	405
콩고공화국	-	-	27	11	6	5	41	73	43	66
코트디부아르	-	D	5	-	D	3	4	-	5	23
크로아티아	-	-	1,660	2,995	1,020	109	144	92	39	D
쿠바	2,911	1,587	2,018	3,184	2,944	1,919	305	2,980	6,360	3,143
지부티	16	15	8	-	12	D	D	6	-	-
적도기니	-	-	-	12	-	-	D	-	25	11
에리트레아	7	9	32	94	109	13	23	128	327	538
에스토니아	NA	NA	71	81	57	38	28	27	17	7
에티오피아	197	152	1,873	1,347	1,429	330	1,702	2,689	1,663	1,271
감비아	16	50	13	13	5	-	9	3	-	6
조지아	-	-	50	30	49	14	53	33	11	4
아이티	75	-	91	49	24	5	-	17	8	-
인도네시아	-	D	26	14	5	18	17	5	6	10
이란	1,305	1,699	1,750	5,145	6,590	1,540	2,471	1,786	1,856	2,792
이라크	2,679	1,407	1,955	3,158	2,473	471	298	66	198	202
카자흐스탄	NA	NA	412	284	291	222	118	312	80	124
케냐	-	13	D	11	13	24	3	-	D	5
쿠웨이트	-	-	-	13	-	6	-	14	-	-
키르기스스탄	NA	NA	140	147	116	69	46	100	38	15
라오스	939	-	19	64	22	18	13	6,005	8,517	830
라트비아	NA	NA	167	103	125	57	49	52	25	21

(계속)

출신 지역·국가	1997	1998	1999	2000	2001	2002	2003	2004	2005	2006
라이베리아	231	1,494	2,495	2,620	3,429	559	2,957	7,140	4,289	2,402
리투아니아	NA	NA	20	16	40	D	21	13	9	–
마케도니아	–	–	3	D	D	4	13	–	–	D
모리타니	–	–	D	–	202	6	–	–	3	88
몰도바	NA	NA	1,035	1,056	1,168	1,022	616	1,711	1,016	721
나이지리아	7	312	625	50	85	28	57	34	11	15
파키스탄	–	–	–	6	3	–	18	11	9	20
러시아	NA	NA	4,386	3,723	4,454	2,105	1,394	1,446	5,982	6,003
르완다	100	86	153	345	94	47	47	176	183	112
세르비아-몬테네그로a	3	–	14,280	524	153	1,860	1,839	151	40	11
시에라리온	57	176	675	1,128	2,004	176	1,378	1,086	829	439
소말리아	4,974	2,951	4,320	6,026	4,951	237	1,994	13,331	10,405	10,357
구소비에트연방	27,072	23,349	194	282	133	–	–	–	–	–
수단	277	1,252	2,393	3,833	5,959	897	2,139	3,500	2,205	1,848
시리아	–	–	D	18	8	4	3	–	7	27
타지키스탄	NA	NA	9	24	9	4	13	D	6	4
토고	30	15	93	511	280	16	47	35	72	18
튀니지	–	3	–	D	10	–	–	–	–	–
투르크메니스탄	NA	NA	16	D	7	D	4	7	D	D
우간다	9	D	12	18	12	D	D	8	10	20
우크라이나	NA	NA	8,649	7,334	7,172	5,216	5,065	3,482	2,889	2,483
우즈베키스탄	NA	NA	818	693	681	394	166	426	271	527
베트남	6,660	10,288	9,622	2,841	2,730	2,988	1,354	974	2,009	3,039
예멘	–	–	D	D	–	–	D	8	D	11

(계속)

짐바브웨	–	–	–	–	6	–	D	D	13
기타 국가	30	7	33	38	52	35	15	19	40
합계	69,276	76,181	85,076	72,143	68,925	26,773	52,837	53,738	41,150

주: D = 자료 제시 제한. –는 0명임. NA = 자료를 구할 수 없음. 이 표는 아메라시안 이민자는 제외함.
ᵃ는 2003년 2월 7일 이전의 유고슬라비아(Yugoslavia).

출처: 2006년 이민통계연보(Yearbook of Immigration Statistics 2006), 미국 국토안보부 이민통계청(United States Department of Homeland Security, 2007), Washington, DC: 미국 국토안보부 이민통계청(U.S. Department of Homeland Security, Office of Immigration Statistics).
2008년 4월 20일 현재 http://www.dhs.gov/xlibrary/assets/statistics/yearbook/2006/table14D.xls에서 검색 가능.

1) 이주의 압력-견인(push-pull) 이론

위에서 논의한 것처럼 사람들이 다른 나라로 이주하는 이유에 대해서는 많은 이론이 있다. Lee(1966)에 의해 처음으로 만들어진 압력-견인(push-pull) 이론에 따르면 이주는 종종 경제적 어려움이나 정치적·사회적 억압 등 고국으로부터 '압력'을 받아 밀려나거나, 더 나은 경제적 기회나 정치적·종교적 자유에 대한 희망으로 이주하고자 하는 나라로 견인되면서 일어난다고 주장한다. 견인 요인이 고국을 떠나는 이주민들을 가장 잘 설명할 수 있는 데 반해, 압력 요인은 난민 지위를 얻는 데 가장 중요한 요인으로 알려져 있다. 실제로 미국으로 이주하는 사람들의 경우 압력과 견인 두 가지 요소를 모두 가지고 있다.

이주를 야기하는 압력-견인 요인은 거시, 중간, 미시의 세 가지 수준에서 고려될 수 있다. 거시 수준은 이주하고자 하는 나라에서 영향을 미치는 정치적·경제적·지리적·사회적 요소를 의미한다. 중간 수준은 이주하는 사람과 뒤에 남아 있는 사람들의 사회적·지역적 관계를 말하는 반면, 미시 수준은 개인적 특성이나 이주할 수 있는 자유를 의미한다.

이민이 시작된 이래 거시 요소가 지속적으로 이민에 영향을 미쳐 왔으며, 현재 진행되고 있는 지구화가 전 세계적 이주를 증진시키고 있다. 이제 지역에서 키워지거나 만들어진 산물만을 이용하는 사람은 거의 없다. 우리는 개발도상국의 사람들이 빈곤의 악화로 더욱 발전된 나라로 이주할 수밖에 없는 경향을 지속적으로 목격하고 있다. 최근의 환경 변화는 가장 빈곤한 국가의 사람들을 더욱 극심한 빈곤으로 몰아가고 있다. 환경의 변화는 극심한 가뭄과 홍수, 더 이상 농사를 지을 수 없게 만드는 자연재해를 야기한다. 이러한 자원의 상실은 해당 국가 내에서는 농촌에서 도시 지역으로 그리고 궁극적으로는 많은 경우 미국이나 캐나다, 호주, 유럽 지역으로 이주하지 않으면 안 되게 만들고 있다(Congress, 2007). 정치적 불안과 폭력사태 또한 사람들로 하여금 자신의 고향을 떠나게 하고 종종 난민의 지위를 얻게 한다(난민의 지위와 관련된 법률에 대해서는 2장을 참조하라).

중간 수준에서는 고국과 이주하려는 국가 사이의 관계의 본질이 이주에 영향을 미친다. 고국의 지역사회 및 가족들과 매우 강한 연계를 맺은 사람들은 그렇지 않은 사람들에 비해 이주할 가능성이 적다. 대가족 가운데 누가 이주를 하고 누가 남기로 결심하는지를 살펴보는 것은 매우 흥미롭다. 중간 수준의 견인 요소라는 관점에서 연쇄 이주(chain migration)는 이주하고자 하는 사람들이 자신의 친척이나 친구가 이미 이주한 지역에 점점 더 매력을 느낄 때 발생한다(Faist, 1997).

마지막으로 미시 수준의 요소는 이주를 결심하고 수행하는 능력에 기여한다. 나이 많은 사람들이 이주할 가능성이 더 낮은 것은 고국에서의 강한 연계와 함께 새로운 언어와 문화를 배우는 것에 대한 두려움 때문이다(Potochy-Tripodi, 2002). 고국에서 많은 교육을 받은 사람들은 이주한 나라에서 더 많은 취업 기회를 가질 수 있을 것으로 믿는다. 극도로 가난한 사람들은 자신이 이주할 수 있기 전에 이미 이주해서 부유한 친척들이 보내오는 자금에 의존한 채 그냥 고국에 머무를 것이다. 미시적 인성 요소는 이주를 결정하는 것과 연계되어 있다. 위험을 감수하지 않으려 하고 현재를 지향하는 사람일수록 이주하기는 쉽지 않을 것이다(Fischer, Martin, & Straubhaar, 1997).

세 가지 수준으로 압력-견인 이론을 살펴보는 것은 이민자들이 이민을 결정하는 다양한 요인을 이해하는 데 도움이 된다. 그러나 이민자들을 대상으로 사회복지실천을 수행할 때, 이민자들이 직면한 현재의 상황에 대처하는 것에만 너무 초점을 맞춘 나머지 이민자들이 이주하기 이전에 가졌던 쟁점들을 충분히 살펴보지 못하는 경우가 있다. Drachman(1992)은 이민자 가족을 대상으로 하는 사회복지실천에 대해 3부 접근(three part approach)을 제안하고 있다. 첫 번째로, 이민자들을 그들의 고국 내에서 이해하는 것이 중요하다. 어떠한 요인들, 예를 들어 정치적·경제적·사회적·관계적·개인적 요인 가운데 어떠한 것들이 그들로 하여금 이민을 결정하게 하였는지? 그들의 고국 상황은 어떠한지? 일단 이주한 이후에도 자신들의 고국으로 돌아가는 일이 종종 있는지? 실제로 두 나라에서 살고 있는 것은 아닌지? 진정 돌아가기를 원하고 있는지? 돌아갈 수는 있는지? 정치적·경제적·사회적 억압을 피해 탈출한 많은 이민자와 난민은 결코 돌아갈 수 없다. 문화적 역량과 정신건강에 대한 장들에서 이 쟁점을 다룰 것이다.

두 번째 단계는 경유와 연관되어 있다. 어떤 사람들에게 경유란 장기간의 여행계획과 같고, 어떤 사람들(특히 미국의 남쪽 국경을 불법으로 넘어온 사람들)에게는 위험한 사막이나 물길을 건너는 것과 같다. 이민자들을 대상으로 일하는 사회복지사가 자신의 클라이언트를 진정으로 돕기 위해서는 그들의 개인적인 이주 역사를 이해해야 한다.

이주민에 대한 법적 분류(2장), 육체적 건강(5장), 정신건강(6장)을 다루는 장들에서도 이 주제를 언급할 것이다.

3. 미국의 이민 역사

종종 '이민자의 나라'라고 언급되듯이 미국은 건국 이래로 경제적 · 사회적 추이에 따라 이민자에 대한 정책을 변화시켜 왔다. 이민자의 인종적 · 민족적 구성이나 이민자를 많이 보낸 국가 등은 역사를 통해 변화해 왔다. 초기 이주민들은 아프리카에서 강제로 이주당한 경우를 제외하고는 대부분 서유럽의 백인이었다. 반면에 최근에는 이주민의 절대 다수가 아시아, 카리브 해, 남부 및 중앙아메리카와 멕시코 출신이다.

〈표 1-7〉은 1820~2007년 사이에 미국에 도착한 합법적 영구 이민자들의 수를 보여준다. 이주의 큰 흐름을 살펴보면 다음과 같다.

표 1-7

1820~2007년 사이 합법적 영주권을 취득한 인원수

연도	인원수	연도	인원수	연도	인원수	연도	인원수
1820	8,385	1870	387,203	1920	430,001	1970	373,326
1821	9,127	1871	321,350	1921	805,228	1971	370,478
1822	6,911	1872	404,806	1922	309,556	1972	384,685
1823	6,354	1873	459,803	1923	522,919	1973	398,515
1824	7,912	1874	313,339	1924	706,896	1974	393,919
1825	10,199	1875	227,498	1925	294,314	1975	385,378
1826	10,837	1876	169,986	1926	304,488	1976a	499,093
1827	18,875	1877	141,857	1927	335,175	1977	458,755
1828	27,382	1878	138,469	1928	307,255	1978	589,810
1829	22,520	1879	177,826	1929	279,678	1979	394,244
1830	23,322	1880	457,257	1930	241,700	1980	524,295
1831	22,633	1881	669,431	1931	97,139	1981	595,014
1832	60,482	1882	788,992	1932	35,576	1982	533,624
1833	58,640	1883	603,322	1933	23,068	1983	550,052
1834	65,365	1884	518,592	1934	29,470	1984	541,811

(계속)

1835	45,374	1885	395,346	1935	34,956	1985	568,149
1836	76,242	1886	334,203	1936	36,329	1986	600,027
1837	79,340	1887	490,109	1937	50,244	1987	599,889
1838	38,914	1888	546,889	1938	67,895	1988	641,346
1839	68,069	1889	444,427	1939	82,998	1989	1,090,172
1840	84,066	1890	455,302	1940	70,756	1990	1,535,872
1841	80,289	1891	560,319	1941	51,776	1991	1,826,595
1842	104,565	1892	579,663	1942	28,781	1992	973,445
1843	52,496	1893	439,730	1943	23,725	1993	903,916
1844	78,615	1894	285,631	1944	28,551	1994	803,993
1845	114,371	1895	258,536	1945	38,119	1995	720,177
1846	154,416	1896	343,267	1946	108,721	1996	915,560
1847	234,968	1897	230,832	1947	147,292	1997	797,847
1848	226,527	1898	229,299	1948	170,570	1998	653,206
1849	297,024	1899	311,715	1949	188,317	1999	644,787
1850	369,980	1900	448,572	1950	249,187	2000	841,002
1851	379,466	1901	487,918	1951	205,717	2001	1,058,902
1852	371,603	1902	648,743	1952	265,520	2002	1,059,356
1853	368,645	1903	857,046	1953	170,434	2003	703,542
1854	427,833	1904	812,870	1954	208,177	2004	957,883
1855	200,877	1905	1,026,499	1955	237,790	2005	1,122,257
1856	200,436	1906	1,100,735	1956	321,625	2006	1,266,129
1857	251,306	1907	1,285,349	1957	326,867	2007	1,052,415
1858	123,126	1908	782,870	1958	253,265		
1859	121,282	1909	751,786	1959	260,686		
1860	153,640	1910	1,041,570	1960	265,398		
1861	91,918	1911	878,587	1961	271,344		
1862	91,985	1912	838,172	1962	283,763		
1863	176,282	1913	1,197,892	1963	306,260		
1864	193,418	1914	1,218,480	1964	292,248		

(계속)

연도	인원수	연도	인원수	연도	인원수	연도	인원수
1865	248,120	1915	326,700	1965	296,697		
1866	318,568	1916	298,826	1966	323,040		
1867	315,722	1917	295,403	1967	361,972		
1868	138,840	1918	110,618	1968	454,448		
1869	352,768	1919	141,132	1969	358,579		

주: a는 회계연도의 최종일이 7월 30일에서 9월 30일로 변경되는 까닭에 1975년 7월 1일부터 1976년 9월 30일 사이 15개월이 포함됨.

출처: 2007년 이민통계연보(Yearbook of Immigration Statistics: 2007), 미국 국토안보부 이민통계청(United States Department of Homeland Security, 2008, Washington, DC: U.S. Department of Homeland Security, Office of Immigration Statistics). 2008년 4월 20일 http://www.dhs.gov/xlibrary/assets/statistics/yearbook/2007/table02.xls에서 검색 가능.

첫 백 년 동안 미국은 경제적 · 사회적 성장의 필요성과 아울러 억압으로부터의 피난을 원하는 전 세계의 난민들에게 피난처를 제공해야 한다는 국민의 믿음을 바탕으로 이민자에 대해 매우 수용적이었다. 자유를 원하는 사람들에게 피난처를 제공한다는 스스로의 이미지와는 정반대로, 같은 기간에 아프리카에서 미국으로 대규모의 강제이주가 이루어졌다.

초기의 긍정적 환경에도 불구하고 이민자들이 범죄와 빈곤에 일조한다는 우려가 나타나기 시작하였다. 이러한 우려는 1882년 범죄자, 극빈자, 정신적으로 문제가 있다고 간주되는 이들의 입국을 제한하는 최초의 억압적 이민법으로 이어졌다. 이 법을 지지하는 이들은 이러한 집단들이 대부분 실업자로서 공적자금에 의한 재정적 지원에 의존한다고 생각하였다. 같은 해에 고국의 국적에 따라 이민을 제한하는 「1882 중국인 제외법」이 통과되었다. 이 법은 중국으로부터의 이주를 중지시키고 중국인이 미국 시민이 되는 것을 금지하였는데 1943년에 마침내 폐지되었다. 이 법은 미국의 정치적 · 경제적 요인이 중국 이민자들에 대한 태도를 어떻게 변화시켰는지를 잘 보여 준다. 1800년대 중반 중국인 노동자들이 적극적으로 미국으로 유입되었지만, 1880년대에 경기침체가 발생하자 그들을 배제할 필요성이 생겼다. 그러다 1943년 미국이 제2차 세계 대전 동안 정치적 동반자로 중국을 필요로 할 때 중국인은 다시 받아들여졌다.

1880년대의 법률들은 미국의 이민 정책에 개인적 특성에 근거한 제한, 국적에 근거한 제한, 국내 노동력의 보호라는 세 가지 중요한 요소를 도입하였다(Potocky-Tripodi,

2002).

1880년대 말에서 1900년대 초까지 처음에는 북부와 서부 유럽의 이주민들이 그리고 다음에는 남부와 동부 유럽의 이주민들이 산업화와 도시화의 확산에 따라 증가하는 필요 노동력을 제공할 수 있도록 지속적으로 미국으로 유입되었다. 동시에 이민자들은 가난하고 범죄자가 많으며 미국 태생 노동자들로부터 직업을 빼앗아 간다는 감정이 확산되기 시작하였다. 이러한 반이민 정서는 1917년의 이민법에서 절정에 다다른다. 이 법은 문맹자(이들은 대부분 남부와 동부 유럽 출신이다)를 배제하였고 곧이어 아시아 이민자의 입국을 제한하였다.

강화되는 반이민정책의 일환으로 1924년의 이민법은 한 해 150,000명으로 유럽 이민자를 제한하였고, 1890년 센서스에 근거하여 이주민의 국적에 따라 할당제를 실시하였다. 따라서 남부와 동부 유럽 출신의 이민자 대부분은 1890년 이후가 되기까지 전혀 미국으로 입국하지 못하였으며, 이 조항은 문맹자를 배제하고 북부나 서부 유럽의 입국을 선호한 1917년의 이민법과 유사하였다. 이민에 대한 현재의 관심과 관련하여 흥미로운 점은 서반구로부터의 이주민들은 남부의 이웃 국가들과 좋은 관계를 유지하면서 값싼 노동력의 확보를 위해 이 할당조항에서 면제를 받았다는 것이다.

1948년 법안(「난민구제법」), 1953년 법안(「난민구호법」), 1957년 법안(「난민도망자법」)은 전쟁이나 공산주의 정권으로부터 탈출하여 난민이 된 사람들을 위한 것이었다. 1952년의 「이민과국적법(Immigration and Nationality Act of 1952)」은 기존의 법률들을 통합한 것이다. 할당제도에 약간의 변동이 있었지만 여전히 미국사회에 쉽게 동화될 것으로 기대된 북부와 서부 유럽인을 선호하였다(Potocky-Tripodi, 2002). 할당제도를 자세히 살펴보면 미국에 친척이 있거나 교육수준이 높거나 기술을 가진 이들에게 우선순위가 부여되었다. 요약하자면 미국의 초기 200년의 역사는 경제적·사회적·정치적 흐름들과 연계되어 처음의 열린 이민 정책에서 점점 제한적 정책으로 변모하였음을 보여 준다.

1965년에 수정된 「이민과국적법」은 현대 이민 법안의 시작을 의미한다. 이 법안은 국적 할당제도를 철폐하고 인종, 국적, 민족을 이민의 자격 기초로 삼는 것을 철폐하였다. 그리고 가족관계와 고용에 근거한 입국허가제도가 정착되었다. 이 법안은 유럽보다 아시아와 남아메리카로부터의 이민을 증가시켰다. 상당한 전쟁의 참화를 입은 동남아시아 출신 난민의 입국과 정착은 1980년 「난민법(Refugee Act)」으로 더욱 촉진되었다.

불법이민의 증가에 대한 우려는 1986년 「이민개혁및규제법(Immigration Reform and

Control Act: IRCA)」의 통과로 이어졌다. 이 법은 불법 이민과 관련하여 세 가지 중요한 조항을 두었다. 첫째는 불법 이민자를 고용하는 사람에 대한 벌금의 증가, 둘째는 국경통제의 강화, 셋째는 1982년 이래 미국에서 지속적으로 거주해 온 사람들에 대한 사면이었는데, 이는 거의 300만 명의 이민자를 합법화할 수 있었다(Potocky-Tripodi, 2002).

1990년 이민법은 합법적 이주에 초점을 맞추었고 연간 이주 규모를 40%까지 증가시켰다. 이 법안은 가족과 고용기술 우선조항을 수정하였으며 1965년 이래 거의 입국을 허락받지 못한 국가들(유럽)로부터의 이민을 늘리기 위해 다양한 범주를 추가하였다. 합법적인 이주민들이 사용하는 공적 혜택에 대해 증가하는 우려는 1996년 「개인책임및근로기회조화법(Personal Responsibility and Work Opportunity Reconciliation Act)」으로 나타났는데 이 법은 합법적인 이주민이 공적 혜택을 받는 것을 금지하였다. 혜택에 대한 우려는 불법 이주민에 대한 제약을 증가시키고자 하는 「불법이주및이주민책임법(Illegal Immigration Reform and Immigrant Responsibility Act)」을 탄생시켰지만, 가정폭력 피해자는 공적 혜택을 지원할 수 있다는 것과 비영리기관이 수혜자격을 결정할 때 이민 지위를 확인할 필요가 없다는 사항은 예외로 하였다.

증가하는 반이민 정서와 함께 2001년 9월 11일 테러리스트의 공격 이후 테러리즘에 대한 공포가 증가해 왔다. 예를 들어, 「반테러주의와효과적사형법(Antiterrorism and Effective Death Penalty Act of 1994: AEDPA)」은 외국인 테러리스트를 찾아내고 이들이 미국에 입국하는 것을 배제하는 절차가 신속하게 이루어질 수 있도록 하였다.

지난 5년 동안 미국 전역에 걸쳐 반이민 정서가 확산해 왔다. 연방정부 차원에서는 2005년 「국경보호반테러및불법이민통제법(Border Protection Anti-Terrorism and Illegal Immigration Control Act)」으로 불법 이민자를 지원하는 것을 불법으로 규정하였다. 이 법안은 연방 의회는 통과하였지만 다행히 주 의회는 통과하지 못했다. 이 법안으로 사회복지사는 다소 어려운 상황에 처하게 되었다. 전미사회복지사협회의 윤리강령은 인종이나 민족의 기원을 근거로 하는 차별을 금지하기 때문이다. 또한 2008년에 전미사회복지사협회의 법인이사회는 투표를 통해 이민자의 지위에 근거한 차별에 대한 내용을 윤리강령에 포함시켰다.

반이민 정서의 대부분은 주 차원에서 입법의 제안이라는 형태로 이루어졌다. 2007년 전반기에는 이민자 문제와 관련하여 약 1,400건 이상의 법안이 주 의회에서 발의되었고(National Conference on State Legislatures, 2007), 그 가운데 대부분이 억압적 정책을 제안하는 내용이었다. 그러나 이민자에 대한 차별적 법률의 제안이 증가함에 따라 윤리강령과 주 혹은 연방 법률이 충돌할 경우에 필요한 적절한 사회복지사의 역할에 대해서 지속적인 관심이 주어져 왔다.

4. 사회복지실천과 교육에의 함의

이 책은 사회복지사들이 이민자를 대상으로 하는 사회복지실천과 관련된 정책과 실천에서의 도전적 쟁점들을 더욱 잘 이해할 수 있도록 돕기 위해 만들어졌다. 전문직으로 출현한 이래, 사회복지사들은 이민자들과 함께 활동하여 왔다. 최근 전문직의 초점은 문화적으로 역량 있는 실천을 발전시키는 것이다(4장에서 더 상세히 논의된다).

전미사회복지사협회의 윤리강령은 이민자를 대상으로 하는 전문직 실천의 초점을 문화적으로 역량 있는 실천 부분에서 정의하고 있다. 또한 이민자는 최근 들어 사회복지사가 차별을 반대해야 할 사람들의 범주에 포함되었다.

사회복지교육자들 역시 학생들이 증가하는 이민자 클라이언트와 일할 수 있도록 준비시키려고 노력해 왔다. 미국 사회복지교육협의회(The Council on Social Work Education: CSWE)의 교육방침과 승인기준(2008)은 문화적 역량의 내용을 포함할 것과 전 지구적 차원의 실천을 위해 학생들을 준비시키는 것의 중요성에 대해 언급하였다. 많은 학교에서 이민자 대상 실천을 위한 전문과목이나 특별 강좌를 개설하고 다양한 이민자 집단과의 실천 경험을 위한 실습을 제공하고 있다.

사회복지교육의 주요 목적은 학생들에게 전문직이 근거하고 있는 가치와 윤리를 가르치는 것이다. 최근 들어 사회복지학과 학생들에게 사회복지의 가치와 윤리뿐 아니라 인권을 가르쳐야 할 필요성에 대한 관심이 증가되어 왔다(Congress, 2006). 사회복지학과 학생들은 이민의 쟁점을 인권의 시각으로 이해해야 한다.

'국제연합의 모든 이주 노동자와 그 가족의 권리 보호에 관한 국제협약(UN International Convention on the Protection of the Rights of All Migrants Workers and Their Families, 1990)'은 특별히 이민자들의 권리 보호와 연계되어 있고, 이 협약에 대한 이해야말로 종종 미국에서 이민자 쟁점에 대한 이해를 시작하는 중요한 출발 장소를 제공하고 있다. 국제연합의 이 문서는 합법 혹은 불법 이주민과 그들의 가족이 국내의 시민들과 동일한 인권을 부여받도록 촉진하고 있다.

'국제연합의 모든 이주 노동자와 그 가족의 권리 보호에 관한 국제협약'은 몇 가지 이유에서 매우 중요한 문서다. 첫째, 거의 대부분의 이주민이 보고되지 않거나 '무자료(off the book)' 고용과 연관되어 있기 때문에 실제로 이 문서는 거의 모든 이민자를 담아낼 수 있다. 이 문서의 또 다른 긍정적인 특성은 이민자들의 가족, 다시 말해 일하지 않는 여성이나 일하기에 너무 어린 아동들 역시 포함하고 있어 적용의 범위를 일하지 않는 이민자들에게까지 추가적으로 확대할 수 있는 점이다. 이 문서가 국제연합의 국제협약이고 미국은 이 문서에 서명을 하지 않기로 했기 때문에 미국 내에서 법적으로 강제할 수는 없다. 그러나 이 문서는 국가들이 전 세계 이민자들의 권리를 인정하는 데 중요한 단계와 기준을 제시하며 사회복지학과 학생들에게 이민자들의 욕구와 쟁점을 가르치는 중요한 배경이 되는 지침을 제공하고 있다.

📑 추가자료

Constitutional Rights Foundation. History on Immigration: http://www.crf-usa.org/immigration/immigration_history.htm

Department of Homeland Security: http://www.dhs.gov/ximgtn/

IFSW International Policy on Migrants: http://www.ifsw.org/en/p38000213.html

IFSW International Policy on Refugees: http://www.ifsw.org/en/p38000216.html

NASW Immigration Policy Took Kit: http://www.socialworkers.org/diversity/ImmigrationToolkit.pdfResource on Immigrants

National Immigration Forum: www.immigrationforum.org

U.S. Citizenship and Immigration Services: www.uscis.gov

📖 참고문헌

Alicea, M. (1997). "A chambered Nautilus": The contradictory nature of Puerto Rican women's role in the social construction of a transnational community. *Gender and Society, 11*(5), 597-626.

American Community Survey. (2006). Data Profile Highlights: Colorado. Retrieved February 24, 2008, from http://factfinder.census.gov/servlet/ACSSAFF-Facts?_event=Search&geo_id=&geoContext=&_street=&_county=&_city-Town=&_state=04000US08&_zip=&_lang=en&_sse=on&pctxt=fph&pg-sl=010

Amkpa, A. (2008, February 11). Ghana Overview: Region, institutions, people, culture, contemporary issues. Immigrant Project Symposium, Shomberg Center, New York.

Congress, E. (2006, November 13). Panel presentation, Red Light Children Film Forum. Fordham University, New York.

Congress, E. (2007, September 6). The impact of climate change on migrants: Current issues and future challenges. Department of Public Information/Non-Governmental Organizations Conference, United Nations, New York.

Council on Social Work Education (2008). Educational Policy and Accreditation Standards. Retrieved August 12, 2008, from http://www.cswe.org/NR/rdonlyres/2A81732E-1776-4175-AC42-65974E96BE66/0/2008EducationalPolicyandAccreditationStandards.pdf

Drachman, D. (1992). A stage of migration framework for service to immigrant population. *Social Work, 37*, 68-72.

Faist, T. (1997). The crucial meso-level. In T. Hammar, G. Brochmann, K. Tamas, & T. Faist (Eds.), *International migration, immobility and development: Multidisciplinary perspectives* (pp. 187-218). New York: Berg.

Fischer, P., Martin, R., & Straubhaar, T. (1997). Should I stay or should I go? In T. Hammar, G. Brochmann, K. Tamas, & T. Faist (Eds.), *International migration, immobility and development. Multidisciplinary perspectives* (pp. 49-90). New York: Berg.

Grange, M. (2006). *Strengthening protection of migrant workers and their families with international human rights treaties.* Geneva: International Catholic Migration Commission.

International Federation of Social Workers. (2005). *International policy on migration.* Berne, Switzerland: Author.

Lee, E. (1966). A theory of migration. *Demography, 3*, 47-57.

National Association of Social Workers. (2006). *Social Work Speaks: NASW Policy*

Statements, 2006-2009. Washington, DC: NASW Press.

National Conference on State Legislatures. (2007). 2007 Enacted state legislation related to immigrants and immigration. Retrieved March 2, 2008, from http://www.ncsl.org/programs/immig/2007Immigration831.htm

New York City Office of City Planning, Population Division. (2004). *The newest New Yorkers 2000*. New York: NYC-DCP #04-09.

Passel, Jeffrey S. (2005). *Unauthorized migrants: Numbers and characteristics*. Washington, DC: Pew Hispanic Center. Retrieved from http://pewhispanic.org/files/reports/46.pdf

Passel, J., Capps, R., & Fix, M. (2004). *Undocumented immigrants: Facts and figures*. Washington, DC: The Urban Institute.

Potocky-Tripodi, M. (2002). *Best practices for social work with refugees and immigrants*. New York: Columbia University Press.

Schiller, N. G., Basch, L., & Blanc-Szanton, C. (1992). *Towards a transnational perspective on migration: Race, class, ethnicity and nationalism reconsidered*. New York: New York Academy of Sciences.

United Nations Department of Economic and Social Affairs. (2006). *Countries with the largest percentage of population from international migration*. Retrieved March 2, 2008, from http://www.un.org/esa/population/publications/2006Migration_Chart/Migration2006.pdf

United States Census. (2003). *Foreign born population of the United States: March 2002*. Retrieved March 9, 2008, from http://www.census.gov/prod/2003pubs/p20-539.pdf

Wassem, R. (2007). Unauthorized aliens in the United States: Estimates since 1986. CRS Report for Congress. Retrieved July 21, 2008, from http://fpc.state.gov/documents/organization/39561.pdf

2장

이민자의 법적 구분

Fernando Chang-Muy

비영리조직이나 사회복지사들은 미국 인구통계의 변화와 국경을 넘어오는 사람들의 동향을 고려하여, 자신들의 프로그램이나 서비스가 다양한 클라이언트의 욕구를 충족시킬 수 있는지를 분명히 확인해 보아야 한다. 효과적인 조직체와 직원들은 건강, 정신보건, 고용, 교육의 영역에서 직접적인 임상 서비스를 제공할 수 있다. 그렇지만 사회복지사는 서비스를 제공하는 능력과 더불어 클라이언트가 직면할 수 있는 이민 관련 쟁점에 대해서도 기본적인 지식을 갖추고 있어야 한다. 이민과 관련된 법적 이슈들은 정신적·육체적 스트레스가 될 뿐 아니라 다른 핵심 이슈들을 해결하지 못하게 방해를 함으로써 돌봄의 걸림돌로 작용할 수 있다.

이 장은 장기 거주를 목적으로 하는 신규 이민자가 일단 미국에 입국해서 체류할 수 있는 합법적인 단기 입국 방법들을 제시할 것이다. 이를 통해 입국 거부를 예방하거나 추방을 막고 궁극적으로는 시민권자가 될 수 있는 방법을 설명할 것이다. 이 장의 목적은 서비스 제공자에게 이민에 대한 법적 분석틀을 제공함으로써 관련 지식을 증가시키는 데 있다. 서비스 제공자가 클라이언트의 강점과 도전 그리고 법적 장애물에 대해서 종합적으로 이해하게 되면 클라이언트와의 협력하에 종합적인 행동계획을 수립할 수 있을 것이다. 자신의 삶과 지역사회의 생활에 적극적으로 참여하는 소비자야말로 우리가 궁극적으로 기대하는 결과다.

사회복지사는 신규 이민자 클라이언트를 만날 때 그가 어떻게 입국하였는지 그리고 현재 어떠한 이민 지위를 유지하고 있는지를 분명히 알고 있어야 한다. 만약 사회복지사가 클라이언트의 법적 상태에 대해 의문이 있을 경우 이민 전문 변호사나 비영리기관에 조회할 수도 있다. 이 장의 기획 의도는 사회복지사들에게 기본적인 법적 지식을 제공함으로써 필요한 경우 그들이 이민 전문가를 지원할 수 있는 사실 자료를 충분히 제시하고 적절한 알선을 할 수 있게 하는 것이다.

1. 미국으로의 단기 입국

미국의 「이민법」은 미국으로 입국할 수 있는 다양한 합법적인 방법을 규정해 두고 있다. 이 절은 미국으로 단기 입국할 수 있는 방법들에 대해 다룬다. '이 장에서 신규 이민자(newcomers)로 불리는' 단기 입국 임시체류자들은 주로 인도적 이유나 관광, 교육 혹은 단기 취업의 목적으로 입국하게 된다.

미국에 입국하려면 모든 임시체류자는 여권을 소지하여야 하며 아울러 비자를 취득하여야만 한다. 우리가 어떠한 방에 들어가기 위해서는 문과 열쇠가 있어야 하는 것처럼, 여권(출신국가에서 발급되는)은 문과 유사한 것이고 비자(미국 대사관이나 출신국가의 영사에 의해 발급되는)는 방(지금 맥락에서는 미국)에 들어가는 것을 허락받는 열쇠다. 대부분의 임시체류자는 비자가 필요하지만 비자면제프로그램(Visa Waive Program)의 적용을 받는 특정 국가의 국민은 비자 없이 90일까지 관광이나 사업 목적으로 미국에서 머무를 수 있다. 이러한 규정은 호혜협정이기 때문에 미국 시민 역시 해당 국가에 입국할 때 비자를 발급받을 필요가 없다. 비자면제프로그램에 참여하는 국가들은 대부분 선진국으로 간주되고 있다(예를 들면, 대부분의 유럽 국가).

비자는 임시체류자들이 공항이나 국경과 같은 미국 내 입국지점까지 접근할 수 있도록 허락하고는 있지만, 그 이상을 넘어서는 이민 문제는 미국 국토안보부(U.S. Department of Homeland Security: DHS)의 책임에 해당한다. 국토안보부와 그 산하에 있는 이민세관단속국(Immigration and Customs Enforcement: ICE)에서 일하는 이민담당관이 입국을 허락할 수 있는 권한을 가지고 있다. 다시 말해 담당관이 특정한 목적으로 얼마 동안 입국할 수 있는지를 결정한다.

다음으로는 단기 체류를 목적으로 미국에 입국하는 '외국인 체류자(aliens)'를 정의하고 있는 미국의 「이민법」을 다룬다. 이 정의는 미국 「이민과국적법」의 101(a) 15섹션에서 찾아볼 수 있다. 대부분의 경우 임시체류자들에게는 입국 당시 도착/출국 카드(흰 카드)가 여권에 부착되어 주어진다. 사회복지사는 흰 카드를 통해 임시체류자들이 언제 입국했는지 그리고 언제까지 체류가 허락되었는지를 확인할 수 있다. 많은 경우 그 가족들역시 미국에 체류할 수 있는 자격이 주어진다. 따라서 사회복지사는 주요 체류자에게만 서비스를 제공할 수 있는 것이 아니라 미국에 함께 입국하는 배우자와 아이들에게도 서비스를 제공할 수 있다.

1) 인도주의적 이유의 입국

사회복지사는 합법적으로 입국하였지만 비자가 만료된 사람 혹은 비자 없이 입국하는 사람들이 임시 체류 혹은 단기 체류 비자를 받을 수 있는지에 특히 관심을 가진다. 이들은 현재 무자료 혹은 '불법'의 신분이지만 아래에 언급하는 범주에 해당할 경우 정부에 의해 체류 허가가 주어질 수 있다.

한 가지 범주는 증인 혹은 정보제공자다. 만약 정부가 해당 임시체류자가 범죄조직이나 기업에 대해 믿을 만한 중요 정보를 가지고 있으며 주 법정이나 연방 법정에 정보를 제공할 의지가 있거나 제공하고 있을 때, 그래서 그들이 미국 내에 거주하는 것이 정부가 성공적으로 범죄수사를 수행하거나 범죄조직이나 기업과 연관된 개인을 성공적으로 기소하는 데 필수적이라고 판단할 경우 해당인은 증언을 위해 미국 체류가 허락된다. 이 경우 여권에 S자의 도장이 찍히는데, 이는 합법적으로 미국에 입국할 수 있는 비자를 얻었다는 일종의 증명이다(S는 '끄나풀(snitch)'을 의미하는 속어다). 증인의 배우자, 기혼 혹은 미혼 자녀 그리고 증인의 부모 역시 증언을 할 사람과 함께 미국에 입국할 수 있다(8 U.S.C. § 101(a)(15)(S)).

이러한 상황에서는 정부가 정신건강, 신체적 건강, 고용 등과 관련된 원조나 상담을 사회서비스기관에 의뢰하기도 한다. 이때 사회복지사가 해당인이 미국에 입국하게 된 이유를 이해하고 적절한 상담이나 의뢰를 제공하려면 비자 상태가 어떠해야 하는지에 대해 이해하는 것이 중요하다.

특히 여성들에게 해당하는 또 다른 체류 이유는 인신매매의 희생자일 경우다. 미국, 미국령 사모아, 북마리아나 제도나 입국하려는 항구에 실제 머무르고 있는 어떤 사람이 인신매매에 연관되어 있고, 주나 지방 차원에서 이러한 행위를 기소하는 것과 관련해 적절한 요청이 있을 경우에는 체류가 허락된다. 인신매매 희생자인 사람은 특별 서류를 부여받거나 여권에 T자 도장이 찍힌다(만약 여권을 소지하고 있을 경우). 이것은 그들이 인신매매의 희생자로 분류되어 미국에 합법적으로 체류할 수 있음을 표시하는 것이다(8 U.S.C. § 101(a)(15)(T)).

마지막 사유는 범죄 행위의 희생자로서 육체적 · 정신적 학대를 경험하고 미국에 입국하려는 경우다. 이와 같은 행위의 사례들은 다음과 같다.

강간, 고문, 인신매매, 근친상간, 가정폭력, 성적 학대, 폭력적인 성적 접촉, 매매춘, 성적 착취, 여성성기 절제, 인질, 노역, 비자발적 노예 상태, 노예 거래, 납치, 유괴, 불법적 제지, 부당감금, 협박, 강탈, 과실치사, 살해, 폭행, 증인 매수, 재판방해, 위증, 살해기도, 모의, 이상 언급한 범죄의 교사(8 U.S.C. § 101(a)(15)(U)(iii)).

만약 입국하려는 사람이 연방 · 주 · 지방 경찰이 범죄행위를 조사하고 기소하는 데 도움이 되거나 혹은 되었다면 미국 체류가 허락된다. 어떤 사람이 '특정 범죄행위의 희생자'로 간주될 경우에는 특별한 서류가 부여되거나 여권에 U자 도장을 받게 된다(여권이 있을 경우). 이는 그들이 범죄행위의 희생자로 분류되어 합법적인 미국 체류가 허락되었다는 것을 의미한다.

2) 여행 목적의 입국

위에서 언급한 바와 더불어 미국에 입국할 수 있는 또 다른 주요 이유는 '사업차 혹은 관광'을 위한 여행이다. 때때로 입국을 원하는 사람들이 여행자 신분으로 합법적으로 입국하지만 출국해야 하는 시기에 출국하지 않아 불법 체류자가 되기도 한다. 일시적으로 사업이나 관광을 위한 목적으로 입국하게 되면 여권에 B자 도장을 받게 되는데 이는 합법적으로 입국하기 위해 필요한 비자를 얻었음을 의미한다(8 U.S.C. § 101(a)(15)(B)).

3) 학업 목적의 입국

미국에 입국하는 또 다른 주요 이유는 학업이다. 미국에서 단기로 학업을 수행하려는 사람들이 지원할 수 있는 하위범주 혹은 비자 유형이 몇 가지 있다. 미국에 입국하고 자 하는 사람들은 '미국에 존재하는 단과대학, 종합대학, 신학대학, 음악원, 고등학교, 초 등학교, 기타 교육기관 또는 어학훈련 프로그램'의 학생으로 입국할 수 있다(8 U.S.C. § 101(a)(15)(F)(i)). 학생 신분으로 일시 입국이 허락되면 여권에 F자 도장이 찍히는데, 이 는 합법적으로 입국하기 위해 얻어야 하는 비자를 얻었다는 것을 의미한다.

또한 학생, 학자, 훈련생, 교사, 교수, 연구조교, 혹은 전문가로 일할 수 있는 '교환학 자'로 입국할 수 있다. 다른 한편으로 특수한 지식이나 기술 영역에서 교육, 훈련, 강의, 연구, 조사, 연구수행, 자문, 기술시범, 훈련을 목적으로 하는 저명 지도자로서 입국할 수 도 있다(8 U.S.C. § 101(a)(15)(J)). 교환학자로 입국할 경우 비자에 J자가 찍히게 되는데, 이는 입국에 필요한 합법적인 비자를 취득하였음을 의미한다.

학업을 목적으로 미국에 입국할 수 있는 또 다른 방법은 직업학교나 다른 저명한 비교 육기관에서 학업을 수행하기 위해 입국하는 것이다. 이러한 목적으로 입국하게 되면 여 권에 M자 도장이 찍히며, 이는 합법적으로 입국하기 위해 필요한 비자를 얻었음을 의미 한다(8 U.S.C. § 101(a)(15)(M)(i)).

4) 노동 목적의 입국

비영리조직의 사회복지사들은 노동을 목적으로 합법적으로 입국하는 사람들에게 서비 스를 제공할 수 있다. 많은 사람이 의료 분야(특히 간호사)나 농업 혹은 여타 영역에서 숙 련 혹은 비숙련 노동자로 일하기 위해 입국하고 있다. 이러한 유형의 비자 대다수는 그들 의 가족도 함께 입국하는 것을 허락하고 있다. 사회복지사는 계절적으로 입국하는 농업 노동자들을 대상으로 건강, 교육, 고용상의 차별 문제 등에 대한 도움을 제공할 수 있는 데, 이러한 서비스는 이어지는 장에서 자세히 소개될 것이다. 노동 목적으로 일시 입국하 는 사람들의 여권에는 H자 도장이 찍히며, 이는 그들이 합법적으로 입국하는 데 필요한 비자를 얻었다는 것을 의미한다.

미국 정부가 노동 목적으로 입국을 허락하는 또 다른 유형은 기업 주재원(transferee) 이다. 직원을 파견하고 소환하는 대규모 기업들은 미국 국적이 없는 자신들의 직원을 입 국시키기 위해 이러한 유형의 입국 허가를 사용하고 있다. 배우자와 자녀들도 입국하는 주재원과 동행 가능하다. 큰 회사들은 직원들이 필요로 하는 사회적 서비스를 제공하기 위한 인적 자원 부서를 두고 있기도 하지만, 일반적으로 주재원이나 그들의 배우자는 육체적 건강과 정신건강, 고용, 교육 등의 문제와 관련해 사회복지서비스기관의 도움을 원하고 있다. 주재원 자격으로 일시 입국하는 경우 여권에 L자 도장이 찍히는데, 이것은 그들이 합법적으로 미국에 입국할 수 있는 자격을 취득했다는 것을 의미한다(8 U.S.C. § 101(a)(15)(L)).

과학, 예술, 교육, 경영, 영화나 TV 제작에 '탁월한' 능력을 보유한 것으로 판정되어 미국에 입국할 수 있는 경우도 있다(8 U.S.C. § 101(a)(15)(O)(i)). 탁월한 노동자라는 평가를 통해 일시 입국할 경우 여권에 O자 도장이 찍히는데, 이것은 그들이 합법적으로 미국에 입국할 수 있는 비자를 얻었다는 것을 의미한다.

만약 개인 또는 집단의 일원으로 혹은 그와 같은 집단 공연의 중요한 일부분으로서 예술가나 연예인 자격으로 특별 공연을 위해 입국하는 경우, 여권에 P자 도장이 찍히며 이는 그들이 합법적으로 미국에 입국할 수 있는 비자를 얻었다는 것을 의미한다(8 U.S.C. § 101(a)(15)(P)(ii)(I)).

마지막으로 종교에 귀의하는 미국인이 점차 감소함에 따라 미국의 많은 종교기관이 종교 관련 노동자를 구하기 위해 외국으로 눈을 돌리고 있다. 종교 분야의 노동자로 종교기관에서 일하기 위해 일시 입국하는 경우, 합법적으로 미국에 입국할 수 있는 비자를 취득했다는 것을 의미하는 R자 도장이 여권에 찍히게 된다.

5) 외국 정부 관료 신분으로의 입국

워싱턴 시는 외국 대사관이 많이 모여 있는 곳이다. 게다가 텍사스, 뉴욕, 캘리포니아, 펜실베이니아 등 미국 전역에 걸쳐 외국의 정부들이 자국 국민을 위한 서비스를 제공하기 위해 영사관을 설치하고 있다. 외국의 정부 관료가 미국에 입국하기 위해 취득하는 비자는 A 혹은 G자가 찍혀 있는 외교관 비자다. 미국 정부는 외교관의 '수행원, 하인, 개인적 피고용인'에게도 입국을 허가하고 있으며, 이들은 A-3 혹은 G-5 도장을 여권에 받게 되고 이는 외교관의 피고용인으로 분류된다는 것을 의미한다. 비록 외교관 본인이 사회복지기관에 도움을 청하는 일은 드물지만, 외교관의 수행원이나 피고용인이 사회복지사에게 도움을 요청할 가능성은 충분하다. 따라서 이 피고용인들이 고용주로부터의 학대 희생자가 될 경우 적절한 의뢰를 수행하기 위해 이러한 법적 분류를 명확하게 알아 두는 것이 중요하다.

2. 미국에서의 영구 체류

위에서 설명한 바와 같은 다양한 범주로 미국에 단기 입국할 수도 있지만, 이민으로 입국하여 영구적으로 체류할 수도 있다. 이는 자신의 선택으로 고국에 영원히 돌아가지 않을 수 있음을 말한다. 일시 입국하는 이들에게 비이민 비자가 있듯이, 영구 체류를 하는 이들에게는 이민 비자가 있다. 그린카드(green card) 취득이나 법적인 영주권 취득은 둘 다 이민 비자를 취득했다는 것과 동의어다.

합법적으로 입국하여 영구 체류할 수 있는 많은 방법이 존재하지만, 이 장에서는 사회복지실천과 연관이 있는 합법적 영구 체류 부분을 주로 다루고자 하며 다음과 같은 영역들이 이에 해당한다. 각각의 내용은 이어지는 절에서 상세히 설명된다.

1) 가족초청이민
2) 취업이민
3) 난민/망명
4) 여성폭력
5) 청소년 특별 이민
6) 추방취소
7) 로또 이민

1) 가족초청이민

만약 합법적인 영주를 원하는 신규 이민자에게 자신의 후원자가 될 수 있는 가까운 친지가 미국에 있다면 영구 체류가 가능하다. 사회복지사는 새로운 입국자에 대한 종합적인 인테이크의 일환으로 해당 입국자에게 이민의 후원자가 될 수 있는 혹은 가족적 지지를 제공할 수 있는 직계가족이 있는지(비록 모든 가족 구성원이 해당하지는 않는다 할지라도)를 사정할 수 있다. 4장에서 사회복지에서의 가족 체계적 접근을 논의할 것인데 전체 가족을 상대로 이러한 접근법을 활용하는 것은 「이민법」 관점에서 보면 유용할 수 있다.

미국 「이민법」은 합법적 영구 체류를 얻을 수 있는 자격으로 오직 특정 유형의 관계만을 인정하고 있다. 미국 시민권자 혹은 영구 거주 자격을 가진 부모, 형제자매, 배우자 혹은 21세 이상의 자녀만이 후원자가 될 수 있다. 절차를 보면 미국 시민권자이거나 영구체류자 신분의 후원자는 적절한 서류를 작성하여야 하며, 자신이 이민을 원하는 사람을 후원할 수 있는 충분한 소득이나 자산을 보유하고 있음을 증명해야 한다. 사회복지사가 이민을 원하는 사람에게 위에서 언급한 가까운 친지가 있다는 것을 확인하면 그들이 미국에 체류할 수 있는 방법을 모색하는 데서 더욱 효율적인 의뢰를 수행할 수 있다.

후원자와 이주를 원하는 사람은 미국에 입국하기 위해 다음과 같은 이민 과정을 성공적으로 완료해야 한다.

① 신고서 I-130인 친척 영주권 청원서를 작성하여야 한다.
② 이주하려는 사람을 후원하기에 충분하고 적절한 수입이나 자산이 있음을 증명할 수 있도록 신고서 I-134, 즉 재정후원서라는 서류를 작성하고 서명함으로써 후원에 관한 법적 책임을 받아들여야 한다. 이러한 절차를 통해 저소득 가족의 경우 입국 희망자가 영구 거주 자격을 얻는 데 필요한 후원에 장애가 있을 수 있음이 밝혀지게 된다.

비록 영구 거주 자격을 얻는 데 소득이 장애가 되지 않는다고 하더라도, 여전히 이민 비자(혹은 그린카드)를 획득하는 데는 추가적인 일들이 기다리고 있다. 미국 「이민법」 제201조는 가족 후원 이민을 연간 226,000명으로 제한하고 있다. 이러한 제한 때문에 이민 비자 요청이 승인된 이후에도 비자 번호를 즉시 발급받지 못할 수 있다. 어떤 경우에는 국토안보부의 시민권 및 이민서비스 팀(US Citizenship and Immigration Services: USCIS)이 비자 요청을 승인한 후에 국무성이 이민 비자 번호를 승인할 때까지 몇 년이 걸릴 수도 있다. 따라서 특정 국가로부터의 이민 희망자들은 (자신의 고국에서) 절차가 진행될 때까지 '줄을 서서 기다려야'만 한다.

미국 법률은 국가별로 가능한 이민 비자의 수 역시 제한하고 있기 때문에 이민 비자 수요가 높은 국가(예를 들어, 멕시코, 인도, 중국, 필리핀)의 미국 이민 희망자는 더 오랫동안—때때로 수십 년 정도—기다려야만 한다.

미국 「이민법」은 가족에 대한 영미식의 정의에 따라(예를 들어 핵가족) 배우자, 부모, 자녀들만 가족으로 인정하고 있다. 따라서 삼촌이 조카를 보증할 수 없으며 조부모가 손자녀를 보증할 수도 없다. 달리 말해 이민 순위는 가족관계의 근접도에 기초하고 있다. 가족 이민을 원하는 사람들은 가족관계의 근접도에 근거한 순위에 따라 구분되고, 비자 신청이 승인된 후 비자 번호 발급이 이루어질 때까지 대기하여야 한다. 매년 각각의 순위에 할당되는 비자 수에는 제한이 있다.

미국 시민권자의 직계 가족의 경우에는 예외인데 이들의 부모, 배우자, 21세 미만의 미혼자녀에 대한 비자 신청이 허가되면 이민 비자 번호를 발급받기 위해 기다릴 필요가 전혀 없다. 시민권자의 직계가족에게는 즉시 비자 번호가 부여되며, 이를 무제한 가족 기반 이민(unlimited family-based immigration)이라고 한다. 순위별 연간 제한은 다음과 같다.

① 1순위: 시민권자의 미혼 아들, 딸: 23,400명과 4순위 여분을 더한 수
② 2순위: 배우자, 자녀, 영주권자의 미혼 아들, 딸: 114,200명과 전 세계의 가족 순위

표 2-1

미국 국무성 비자 공시(VISA BULLETIN; 2008년 5월) 가족 비자

가족	목록을 제외한 모든 가능 지역	중국 본토 출신	인도	멕시코	필리핀
1순위	3월 8일 2002	3월 8일 2002	3월 8일 2002	7월 8일 1992	3월 15일 1993
2순위A	6월 8일 2003	6월 8일 2003	6월 8일 2003	5월 1일 2002	6월 8일 2003
2순위B	6월 1일 1999	6월 1일 1999	6월 1일 1999	4월 1일 1992	2월 15일 1997
3순위	6월 8일 2000	6월 8일 2000	6월 8일 2000	7월 22일 1992	4월 1일 1991
4순위	8월 8일 1997	1월 15일 1997	1월 1일 1997	12월 15일 1994	3월 8일 1986

주: '법적 인원수(Statutory Numbers)', 미 국무부, 2008, 비자 공시, 118(8).
출처: http://travel.state.gov/visa/frvi/bulletin/bulletin_4205.html에서 검색 가능.

중 226,000명을 초과하는 수와 1순위 여분의 수

    a. 배우자와 자녀: 2순위 전체 한도의 77%, 국가별 제한의 예외 중 75%

    b. 미혼 아들과 딸(21세 이상): 전체 2순위 한도의 23%

③ 3순위: 시민권자의 결혼한 아들과 딸: 23,400명과 1순위와 2순위 여분을 더한 수

④ 4순위: 성인 시민권자의 형제자매: 65,000명과 1, 2, 3순위 여분을 더한 수

〈표 2-1〉은 2008년 5월 현재 가족보증초청이민의 제한 날짜를 보여 준다. 예를 들어, 이달의 공시에 의하면 미국 시민권자가 외국에 있는 자신의 친지(4순위자)를 위한 이민신청서를 1997년 7월에 제출하였다면(1997년 8월 이전), 이 친지는 2008년 5월에 최종적으로 비자를 받을 수 있다(공시는 매달 갱신된다). 만약 친지가 중국, 인도, 멕시코, 필리핀 출신이라면 대기 기간은 더욱 길어질 것이다.

2) 취업이민

신규 이민자는 위에서 설명한 것처럼 가족초청을 통해 입국한 후 영구 거주할 수 있고, 또한 고용주가 자신들을 보증할 경우 입국 후 영구 거주할 수도 있다. 이민및국적법(INA)의 섹션 201은 매년 140,000명 한도의 고용주 보증 이민 비자를 제공하며 가족비자와 마찬가지로 5개 범주의 우선순위로 나누어져 있다.

1순위: 특별근로자 – 과학, 예술, 교육, 체육 분야의 탁월한 능력 소유자

2순위: 예술, 과학, 경영 분야의 예외적 능력 소유자 혹은 고등 학위가 있는 전문가

3순위: 숙련기술자, 학사학위가 있는 전문가 혹은 기타 근로자

4순위: 아시아계 혼혈인, 미망인, 폭력 피해배우자, 시민권자의 자녀, 기타 특별 청소년

5순위: 고용창출투자자

〈표 2-2〉는 2008년 5월 기준, 고용에 근거한 이민 신청의 제한 날짜를 보여 준다. 우선순위의 범주에 따라 고용주가 보증의 절차를 밟으려면 먼저 다른 항목에 우선하여 미국 노동부의 허가서가 요구될 수 있다. 따라서 특정 분야에서 근로자에 대한 수요가 있어야 하며, 노동부의 허가를 얻은 후 국토안보부의 시민권 및 이민서비스 팀에 신청서를 제

표 2-2

미국 국무성 비자 공시(2008년 5월) 취업 비자

순위	목록을 제외한 모든 가능 지역	중국 본토 출신	인도	멕시코	필리핀
1순위	C[a]	C	C	C	C
2순위	C	1월 1일 2004	1월 1일 2004	C	C
3순위	3월 1일 2006	3월 22일 2003	11월 1일 2001	7월 1일 2002	3월 1일 2006
기타 근로자	1월 1일 2003	1월 1일 2003	1월 1일 2003	1월 1일 2003	1월 1일 2003
4순위	C	C	C	C	C
종교 근로자	C	C	C	C	C
5순위	C	C	C	C	C
고용 표적 지역	C	C	C	C	C

주: C[a]= 현재 가능한 모든 수.
출처: '법적 인원수(Statutory Numbers)', 미 국무부, 2008, 비자 공시, 118(8).
     http://travel.state.gov/visa/frvi/bulletin/bulletin_4205.html에서 검색 가능함.

출하여야 한다.

사회복지사는 신규 이민을 원하는 클라이언트가 도전을 극복하고 적절하게 대처하는 데 요구되는 종합적인 배경지식을 확보한다는 맥락에서 그들의 교육 배경과 보유하고 있는 특별한 기술에 대해서 조사해야 한다. 만일 영주권을 얻을 수 있도록 보증을 서 줄 가족이 없다면, 거주하고 있는 지역에서 필요로 하는 특수한 기술을 보유하고 있어야 한다. 사회복지사는 고용주의 욕구와 피고용인/신규 이민자/클라이언트가 보유한 기술의 연결고리나 다리로 활약할 수 있다.

3) 난민/망명

사회복지사가 새로운 입국자에게 지원을 제공할 수 있다는 차원에서 볼 때 아마 망명 신청과 가장 관련이 있을 것이다. 100여 개 이상의 국가가 난민의 정의에 부합하는 사람들에게 피난처를 제공할 약속을 준수한다는 국제연합의 조약에 서명하였다. 난민의 정의는 1951년 난민의 지위에 관한 협약과 1967년의 의정서에 규정되어 있다. 미국은 1967년에 조약에 서명하였고, 1980년 의회에서 제정한 「미국난민법」을 통해 이 조약의 원칙들을 국내법에 포함시켰다.

「난민법」에 따르면, 난민은 인종, 종교, 국적, 정치적 의견 혹은 특정 사회집단의 구성원이라는 이유로 처벌을 받았거나 처벌받을 위험의 근거가 충분한 채 자신의 고국을 떠난 사람이다. 만약 그 사람이 미국 내에 있지 않고 이미 난민으로 인정받은 경우 해외에서 입국을 신청할 수 있다. 만약에 그 사람이 이미 미국에 체류 중이라면, 예를 들어 방문자나 학생 혹은 심지어 불법 체류자라 하더라도 망명을 신청할 수 있다. 자신의 위치에 관계없이 신청자는 '인종, 종교, 국적, 정치적 의견 혹은 특정 사회집단의 구성원이라는 이유로 처벌을 받을 수 있다는 위험의 충분한 근거'를 증명하여야 한다(8 U.S.C. § 101(a)(42)).

무엇보다도 난민으로 미국에 입국한 사람들과 관련된 사회복지사의 역할은 정신건강 상담을 제공하는 것이다. 5장에서 설명되는 바와 같이 몇몇 입국자들, 특히 난민으로 입국하는 사람들의 경우 고국, 여행 중 그리고 방문국의 언어·관습·소외감 등과 같은 세 가지 정신적 외상으로 고통을 받고 있다.

미국 내에서 망명을 신청하는 사람들을 위한 사회복지사의 역할은 그들이 법적 도움을 얻을 수 있도록 지원하는 것이다. 나아가 사회복지사는 클라이언트와 그들의 법률 대리인이 신청 지원을 하도록 도울 수도 있다. 사회복지사는 정부에 제공할 증명서의 초안 작성을 도울 수도 있고, 클라이언트가 증명해야 할 난민 심사의 첫째 부분을 도울 수도 있다. 지원자는 실제로 공포에 질려 있는 경우가 많은데 이 경우 사회복지사는 그들이 경험한 과거의 공포와 고국으로 추방될 경우 예견되는 미래의 처벌에 대한 공포를 완화시킬 치료를 제공할 수 있다. 게다가 사회복지사는 난민을 정의하는 두 번째 부분을 지원하도록 인권남용에 관한 조사를 지원할 수 있다. 보고된 인권위반을 통해 구체화된 처벌은 이 책의 뒷부분에 있는 부록에서 실제 증명서를 참조하라.

4) 「여성폭력금지법(Violence Against Women Act: VAWA)」

망명 신청 과정에서 차지하는 사회복지사의 역할의 중요성만큼이나 폭력의 피해자로 입국한 사람을 지원하는 역할 역시 중요하다. 1994년 「여성폭력금지법」이 제정되기 이

전에는 미국 시민권자나 영주권자인 남편들은 여성들을 실질적인 노예 상태로 만들고 합법적인 거주 신청을 당근으로 삼아 그들에게 강압적인 폭력을 행사하였다. 합법적인 영주권자나 시민권자와 결혼한 여성들은 「여성폭력금지법」의 이민 규정을 통해 학대하는 남편이나 후원자의 지원 없이 자기청원을 신청할 수 있다(스스로 자기청원을 신청할 수 없는 21세 이하의 미혼 자녀들은 동반자녀로 청원에 포함될 수 있다). 이 규정은 이민 여성들이 안전하게 가정폭력으로부터 벗어날 수 있도록 하였을 뿐만 아니라 심지어 남편을 기소할 수 있도록 허용하고 있다(8 U.S.C. §204(a)(1)).

아울러 현행법에 따르면 성적 학대, 인신매매, 기타 범죄의 희생자 가운데 범죄 조사나 기소에 동의하는 사람들에게도 이러한 지원을 확대할 수 있다. 「VAWA」의 핵심목표는 학대자, 인신매매자, 성적 폭력을 행사하는 자들이 추방을 담보로 피해자를 협박하여 기소를 피해 가지 못하도록 하는 것이다. 「VAWA」는 학대자의 동의나 인지가 없어도 학대의 희생자들이 지원을 받을 수 있도록 허용하고 있다.

망명을 요청하는 과정에서 사회복지사는 피해 여성들이 학대를 증명하는 데 필요한 증거 자료의 수집을 도움으로써 학대 증명을 지원할 수도 있고, 이는 궁극적으로 합법적인 영주로 이어질 수 있다. 사회복지사는 다음과 같은 신청서나 서류 작업을 통해 학대 증명을 제공하는 것을 지원할 수 있다.

- 가정폭력 관련 이유로 지난 2년 내에 결혼이 종료되었다는 타인으로부터의 신청서 제출
- 학대보호명령(Protection From Abuser Order) 사본의 확보
- 필요한 경우 학대로 인한 치료와 관련된 병원 기록의 확보
- 경찰 출동 요청을 보여 주는 경찰 기록의 확보
- 사회복지사가 상담을 제공하고 있다는 신청서의 제출

사회복지사는 학대받은 배우자 본인만이 아니라 다음과 같은 다른 사람들도 지원할 수 있다.

- 미국 시민이나 합법적 영주권을 가진 배우자로부터 학대를 받아 온 아동의 부모라면 부모 자신이 청원을 신청할 수 있음

■ 미국 시민이나 합법적 영주권을 가진 배우자로부터 폭력을 당해 온 아동(21세 이하이며 미혼)이라면 아동 자신이 청원을 신청할 수 있음

배우자 학대의 경우 사회복지사의 역할은 두 가지다. 하나는 학대를 증명할 수 있는 자료를 확보하도록 도와 합법적인 영주권을 얻을 수 있게 준법률적 서비스를 제공하는 것이고, 또 다른 하나는 그들이 경험한 정신적 외상이나 폭력과 관련된 상담을 제공하는 것이다.

5) 청소년 특별 비자(Special Juvenile Immigrant Status (SJIS) Act)

학대, 방치, 유기 행위에 희생되어 카운티 정부의 보호 아래 있는 이주 아동들은 미국에서 가장 취약한 집단 가운데 하나다. 많은 경우 이러한 아동들은 자신의 대변인을 통해 중요한 법적 혜택을 얻고 자신의 삶을 영위하면서 성공적으로 어른이 된다.

학대를 경험한 신규 이민자 아동들 역시 미국 시민권을 가진 아동들과 똑같은 혹은 더 많은 정서적·육체적 문제로 고통을 받고 있다. 이들이 직면하는 여타의 어려움에 더해, 불법 체류 신분의 청소년들은 합법적인 노동이 불가능하며, 대학에서 부여하는 주내 거주자 학비감면도 받지 못할 뿐더러 지속적인 추방의 위험도 감내하여야 한다. 게다가 이들을 돌보는 카운티 역시 청소년들이 불법 체류 신분인 이상 가정위탁대응기금을 신청할 수 없다. 그렇지만 연방의 「이민법」은 정부의 보호 아래 있는 신규 이민 청소년들이 '청소년 특별 이민(special immigrant juveniles)'으로 합법적인 영주를 신청할 수 있도록 하고 있다.

아동과 청소년을 대상으로 일하는 사회복지사의 중요한 역할은 클라이언트뿐만 아니라 정부기관이나 비영리단체들에게 이러한 혜택이 있다는 점을 알리는 것이다. 상담가나 사회복지사는 아동들이 합법적 영주권을 신청하는 데 필요한 서류를 만들어 제출하는 것을 도울 수도 있다.

위에서 언급한 바와 같이 정부의 보호 아래 있지 않은 학대 아동도 이민 관련 혜택을 누릴 수 있다. 미국 시민권자나 영주권자인 부모 혹은 배우자에 의해 폭행이나 학대를 당한 신규 이민 아동(혹은 배우자)은 앞서 논의한 「여성폭력금지법」에서 규정한 영주권을 신청할 수 있다. 이 경우 아동(혹은 배우자)은 정부나 법원의 보호 아래 있을 필요가 없다. 그렇지만 학대의 가해자는 반드시 영주권자이거나 시민권자여야 한다.

사회복지사는 영주권 신청서 작성을 도와 영주권을 취득하는 데 중요한 역할을 할 수 있다. 아동은 USCIS 양식을 작성하고, 특별신체검사를 받아야 하며, 지문, 사진 그리고 나이에 대한 증명을 제출하여야 한다. 신청서에는 해당 아동이 학대, 방치, 유기로 인해 장기 가정위탁보호가 필요하다는 가족 혹은 보호 중인 정부로부터의 요청이 포함되어야 한다. 신청 절차에는 수수료가 필요하지만 종종 수수료의 유예가 가능하다.

국토안보부의 미국 시민권 및 이민서비스 팀[이전의 이민과 귀화서비스 팀(INS)]은 신청서가 완비되는 즉시 신청자에게 노동 허가를 부여하고, 청소년 특별 비자 발급을 위한 면접 일정을 잡게 된다. 일반적으로 미국 이민국이 면접을 통해 결정을 내린다. 청소년이 청소년 법정의 보호 상태에 있는 동안에 청소년 특별 비자를 신청하는 것이 중요하다. 특별비자 발급을 위한 면접을 신청한 후 대개 6개월에서 18개월 정도의 시간이 걸리기 때문이다. 만약 면접 이전에 청소년이 풀려날 경우 현재의 USCIS 정책상 신청된 사례는 기각되고 만다.

6) 추방취소

현재 추방 절차를 밟고 있는 사람일지라도 '추방취소(Cancellation of Removal)'라는 제도를 통해 영주권을 취득할 수 있다. 이러한 구제를 받으려면 지원자가 ① 최소 10년 이상 미국에 지속적으로 거주하고 있으며 ② 도덕적인 품성을 갖추고 있고 ③ 추방이 미국 시민권자 혹은 영주권자인 그들의 가족이나 배우자 혹은 자녀들에게 엄청나게 예외적인 고통을 가져올 것임을 증명하여야 한다.

사회복지사는 지원자가 법적 대리인을 확보하도록 돕는 역할을 할 수 있으며, 위에서 제시한 항목들을 증명하는 데 필요한 증거 확보를 도울 수도 있다. 예를 들어, 사회복지사는 영수증, 우편물, 친척이나 친구 심지어는 사회복지사 자신의 추천서 등 '지속적 거주(continuous presence)' 요건을 증명하는 자료 수집을 도울 수 있다.

그러나 사회복지사의 도움 가운데 가장 중요한 것은 다름 아닌 세 번째 조건, 고통과 어려움의 증명을 돕는 일이다. 고통의 존재는 신청자의 추방이 그들의 직계가족인 합법적 신분의 시민권자이거나 영주권자인 부모, 배우자, 자녀들에게 '예외적이고 극도의 고통'을 가져올 것임을 증명하는 신청서를 통해 처리될 수 있다. 그러나 사안에 따라 이러한 증명은 상당히 어려울 수 있다. 예를 들어, 클라이언트가 미국 태생의 자폐 아동을 데리고 있을 경우 사회복지사는 엄마의 추방이 이 아이에게 예외적인 극도의 고통을 야기할 수 있음을 증명하여야 한다. 사회복지사가 아동을 돌보는 데 요구되는 엄마의 고유한 역할을 증명함으로써 신청을 더욱 강하게 할 수 있다(부록에 있는 취소 양식을 참조).

7) 로또 비자(Diversity Visa Program)

미국 의회는 로또 비자(Diversity Immigrant Visa Program: DV)을 통해 이민율이 낮은 국가 출신 중 엄격한 자격 요건을 갖춘 입국자들을 대상으로 연간 50,000명에게 무작위로 영주권 비자를 부여하도록 하고 있다. 복권에 당첨될 가능성이 매우 작은 만큼 로또 비자에 선택될 확률 역시 매우 낮다.

그럼에도 사회복지사는 위에서 언급한 합법적 영주권을 얻을 방법이 거의 없는 사람들에게 가능성은 희박하지만 이 제도를 하나의 선택으로 제시할 수 있다. 신청서는 컴퓨터로 웹상에서 www.dvlottery.state.gov에 제출하면 된다. 종이서류는 더 이상 받지 않고 있다. 신청자는 스스로 신청서를 제출해도 되지만 변호사와 같은 대리인을 활용하여도 무방하다.

로또 비자는 미국에 입국하는 이민자 전체 집단의 다양성을 높이고자 만들어진 것이다. 그래서 이민자 비율이 상대적으로 높은 나라는 배제되고 있다. 지난 5년 동안 미국으로 50,000명 이상의 이민자를 보낸 나라들이 이에 포함된다. 따라서 2008년 현재 다음의 국가들은 지원할 수가 없다.

- 캐나다
- 중국 – 본토(홍콩, 마카오, 대만의 국민도 포함됨)
- 콜롬비아
- 도미니카공화국
- 엘살바도르
- 아이티
- 인도
- 자메이카
- 멕시코

- 파키스탄
- 필리핀
- 러시아
- 한국
- 영국(북아일랜드와 홍콩 원주민은 지원 가능하나, 앵귈라, 버뮤다, 영국령 버진아일랜드, 케이맨제도, 포클랜드제도, 지브롤터, 몬트세랫, 핏케언, 세인트헬레나, 터키, 칼리코스제도의 주민들은 제외됨)
- 베트남

8) 입국 거부

「이민법」은 입국 거부를 또 다른 주요 내용으로 다루고 있다. 모든 정부는 외국인을 자기 나라의 국경에서부터 거부할 수 있는 근거를 가지고 있다. 미국을 포함한 대부분의 정부는 건강, 경제 그리고 범죄 등을 외국인의 입국을 거부하는 주요 근거로 삼고 있다.

「이민법」 섹션 212는 다음과 같은 근거에서 외국인의 미국 입국을 불허하고 있다.

① 건강 관련 문제
② 범죄 및 관련 문제
③ 안보 및 관련 문제
④ 공공보조(public charge)
⑤ 노동 허가
⑥ 불법 입국 및 「이민법」 위반
⑦ 서류 미비
⑧ 시민권 무자격자
⑨ 추방경험자
⑩ 기타(일부다처주의자, 유괴범, 다른 범죄행위자)

사회복지사와 특별히 관련된 것은 건강과 범죄 문제다. 클라이언트가 스스로를 위해 사회복지기관에 반드시 접촉해야 하는 것은 아니지만, 앞서 이 장에서 언급한 여타의 방법으로 비이주민 혹은 이주민으로 입국하려는 직계가족을 위해 기관에 접촉하기를 원할 수 있다. 그렇지만 위에서 제시한 목록상의 근거가 적용되면 입국이 거부될 수 있다.

11장에서 보다 자세하게 언급되겠지만, 공공 보건상의 중요성 때문에 HIV를 포함하여 전염병을 보유한 사람은 입국이 불허된다. 하지만 이러한 규정에는 유예가 있으며, 이주 희망자가 유예를 얻을 수 있도록 돕는 사회복지사의 역할이 중요하다. 유예를 얻을 수 있는 기준에는 이주희망자가 망명자이거나 난민이거나 혹은 이주희망자에게 합법적인 영주권을 가진 후원자(미국 시민권자의 남편이나 아내, 합법적 영주권자, 미국 시민권자 혹은 영주권자의 결혼하지 않은 자녀, 시민권자 혹은 합법적인 영주권자의 부모)가 있다는 증명이 포함된다.

둘째, 유예를 신청하고자 하는 사람은 다음과 같은 조건으로 미국에 입국할 수 있음을 증명하여야 하며, 입국 허가 신청서를 제출하는 데 사회복지사의 역할이 중요하다.

① 공공 보건상 위험이 거의 없음
② HIV 확산의 가능성이 거의 없음
③ 기관의 사전 동의 없는 정부기관의 비용 부담이 없음

9) 입국 이후 추방

다음으로 미국 「이민법」은 이미 미국에 거주하고 있는 사람에 대한 추방 문제를 다루고 있다. 모든 정부는 자국민이 아닌 사람을 자신의 영토에서 추방할 수 있는 근거를 마련하고 있다. 미국을 포함한 대부분의 정부는 입국을 허락하지 않은 것과 같은 동일한 이유로 추방의 근거를 제시한다. 따라서 추방의 근거는 주로 건강, 범죄 그리고 경제적 이유 등이다.

미국 「이민법」 섹션 237은 미국에서 추방할 수 있는 외국인의 범주를 다음과 같이 천명하고 있다.

① 입국 당시 혹은 신분 변경 시의 거부, 법적 신분의 위반: 입국이나 신분 변경 당시 법률에 의해 거부될 수 있는 범주에 하나 이상 해당하는 사람은 누구나 추방할 수 있다.
② 범죄

    a. 부도덕한 범죄

    b. 상습범

    c. 가중범

    d. 규제 약물

    e. 총기 관련 범죄

    f. 가정폭력범, 스토킹, 보호명령 위반, 아동범죄

③ 미신고와 문서 위조

④ 안보 및 관련 근거

⑤ 공공보조(public charge)

⑥ 불법 투표자: 연방 · 주 · 지방 정부의 조항, 법규, 조례, 규정을 위반하여 투표를 행한 외국인은 누구라도 추방할 수 있다.

배제의 경우에는 가족을 데려오기 위해 사회복지기관을 찾은 이민자의 가족이 클라이언트가 되는 반면, 이 경우는 실제로 추방당할 처지에 놓인 당사자 개인이 사회복지사의 클라이언트가 된다. 클라이언트는 신체건강 및 정신건강과 관련된 문제와 더불어 이민 관련 문제가 있을 수도 있고, 앞서 제시한 이유로 추방당할 수도 있다. 충분한 정보 제공과 더불어 효과적인 의뢰 수행을 위해서는 사회복지사가 추방을 다루는 「이민법」의 맥락을 이해하여야 한다.

염두에 두어야 할 것은 모든 입국 거부의 이유는 추방의 최우선 근거가 된다는 점이다. 예를 들어, 어떤 사람이 입국 당시에는 HIV 양성이 아니었지만 현재 양성이라면 이는 추방의 이유가 된다. 모든 입국 거부의 이유는 추방의 이유가 되기 때문이다.

추방의 또 다른 근거는 범죄다. 남편에게 학대당하는 이민자 혹은 미국인이 클라이언트일 수 있다. 만약 남편이 미국 시민이 아니고 피해자가 보호명령을 받고 있다면 추방당할 수도 있다. 이 문제는 이어지는 장에서 보다 상세히 다룬다.

3. 시민권으로의 길

미국 「이민법」 가운데 사회복지와 관련된 마지막 부분은 이민자가 시민권자가 되는 방법과 연관되어 있다. 다른 나라와 달리 미국은 다음과 같은 세 가지 상황에서 시민권을 부여하고 있다.

① 부모가 시민권자인 경우
② 미국 영토에서 태어나는 경우
③ 신청에 의한 경우

많은 나라가 혈통에 의해 시민권을 부여하는 법률과 관습을 가지고 있다. 예를 들어, 부모가 독일 국민이면 아이는 태어나자마자 독일 국민이다. 유사하게 미국 「이민법」도 혈통주의(jus sanguine) 원칙을 따르고 있다. 다른 나라의 경우(모든 나라는 아니지만) 자국의 영토에서 출생하면 시민권을 부여한다. 비슷하게 미국 「이민법」 역시 출생지(jus solis) 원칙을 따른다.

그렇지만 다른 나라들과는 달리(독일이나 아주 최근의 멕시코와 같은), 미국의 「이민법」은 부모가 미국인이 아니거나 미국 영토가 아닌 해외에서 태어나도 신청에 의해 시민권을 허가하고 있다. 예를 들어, 이민자가 학생 신분(단기 학생 신분으로 입국하는 경우에 해당하는 '1. 미국으로의 단기 입국' 부분을 참조하라)으로 입국해서 미국 시민권자나 합법적인 영주권자와 결혼하거나, 고용주에 의한 신분 보장에 근거해서 합법적인 영주권자가 될 수 있다(앞의 '취업이민' 섹션을 참조하라). 이러한 경우에 합법적 영주권 신분으로 3년에서 5년 정도 경과하면 귀화를 신청할 수 있고, 따라서 신청에 의한 시민권을 취득할 수 있다(8 U.S.C. § 301).

그렇지만 시민권의 신청은 다음과 같은 미국 「시민권법」에 부합하여야 한다.

- 18세 이상이어야 함
- 미국 영주권자여야 함
- 3년에서 5년까지 합법적인 영주권자 신분을 유지하여야 함
- 지난 5년 동안 30개월 이상 미국에서 거주하여야 함
- 기본적인 영어를 읽고 쓰고 말할 수 있어야 함
- 소양 시험(civic test)을 통과하여야 함
- 건전한 도덕적 품성을 소유하여야 함

영어가 제2언어인 경우 영어 읽기·쓰기·말하기 시험의 통과가 문제가 될 수 있다. 특히 나이 많은 이주민의 경우, 비록 오랜 기간 거주하였을지라도 여러 가지 이유로 영어를 하지 못할 수도 있다. 만약 65세 이상이고 미국에서 영주권자로 20년 이상 거주한 경우에는 역사 및 정부 관련 지식에 대해 다른 방식의 시험을 볼 수 있다. 그들은 영어를 읽고 쓸 줄 알아야 한다는 요구에서 면제되기 때문에(8 U.S.C. § 312) 언어를 선택해서 시험을 볼 수 있다(12장에서 나이 많은 이민자와 관련된 더 많은 쟁점을 다룬다).

사회복지사들은 다음과 같은 혜택 때문에 합법적 영주권자인 클라이언트에게 미국 시민권 신청을 진지하게 고려해 보라고 권고하고 있다.

- 투표권
- 조속한 가족 이민 절차
- 공적 혜택
- 교육비 보조와 장학금
- 여행 관련 문제
- 범죄에 기소될 경우에 국외 추방 금지

4. 사례 연구

다음의 사례 연구는 이주민 클라이언트 및 그들의 가족을 대상으로 일하는 사회복지사가 접할 수 있는 상황들의 유형을 보여 준다. 이 장에서 논의된 「이민법」에 대한 지식이 클라이언트와 관련된 선택을 논의하는 데 도움이 될 것이다. 다음 각 사례의 질문에 대한 대답을 모색하여 보자.

1) 사례 연구 1

심한 정신적 손상이 있는 65세 노인이 방문 비자로 자메이카에서 미국으로 이주하였고, 그의 입국 카드는 이미 시효가 지났다. 그는 미국 시민권자인 동생의 돌봄을 받고 있고 동생은 그에게 필요한 돌봄과 가족적 지지를 계속 제공할 수 있도록 자신의 형이 미국에 머무를 수 있기를 원하고 있다.

이 노인은 자메이카에는 가까운 가족이 없으며, 유급 돌보미가 그를 방치하고 학대하는 것이 발각되어 이곳으로 보내졌다. 미국에서 형을 돌보기를 간절히 원하는 그의 동생은 형을 돌보아 줄 수 있는 기관이 자메이카에는 없다고 말한다. 현재 이 노인은 신체적 건강은 좋은 편이나 어린아이에게 해당하는 것과 같은 지속적인 관심이 필요한 상태다(그는 미혼이고 자녀가 없으며 그의 부모는 사망하였다).

① 이 사례에서 어떠한 사회복지적 쟁점이 제기될 수 있는가?
② 이 사례에서 제기되는 법적 쟁점(이민과 비이민을 포함해서)은 무엇인가?
③ 이 클라이언트를 위한 법적 해결책은 존재하는가?
④ 이 클라이언트를 위해 미시적(직접적) 수준에서 사회복지사가 할 수 있는 것은 무엇인가?
⑤ 비영리조직의 수준(중범위 혹은 조직 개발)에서 어떠한 쟁점이 제기될 수 있는가?
⑥ 옹호 차원에서 어떠한 쟁점이 제기될 수 있는가?

2) 사례 연구 2

당신의 클라이언트는 결혼한 부부로 우크라이나에 있는 선교사다. 두 사람 모두 미국 시민권자의 자녀다. 남편은 폴란드 태생이고 아내는 필리핀 태생이며 두 사람 모두 출생하면서 미국 시민권을 얻었다. 그들은 다음 달에 자녀를 낳을 예정인데 우크라이나에서 태어날 것으로 기대된다. 이 아이는 미국 시민권을 얻을 수 있을까? 만약 그렇다면 왜 그러하고, 그렇지 않다면 어떤 이유에서 그렇지 않은가?

① 이 사례에서 어떠한 사회복지적 쟁점이 제기될 수 있는가?
② 이 사례에서 제기되는 법적 쟁점은 무엇인가?

3) 사례 연구 3

불법 체류자인 여성이 미국 시민과 결혼하고 직계가족으로서 미국 입국 허가를 받아

1년 후 자녀를 얻었다. 6개월 후 시민권자인 남편은 부인을 떠났으며 그녀가 이민 수속을 받는 것에 대한 일체의 협조를 거부하고 있다.

① 이 사례에서는 어떠한 사회복지적 쟁점이 제기될 수 있는가?

② 이 사례에서 제기될 수 있는 법적 쟁점은 무엇인가?

③ 이 클라이언트에 대한 법적 해결책은 존재하는가?

④ 이 사례에서 제기될 수 있는 중범위 수준(조직 발전과 관련된 쟁점)의 쟁점은 무엇인가?

⑤ 이 사례에서 어떠한 옹호(거시적 수준) 관련 쟁점이 제기될 수 있는가?

⑥ 20개월 이후 이들이 법적으로 이혼하게 되면 어떠한 문제가 발생하는가? 이혼이 여성의 이민자 지위에 어떤 영향을 미치게 되는가?

⑦ 20개월 이후 시민권자인 배우자가 사망하게 되면 어떻게 되는가?

📋 추가자료

The Center for Human Rights and Constitutional Law: http://www.centerforhumanrights.org. The Center offers a Manual for Special Immigrant Juveniles: http://immigrantchildren.org/documents/Final_Manual.doc

Destination USA, "What Is a Visa?": http://www.unitedstatesvisas.gov/whatis/index.html

Foreign Born.com, Visas and Immigration Area: http://www.foreignborn.com/visas_imm/start_here/1start_here.htm

Immigrant Legal Resource Center: http://www.ilrc.org/sijs.php

National Network for Immigrant and Refugee Rights: www.nnirr.org

National Immigration Law Center: www.nilc.org

U.S. Citizenship and Immigration Services: www.uscis.gov

U.S. Department of State, Diversity Visa Program: http://travel.state.gov/visa/immigrants/types/types_1322.html

Visa Law Immigration Information, The ABCs of Immigration: www.visalaw.com/abcs.html

📖 참고자료

All of the following references are to the U.S. Immigration Act, 8 U.S. Code.

8 U.S.C. 1101 (a) (15) Non-Immigrants Definitions

8 U.S.C. 1154 Immigrant processing

8 U.S.C. 1101 (a) (42) Refugee definition

U.S.C. § 1101 (a) (27)(J), Special Immigrant Juvenile

8 U.S.C. 101 (2) (42) Violence Against Women Act

8 U.S.C. 1182 Inadmissible aliens

8 U.S.C. 1227 Deportable aliens

8 U.S.C. 1401 Citizenship

🗐 자료

For Nonimmigrant Visa Classifications: http://www.uscis.gov/portal/site/uscis/
menuitem.5af9bb95919f35e66f614176543f6d1a/?vgnextoid=e6c08875d714d
010VgnVCM10000048f3d6a1RCRD&vgnextchannel=ca408875d714d010Vgn-
VCM10000048f3d6a1

For Immigrant Visa Classifications: http://travel.state.gov/visa/immigrants/types/
types_1326.html

U.S. Department of State Visa Bulletin: http://travel.state.gov/visa/frvi/bulletin/
bulletin_1360.html

U.S. Immigration and Nationality Act, 8 USC: www.uscis.gov

For Immigrant Children: Center for Human Rights and Constitutional Law: http://
immigrantchildren.org/SIJS/

For ADIS waiver: National Immigration Project: http://www.nationalimmigra-
tionproject.org/HIV/2004HIVManual/2004hivmanual/page7.html

이민과 사회복지실천

Immigration and Social Work Practice

3장

이민자에 대한 문화적으로 유능한 사회복지실천

Carmen Ortiz Hendricks

문화적으로 유능한 사회복지실천(CCSWP)은 사회복지사라면 누구에게나 요구되는 윤리적 책임으로(NASW, 1999, 2001, 2007), 특히 이는 이민자와 일할 때 절대적으로 필요하다. 사회복지사는 이민자들이 모국을 떠나기 전에 당면한 이슈들에서부터 이주 과정에서의 경험들 그리고 미국에 도착하여 직면한 것까지의 전체 스펙트럼을 이해해야 한다(Drachman, 1992; Drachman & Ryan, 1991). 이민자들은 시간이 흘러도 긴장을 누그러뜨리지 못하며, 사회문화적 · 경제적 · 심리적 비용을 지불해야 하는 삶을 살고 있다.

문화적 유능성에는 총체적인 접근, 즉 생물적 · 심리적 · 사회적 그리고 내부 영성적 요소들이 결합된 서비스가 요구되며, 이 외에도 우울증, 낮은 자존감, 가족 문제와 같이 클라이언트에게 있을 수 있는 중요한 문제들을 다루는 것이 포함되어야 한다. 문화적으로 유능한 실천에는 몇 가지로 국한하기는 어렵지만 다음과 같은 요소들이 포함된다. 즉, 다양한 문화 · 역사 · 세계관 · 가치 · 신념에 대한 지식, 의사소통 유형과 적절한 인터뷰 기법에 대한 이해, 다양한 인종 · 민족 집단 간 그리고 그들 내부의 강점과 차이, 문화적 기대와 도움 추구 행위, 유색인종 가족과 아동들의 영성적 욕구에 맞춘 전통적 · 토착적 · 영성적 실천의 통합 등이 그것이다(Webb, 2001).

'환경 속 인간'에 초점을 두는 사회복지는 이민자들과 작업하게 될 때 새로운 의미를 지니게 된다. 사회복지사들은 빈곤, 차별, 착취, 전쟁, 굶주림, 폭력, 종족학살 그리고 고향을 떠나 낯설고 적대적인 환경에 처하면서 당면한 신체적 · 정서적 문제들로 트라우마를 입은 다양한 클라이언트와 일할 수 있도록 숙련된 실천가가 되어야 한다. 또한 다양한 이민자 클라이언트의 삶 속에서 트라우마를 발견한 경우에는 이를 효과적인 실천적 개입으로 통합시킬 수 있어야 한다.

미국 사회 내에서도 어떤 이민자들에게는 더 특별한 관심이 주어져야 한다. 첫째, 보건 및 정신건강 이슈, 둘째, 풍습, 전통, 신념, 가치, 셋째, 가족구조, 자녀양육, 성별 역할, 넷째, 언어와 읽고 쓰는 능력, 다섯째, 정치적 이념과 차별 경험이 서로 다르다는 점에서 폭넓은 대인 서비스가 요구되기 때문이다.

이 장에서는 사회복지실천에서 문화적 유능성이 의미하는 바가 무엇인지 그리고 이것이 이민자와 일할 때 어떻게 적용될 수 있는지를 살펴봄으로써, 이민자에게 문화적으로 민감하고 유능한 방식으로 서비스를 제공하는 방법들을 알아볼 것이다. 그리고 여전히 진행 중인 인종주의와 외국인혐오증에 기여하고 있는 제도적 측면들을 살펴보고 미국 사회라는 직물에 이민자가 통합되도록 하는 데 필요한 여러 대응책을 모색해 볼 것이다. 또한 다양한 지역에서 온 개인과 가족을 위한 효과적인 치료계획과 문화적으로 유능한 개입을 분류해 볼 것이다. 아울러 사회복지사에게는 문화적으로 유능한 조직을 개발하는 리더십도 요구된다는 점에서 필요한 사람 누구나 적절한 서비스에 접근할 수 있도록 고안된 정책, 절차, 실천을 옹호하는 조직에 대해서도 살펴보고자 한다.

1. 미국의 이민 유형

미국의 이민 유형은 극적으로 이동하고 변화해 왔다. 1800년대부터 20세기 초까지 자선사업가들이 주로 함께 일한 대상은 다양한 인종, 종교, 사회계급, 정치적 · 이념적 배경의 유럽 출신 백인 이민자들이었다. 초기 이민에 대한 여러 기록을 보면, 이민으로 인해 사람들의 삶이 어떻게 형성되었고, 오랜 항해 끝에 도달한 인구밀집 도시의 빈민지역에서 얼마나 불공평한 노동과 차별, 착취에 당면했는지를 알 수 있다. 이탈리아, 아일랜드, 독일, 폴란드와 같은 남부 및 중부 유럽으로부터 천주교 신자나 유대인이 대부분이던 대규모 이민자가 유입되던 흐름은 20세기에 접어들면서 정점을 찍었다. 사회복지사들은 이들에게 대도시의 인보관을 통해 서비스를 제공하였는데, 당시는 사회복지사가 새로운 전문직으로서 정체성을 구축하기 시작하던 때이기도 하다.

미국 역사를 통틀어 이민자들은 이민에 대한 긍정적이고 부정적인 태도를 모두 접해 왔다. 긍정적 태도에는 이민자가 미국 문화를 풍부하게 해 준다, 이민자는 훌륭한 미국인으로 사회화될 수 있다, 이민자는 대부분의 미국인이 원치 않는 일을 함으로써 미국 경제에 보탬이 된다는 생각이 포함되어 있다. 반면, 부정적 태도에는 이민자가 미국인의 일자리를 빼앗아 간다, 이민자가 미국 경제의 양분을 빨아먹는다, 이민자는 미국 문화를 오염시키고 미국적 가치를 위협한다, 이민자는 민주적 이상을 약화시키는 새로운 정치적 견해를 가져온다는 생각이 있다. 이민자에 대한 이런 양가감정은 오늘날에도 지속되고 있다. 2001년 9·11 사태 이후 이민에 대한 부정적 태도와 처벌적 접근은 미합중국이 테러리즘에 대응하고 조국의 안전을 지키는 규범이 되었다. 그러나 이러한 양가감정이 이민의 흐름을 저지하지는 못했다.

Pew Research Center에 따르면, 지금의 추세가 지속된다면 미국 인구는 2005년 2억 9,600만 명에서 2050년에 4억 3,800만 명에 이르게 될 것이고, 2005년부터 2050년까지의 증가분 중 82%는 유입되는 이민자와 미국 태생의 자손이 차지하게 될 것이다(Pew Hispanic Center, 2008).

그리고 이 보고서는 이미 미국에서 가장 빠르게 대규모로 증가하는 소수집단인 라틴계와 스페인계 인구가 (2005년의 14%와 비교할 때) 배로 증가하여 2050년에 미국 인구의 29%를 차지할 것이라고 언급하고 있다. 사실상 2050년까지 비(非)스페인계 백인 인구는 미국 인구 중 47%만을 차지하거나 소수자가 될 것이다. 이것이 오늘날 미국 내 이민과 관련된 논쟁 중 많은 부분이 주요 이민의 흐름, 즉 멕시코인들의 합법적·불법적 이주에 일차적으로 맞춰져 있는 이유다.

최근 Huntington(2004)은 "미국의 전통적 정체성에 관한 가장 즉각적이고 심각한 변화는 남아메리카, 그중에서도 멕시코로부터 유입되는 거대하고 지속적인 이민에서 비롯되고 있다."라고 썼다. 그는 미합중국은 앵글로계 개신교 국가인데, 이러한 전통이 남미 스페인계에 의해 위협당하고 있다고 보았다. 이들이 국가를 이중 국민, 이중 문화, 이중 언어로 나뉘도록 하기 때문이다. 이와 같은 반이민 정서는 이민자들이 미국에 긍정적으로 기여하는 부분이나 이민자들이 새로운 에너지, 새로운 취향, 미래를 향해 나아가려는 새로운 사람들을 제공한다는 사실을 간과하게 한다(Brooks, 2004).

미국으로 들어온 상당한 수의 이민자와 그들을 둘러싼 논쟁들은 사회복지사의 역할이 중요하다는 것을 뚜렷이 부각시켜 준다. 사회복지사들은 미국 사회에서 언제나 환영을 받지는 못하는 이민자 개인, 가족, 공동체의 필요를 충족시키는 역할을 할 수 있기 때문이다.

2. 문화적으로 유능한 사회복지실천의 정의

오늘날 사회복지사들은 자신이 일하는 지리적 지역에 상관없이 대인 서비스를 제공하면서 다양한 이민자 클라이언트를 만나게 된다. 다양한 범주의 사람들—아시아인, 히스패닉/라틴계, 동부유럽인, 예전의 소련공화국 출신, 아프리카인, 인디언들—에는 다양한 민족, 인종, 언어, 역사, 정치, 문화, 종교적 정체성과 경험을 가진 이질적 집단의 사람들이 포함된다. 대부분의 사회복지사는 (예를 들어) 말리(Mali)가 어디 있고 그들의 문화적 전통이 어떤지는 몰라도 여러 형태로 나타나는 상실과 트라우마를 다루는 방법은 알고 있다. 세계 곳곳에서 온 클라이언트들이 조만간 사회복지서비스기관에 올 때, 사회복지사들은 이런 클라이언트와 그들의 수많은 욕구에 당면할 준비가 되어 있어야 한다.

사회복지전문직은 문화적으로 유능한 실천을 할 수 있는 실천가를 규정하고 준비시키는 데 많은 관심을 기울여 왔다. 수많은 전문적 사회복지조직의 문헌들이 문화적으로 유능한 실천의 이슈를 다뤄 왔다. 전미사회복지사협회(NASW)의 윤리강령에도 인간의 삶에서 문화를 강점으로 강조하는 '문화적 유능성과 사회적 다양성 조항(1.05)'이 포함되어 있다. 사회복지사는 인간의 행동과 사회에서 문화와 그 기능을 이해해야 하며 모든 문화 안에 존재하는 강점을 인식해야 한다(NASW, 1999, p. 9). 그리고 사회복지사는 클라이언트의 문화에 대한 지식 기반을 마련해야 하며, 클라이언트의 문화와 또 사람들과 문화집단 간의 차이에 민감한 서비스를 제공함에 있어 자신의 능력을 보여 줄 수 있어야 한다. 또한 사회복지사는 사회적 다양성의 특징, 인종, 민족, 국적, 피부색, 성별, 성적 성향, 연령, 혼인 상태, 정치적 믿음, 종교 그리고 정신적 또는 신체적 장애에 따른 차별에 대한 교육을 받아야 하며 이를 이해하려는 노력을 기울여야 한다(NASW, 1999, p. 9).

실천에서 문화적 다양성에 대한 전미사회복지사협회의 기준은 기관뿐 아니라 개별 사회복지사들이 문화적으로 유능한 실천을 할 수 있는 다양한 영역의 세부 사항도 설명하고 있다. 10가지 기준에는 다음과 같은 것이 포함된다(NASW, 2001).

① 윤리와 가치
② 자기인식
③ 다문화적 지식

④ 다문화적 기술

⑤ 서비스 전달

⑥ 임파워먼트와 옹호

⑦ 다양한 직장

⑧ 전문적 교육

⑨ 언어적 다양성

⑩ 다문화적 리더십

　문화적으로 유능한 실천가가 되기 위한 학습은 전문적인 사회복지사를 위해서도 중요하지만 미래의 사회복지사 교육에 포함될 필요가 있다. 이 목적을 달성하기 위하여 사회복지교육협의회(Council on Social Work Education: CSWE)는 문화적 유능성에 대한 조항을 '교육정책과 인증기준'(2001)에 포함시켰는데, 여기서는 다양한 배경의 사람들에 대한 이해, 인정, 존중과 문화적으로 연관성 있는 서비스 제공을 증진시키는 교육 내용이 포함되도록 하고 있다. 또한 학생들이 집단 간 차이를 인정할 수 있도록 준비시킨다(p. 9).

　문화적 유능성을 위해서는 열심히 노력하고 헌신하며 경험을 쌓아야 한다. 이것은 클라이언트의 언어로 이야기하는 것이나 특정 문화적 집단에 대한 구체적 지식을 습득하는 것 이상을 요구한다. 문화적 유능성은 클라이언트가 지각하는 문화적 가치를 이해하고 문화가 어떻게 행동에 영향을 미치며 삶에 의미를 부여하는지를 인식하는 것을 의미한다. 문화는 개인의 건강과 정신적 건강에 대한 신념, 가족 활동, 인간 행동 그리고 심지어는 개입의 결과를 구성하고 영향을 미친다(Ortiz Hendricks & Fong, 2006, p. 136). 문화는 우리가 생각하고 행동하는 모든 것에 영향을 준다. 우리가 연로한 친척들을 어떻게 대하느냐에서부터 자녀의 성인기를 언제, 어떻게 받아들이느냐 또는 우리가 아프다고 느낄 때 어떻게 하느냐에 이르기까지(Center for Cross-Cultural Health, 1997, p. x). 문화적 유능성에는 …… 클라이언트가 어떻게 자신의 고유성을 경험하고 더 큰 사회적 맥락 속에서 그 차이와 유사성을 다루는지에 대한 인식을 고양하는 것도 포함된다(NASW, 2001, p. 8). '사회복지실천의 문화적 유능성을 위한 기준'에서는 문화적 유능성을 개인과 체계가 모든 문화, 언어, 계급, 인종, 민족적 배경, 종교, 그 외 다양성의 요소를 가진 사람들에 대해 진지하고 효과적으로 반응하는 과정이며 이는 개인, 가족, 지역사회의 가치를 인식하고 인정하고 소중히 여기면서 각각의 존엄성을 보장하고 보존하는 방식이어야 한다고 규정하고 있다(Center for Cross-Cultural Health, 1997, p. 11).

기본적으로 문화적 유능성은 문화와 관련된 클라이언트의 욕구에 반응하는 능력이자 의지이며, 문화를 자원, 강점 그리고 인간의 공통적인 욕구를 충족시키는 도구로 활용할 수 있는 사회복지사와 클라이언트의 능력이다. 문화적으로 유능한 사회복지실천에는 폭넓은 전문적 지식, 기술, 가치가 포함되는데, 이들은 인종과 민족, 성과 성적 성향, 종교와 영성, 사회 계급과 지위, 연령과 능력 등과 관련된 권력 및 특권이 상호작용하는 사회에서 나타나는 복합적 문화에 관한 것이다(NASW, 2007). 이러한 규정은 권력, 특권 그리고 통제할 수 없는 상황에 놓인 사람들에 대한 억압을 강조한다.

이민 온 클라이언트를 진정으로 돕기 위해서 사회복지사는 권력과 그 권력이 어떻게 사람들을 억압하기 위해 구축되고 사용되는지를 이해해야 한다. 그리고 이민자에 대한 억압을 지속시키는 상황을 변화시키기 위해 노력해야 한다. 전미사회복지사협회 윤리강령(1999)에 따르면 사회복지사는 사회적·정치적 활동을 포함한 더 큰 사회에 대한 윤리적 책임을 진다(6.04). 이는 모든 사람의 선택권과 기회를 확장하고, 다양성에 대한 존중을 증진하며, 지배, 착취, 차별을 방지하고 제거하는 방식이어야 한다. 그러므로 클라이언트의 문화에 대한 사회복지사의 이해와 민감성은 이러한 이해를 사회적 행동으로 전환하는 데 대한 민감성으로 이어지지 않는다면 충분하다고 할 수 없다.

3. 기관 차원 실천에서의 문화적 유능성

사회복지기관들은 문화적 유능성에 대한 책임을 사회복지사들에게 돌려 왔다. Lum(1999)에 따르면, 사회복지사들은 문화적 인식을 개발하고 지식과 기술을 연마하며 귀납적 학습방법론을 적용한 후에야 문화적 유능성을 갖출 수 있다(p. 175). 그러나 문화적 유능성은 개인적인 동시에 조직적인 문제다. 즉, 조직 차원의 인식과 민감성을 요구한다. 기관들은 매년 사회복지사들이 문화적 인식과 민감성을 갖도록 하기 위하여 많은 돈을 들여 훈련을 시킨다. 그들에게 다양한 클라이언트 집단에 대한 지식을 제공하고 도움 요청에 대한 문화적 차이가 미치는 영향을 교육하며 각기 상이한 인구와 그들의 필요에 대한 개입 전략을 쓰도록 학습시킨다. 그러나 사회복지사의 지식과 기술 면에서의 개인적 성장에 관심을 기울이는 것만으로는 충분하지 않다. 그와 동시에 사회복지사들이 클라이언트에게 서비스를 제공하는 기관의 맥락적 차원에 관심을 기울이지 않는다면 말이다(Fong & Gibbs, 1995; Nybell & Gray, 2004).

1) 아동복지에서의 문화적 유능성

이민자와 관련하여 가장 어렵고 모순적인 이슈 중 하나가 인종적 · 민족적 소수 아동과 가족에 대해 불균형적으로 표현된 아동복지체계다. 청소년사법제도에서 유색인종의 청소년이 과도하게 드러나는 것은 아동을 가정에서 분리할 필요성에 대해 너무 서둘러 내려진 결정이나 상당 부분 가족의 피부색과 인종에 따라서 내려진 결정에 기인한다(Walker, Spohn, & DeLone, 2000, p. 6).

이민자 가족들은 공공 아동복지체계를 접하게 될 때 상당한 도전에 직면한다. 언어적 장벽, 이민 스트레스, 사회문화적 혼란, 이민자에 대한 차별적인 국가정책은 이민자 가족들을 더 취약하게 하고, 그래서 결국 아동복지시스템으로 유입되게 하는 경향이 있다. 아동 학대와 유기는 실패한 보호 시스템의 결과일 수 있으며, 이는 더 나아가 위기에 처한 유색인종의 가족과 자녀에게 더 상처를 줄 수 있다. 부모가 자신이나 자녀의 문제에 대해 적절한 도움을 발견하지 못하면 어디로 도움을 받으러 가야 할지 몰라 갈팡질팡하게 되고, 그들이 받게 된 도움을 잘 이해하지 못할 수도 있다(Webb, 2001).

2) 보건에서의 문화적 유능성

미국에는 양질의 보건 및 대인 서비스를 받는 사람들 간에 엄청난 차이가 존재한다. 이민자 클라이언트는 형법과 청소년 비행 관련 서비스, 사회복지프로그램에는 과도하게 해당되지만, 그 반면 보건과 정신보건 서비스에 대한 이용률은 낮다(Fong, McRoy, & Ortiz Hendricks, 2006). 이러한 격차의 가장 근본적인 이유는 빈곤인 것 같다. 사회복지사는 이민자가 보건 서비스를 효과적으로 이용하는 데 영향을 주는 다음 몇 가지 요인을 명심해야 한다. ① 거주 기간 ② 가족 크기 ③ 가족의 정서적 · 경제적 지지 ④ 공식적 비공식적 지위 ⑤ 최저임금 이하의 일 ⑥ 본국으로부터 재정적인 지원을 받는 가족 구성원 ⑦ 청(소)년 인구 ⑧ 한 부모 가구 ⑨ 시장성 있는 기술의 결여 ⑩ 기준에 못 미치는 주거, 학교와 서비스가 부족한 도심 거주지 거주 ⑪ 유창하지 못한 영어 실력 등이다. 또한 인종주의와 차별은 이민자를 억압하고 모든 이민자 집단을 위기에 봉착하도록 한다.

4. 이민자에 대한 문화적으로 유능한 사회복지의 성공을 위한 제언

1) 문화적으로 유능한 조직

사회복지사는 이민자에 대한 서비스를 위해 매우 복잡한 역할과 기능을 수행하면서 스스로 유능하고 효과적이라고 느낄 수 있어야 한다. 이것이 가능하기 위해서는 사회복지사에게 문화적으로 유능한 조직의 지원과 지도가 필요하다. 이런 조직들은 양면 전략을 구사해야 한다. 첫째, 다양한 클라이언트의 언어와 문화를 이해할 수 있는 다양한 사회복지사를 모집하고 보유하며, 둘째, 모든 직원이 문화적으로나 언어적으로 효과적인 실무자로서 지속적으로 준비되어 있어야 한다.

문화적 유능성은 행정적 지원과 격려, 질 높은 슈퍼비전과 감독, 보다 견고한 동료관계, 감당할 수 있는 정도의 업무량에서 시작될 수 있다. 또한 사회복지사는 교육과 훈련을 잘 받고 경험이 풍부하여, 점차 늘어나고 있는 어려운 상황에 처한 다양한 이민자 및 그 가족과 효과적으로 일할 수 있어야 한다.

- 기관은 직원들이 새로운 정책과 절차, 개정되는 주와 연방법의 최근 정황을 잘 챙겨 알아 두도록 해야 한다.
- 기관은 직원들이 정신질환, 중독, 에이즈, 감금과 같은 이슈를 다루는 새로운 전략을 받아들이도록 해야 한다. 직원들은 이러한 문제들을 규명하고 개입하며 필요시에는 치료를 위해 적절히 의뢰할 수 있도록 준비되어야 한다. 그리고 이를 행할 때에는 이민자 지역사회를 강화할 수 있도록 문화적으로 유능한 방식으로 해야 한다.
- 기관은 이민자들이 당면하고 있는 이슈와 이를 감소시킬 수 있는 문제해결방식을 조사하기 위하여 현장에 접근해 연합체, 협회, 그 외 협력할 수 있는 위원회를 비롯한 이민자 지역사회와 관계를 맺어야 한다.
- 기관은 이민자들이 표출하는 다양한 서비스 욕구를 다룰 수 있는 공적 · 사적 기관 파트너십을 설정하고, 이민자들이 새로운 삶의 방식으로 전환함에 따라 지원받을

수 있는 추가적인 자원들을 발굴해야 한다.

■ 기관들은 모든 수준의 직원들에게 지속적이고 잘 준비된 훈련 기회를 제공해야 한다. 사회복지사들은 문화적 인식과 민감성에 대한 훈련을 원하고 또 받아야 하는데 특히 이민자들에 대한 직원들의 편견을 관찰하여 그런 점을 반영해야 한다. 때때로 사회복지사들은 클라이언트의 인종이나 민족 또는 사회경제적 배경에 기초하여 결정을 내리기도 한다. 그런데 만약 그 사회복지사도 이민자일 경우 이런 편견은 사례의 특정한 가치에 영향을 미치는 직업적 재해가 될 수도 있다. 따라서 특정 이민자 집단에 대한 경험의 문화적·사회적·심리적 요인에 초점을 둔 광범위한 훈련은 인종과 계급에 대한 편견과 같은 어렵고 복잡한 이슈들을 다루기 위해 필수적이다.

이런 제안들은 대인 서비스 전문가들이 이미 미국에서 이민자들이 성공하도록 돕기 위해 그리고 차별과 억압을 감소시키기 위해 무엇이 필요한지를 알고 있다는 것을 의미한다. 따라서 이제 필요한 것은 이런 제안들이 적용될 수 있게 하는 권력과 자원의 결합이다.

2) 조사 연구

이민자 지역사회에의 성공적 개입에 대해서는 충분히 알려져 있지 않다. 연구조사는 치료방법의 선택을 증진시키고 최선의 실천 개입과 결과를 평가하며 어떤 이민자 집단에 어떤 접근이 가장 성공적인지를 결정하기 위하여 필요하다. 연구조사는 특히 이민자가 온전한 상태로 건강을 유지할 수 있도록 하는 탄력성 요인을 결정하는 데 필요하다. 또한 큰 인종 집단을 하위집단이나 집단 내 관계로 나누어 분석하여 풀어내기 위해서도 필요하다. 예를 들어, 아동 학대 보고에서 중앙아메리카나 동남아시아 이민자들의 수적 불균형이나 다른 집단과의 관계에 대해 조사한 연구는 매우 부족하다.

3) 권익 옹호

이 사회에서 이민자 가족과 자녀, 특히 유색인종의 경우, 신체적·정신적 건강을 압박하고 손상시키는 여러 환경적인 요인에 의해 트라우마가 생기게 된다. 사회적 관행이나 사회정책은 이민자 가족이 폭력으로 괴로움을 당하기 쉬운 빈민가에 머물도록 되어 있다. 이런 사회적 관행을 변화시키기 위한 유일한 방법은 아동복지, 사회복지, 보건 및 정신보건 시스템을 살펴보는 동시에 이민자 가족과 자녀들이 처음 그 시스템으로 들어가게 하는 문제를 개선하기 위해 노력하는 것이다. 가난, 폭력, 약물 남용, 정신건강 문제들은 아동 학대를 부채질하기 때문에 이들이 노출될 수 있는 트라우마의 수준을 감소시키고 아동을 보호하기 위해서는 단순한 아동보호서비스나 위탁보호 배치 그 이상이 요구된다 (McRoy & Vick, 2001).

극적인 사회적 변화와 폭넓은 대응은 교육, 공공복지, 아동복지, 청소년사법제도, 형법체계, 약물남용 · 신체건강 · 정신건강 프로그램을 포함한 많은 영역에서 요구된다. 그런데 이들은 같은 가족에 대한 보호나 치료에서 서로간에 협력이 이뤄지지 않는 경우도 종종 있다. 적절한 주거, 영양, 보건을 포함하여 안전한 환경을 조성하는 것은 모든 형태의 학대 행위를 가시적으로 감소시키기에 앞서 갖춰야 할 조건이다.

이민자, 특히 독신이나 가족들이 어떻게 해서 적은 교육과 직업기술, 부족한 사회적 지지와 어마어마한 사회적 고립 그리고 트라우마로 점철된 삶의 여정 속에서 우울과 건강 문제로 인한 위기에 봉착하게 되는지를 이해하는 것은 어렵지 않다. 문화적으로 유능한 사회복지사들은 수많은 이민자의 건강과 복지 증진을 위해 현재와 앞으로도 중추적인 역할을 해야 할 인물들이다.

5. 사례 연구

다음 사례들은 이민자들이 마주칠 수 있는 삶의 경험에 관한 것이다. 각 일화에 대해 다음 질문들을 가지고 토의해 보자.

1. 각 일화에서 제기되는 사회복지 이슈에는 어떤 것들이 있는가?
2. 각 일화에서 제기되는 법적 이슈에는 어떤 것들이 있는가?
3. 경험의 어떤 측면이 위기를 의미하며 왜 그런가? 이민자의 욕구에 대해 어떻게 우선순위를 매기겠는가?
4. 어떤 문화적 측면이 상황에 영향을 미쳤는가? 문화적으로 유능한 실무자는 이슈를

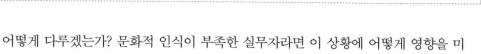

어떻게 다루겠는가? 문화적 인식이 부족한 실무자라면 이 상황에 어떻게 영향을 미치겠는가?

5. 이민자가 각 사례에서 문화적으로 끌어낼 수 있는 강점에는 어떤 것들이 있는가?

6. 각 사례에서 조직적(중시적) 차원에서 도움을 줄 수 있는 것에는 무엇이 있는가? 정책적(거시적) 차원에서는 무엇이 이루어져야 하는가?

1) 사례 연구 1: Mamadou와 Moussa

Mamadou와 Moussa는 그들의 자녀들에게 더 나은 삶을 물려주리라는 꿈을 안고 말리에서 미국으로 건너온 이민자다. 한 명은 고향 사람들을 위한 길을 닦고 그의 사촌인 또 한 명은 택시를 몰며 전통적인 이민자의 길을 걸었다.

뉴욕으로 가는 길은 20년 전에 시작되었고, 당시 Sinonke 종족의 일원이었던 Moussa는 말리의 수도 바마코에서 왔다. 그가 살던 곳은 사하라 사막 끝자락에 있는 육지로 둘러싸인 건조 지대였는데 그 지역 출신으로는 처음 건너온 셈이다.

Moussa는 집에 있는 가족들에게 그가 할 수 있는 한 모든 돈을 보내며 도왔다. 얼마 지나지 않아 그 종족 사람들이 자신들의 문화를 유지하면서 그를 따라 오게 되었고, Moussa는 자기 집을 열고 그들이 정착하도록 도왔다. 이 말리 이민자들은 함께 살며 모든 것을 공유하였다. 이는 Sinonke 종족 사람들은 누구라도 뉴욕 시에 집을 갖고 있는 것과 같았다. 곧 브롱스 지역은 말리인들로 구성된 큰 공동체의 거처가 되었다.

몇 년 후 Moussa는 브롱스에 이슬람 예배당인 모스크를 짓는 데 도움을 주었다. 이 모스크는 새로 온 사람들이 영어를 말하고 읽고 쓰는 것을 배우도록 돕는 학교도 되었다. Moussa는 고향 사람들에게 뉴욕에서 어떻게 살아남고 어떻게 적응해야 하는지를 조언해 주는 것을 좋아하였다. 그는 이 공동체가 미국에 긍정적이고 건설적으로 기여할 수 있기를 희망하였다.

이러한 비전은 그의 가족과 함께 살고 있던 남자가 4층 아파트 빌딩에 총을 난사하여 Mamadou의 아들 다섯 명과 Moussa의 아내와 자녀 네 명이 죽는 사건이 발생하면서 산산조각이 났다. 공동체 모두는 이 끔찍한 사건을 함께 나누었다.

이 비극적인 실제 이민자 이야기는 「뉴욕타임스(The Nwe York Times)」(2006)의 Williams와 Fernandez에 의해 보도되었는데 이로 인해 브롱스 내 말리인들의 공동체가 큰 주목을 받게 되었다.

2) 사례 연구 2: S 씨

S 씨는 방글라데시 이민자로, 13세 딸이 학교에서 낙제하자 화가 났다. 그는 영어를 잘 읽지는 못했지만 딸의 일기장을 보고 딸이 남학생과 관련된 어떤 것, 어쩌면 섹스 같은 일과 연관되었다는 것을 알 수 있었다. 분개한 그는 딸에게 선생님을 찾아가겠다고 하였다. 겁먹은 딸은 이를 자신의 친구에게 이야기했고, 친구는 아버지가 그녀를 학대했다고 주장하라고 부추겼다. 그리고 그 친구는 선생님에게 그렇게 일러바쳤다. 그 결과 가족 내 세 자녀는 곧바로 그 집에서 분리되어 이슬람교도도 방글라데시인의 집도 아닌 곳으로 옮겨졌다. 막내는 3세로 영어를 하지 못했는데 위탁가정에서 먹지도 씻지도 않았다. 아버지는 법원에서 지정받은 변호사로부터 죄를 시인하고 빨리 사건을 마무리 짓도록 독촉당하였다. 하지만 아버지는 그 서류와 이 일이 가져올 여파를 이해하지 못하고 있었다 (Coalition for Asian American Children and Families, 2001, p. 12)

3) 사례 연구 3: Y 씨

Y 씨는 49세 중국인 남자로, 매일 투석을 받아야 하는 신장병 말기 환자다. 그는 중국 본토에서 태어나고 자랐으며, 6년 전 불법적인 수단으로 35,000달러를 지불하고 미국에 왔는데 아직 밀입국 비용을 다 갚지 못한 상태다. 그러나 그는 치료 일정 때문에 직장을 구하거나 유지하기가 어려웠다. 재정 상황이 나빠지자 Y 씨는 이곳저곳을 떠돌며 낯선 이의 친절에 의지하는 생활을 하게 되었다.

Y 씨는 중국 동부에서 자신의 성인기 대부분을 보냈다. 가난한 농사꾼 가정에서 자랐는데 부모는 몇 년 전 돌아가셨고 형제도 없다. 고향 출신 여자와 결혼한 그는 세 명의 자녀를 두고 있었다. Y 씨는 자신이 너무 어려운 가정에서 컸으며 결혼도 자신밖에는 다른 선택권이 없는 여자와 했다고 느끼고 있었다. 부인은 화를 잘 내고 우울하고 매우 비판적이며 따지기 좋아하는 사람이었다. 그는 열심히 농사를 지었지만 사람들과 사귀는 것은 좋아하지 않았다. 그는 자신의 욕구가 충족되지 않아도 침묵하고 참는 것을 터득한 사람처럼 보였다.

가난 때문에 마을 사람들이 그의 가족을 멸시했기 때문에 그들은 고립되어 있었다. 자라면서 그는 가난에 대해 수치스럽게 느꼈고, 남은 생애 내내 등골이 빠지게 일해도 자기 자신이나 자식들에게 더 나은 미래가 있다는 희망을 갖기 어렵다는 것을 깨달았다. 그는 많은 젊은이가 외국으로 밀입국하기 위해 고이율의 돈을 빌려 목숨을 잃을 위험에 처한다는 것을 알고 있었다. Y 씨에게 불법 이민은 도덕적이거나 윤리적인 문제도, 안전에 대한 문제도 아니었다. 그것은 생존이자 신분 상승의 의미였다. 그는 돈을 빌려 미국에 갈 계획을 세웠고, 이것이 자신과 자식들에게 새로운 삶과 돈 그리고 명예를 가져다 줄 황금의 기회라고 믿어 의심치 않았다.

Y 씨는 중국을 떠나 58일의 배 여행 끝에 미국에 다다랐다. 그가 미국에 온 최우선의 목표는 가능한 한 돈을 많이 벌어서 밀항 비용을 대고 집에 돈을 송금하는 것이었다. 그는 밤낮으로 일했다. 영어를 말하고 이해하는 데 어려움을 겪었기 때문에 차이나타운과 가까운 곳에서 생활하였다. 가족과 고향이 그리웠지만 그럴수록 더 열심히 일하면서 정기적으로 가족에게 돈을 보냈다. 그의 주거와 노동은 매우 불안정하고 안전하지 않았으며 기준에도 미치지 못하는 것이었다. 어떤 때는 지하실 방에서 10명과 살며 돈이나 그나마도 적은 먹을거리를 도난당할까 봐 염려해야 하기도 했다. 음식을 사 먹을 돈이 충분하지 않아서 하루에 빵 한 조각을 먹고 산 적도 많았다. 그러다가 마침내 Y 씨는 병을 얻어 병원에 입원하게 된 것이다. 그는 자신이 일할 수 없고 그래서 가족의 미래에 대한 꿈이 산산조각 난 것에 대해 좌절하였다. 그는 자신의 곤궁한 상황에 대해 참을 수 없어 하며 불안해하고 분노했다. 그는 사회복지사를 만나자 절망에 차서 일자리와 더 싼 아파트를 얻는 것을 도와달라고 하면서 의료적 치료는 따르지 않고 있었다.

🗂 추가자료

Administration on Aging, *Achieving Cultural Competence* (guidebook): http://www.aoa.gov/prof/adddiv/cultural/cc-guidebook.pdf

Center for Human Diversity: www.centerforhumandiversity.org

The Commonwealth Fund, *Taking Cultural Competency From Theory to Action*: http://www.commonwealthfund.org/publications/publications_show.htm?doc_id=414097

National Association of Social Workers, *Standards for Cultural Competence*: http://www.socialworkers.org/practice/standards/NASWCulturalStandards.pdf

National Association of Social Workers, *Immigration Policy Toolkit*: http://www.socialworkers.org/diversity/ImmigrationToolkit.pdf

The National Center for Cultural Competence, Georgetown University Center for Child and Human Development: http://www11.georgetown.edu/research/gucchd/nccc/

📖 참고문헌

Brooks, D. (2004, February 24). The Americano Dream. Op-Ed Column, *New York Times*.

Center for Cross-Cultural Health. (1997). *Caring across cultures: The providers' guide to cross-cultural health care*. St. Paul, MN: Author.

Council on Social Work Education. (2001). *Educational policy and accreditation standards (EPAS)*. Alexandria, VA: Author.

The Coalition for Asian American Children and Families(CAACF). (2001). *Crossing the divide: Asian American families and the child welfare system*. Retrieved August 12, 2008, from www.cacf.org

Drachman, D. (1992). A stage-of-migration framework for service to immigrant populations. *Social Work, 37*(1), 68-72.

Drachman, D., & Ryan, A. S. (1991). Immigrants and refugees. In A. Gitterman (Ed.), *Handbook of social work practice with vulnerable populations* (pp. 618-646). New York: Columbia University Press.

Fong, L. G. W., & Gibbs, J. T. (1995). Facilitating services to multicultural communities in a dominant culture setting: An organizational perspective. *Administration in Social Work, 19*(2), 1-24.

Fong, R., McRoy, R., & Ortiz Hendricks, C. (Eds.). (2006). *Intersecting child welfare, substance abuse, and family violence: Culturally competent approaches*. Washington, DC: Council on Social Work Education.

Huntington, S. (2004). The Hispanic challenge. *Foreign Policy*. Retrieved February 23, 2004, from http://www.foreignpolicy.com/story/cms

Lum, D. (1999). *Cultural competent practice: A framework for growth and action.* Belmont, CA: Brooks Cole.

McRoy, R., & Vick, J. (2001). Intersecting child welfare, substance abuse and domestic violence. In R. Fong, R. McRoy, & C. Ortiz Hendricks (Eds.), *Intersecting child welfare, substance abuse and family violence: Culturally competent approaches* (pp. 1-34). Alexandria, VA: Council on Social Work Education.

National Association of Social Workers. (1999). Code of ethics. Washington, DC: NASW Press.

National Association of Social Workers. (2001). *Standards for culturally competent social work practice.* Washington, DC: NASW Press.

National Association of Social Workers. (2007). Indicators for the Achievement of the NASW Standards for Cultural Competent Practice. Retrieved July 20, 2008, from http://www.socialworkers.org/practice/standards/NASWCulturalStandardsIndicators2006.pdf

Nybell, L. M., & Gray, S. S. (2004). Race, place, space: Meanings of cultural competence in three child welfare agencies. *Social Work, 49*(1), 17-26.

Ortiz Hendricks, C., & Fong, R. (2006). Ethnic sensitive practice with children and families. In N. B. Webb (Ed.), *Working with traumatized youth in child welfare* (pp. 135-154). New York: Guilford Press.

Pew Hispanic Center. (2008). Retrieved July 20, 2008, from http://www.nhcsl.com/newsletters/february2008/

Sun, An-Pyng. (2000). Helping substance-abusing mothers in the child welfare system: Turning crisis into opportunity. *Families in Society, 81*(2), 142-151.

Walker, S., Spohn, C., & DeLone, M. (2000). *Color of justice, race, ethnicity and crime in America* (2nd ed.). Belmont, CA: Wadsworth Publishing Company.

Webb, N. (2001). *Culturally diverse parent-child and family relationships: A guide for social workers and other practitioners.* New York: Columbia University Press.

Williams, T., & Fernandez, M. (2007). Horrific fire unites cultures in rituals of belief. *The New York Times,* March 10, 2007, Retrieved July 20, 2008, from http://www.lexisnexis.com/us/lnacademic/results/docview/docview.do?docLinkInd= true&risb= 21_T439159918&format= GNBFI&sort= RELEVANCE&startDocNo=1&resultsUrlKey=29_T4349159921&cisb=22_T4349159920&treeMax=true&treeWidth=0&csi=6742&docNo=20

4장

이민자 관련 이론과 사회복지실천

Betty Garcia

이민자들(immigrant populations)에 대한 사회복지실천은 이민 경험과 관련된 다양한 이슈 때문에 개인적 적응 문제부터 지역이나 연방 정책 사업에 이르기까지 매우 복잡한 도전을 유발한다. 미국 내에서 이민자 인구의 성장과 가시성 증대는 과거 미국 역사의 이민 물결(특히 20세기 초와 1920년대, 1940년대)에서 그러하듯 대중의 주목을 받아 왔다. 이민에 대한 국가적 논쟁의 특징은 이민자를 향한 적대적인 풍토, 불법 이민자의 미국 경제 참가를 제한하는 완고한 노력이라고 할 수 있다. 미국 내 실제 불법 노동자가 12,000,000명인지 혹은 그 두 배인지 그 수와 관련하여 다소 의문이 있지만, 사회복지사가 이민자에 대한 서비스 전달을 담당할 때 불법 이민자를 쉽게 만날 수 있을 정도로 이민자의 수가 많은 것은 충분히 짐작할 수 있고, 따라서 사회복지사는 이들과 관련하여 여러 가지 복잡한 쟁점을 다룰 수밖에 없다.

이민자 인구의 기하급수적인 증가에 대해 국가적 관심이 고조되는 것은 미국 경제와 미국인의 삶에 대한 이주 노동자의 기여를 최소화하려는 의도로, 오직 '미국 국경 내의 외국인으로서의 존재'만을 강조해 온 대중 매체의 시각을 반영하는 것이다. Rumbaut(2005, p. 14)는 현재의 이민이 "제2차 세계 대전 후 국가의 위치를 전 지구적 문화 패권주의로 확장시킨 변증법적 결과"를 나타내는 것이라고 하였는데, 이는 미국이 "세계의 문제에 더 참여하려고 할수록 오히려 세계가 미국에 더 깊숙이 참여하게 되는 것"을 의미한다. 이어서 그는 여러 사회적·정치적 도전이 이미 향상된 다원주의와 관련이 있어서 "단순히 내부적인 문제"로 축소될 수 없다고 시사하였다(p. 17). 이러한 관점은 많은 이민자가 미국 사회 내에서 경제적으로 생산적인 역할을 담당하고 있음을 잘 분별하고 그들의 역할을 인정하는 것이기보다는, 흔히 대다수의 사람이 이민자 전체를 '불법적인 존재'로 명명하는 경향에 의해 기술된 것이다. 이민에 대한 국제적 관심이 점점 증대되고 있기 때문에, 사회복지사는 이민에 대해 훨씬 비판적인 사고를 해야 하고 이민자의 욕구를 사정하고 개입할 때 예리함을 발휘해야 할 더 큰 책임이 있다.

개념 및 이론에 의해 이민자에 대한 실천이 성공적으로 인도될 수 있다. 개념 및 이론은 자신의 관심을 더 잘 제시할 수 있도록 통찰력을 향상시키고, 정확한 사정의 기초를 제공하여, 기능을 향상하고 자원을 확대할 수 있도록 하는 적절한 개입이 이루어지게 한다. 이 장에서는 실천 지향 발달에 도움이 되도록 지침을 제공해 줄 수 있는 개념적 틀과 아이디어가 무엇인지 살펴보고, 이민자와 그 지역사회의 다양한 욕구를 충족시킬 수 있는 기술이 무엇인지를 확인하기 위해 이민자에 대한 실천에서 이론적이고 개념적인 내용들을 다루도록 한다.

이민자와 그들의 인권(human rights)에 관한 쟁점에 주목하는 것은 사회복지의 관심 대상으로 전미사회복지사협회(National Association of Social Workers: NASW, 2006, p. 8)에서는 다음과 같이 기술하고 있다. "사회복지사는 자신이 속한 모든 일상의 실천 현장에서 이민 및 난민 정책의 영향이 어떻게 나타나는지 보며, … 효과적인 실천을 위한 자신들의 능력이 이민 정책에 의해 제한되는 것을 흔하게 발견할 수 있는데 … 그러한 정책은 특히 가족방문권과 … 재통합을 제한하는 것이다. …" 더욱이 전미사회복지사협회에서는 '장기 거주 불법 가족에 대한 원조(relief)'를 제공하는 정책이 필요하고, 그들의 이민 지위에 대해 책임감 있게 다루어 온 사람들에게 처벌 면제권 및 시민권을 받을 수 있도록 지원할 필요가 있다고 언급하고 있다. 이러한 이유에서 전미사회복지사협회는 인권 침해를 불식시키기 위해, 공정하고 인도적인 「이민법」과 실천을 제공하는 것을 옹호한다. 그뿐만 아니라 이민자가 자신의 조국을 떠나도록 한 여러 상황을 경감시킬 수 있는 외국인 정책을 그들에게 제공하기를 바라고 있다. 그래서 이 책의 마지막 장에서 사회복지실천에서의 거시적 옹호의 역할을 다룬다.

이 장의 첫 부분에서는 이론의 역할에 관한 여러 가정(assumption)에는 무엇이 있는지를 다루고, 실천 기술 및 개입의 함의가 무엇인지에 대해서도 다룰 것이다. 또한 여러 개념도 살펴볼 것인데, 개념은 그 영역과 기능에서 이론과 구별되기도 하지만 실천 기술을 체계적으로 적용하는 데 기초를 제공하는 중요한 기능을 한다. 여기에서 중심 질문은 "어떤 이론이 어떤 방식으로 사용되며, 삶의 경험과 무슨 관계가 있는가?"다. 나는 이민자를 위한 실천의 본질과 그 복잡성 때문에 실천가는 더 큰 사회적 논쟁과 관점이 무엇인지 알아야 할 필요가 있고, 이민자 인구의 개인적 욕구와 가족의 욕구, 그리고 지역사회의 욕구에 대해서도 잘 알아야 한다고 생각한다.

이 장의 두 번째 부분에서는 여러 이론과 개념에 대해 논의할 것인데, 이러한 이론과 개념은 사회·정치학적 맥락에서 현재 논의되고 있는 주제와 쟁점이 무엇인지에서부터 시작해서 이민자라는 존재에 어떻게 현명하게 대응할지에 이르기까지 이민자를 위한 실천에 대한 일정한 시각을 제공해 줄 수 있다. 마지막 부분에서는 임파워먼트에서 가족 체계에 이르는 여러 사회복지 이론의 다양한 관점을 요약하고, 이러한 다양한 관점이 어떻게 이민자의 삶의 모든 측면에 영향을 미치고 이민자 개인과 그 지역사회의 욕구를 다루고 있는지를 살펴본다.

1. 실천을 안내하는 이론과 개념의 역할

실천 이론의 교과 과정에서는 이론과 개념 두 가지를 모두 실천으로 인도하는 분석틀로 함께 소개하고 있다. 원칙적으로 이론은 별개의 여러 현상을 기술하는 데 정확성을 제공하는 능력, 즉 예측 가치에 따라 구분되고(Hawkings, 1998), '사실과 개념 그리고 그 관계에 대한 진술 집합'을 나타내는 능력에 따라 구분된다(Pozzuto, 2007, p. 71). 한편, 개념은 그 정의가 조금 더 제한되어 어떤 범주에 관련된 역동(dynamics)이나 요인(factors)을 의미하는데, 특정 실체의 독특성(uniqueness)을 확인하거나 실체 사이의 관계를 확인하는 것이다. 이론은 현실(reality)을 설명하리라고 기대되는 것이 아니라, '(설명하지 못한다면 계속) 불가사의하거나 의미 없어 보이는 발견들을 이치에 맞게 설명하도록 기대되는 것이고'(Kaplan, 1964, p. 302), 특정한 방식으로 보고 실행하는 것을 촉진하도록 기대되는 것이다(Pozzuto, 2007, p. 79).

이론의 유형에 관한 Pozzuto의 숙고적인 논의는 사회복지 이론을 두 가지 다른 범주의 일반 기능으로 분류하는 것과 비슷한데, 기술적-이성적(technical-rational) 이론과 생성적(generative) 이론이 바로 그것이다. Kondrat(1992)은 두 가지 이론 모두 더 나은 삶을 만들고 기본적인 인간의 욕구를 충족시키며 사회 구조를 바꾸려는 목적은 동일하지만, 기술적 – 이성적 이론이 이를 설명하려는 의도를 가지고 있는 반면, 생성적 이론은 "이 해하려는 의도를 가지고 있다."라고 설명하였다(p. 69). Pozzuto에 의해 논의되고 Dean 이 입증한 포스트모던 개념의 이론(2001)은 다양한 이론들이 어떻게 구별되도록 할지에 대한 관심을 불러일으켰고, 경험을 다양한 가정으로 해석하도록 하는 수많은 렌즈를 제 공하여 여러 개입 접근(즉, 기술과 전략)을 더 명확화하도록 했으며, 가치 가정(the value assumption)의 근저에 다양한 이론적 틀이 수반되게 했다.

1) 사회적 · 법적 맥락들

이민자를 위한 실천의 범위에서는 이론과 개념 및 과정 기술(process skills)의 사용이 필요하다. 이론과 개념은 정확성을 높여 준다는 점에서 이민자의 시각에서 그들을 이해 하도록 도와주고, 과정 기술은 적극적으로 듣고 잘 조율하도록 촉진한다는 점에서 이민 자 인구를 더욱 단단히 결속시킨다. 또한 이민자를 위한 실천을 하기 위해서는 먼저 자신 의 편견이나 신념을 보류하는 것이 필요하고, 실행 가능한 이론과 개념이 무엇인지 이해 해야 하며, 경험적 지식의 향상 목적으로 이론을 잘 그려 낼 능력이 있어야 하고, 이민자 세계에 대해 잘 인식할 뿐만 아니라 잘 관여할 수 있어야 하는데, 이러한 점들을 차례로 다 갖추어야 비로소 성공적인 전문적 개입의 기초가 마련된다.

이민자에 대한 대응이 처벌만 하는 쪽으로 점점 가혹해지고 정치적 논쟁이 더욱 극심 해지는 것은 현재 실천 맥락에서의 이민자에 대한 시각이 부정되고 있다는 의미이고, 전 문가들이 자신의 윤리적 자질을 전문가적 실천과 괴리되도록 잠재적인 타협을 하게 한 다. 개인과 환경이 상호작용한다는 교환적 관점은 사회복지를 공식화하고 개입의 지침이 되는데, 다음에서 구체적으로 다룰 환경적 요인을 충분히 고려하지 않는다면 사회복지실 천에서의 이론의 역할에 대한 어떤 논의도 태만한 것일 수 있다.

20세기 초 미국 역사에서 목격한 바와 달리, 21세기 초에는 불시단속(raid), 주민 법 안 발의(initiative), 반(反)이주 정서나 주제가 더 많이 사용되어 왔음이 목격되어 왔다 (Montgomery, 2007). 불법 존재를 감소시키려는 입법상의 대응 및 지역에서의 반응은 사업주나 지주, 합법 및 불법 이민자 모두에게 영향을 미치는데, 이러한 대응 방식은 동 시에 지역 경제를 약화시키는 위협이 되고, 미국 전역에서 지역사회와 이웃 간의 삶을 위 협하고 있다. 미국에서 불법 이민자의 존재를 제거하려는 노력은 마치 움직이는 목표에 초점을 맞추는 것처럼 불규칙하고 빠르게 변화하고 있으나, 특정한 광범위한 주제는 주민 법안 발의나 지역에서의 반응에서 계속 중심적인 위치를 차지하고 있다. 현재 연방정부 수준에서 논의되는 이러한 광범위한 주제로는 국경 보안 강화, 사업주/지주의 페널티 강화, 시민권 취득에서의 엄격성 증대, 지역사회 감시 정책의 강화, 그리고 수정된 초청 노동자 프로그램 등이 있다. 이러한 각 주제에 대해 다음에서 더 자세히 설명한다.

(1) 국경 보안 강화

- 컴퓨터를 이용한 가상 용모확인 프로그램으로 남부 국경 펜스를 더욱 요새화하도록 하는 기금을 조성함.
- 사설 계약업체(즉, 용병)를 남부 국경 순찰대의 일원으로 고용하여, 순찰대 규모가 잠재적으로 거의 2배 증가함.
- 더 강화된 인사관리 규정에 따라 직원을 훈련하며, 지방 경찰을 포함함.
- 국경에서 더 많은 불법 이민자를 체포하여 억류함.
- 밀입국을 위한 땅굴이 발견되거나 이민자가 국경을 통과한 곳의 토지 소유주에게 페널티를 부과함.

(2) 사업주/지주의 페널티 강화

- 불법 노동자를 고용하는 사업주에 대한 벌금 인상(예: 불법 노동자인지 살펴보지 않은 '무모한' 고용은 벌금 5만 달러), 불법 노동자 고용을 경범죄보다는 중범죄로 처벌, 범행을 민사(civil)보다는 형사(criminal)로 구분함.
- 연방 기금을 적용받으려는 사업주에게는 고용확인시스템을 설치·이행하고, 사회보장번호가 최근 90일 이내의 사회보장 기록과 일치하지 않는 노동자는 해고하도록 요구함.
- 불법 이민자에게 부동산을 임대한 지주에게 벌금을 부과함.
- 임대 허가에 대한 등록을 요구함.

(3) 시민권/영주권 취득에서의 엄격성 증대

- 이민자 중 일부에게는 이민하기 전의 원국가에서 이민 신청을 하도록 하는, 시민권 지위를 취득하려는 이민자에 대한 3단계 체계를 구축함.

- 1979년부터 1989년 사이의 만료일자가 없는 증서를 발행받은 법적 영구 거주자 (즉, 영주권 소지자)에 대해서는 370달러의 반환 카드를 요구함.
- 시민권 수수료를 1,000달러까지 인상함.

(4) 감시 정책의 강화

- 중범죄나 음주운전(DUI)으로 체포된 개인의 시민권 지위를 조사하도록 하는 법의 강화를 요구함.
- 경찰관에게 적절한 영어를 구사하지 못하는 운전자를 대상으로 벌금딱지를 부과함 (예: 500달러).
- 경범죄를 저지른 이민자에 대해 비공식적 조사를 수행함.
- 주정부에 의해 문서를 확인하여 보증하도록 하는 장벽을 증가시킴.

(5) 수정된 초청노동자 프로그램

- 비효율적인 농업 분야의 초청 노동자 프로그램을 더욱 합리적으로 간소화함.
- (불법 노동자에 대한 모호한 법적 지위를 통해) 불법 이민자와 법적 거주자로 구성되어 있는 소외 하층민의 지위를 상승시키는 조건들을 만들어 냄.

이민자에게 적대적이고 배타적인 미국의 몇몇 정책 입안자들이 왜 그러한 반응을 보이는지 그 원인에 대한 분석에서 미국의 경제적 요인으로만 한정하려는 시도가 나타날 수도 있다. 하지만 예를 들어 세계 곳곳에서 보편적으로 노동자의 권리가 약화되고 있는 것과 같이 여러 국제적 요인의 역할이 있음을 지지하는 국제적 증거가 더 많이 있다 (Lee, 2006).

2) 이민자의 경험

이민자와 그 가족의 경험은 대처와 조정, 적응을 요구하는 각종 개인적 · 사회적 · 경제적 · 정치적 쟁점의 실례로 가득 차 있다. 이러한 사건은 외상으로 경험될 수 있고 과거의 외상을 더욱 악화시킬 수도 있다. 위에서 열거한 여러 정책은 미국에 당도한 이민자가 마주하게 될 현재의 적대적인 사회 · 정치적 풍토가 어떤 것인지 실천가에게 알려 주는 것이기도 하다. 정치, 경제, 인구학과 같은 환경 속에서 어떤 흐름이 있는지 잘 인식하고 또 인정하는 것은 실천에서 교환적 접근을 하는 데 기본적인 일이다. 그리고 이민자의 경험의 요소들에 무엇이 있는지 파악하는 것은 사회복지사가 사정할 때 이민자의 경험을 간명하게 공식화하고, 개입할 때 어떤 점에 초점을 맞출지 탐색하는 데 필수적이다. 이러한 이민자의 경험의 구성 요소에는 다음과 같은 것이 있다.[1]

① **이민 과정**: 자발적 또는 비자발적으로 이주하였는가? 예상한 또는 예상하지 못한 이민인가? 미국으로 이민할 때의 경유 지점은 어디였는가? 이민 과정에서 누가 남았고, 가족 구성원 중에서 누군가와 서로 떨어지게 되었는가? 이민 서류상에 기재되어 있는 지위는 무엇인가?

② **사회적 권력 변화와 대처**: 사회경제적·교육적·직업적 변화나 조정이 발생하였는가? 신규 채용이 되면서 혹은 실직 상태로 이주하게 되었는가? 가족 구조의 변화 때문에 가족이 스스로 결정해서 이주했는가? 새로운 국가에서 언어나 의사소통 문제가 미치는 영향이 무엇인가? 직장과 관련한 스트레스원에 이민자가 노출되는가? 노출된다면, 스트레스원의 종류는 무엇인가?(예: 관리 감독 문제, 대인관계, 외국인 공포, 이민 당국)

③ **경제적 자원과 주거 자원**: 이민자의 부채와 자산은 무엇인가? 주거 상태(예: 주거의 질)는 어떻고, 교통이나 통신 기술에 대한 접근성은 어떠한가?

④ **신체적·심리적 건강 상태**: 음식이나 주거와 관련한 이민자의 기본 욕구는 충족되고 있는가? 이민자가 의료 서비스 전문가나 문화적 치유자들(cultural healers)에 접근할 수 있고 이용할 수 있는가? 이민 이전부터 건강 문제가 있거나, 이민 도중에 건강이 악화하거나 팔다리를 잃지는 않았는가? 이민자의 현재 건강 상태는 어떠한가?

⑤ **가족 체계와 사회적 연결망**: 가족의 친인척이나 가족 구조, 의사소통 패턴, 다세대(multigeneration) 경험, 대처 능력은 어떠한가? 가족과 관련된 사회적 지지체계(예: 확대 가족, 친구, 종교적 지지체계, 지역사회, 정치적 지지체계, 휴양 지지체계)가 혹시 있

다면 무엇인가? 그리고 사회적 접촉에 대해 개개인이나 가족이 어느 정도로 고립 또는 활성화되어 있는가?

⑥ **문화적인 면**: 개인의 사회적 정체성의 개략적 내용과 그 질은 어떠한가? 개인은 자신의 전통문화를 어떤 방식으로 그리고 어느 정도로 동일시하며, 또 새로운 미국 문화나 기타의 다른 문화(예: 종교적, 장애인, 젠더 지향)는 얼마나 동일시하는가?

이민자를 사정할 때 실천 측면에서 다루어야 할 여러 쟁점이 무엇인지는 서비스 전달의 취지나 임무에 따라 다양하게 나타날 것이며, 마찬가지로 실천의 범위를 어디까지로 할 것이냐에 따라서도 다양할 것이다. 그러므로 중요한 관심사를 전부 포괄하여 검토하는 것은 이 장에서의 관심 초점을 넘어서는 것이다. 다른 장에서 이민자가 만날 수 있는 더 세부적인 주제를 다룰 것인데, 의료 서비스는 5장에서, 정신 보건은 6장에서, 고용과 관련한 주제는 8장에서 다룬다. 그러나 위에서 언급된 목록은 실천가가 일련의 다차원 및 다체계적 관심사가 이민자의 삶 속에 나타나고 있음을 인정하도록 하는 데 유용할 수 있으며, 여러 이론적 접근과 개념이야말로 이민자와의 관계 및 옹호 노력에 적용할 수 있는 원칙이 될 수 있다.

2. 이민자 복지 실천을 위한 개념적 · 이론적 자원들

위에서 언급한 여러 맥락적이고 경험적인 쟁점은 이민자에 대해 이미 알려진 실천의 중요성을 강조한다. 이러한 실천은 다체계적(즉, 미시, 중시, 거시)이라고 할 수 있으며, 이론적 지향에 기반한다. 또한 강력한 임상적 기술을 기반으로 직접 서비스를 촉진시키고, 거시 수준의 개입 역시 증진시키는 역할을 한다. 21세기에는 복잡한 문제들이 증가하기 때문에 '더 넓은 임상적 접근'이 필요하다고 주장하는 Frey와 Dupper(2005)의 논의는 실천 이론이 이민자와 관련하여 고려해야 할 핵심이 무엇인지를 다음과 같이 명료화하고 있다. 실천은 지금까지 한 번도 지식이나 가치, 기술이 필요하다고 강요한 적은 없는데, 여기에는 임상적 개입 및 '개인적 쟁점과 사회 정의 문제 모두를 표적으로 하는 다층 개입'도 포함된다(p. 34). 더욱이 권력 차별, 임파워먼트, 비판적 사고 등에 대해 이론적으로 접근하고 있는 사회복지실천 문헌이 계속 증가하고 있고, 이러한 주제는 주로 페미니스트나 포스트모더니스트, 억압 이론 등에서 제공되고 있다. 이민자 인구에 종사하는 실천가가 직면하는 상황이 점점 다양한 측면을 고려해야 하고 새로운 시도를 하게끔 하는 것임을 고려해 보면, 사회복지에서 이러한 문헌이 점점 증가하는 현상은 절실히 필요한 것이기도 하다.

신뢰와 라포(rapport)를 만들어 주고 문화적 · 언어적 유능성을 발현시켜 주는 강력한 임상적 기술은 새로 정착하는 나라 안에서 대립적인 충돌을 흔히 경험할 수 있는 모든 이민자를 위해 특히 필요한 것이다. 동시에 업무뿐 아니라 거시적 옹호 노력 그리고 프로그램과 정책 발달에 거시 수준의 개입이 필요한데, 거시 수준의 개입은 강력한 임상적 기술을 기반으로 해야 하며, 개인이나 가족을 상대로 일하면서 배울 수 있다. 실천가들은 개인이나 가족에게 관여할 때 필수적으로 임상적 기술이 있음을 개입 수준과는 상관없이 입증해야 한다. 이민자 인구를 위한 실천에서 필수적인 많은 사회사업 기술을 여기서 모두 다룰 수는 없다. 그러나 이후의 다른 접근 방법들에 대한 짧은 설명을 통해 이론적 지향과 개념이 실천에 근거할 때 필수적이며, 호기심을 불러일으키고 포괄적이며 협력적임을 확인할 수 있을 것이다.

분명하게도, 효과적인 이민자를 위한 실천은 인간과 환경의 상호작용과 교환적 분석틀 내에서 생리심리사회적, 영적 · 문화적 관점으로 구체화된다. 이는 이민 과정에서 나타나는 다양한 차원(예: 개인적 · 가족적 · 경제적 · 정치적)의 적응을 구분해서 다루기 위한 목적이다. 생리심리사회적 개념은 이민자의 삶 속에서 드러나는 건강 상태, 행동주의적(사고, 감정, 행동) · 가족적 · 사회적 연결망, 사회적 요인 등에 대한 기여로 우리의 관심을 돌린다. 영적 · 문화적 측면은 그들의 삶이 종교적이든, 비물질적이든, 도시적이든 상관없이 그들의 삶에 의미를 가져오는 이민자의 신념, 가치, 실천으로 우리의 관심을 돌린다. 문화적 유능성은 나중에 더 충분히 다루도록 한다.

인간과 환경의 상호작용과 교환적 접근(Woods & Hollis, 2000)은 인간의 욕구와 환경적 자원 간에 욕구가 서로 잘 충족하는지의 '적합성(goodness of fit)'을 평가하는 것을 강조한다. 비판적인 사정 정보를 줄여 주거나 생략하는 것은 내담자가 중요한 사건이 무엇인지 스스로 심사숙고할 기회를 잃게 하고, 교환적 접근에서 증진하고자 하는 탐색, 즉 개인적 선택가능성이 무엇인지 탐색하고 환경 자원은 무엇인지 탐색하도록 하는 기회를 잃게 하는 결과를 초래한다. 사회복지실천의 생리심리사회적, 문화적 · 영적인 교환적 토대는 개인의 강점과 욕구는 무엇이고 취약성은 무엇인지 분명하게 찾을 수 있도록 촉진해 주고, 사정하고 개입하려는 목적을 가지고 이민자의 신체적 · 사회적 환경이 무엇인지 살펴보도록 촉진한다.

최근의 이민자에 대한 국가적 정서는 그들의 행동을 이해하는 데서 이민자의 행동을 분석 단위로 하여 주로 배타적으로 초점을 맞추는 쪽으로 기울고 있다. 반면에 개인과 환경에 초점을 맞추는 쪽에서는 이민자의 경험을 더 완전히 이해하고자, 예를 들면 빈곤이나 연방 정책과 같은 거시 수준 요인을 감안하도록 하는 것을 제안한다. 개인의 행동과 관련된 여러 요인에 과도하게 의존하는 것은 희생자를 비난하는 위험이 있고, 이는 사회복지사로 하여금 대체로 냉담하고 비수용적인 환경에 공모하도록 하는 결과를 초래한다. 마찬가지로 환경적 요인에 과도하게 의존하는 것은 개인 스스로를 인식하지 못하게 하고, 스스로의 선택이나 결정을 최소화하도록 하여 개인을 무력화시킨다. 이러한 경우의 사회복지실천 기술은 어느 한쪽만의 접근을 고수하기보다는 개인과 환경 양자를 모두 염두에 둔 채 몇 가지 관점을 요구하는 것이다.

인간의 경험에 여러 측면의 차원이 있다는 것을 인정하는 것은 강점 관점(Saleebey, 2002)과 임파워먼트 접근(Gutierrez, Parsons, & Cox, 1998; Rose, 2000)에 의해 지지되고, 이러한 분석틀은 이민자가 스스로, 자기 자신의 주관적인 관점으로부터 심리사회적 자원에 무엇이 있는지 탐색하도록 촉진한다. 다음으로는 이민자를 위한 실천과 관련한 몇 가지 이론적 관점과 그와 관련된 질문을 제시한다.

3. 임파워먼트 이론

임파워먼트 이론은 사회 정의 및 옹호를 증진하고, 사회적 권력의 역할을 다루며, 차이를 정상화하고, 개인적 수준 · 개인간 수준 · 정치적 수준에서 권력 관계를 발생시킨다는 점에서 본질적으로 사회복지 접근이다(Gutierrez & Lewis, 1999; Payne, 2005). 옹호 지향 접근에서 그러하듯, 임파워먼트 개념은 비판적 사고, 지식 축적의 검토 그리고 '개인적 목표와 집합적 목표를 달성하도록 하는 자원과 전략 그리고 유능성'의 발달을 촉진한다(Lee, 2001). 사회 정의뿐만 아니라 사회경제적 구조 및 그 구조가 개인에게 미치는 영향 속에서 불공평이 얼마나 중요한 역할을 하는지를 고려하면, 이러한 접근은 과거에 인식하지 못했던 대안을 열어 놓게 하고, 이민자 인구가 매우 강렬하게 경험하는 소외 및 주변화(marginalization)를 감소시킨다(Rose, 1990). 임파워먼트 개념에 의해 규정된 사회 정의, 문제 해결, 역사적 관점은 계급(class), 민족성(ethnicity), 성(gender)과 관련한 쟁점을 다룬다. 그러므로 임파워먼트 접근은 사회적·정치적 요인에 의해 추동된다고 하더라도, 심리학적으로는 결합을 더 튼튼하게 강화하는 변형적인 경험이다.

함께 만들어지고, 상호의존적이며, 협력적이고, 포괄적인 사회복지실천은 임파워먼트 과업의 핵심적인 구성 요소이지만, 반면에 아직 모든 참여자에 의해서 의미를 생산할 수 있으며 모든 관점이 합법으로 인정되는 과업 관계로 발전되도록 준비해야 하는 중요한 도전이 실천가에게 남겨져 있다(Rose, 2000). 실천과 옹호의 관계적 측면을 강조하는 이론으로서, 또한 개인에 대한 새로운 선택가능성을 열어 주는 수단으로서, 임파워먼트는 이민자에게 하나의 분석틀을 제공하는데, 어떤 서비스가 있는지 확인하게 하고, 서비스를 전달받도록 하며, 자신이 속한 지역사회에 영향을 미치는 옹호 노력을 하도록 한다.

1) 임파워먼트 관점: 실천 함의

- 관여 기술(engagement skills): 이민자의 사회적 정체성이 무엇이고 동화 수준이 어떠한지에 대해 왈가왈부하는 여러 가정을 만들지 않고서, 실천가가 임파워먼트 목적으로 이민자 개개인에게 마음을 맞추고 그들과 연결되는 데 필요한 관여 기술은 무엇인가?
- 개인적 수준: 이민자를 참여시키고 그들에게 권한을 부여하도록 하기 위해서 개인의 세계관과 희망과 관련하여 무엇이 알려지도록 해야 하는가?
- 개인간 수준: 개개인의 문화적 세계관과 관련하여 누가 그리고 무엇이 다른 사람에게 중요하고, 누구의 참여가 임파워먼트를 촉진시킬 것인가?
- 정치적 수준: 미국으로 이주하고 재정착하는 것이 개인에게 어떻게 이해되고 어떤 의미를 가지도록 하는가? 개인에게 사회정치학적 요인에 대한 시각을 촉진하기 위해서 실천가는 어떤 유형의 활동과 논의를 하는 것이 유용한가? 또 이러한 시각은 개인의 삶의 경험에서 어떤 역할을 하게 하는가? 그들의 옹호 노력은 어떻게 지지될 수 있는가?

4. 문화적 유능성

이민자 인구를 위한 실천은 말 그대로 다양한 인구를 대상으로 다양한 세팅에서 발생하며, 다양한 맥락에서 각각에 효과적인 기술을 제공하기를 요구한다. 이민자의 경험 및 생애 경로 사건의 맥락을 고려한다면, 앞서 언급한 요인들은 민족적 문화가 다른 사람들과 함께 일할 때 특히 실천가의 유능성이 얼마나 중요한지 명확히 드러내 준다. 이러한 유능성에는 반드시 직접적이고 대면적인 실천에서부터 조직적이고 프로그램으로 구성되는 정책에 이르기까지 넓은 범위의 여러 기술이 포함되어야 한다. 유능성은 또한 다양성에 대해 공감하는 능력을 포함해야 하고, 다양한 인구 집단에 대해 서비스를 전달할 때 리더십을 보여 줄 수도 있어야 한다.

여러 문화가 혼재하는 유능한 직접서비스 기술은 반드시 몇몇 개념적 분석틀로부터 도출되어야 하고, 다른 문화의 실천 지식을 가져올 수 있는 능력을 보여 주어야 한다. 그러나 이들 모두는 윤리적으로 균형 잡혀 있어야 하고, 개인의 편견에 어떤 것이 있는지 잘 인식해야 하며, 전문적 지식에도 한계가 있을 수 있다는 비판적 사고를 해야 한다(Dean, 2001; Laird, 1998; Walker & Staton, 2000). 가장 중요한 점은 실천가는 반드시 다양한 개인을 만나는 첫 단계에서 모호성을 다룰 수 있어야 하고, 여러 관여 기술(engagement skills)에 초점을 맞추어야 하며, 이민자의 역사적 · 문화적 맥락에 대한 조금의 지식이라도 실천에 쏟을 수 있어야 한다는 것이다. 그러나 Sue(1998)가 지적했듯이 이민자가 우리에게 자신들의 독특성을 알리기 전까지는, 이러한 '지식'은 어디까지나 가설로 간주되어야 한다.

유능성과 관련하여 구체적인 몇 가지 모델과 접근이 있는데, 저마다 구별 되는 독특한 개념적 공헌이 있기 때문에 모두 가치가 있다. Cross, Bazron, Dennis와 Issacs(1989)의 연속체 기반 모델(continuum-based model)을 보면, 연속체의 한쪽 끝에는 유능성에 해를 끼치는 것이 있고, 중간에는 유능성 달성의 다양한 지점이 있으며, 반대 쪽 끝에는 모델에서 가장 중요한 역할로 강조되는 조직적인 능숙성(proficiency)과 유능성이 있다. Cross 등의 모델이 제공한 주요 공헌은 조직적 세팅에서 개인 혼자서는 문화적으로 유능한 실천을 할 수 없으며, 차이에 대해 헌신하는 것은 반드시 조직 수준에서 보여야 함을 상기시켰다는 점이다.

전미사회복지사협회(2007)는 최근 사회복지실천에서 문화적 유능성에 대한 달성 기준 지표를 출간했다. 이는 전미사회복지사협회의 전국 민족 및 인종 다양성 위원회(National Committee on Ethnic and Racial Diversity: NCOERD)에서 만든 것이다. 지표의 발달은 과거 출간된 문화적 유능성 기준에서 한걸음 더 전진한 것으로, 기준들을 조작화할 수 있도록 했을 뿐만 아니라 기준의 영역을 한층 더 확대했다. 이는 실천가 의식과 기술, 서비스 전달, 옹호, 노동인구에 대한 관심, 전문가 교육, 언어의 다양성, 리더십 등에 대해서 다양하게 포함하고 있다. 또한 조지타운 대학교 전미문화적역량센터에서는 전문가나 조직이 자기 사정(self-assessment)을 할 수 있도록 조언을 제공하고, 유능성을 향상시키는 전략이 무엇인지에 대해 도움이 되는 각종 자료와 도구를 제공한다. 이러한 자료는 모두 이 장 마지막의 추가 자료 부분에 언급되어 있다.

문화적 유능성에 관한 더 많은 정보를 원한다면 3장을 보라.

1) 문화적 유능성 및 능숙성: 실천 함의

- 관여(engagement): 실천가가 스스로 자기 자신에게 질문할 필요가 있는 것
  - 이민자와 그 가족의 시각에서 도와주는 전문가로서 신뢰성을 얻기 위해 내가 해야 할 일은 무엇인가?
  - 이민자의 문화와 관련하여 그들 혹은 그 가족과 대화를 시작하기 위해 알아 두면 유용한 것은 무엇인가? 자신을 드러내면서 의사소통하는 방법으로 어떻게 안부를 물어야 하는가?
- 문화적으로 유능한 자기 인식
  - 나에게 친숙하지 않은 문화의 이민자를 만났을 때 나타날 수 있는 문화적 앙금(예: 고정관념)은 무엇인가?
  - 내 가족이나 이웃과 함께 자라면서 내가 가지게 된 남들과 다른 메시지는 무엇인가?
  - 내가 동질감을 느끼는 집단과 공유되는 가치, 신념, 실천과 관련하여 나는 어떻게 나의 사회적·문화적 정체성을 분명하게 하였는가(예: 나는 어떻게 이름을 얻게 되었는가)?
- 이민자와 그 가족, 지역사회에게 문화적으로 유능한 개입을 지속하는 것
  - 솔선수범하면서 다양성을 탐색할 때 필요한 것은 무엇이며, 또한 슈퍼비전에서 필

요한 고려사항은 무엇인가?(예: 구조, 정찰, 반응적인 슈퍼바이저)
- 나의 실천에서 가져온 지식과 이민자 스스로 배울 수 있도록 촉진하는 과정 기술 두 가지의 균형을 맞추기 위해 슈퍼비전을 어떻게 사용할 것인가?
  - ■ 조직적인 능숙성(proficiency)
    - 내가 속한 조직에서는 문화적 유능성을 고려하여 어떤 메시지를 전달하고 있는가? 그 메시지는 직원으로 하여금 잘 탐색하도록 고무하는가? 또한 조직의 사명과 목적에 부합하는가?
    - 내가 속한 조직의 세팅에서 문화적으로 유능한 실천을 추구하기 위해서는 어떤 지지가 필요한가?

5. 강점 기반 실천

강점 관점(Saleeby, 2002)은 모든 개개인에게 내재해 있는 여러 자산과 자원에 관심을 기울이기를 촉진하는 것으로, 특히 탄력성(resilience)이나 지혜(wisdom), 지식(knowl-edge)으로 나타나게 된다. 임파워먼트 기반 관점에서도 마찬가지이지만, 강점 관점은 '자원의 발견과 확장'을 의도한다(p. 9). 강점 관점은 관계적 기술과 파트너십의 중요성에 초점을 맞춘다는 점에서 다른 이론과 구별되고, 포괄적이며, 갱생과 전체성을 촉진하는 경험들을 지지한다(Rose, 2000; Saleeby, 2002). 따라서 강점 관점을 적용하는 실천은 개인이 저마다 유일한 독특성과 상처받은 생애 사건을 극복하려는 능력을 가지고 있으며, 총체적인 개인으로서 지역사회에 소속되어 있는 것이 왜 중요한지에 대해 잘 인식하는 동시에 확인시켜 주고 있음을 보여 주는 것이다(Saleeby, 2002). 여러 성과가 나타난다면 이는 여러 가지 자원이 가시적으로 확장되고 있음을 보여 주는 것인데, 개개인과 그 가족의 욕구를 충족시켜 줄 수 있을 뿐만 아니라 궁극적으로는 삶의 만족도 및 안녕까지도 충족시켜 현재와 다가올 미래에 대해 희망을 가지도록 할 것이다.

1) 강점 관점: 실천 함의

강점을 인식하도록 도와주는 여러 가지 설명적 질문이 Saleeby(2002)에서 확인된다.

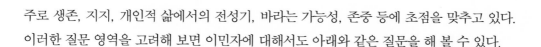

주로 생존, 지지, 개인적 삶에서의 전성기, 바라는 가능성, 존중 등에 초점을 맞추고 있다. 이러한 질문 영역을 고려해 보면 이민자에 대해서도 아래와 같은 질문을 해 볼 수 있다.

- 이민자가 이동하고 정착하는 과정에서 어떤 결정을 내리고 적응을 할 때, 그러한 결정이나 적응이 원국가로부터 출발할 때 있었던 스트레스 요인의 영향을 받아 반응한 것인가?
- 이민자와 그 가족 내부의 어떤 강점이나 지지가 자신들의 결정을 감내하거나 자신들을 보호하는 수단으로 사용되었는가?
- 이민자가 이동, 이민, 정착하는 과정에서 그를 지원해 주는 사람이 있었는가(그는 가족, 친구, 지역사회, 종교단체, 기타 조직에 소속되었을 수 있다)? 이러한 자원은 어떻게 발견되었는가(예: 개인이 (스스로) 발견했는가 혹은 받은 것인가)? 지지를 받기 위해서 어떤 요청을 했고, 요청에 대해 어떤 응답이 있었는가?
- 과거 개인 및 가족의 삶에 예외적일 정도로 긍정적인 부분이 있었는가? 또 이러한 긍정적인 부분이 비록 사실이 아니라 꾸며 낸 것일지라도, 새로운 가정과 삶에서 새로 정립하고 만들고 싶어 하는 것을 드러내는 것은 아닌가? 이러한 희망을 달성하기 위해 어떤 개인이나 조직이 도와주었는가?
- 이민자의 삶에서 어떤 종류의 사건과 활동이 만족감과 안녕을 나타내었는가?

도전 극복의 과정에서 이민자의 성공에 관한 정보는 '번영과 성장'과 관련된 장기적 목표를 확인시켜 준다는 점에서는 유용한 정보가 될 수 있지만, 주거, 음식, 고용, 법적 쟁점 등 재정착 우선순위와 같은 단기 생존 목표의 기준 측면에서는 다를 수 있다. 이민자가 대처해야 할 것들에 무엇이 있는지 파악하는 과정에서 개인과 그 가족이 보유하고 있는 강점이나 지지가 무엇이고 얼마나 많은지 살펴볼 수 있다. '좋은 삶'이 무엇인지에 대한 개개인의 서로 다른 이미지는 저마다 의미 있는 가치를 전달하는 것으로, 그 이미지는 사실상 문화적·영적인 것일 수도 있고, 이민의 목적을 확인하는 것일 수도 있다. 가장 중요한 점은 문화적 공감의 관점을 갖추는 것이며, 동시에 결점보다는 강점 및 자원을 바탕으로 실천을 해야 한다는 것이다.

6. 생태체계이론

체계이론(Von Bertalanffy, 1968)과 생태이론이 이론적으로 결합한 생태체계이론 (Germain & Gitterman, 1996)은 행동의 상호의존적이고 적응적인 측면을 강조한다. Payne(2005)의 체계이론에 대한 요약에서는 개개인과 함께 상호작용하는 체계(예: 가족, 또래의 지지, 문화, 이민세관단속국)의 맥락에서 행동을 이해하는 것이 중요하다고 지적한 다. 더욱이 Payne는 체계의 기능이 가지고 있는 다양한 특성을 논의하였는데, 경계나 개 방 – 폐쇄 상호작용, 엔트로피와 같은 특성은 개인과 가족을 더 잘 이해하도록 돕는다. 생 태이론은 체계의 여러 욕구(예: 음식, 주거, 타당성, 사회적 지지, 안전, 지역사회로의 통합)와 환경 자원 사이에서 적합성(goodness of fit)이 중요한 역할을 한다고 설명하며, 적응적 대처(adaptive coping)가 일어나기 위해서는 이민자와 그 가족, 지역사회와 같은 모든 체 계가 최적으로 기능해야 한다고 설명한다.

1) 체계이론 및 생태이론: 실천 함의

- 어떤 체계가 이민자와 그 가족의 일부(예: 사회적 연결망, 확대 가족, 영적 · 종교적으로, 시민으로, 문화적으로)가 되며, 그것은 그들의 행동을 맥락적으로 이해하기 위해 필수 적으로 알아야 하는 것인가?
- 이민자와 그 가족에게 어떤 적응이나 대처 반응이 어떤 상황에서 그리고 어떤 조건 하에서 나타나는가? 다른 도전이나 세팅에 대한 이러한 적응적 반응을 적용하기 위 해서 사회복지사는 어떻게 도움을 줄 수 있는가?(예: 스트레스를 주거나 압도적인 상황 에 대해 더 잘 대처할 수 있도록 하기 위해 내 · 외부적으로 가지고 있는 문화적 자원을 환기 시키거나 아예 재구성하는 것.)
- 이민자와 그 가족에게 문제를 해결할 수 있는 독창적이고 창의적인 대안을 사용하 고 적용할 수 있도록 하기 위해 사회복지사가 어떻게 협력적으로 지지할 것인가? (예: 등결과성(equifinality)을 촉진하는 것, 즉 제시된 목표를 달성하는 방법은 많으므로 대 안적인 방법이 무엇이 있는지 확인시켜 주는 것.)

7. 가족체계이론

가족체계이론으로서의 Bowen의 가족이론은 다세대적 쟁점, 가족 구성원의 차별(분화, 구별), 가족 정서적 장, 삼각화(triangulation), 정서적 단절(cutoff), 사회적·감정적 과정 등에 초점을 맞춘다(Kerr & Bowen, 1988). Bowen의 이론은 다세대적 쟁점, 유형(pattern), 주제(themes)에 초점을 맞추고, 다세대적 가족 경험과 그 반응의 탐색 수단으로서 심리학적 가계도(genogram)의 사용에 초점을 맞춘다는 점에서 매우 유용하다. 따라서 가족체계이론은 우리로 하여금 이민자 개개의 발달에 복잡한 영향을 미칠 수 있는 가족력, 자아상, 대처, 상호작용 등의 강력한 역할에 대해 관심을 갖도록 해 준다.

더 큰 체계 관점에서 생각해 본다면 삼각화 개념은 잠재적으로 강력한 조직의 역할이 무엇인지 평가할 수 있도록 제안해 준다. 예를 들어, 어떤 체계는 정부가 한 부분으로 이루어져 있다고 이해할 수 있는데, 말하자면 미국 이민세관단속국이 삼각형의 한 꼭짓점이고 옹호집단과 이민자 가족이 각각 다른 꼭짓점을 구성한다고 볼 수 있다. 또한 'Bowen은 … 계급과 민족적 편견을 해로운 사회적 정서적 과정의 본보기로 인식하였고' 이러한 여러 '파괴적인 사회적 영향'에 대처하는 고차원적인 분화가 중요하다고 인식하였다(Nichols & Schwartz, 2007, p. 85).

문화적으로 유능한 가족체계이론의 적용은 전통문화가 고유성을 가지고 있음을 인정하고, 동화(acculturation)와 전통 가치 사이에는 교차지점이 존재함을 인정한다. 이러한 점은 가족 행동의 의미를 개별 가족의 문화적 맥락에서 탐색하고 이해할 때 매우 중요하며, 가족체계이론으로 가족의 실제 현실에 맞는 가설을 개발할 때에도 중요하게 사용될 수 있다.

1) 가족체계이론 : 실천 함의

■ 누가 가족(친척, 이웃, 친구, 종교적 공동체 구성원)으로 정의되는가?
■ 이주와 재정착 과정에서의 가족 경험은 무엇인가? 두고 온 가족 구성원이 있는가? 만약 그렇다면 두고 온 가족에게는 어떤 변화가 나타났는가?
■ 국경 쟁점과 관련하여 실천가에게 어떤 이론적 편견이 생길 수 있는가? 가족 기능을

총체적으로 이해하는 데 방해가 될 수 있는 가설, 예를 들어 소수자의 부모화(아동이 부모의 역할을 담당하는 것)와 같은 가설을 설정하기 전에는 어떤 종류의 질문을 제기해야 하는가?

■ 이주 과정에서 가족은 어떤 생애 주기와 생애 경로 사건을 경험하고, 이러한 경험에 대해 가족이 어떻게 대처하는가?

8. 억압 개념

억압 개념은 이민자와 그 가족, 지역사회 속에서의 사회적 권력(social power)의 역할을 탐색하는 분석틀을 제시해 준다는 점에서 실천 지식과 기술을 향상시킨다. 사회적 권력은 일하지 않고 얻는 특혜를 부여하고 사회 집단을 부정적인 고정관념의 표적으로 만들 수 있기 때문에 꼭 이해할 필요가 있다. 비판적 사고 개념은 사회적 권력을 분석하고 그 영향이 무엇인지를 보완하는데, 개인적 삶(예: 공적인 것은 개인적인 것이다)에서 명제에 대한 가정의 기저를 이루고 있는 가치가 무엇인지 분석하는 것을 강조하고, 또한 다양한 관점의 조사를 통해 상황을 명확하게 하는 것을 강조한다(Gambrill, 2005). 그러므로 억압 개념은 사회적 권력이 약하거나 사회적으로 인정받지 못하는 인구집단들이 어떻게 소외되고 무효화되며 보이지 않는 사람으로 취급받는지 이해할 수 있도록 기여한다. Rose(2000)는 억압이야말로 사회적 · 제도적 수준에서 자행되는 가장 주목할 만한 관계적 역동이라고 설명한다. 억압은 개개인 사이의 상호작용이며 매일매일 행해지는 활동을 통해 실행되고 유지된다. 예를 들어, 실천가는 제도적 맥락에 기인하는 여러 역할을 통해 억압을 지속할 수 있다.

Bulhan[2](1987)은 개개인의 삶 속에서 억압의 영향을 이해할 수 있는 통찰력 있는 지표들을 개발했다. 이렇게 억압에 대해 공식화하는 것은 선택의 자유(freedom)로서의 자유(liberty)의 역할과, 자유(liberty)의 부재로서의 억압에 초점을 맞추며, 능력에 비례하는 스트레스 요인을 소개하는 것이다. 자유 기반의 선택들은 다음과 같고, 억압에 의해 타협될 수 있다.

■ **공간(Space):** 물질적 · 경제적으로 원하는 데로 갈 수 있고 선택의 질을 보장하는

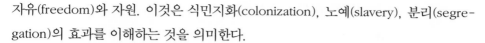

자유(freedom)와 자원. 이것은 식민지화(colonization), 노예(slavery), 분리(segregation)의 효과를 이해하는 것을 의미한다.

- **시간(Time)**: 모든 개인은 자신의 하루 24시간을 어떻게 쓸지 선택권이 있다고 당연하게 추정하지만, 그럼에도 "당신만의 시간은 얼마나 있는가?"와 책임감과 역할(예: 한 부모, 노동자, 노예)에 따라 시간 수요 요인이 있는지 질문해야 한다.

- **에너지(Energy)**: 개인의 삶의 특징은 살기 위해 일하는 것인가, 아니면 일하기 위해 사는 것인가? 개인의 에너지는 어떻게 확대되고, 어떤 과업에 대해, 누구에 의해 결정되는가? 한 개인이 시간을 사용할 때 혜택을 받는 사람은 누구인가?

- **정보에의 접근(Access to information)**: 정보 격차(digital divide)는 21세기에 소외화와 하층 지위를 판단하는 범례(legend)가 되고 있다. 언론, 기술, 사회적 소식통 등을 통해 정보에 접근할 때 어느 정도 평등한 분배가 이루어지고 있다고 보는가? 그렇다면 다음과 같이 질문할 수도 있다. "정보 접근의 규칙, 사회적 규범 그리고 미디어를 통해 알려지는 가치들은 누가 정의하는가?" "정보 접근을 좌우하는 규제의 근간은 무엇인가?"

- **이동성(Mobility)**: 이것은 개인이 언제, 어디서, 누구와 함께할지 선택할 자유(freedom)를 말하며, 위에서 확인된 요인들과 직접적으로 관련되어 있다. 이민자의 경험은 합법이든 불법이든 비슷한데, 이민세관단속국(ICE)이 범죄 경력이 있거나 집중 감시(예: 불법으로 의심될 만한 정당한 사유가 있는지 문서를 검토하는 것) 대상인 불법 이민자를 찾기 위해 업무현장을 불시단속하는 것은 이민자들과 전통적 지역사회를 대중에게 노출시킴으로써 안전감을 감소시키고 불안을 증폭시킨다.

Bulhan(1987)은 억압에 관해 제약-부담 이론(constrained-strained theory)을 제안했으며, 다음과 같은 세 가지 핵심 역동을 포함한다.

① 제약(constraint): 특권과 권리에 제약을 가하는 객관적·사회적인 조건. 이러한 것의 기원에는 사회적·제도적인 장벽이 있다. 장벽은 개개인의 권리와 특권에 대한 불공평을 만들고 유지하며 정당화하는 것으로, 이민자에게도 그럴 수 있다.

② 부담(strain): 지각, 감정, 의미의 주관적인 세계. 부담은 심리학적 자원들을 약화시키거나 격감시키는 경험을 의미하는데, 지각하고 사고할 능력을 왜곡하고 감소시킨

다. 개개인과 가족의 차이는 부담 적응 능력에서도 다양한 형태의 취약성으로 나타난다.

③ 포용임계점(threshold of tolerance): 문화적 규범과 규율은 다양성과 차이를 규제하고 통제하는 법적 혹은 초법적 제재로 나타난다.

1) 억압 개념: 실천 함의

■ 이민자와 그 가족은 어떤 방식으로 제약을 경험하는가? 그리고 어떤 조건하에서, 어떤 맥락으로 제약을 경험하는가? 누가 참여자이고, 성과는 무엇인가? 개인과 가족이 그들의 합법 혹은 비합법 지위와 관련된 제약들에 어떻게 대처하고 적응하는가?

■ 이민자는 부정적인 고정관념과 제약으로 발생하는 자신의 삶의 경험을 어떻게 해석하고 감내하는가? 이민자는 자기 자신, 가족, 그들의 문화 중 누구를 탓하는가? 이민자는 자신의 도전 성공에 기여한 관점(예: 행동적 · 법적 · 사회적 · 종교적 신념)들을 여전히 고수하고 있는가?

■ 이민자와 상호작용을 계속하면서 그리고 슈퍼비전의 피드백을 염두에 두면서, 사회복지사는 권력 차별의 함의를 어떻게 탐색할 수 있는가?

9. 실천가의 자기 인식

전문가적 자기 인식을 도와주는 여러 개념이야말로 이민자 인구에 대한 지식을 실천하는 주춧돌이라고 할 수 있다. 이민자 실천에서 계속해서 주의해야 할 맥락으로 여러 역전이적(countertransferential) 쟁점에 관해서는 좀 더 주의 깊게 인식해야 한다. 이는 개인적 경험(Goldstein, 2001)과 사회적 투사 개념으로 설명되는 Bowen(1978)의 집단 간 경험에서 모두 발생할 수 있다. 개인 간 역전이(countertransference) 개념은 접촉의 시기나 특정인과 일하는 방식 때문에 실천가가 자신의 과거 경험으로부터 여러 감정을 유발시키는 것을 뜻하는데, 역전이 개념은 실천가로 하여금 취약성이나 욕구가 얼마나 악화될 수 있는지를 유념하도록 해 준다. Bowen의 개념은 사회 집단이 원치 않는 특성을 다른 집단에 얼마나 강요할 수 있는지를 강조하며, 사회복지사의 경우에도 실제든 허구든 이민자의 특성에 반응하여 전문가가 사회적 정체성(즉, 집단 동일시)을 가질 수 있다.

1) 실천가의 자기 인식: 실천 함의

- 문화에 기반할 때 역전이 및 사회적 투사와 관련하여 사회복지사는 어떻게 인식할 수 있는가? 어떤 동기부여와 몰입이 사회복지사로 하여금 이러한 쟁점을 탐색하도록 하는가?(예: 사회복지사가 같은 민족이지만 계급적 배경이나 동화 수준은 다른 경우)
- 사회복지사가 실천 과정에서 자신의 편하고 불편한 수준을 어떻게 다루도록 할 것인가?(즉, 촉발 요인을 탐색하는 것) 특히 의사소통 과정에서 감정 전달에 차이가 있는 경우 어떻게 다루도록 할 것인가?(즉, 의사소통 방식의 차이)

10. 결 론

이민자의 존재에 대한 국가적 · 지역적 반응은 다음과 같이 몇 가지 주제에 따라 구분할 수 있다. 즉, 초청 노동자 프로그램 개발, 시민권 취득에 대한 다양한 선택사항 부여, 국경 수비대 강화, 국경 펜스 건설 등의 여러 가지 전략이 중요한 고려 사항으로 제시되었다. 때로 이민자에 대한 국가적 수준의 입법이 명확하게 이루어지지 않아 지역적 대안이 쏟아져 나오기도 했다. 이러한 지역적 대안과 국가적 논쟁은 그 시시비비를 떠나 모두 사회복지실천의 맥락이고 사회복지사의 관점에 영향을 미친다. 즉, 원칙적으로 이론과 개념은 실천에서 더 효과적인 개입이 이루어지도록 향상시키고 증진시키는 지침이 된다.

미국은 외견상으로 '이민자의 나라'라고 불리는 그 기원이 되는 관점을 잃게 되었고, 그 대신에 제안되거나 실행 중인 모든 연방 · 주 · 지방 정부의 정책이 이민자의 존재를 점점 적대적이고 징벌적인 방법으로 다루려고 시도하고 있다. 이러한 조건들은 사회복지사로 하여금 여러 이론과 개념을 창의적이고 비판적으로 사용하도록 요구하며, 이와 함께 사회 정의를 촉진할 뿐만 아니라 모든 개인과 가족, 지역사회는 존엄하고 자기결정권을 가지고 있음을 인식하여 윤리적이고 전문가적인 권한을 사용하도록 요구한다. 이론은 이민자 인구의 사회정치적 맥락에 대한 이해뿐 아니라 그들의 언어적 · 문화적 유능성을 잘 이해하도록 촉진한다는 점에서 효과적인 사회복지실천에 필수적이다.

11. 사례 연구

아래의 사례 연구는 이민자가 흔히 마주치게 되는 삶의 경험에 대해 기술한 것이다. 여러분은 각 사례에 관해 다음과 같은 질문들을 놓고 토론할 것이다.

① 이 사례에 의해 제기된 사회복지 쟁점들은 무엇인가?
② 이 사례에 의해 제기된 법적 쟁점들은 무엇인가?
③ 확인된 관심사를 이해하는 데 도움이 될 만한 추가적인 핵심 정보는 무엇인가?
④ 이 사례에서 사회복지사의 역할과 기능은 무엇인가?
⑤ 이 상황에서 가장 도움이 된다고 생각하는 단기 개입과 자원은 무엇인가? 또 장기 개입과 자원은 무엇인가?
⑥ 이 장에서 논의된 사회복지 이론 중 기술된 상황에 대해 가장 좋은 분석틀을 제공하는 것은 무엇인가?
⑦ 이 사례에서 조직 수준(중시)의 도움이 어떤 것이라도 일어날 수 있는가? 정책 수준(거시)에서는 일어날 수 있는가, 또는 일어나야 하는가?

1) 사례 연구 1: 박탈된 지위

남미에서 온 25세의 한 여성은 북동부의 한 대학에서 생물학을 공부하기 위해 학생 비자를 받고 홀로 미국에 들어왔다. 대학에 다니는 동안 그녀는 27세의 남부 캘리포니아 출신 남성과 교제하였다. 그녀는 남자친구를 만나는 것 외에는 연구에 몰두하느라 다른 사회적 접촉은 적었다.

연구가 끝날 무렵 그들은 결혼을 하고 남부 캘리포니아로 이사를 갔다. 그곳은 남자친구의 가족과도 멀리 떨어진 곳이고 그녀에게는 어떤 교우 관계나 사회적 접촉이 없는 곳이었다. 그녀는 남부 캘리포니아에 도착하자마자 영주권을 신청했는데, 영주권이 승인되기도 전에 남편이 수영 사고로 사망하였다. 미국 이민국의 '미망인 벌칙(widow penalty)' 정책에 따르면 그녀는 더 이상 미국 시민과 결혼한 것이 아니므로, 그녀의 영주권 신청은 거부되었다.

2) 사례 연구 2: 억류를 위한 검문

이민자 부모의 자녀인 8세의 Gabriela와 10세의 Roberto는 4형제 중에서 가장 나이가 어린데, 매일 아침 8마일 거리의 학교에 가기 위해 버스를 탄다. 그들의 부모는 농장 노동자이고, 캘리포니아 중앙 계곡 근처에 살고 있으며, 직장은 계절에 따라 다르다. 어느 날 아침, 캘리포니아 고속도로 순찰대가 버스를 세웠다. 그리고 경찰이 버스에 올라서 Gabriela와 Roberto를 데려가 구금하고, 아이들을 미국 이민세관단속국이 운영하는 외국인보호소로 인도하였다. 거기서 아이들은 부모가 국외로 추방되기 위해 체포되었다는 소식을 들었다. Gabriela와 Roberto는 부모가 국외로 추방될 때까지 계속 억류될 것이다.

3) 사례 연구 3: 시민권 신청

1년의 억류 상태 후에, Ramos 가족(37세 Rosalie, 39세 Ricardo, 7세와 11세의 두 딸)은 미국 시민인 Ricardo의 여자 형제 중 한 명이 Ricardo의 남자 형제의 건강 악화를 이유로 영주권을 제출하고 나서야 석방될 수 있었다. Ricardo의 형은 미국 시민인데, 당뇨와 투석 시작으로 건강이 악화되었다. Ricardo의 건강 상태는 3년 전 이주 과정에서 다리를 잃은 것을 제외하고는 전반적으로 좋은 편이다. 억류에서 풀려났지만, 이제 가족은 공동체 삶을 재건하면서 가족의 건강 문제와 조정 문제를 다루어야 한다.

4) 사례 연구 4: 이웃에서의 불시단속

Alicia는 남편이 없이 동부 해안의 작은 농촌 지역사회에서 16세 딸과 17세 아들과 함께 살고 있다. 아들과 딸은 고등학교에 잘 다니고 있으며 대학에 들어가기를 바라고 있다. Alicia의 부모는 그녀가 12세가 될 때까지 이주 농장 노동자였다. Alicia는 미국에서 태어나 고등학교를 졸업했고, 상점에서 점원으로 일한 경험이 있으며, 부모의 전통 라틴 문화로부터 강한 영향을 받았다.

최근 지역의 이민세관단속국(ICE) 사무소에서 불시단속으로 범죄 경력이 있는 불법 이민자를 색출하려고 한 적이 있다. 한 달 전 불시단속으로 거의 1,350명이 체포되었고, 그중 234명이 범죄 경력이 있는 불법 이민자로 확인되었다. 이러한 불시단속은 지역사회를 겁먹게 한다. 합법 노동자나 법적 시민권자도 문서가 없을 경우에는 체포당할 위험이 있기 때문이다. 다른 많은 이웃과 마찬가지로 Alicia는 직장에 가지 못하고, 과도한 비용을 지불하여 음식을 배달시켜 먹으면서 집에서만 계속 머물러야 하는 상황에 처하였다.

NOTES

1) Melendez(2006)의 내용을 재구성함.
2) Dr. Bulhan이 의사 Chet Pierce와 함께 이러한 개념들을 발전시킨 것으로 이해함.

추가자료

National Association of Social Workers, Indicators for the Achievement of the Standards for Cultural Competence in Social Work Practice: http://www.socialworkers.org/practice/standards/NASWCulturalStandardsIndicators2006.pdf

National Center for Cultural Competence at Georgetown University: http://www11.georgetown.edu/research/gucchd/nccc/index.html

Social Work Today (offers numerous articles about practice with immigrants): www.socialworktoday.com

참고문헌

Bowen, M. (1978). *Family therapy in clinical practice*. New York: Jason Aronson.

Bulhan, H. (1987). The constrained-strained theory: A general theory of deviance. *BHM Review 1*. Boston: Basic Health Management, Inc.

Cross, T., Bazron, B., Dennis, K., & Issacs, M. (1989). *Towards a culturally competent system of care* (Vol. 1). Washington, DC: CASSP Technical Assistance Center, Georgetown University Child Development Center.

Dean, R. (2001). The myth of cross-cultural competency. *Families in Society, 82*(6), 623-630.

Frey, A., & Dupper, D. (2005). A broader conceptual approach to clinical practice for the 21st century. *Children & Schools, 27*(1), 33-44.

Gambrill, E. (2005). *Critical thinking in clinical practice* (2nd ed.). New York: Wiley.

Germain, C., & Gitterman, A. (1996). *The life model of social work practice: Advanced theory and practice.* New York: Columbia University Press.

Goldstein, E. (2001). *Object relations theory and self psychology in social work practice.* New York: The Free Press.

Gutierrez, L., & Lewis, E. (1999). *Empowering women of color.* New York: Columbia University Press.

Gutierrez, L., Parsons, R., & Cox, E. (1998). *Empowerment in social work practice.* Pacific Grove, CA: Brooks/Cole.

Hawkings, S. (1998). *A brief history of time.* New York: Bantam Books.

Kaplan, A. (1964). *The conduct of inquiry.* New York: Chandler Publishing Company.

Kerr, M., & Bowen, M. (1988). *Family evaluation: An approach based on Bowen theory.* New York: W. W. Norton & Company.

Kondrat, M. D. (1992). Reclaiming the practical: Formal and substantive rationality in social work. *Social Service Review, 66*(2), 237-255.

Laird, J. (1998). Theorizing culture: Narrative ideas and practice principles. In M. McGoldrick (Ed.), *Revisioning family therapy: Race, culture and gender in clinical practice* (pp. 20-36). New York: Guilford Press.

Lee, J. (2001). *The empowerment approach to social work practice: Building the beloved community* (2nd ed.). New York: Columbia University Press.

Lee, T. (2006, April 17). A new domestic and global strategy. *The Nation,* 20-22.

Melendez, M. (2006). *Assessing psychosocial stressors and supports of immigrant families.* Course handout. Boston: Simmons College, School of Social Work.

Montgomery, D. (2007, August 19). Immigration anger seems to usher in era of xenophobia. *Fresno Bee* (Fresno, CA), pp. A1, A22.

National Association of Social Workers. (2006). *Immigration policy toolkit: President's Initiative, weaving the fabrics of diversity, 2006-2008.* Washington, DC: Author.

National Association of Social Workers. (2007). *Indicators for the achievement of the NASW standards for cultural competence in social work practice.* Washington, DC: Author.

Nichols, M., & Schwartz, R. (2007). *The essentials of family therapy*. Boston: Pearson/Allyn & Bacon.

Payne, M. (2005). *Modern social work theory* (3rd ed.). Chicago, IL: Lyceum Books.

Pozzuto, R. (2007). Understanding theory, practicing social work. In S. Witkin & D. Saleebey (Eds.), *Social work dialogues*. Alexandria, VA: Council on Social Work Education.

Rose, S. (1990). Advocacy/empowerment: An approach to clinical practice for social work. *Journal of Sociology & Social Welfare, 17*(2), 41-51.

Rose, S. (2000). Reflections on empowerment-based practice. *Social Work, 45*(5), 403-412.

Rumbaut, R. (2005). The melting pot and the pot: Assimilation and variety in American life. In P. Kivisto (Ed.), *Incorporating diversity: Rethinking assimilation in a multicultural era* (pp. 154-173). Boulder, CO: Paradigm.

Saleeby, D. (2002). *The strengths perspective in social work practice* (3rd ed.). Boston: Pearson/Allyn & Bacon.

Sue, S. (1998). In search of cultural competence in psychotherapy and counseling. *American Psychologist, 53*(4), 440-448.

Von Bertalanffy, L. (1968). *General systems theory: Foundations, development, applications*. New York: George Braziller.

Walker, R., & Staton, M. (2000). Multiculturalism in social work ethics. *The Journal of Social Work Education, 36*(3), 449-462.

Woods, M. E., & Hollis, F. (2000). *Casework: A psychosocial therapy* (5th ed.). New York: McGraw-Hill.

5장

사회복지와 이민자의 신체적 건강 이슈들

Sarah Blair Smith

이 장에서는 사회복지사가 이민자와 일하면서 알아야 할 필요가 있는 주요 의료 서비스 쟁점에 대해 다룰 것이다. 즉, 사회복지사와 이민자가 더 나은 의료 서비스를 받기 위해 미국의 의료 서비스 시스템을 돌아다니면서 만나게 될 매우 복잡하고 서로 연결되어 있는 쟁점을 소개할 것이다.

2005년에 법적 영주권 소지자(legal permanent residents: LPRs)는 인구의 5.6%(1,680만 명), 불법 이민자는 3.5%(1,050만 명)로 추정된다(Hoefer, Rytina, & Campbell, 2006). 달리 말하면 2,700만 명 이상이 이 나라에 도착했을 때부터 그들의 사회경제적 지위가 이민자인 채로 살아왔다는 말이며, 이는 건강보험을 이용할 수 없고 의료 서비스 접근에 제한을 받아 왔다는 뜻이다. 더욱이 미국 저소득 노동자의 1/5 정도가 이민자이며 이민 노동자 전체의 거의 반 정도는 불법이건 합법이건 간에 최소 임금의 두 배도 못 받고 있다. 이민자는 자신들의 고용이나 낮은 사회경제적 지위, 건강보험에 가입하거나 의료 서비스에 지불할 자금 부족, 정부와 민간 부문의 정책 부족 등 상호 연결된 쟁점 때문에 흔히 의료 문제에 부딪히게 되는데, 이는 이주 노동자를 보호하지 못하는 것이다(AFL-CIO, 2005; Broder, 2007; Goldman, Smith, & Sood, 2006; Montoya, 2005).

8장에서 논의하겠지만, 이민자는 농장, 어업, 임업, 수리 · 보수, 육가공, 양계업, 제조업, 건설, 조경, 서비스 산업, 의류 산업 등 저임금 노동 착취 직종에 종사한다. 이러한 직종의 직업 안에서도 불법 이민자는 저숙련 고위험의 일을 담당할 가능성이 더 크다. 그들은 하루 종일 육체적으로 힘든 노동에 시달리는데, 이는 근골격계 질환이나 반복적인 동작 장애와 같은 건강 문제를 일으키는 원인이 된다. 안전하지 못한 작업 조건은 근로자를 화학 물질(살충제나 염소 성분의 세척 물질), 유기 분진, 알레르기 유발 항원, 독성 가스 등에 노출시켜 피부 발진이나 호흡기 질환을 일으키고 장기적으로는 암을 유발한다(AFL-CIO, 2005; Lashuay et al., 2002; Pransky et al., 2002; Ruttenberg & Lazo, 2004; Schenker 2007; Villarejo, 2003). 다음의 두 가지 사례는 이민자가 이 나라에서 자신과 가족을 부양하려고 애쓸 때 만날 수 있는 수많은 문제 중 일부에 해당할 뿐이다. 이와 같은 사례를 통해 사회복지사가 이러한 상황에서 해야 할 역할이 무엇인지 인식하는 데 도움이 되기를 바란다.

2002년 캘리포니아 주 오클랜드의 아시아 여성 이주 노동자 클리닉이 내원한 캘리포니아의 봉제공장에서 근무하는 여성 이주 노동자들의 건강 상태를 조사하였는데, 그들 중 99%에서 일상 활동에 방해가 될 정도의 극심한 통증을 유발하는 등, 목, 어깨 염좌가 발견되었다. 그리고 1/3 정도는 의사에게 진찰을 받지도 못했다. 거의 모든 여성(97%)이 노동자 보상을 제기할 자격이 있지만, 관련 프로그램이 있는지 인식을 못하고 있거나 제기할 경우 받게 될 사업주의 보복에 대해 두려워하고 있었다(Lashuary et al., 2002).

미국노동총연맹 – 산업별조합회의(AFL-CIO, 2005)는 건축 산업에 종사하는 히스패닉에 관한 연구를 수행하였는데, 2000년에 이들 대상자가 건축 산업 노동 인구의 16% 미만밖에 되지 않음에도 불구하고 치명적 손상을 겪는 사람의 23.5%가 이들 히스패닉이었다. 또한 시설 요인에 가장 크게 기여하는 것 중의 하나가 노동자의 언어 문제로 인한 안전 교육 · 훈련의 부족이라는 것이 발견되었다. 스페인어로 안전 교육 · 훈련이 실시된 이후에는 노동자들이 높은 곳에서 작업할 때 하네스(안전장비)를 착용하거나 고글과 같은 보호 장비를 쓰는 등 작업 안전 실천을 준수한다는 것이 보고되었다. 이러한 교육 · 훈련은 부상 및 사망 건수를 감소시켰다(AFL-CIO, 2005; Ruttenberg & Lazo, 2004).

이러한 저임금, 위험한 작업 환경, 부족한 보험, 지위 결핍과 같은 배경에 대항하여, 이번 장에서는 불법 이민자, 합법 이민자, 혼합 지위 가족 등에 대해 의료 서비스를 지원하는 정책이 무엇인지 설명하고, 의료 서비스 장애, 건강한 이민 현상과 적응, 억류자 · 노동자 · 노인 · 여성 · 아동 등의 특정 이민자 인구가 만날 수 있는 건강 쟁점에 대해서도 설명한다. 마지막으로 이 장에서는 이러한 쟁점으로부터 제기되는 사회복지실천 함의를 몇 가지 살펴보고, 토론 질문 및 사례 연구를 제공하려고 한다.

1. 이민자 의료 서비스에 영향을 미치는 연방법

많은 연방 법률이 모든 사람에게 보호를 제공하고, 접근 가능한 서비스를 만들도록 돕는다. 예를 들어, 1964년 「시민권법」의 규정 IV에서는 연방 기금을 받는 조직은 인종, 종교, 피부색, 국적에 근거하여 개개인을 차별하는 것을 금지하고 있다. 연방 시민권 사무국과 법원은 영어를 말하거나 읽지 못하는 개인에게 편의를 제공하지 않은 것은 국적에 따른 차별에 포함된다고 결정하였다. 연방 기금을 받는 조직은 언어 차이가 의료 서비스나 사회 서비스 공급에 부정적인 영향을 미치는 경우, 제한된 영어 구사 능력을 가진 사람들에게 구두와 서면의 조력을 비용 부담 없이 시기적절한 방법으로 제공해야 한다(Frates & Saint-Germain, 2004). 통역 서비스는 영어를 못하는 환자가 의료 서비스 공급자와 의사소통할 수 있게 돕는다.

1986년 하원은 1986년의 「통합일괄예산조화법(Consolidated Omnibus Budget Reconciliation Act of 1986: COBRA)」을 통과시켰는데, 여기에는 「응급의료치료와노동법(Emergency Medical Treatment and Labor Act: EMTALA)」이 포함되어 있었다. 이 법은 병원 응급실에 들어온 모든 사람에 대해 지불 능력에 상관없이 응급의료 서비스를 보장해야 한다는 것이다. 병원 응급실에서는 응급실에 들어온 모든 환자에게 검사 및 안정을 위한 조치를 해야 하며, 비보험 환자를 거부하거나 1차적 안정조치 없이 구호단체나 지역 병원으로 이송할 수 없다. 이 법은 이민자가 의료 서비스를 받고 지불할 보험이나 돈이 없더라도 응급 치료를 받을 수 있도록 한다(Staiti, Hurley, & Katz, 2006).

1996년 「개인책임및근로기회조화법(Personal Responsibility and Work Opportunity Reconciliation Act of 1996: PRWORA)」은 난민이나 망명자를 제외하고, 이민자가 1996년 8월 22일 이후 미국에 입국하거나, 처음 거주권을 받은 5년 동안은 Medicaid와 주정부 아동 건강보험 프로그램(State Children's Health Insurance Program: SCHIP)에 등록하지 못하도록 차단한다. 그러나 5년이 지난 후에 자격 요건을 충족하는 경우 이민자는 Medicaid와 SCHIP에 신청할 수 있다(Broder, 2007). 불행하게도 모든 이민자가 자격을 갖추는 것은 아니다. 2003년 「메디케어현대화법」의 1011 조항은 불법 이민자에게 응급의료 서비스를 제공하는 병원과 기타 시설에 대해 기금 지출을 인가하였다. 원래는 시설에서 이민자에게 치료 시점에서의 그들의 상태를 물어보고, 그 정보를 정부에 제공해야 제공한 의료 서비스의 비용을 변제받을 수 있다. 개정된 사항은 자료를 간접적으로 획득하는 것도 허용하였다. 불행하게도 여전히 법에 혼란이 있고, 이민자는 의료 서비스를 이용하려고 할 때 적발되어 강제 추방될지 모른다는 두려움을 안고 있다. 이러한 법에 대한 두려움은 응급 의료 서비스를 필요로 하는 불법 이민자에게 장벽으로 작용하고 있다(Staiti et al., 2006). 법적 지위에 근거한 공적 부조 자격은 13장에서 더 자세하게 다루고 있다.

2. 이민자가 이용 가능한 의료 서비스

위에서 논의한 광의의 제정법에 덧붙여서, 지난 20년간 누더기식의 연방법 제정 과정은 법적 지위가 다른 이민자가 이용 가능한 의료 서비스 종류가 무엇인지 이해하는 데 혼란을 불러 왔다. 사회복지사가 내담자에게 효과적 원조를 하기 위해서는 자격 요건을 잘 이해하는 것이 필수적인데, 특히 영어 및 미국 의료 서비스 체계와 법 체계를 잘 이해하지 못하는 내담자들에게는 더욱 그렇다.

「PRWORA」는 이민자 지위에 의해 영향을 받지 않는 예외적인 특정 종류의 서비스를 포함하고 있다. 지위에 상관없이 모든 이민자는 '예방접종이나 전염성 질병 증상(증상이 그 질병에 의해 발생된 것인지에 관계없이)의 치료를 제공하는 의료 서비스 프로그램에 대한 접근권'을 가진다(Broder, 2007, p. 3). 「EMTALA」는 모든 이민자에 대한 응급의료 치료를 지위나 지불 능력에 상관없이 제공하고, 「PRWORA」는 소속한 주의 Medicaid 프로그램에 신청할 자격 요건이 되는 모든 이민자에게 지위에 상관없이 응급의료 지원을 받을 자격을 준다(Broder, 2007). 응급의료 지원은 시간이 제한된 응급의료 보장을 규정하고 있는데, "즉각적인 의학적 치료가 없을 경우 개인의 건강을 심각한 위험에 빠뜨리고 신체 기능을 심각하게 손상하며 신체의 장기나 각 부분의 심각한 기능 장애를 야기할 수 있는(노동이나 전달을 포함하여) 어떤 심각한 의료상의 문제"로 정의된다(Fremstad & Cox, 2004, p. 14). 한 번 보장이 만료된 후 상황이 여전히 생명에 위협적이어서 응급의료 지원을 재신청하는 것은 치료를 담당한 의사, 클리닉, 병원에 달려 있다.

1) 합법 이민자

2장에서 논의한 대로, 합법 이민자는 적합한 문서(여권과 비자)를 소지한 자다. 이러한 구분에는 난민, 망명자, 법적 영주권자가 포함된다. 난민과 망명자는 5년 금지 규정으로부터 면제되고, 소득 요건을 충족한다면 미국 내에서의 첫 18개월 동안 Medicaid와 SCHIP 혜택을 받을 자격이 있다. 그 후 보장을 계속 유지하기 위해서는 반드시 재신청을 해야 한다. 자격이 있는 다른 이민자는 자격 요건을 충족한다면 미국에 입국하고 5년 후에 Medicaid와 SCHIP 혜택을 받을 수 있다(Broder, 2007).

합법 이민자는 첫 5년 동안 이 나라에서 종종 의료 서비스 접근에 도전을 받게 된다. 그러나 2004년까지 「PRWORA」의 제한에 대한 대응으로, 21개 주에서 미국 입국 일자에 관계없이 혹은 간혹 소득 자격 요건을 충족시키는 경우에는 이민자 지위에 상관없이 저소득 이민자에 대한 Medicaid와 SCHIP의 건강보험을 대체하는 형태를 제공하는 것에 기금을 사용하도록 선택하였다. 불행하게도 주 기금을 사용하는 프로그램들은 주 세입 예산에 묶여 있어 세입이 감소하는 경우 삭감되거나 중단될 수 있다(Aiker & Urrutia, 2004). 이민자가 선택할 수 있는 다른 선택지는 공공 · 민간 병원, 지역사회 보건 클리닉, 비영리 클리닉 등과 같은 사회 안전망 제공자들이다(Broder, 2007; Staiti et al., 2006). 몇몇 주의 경우 합법 이민자는 유방암과 부인성 암 검사 및 치료를 받을 자격이 있다. 접근권은 시, 카운티, 주에 의존하기 때문에, 개별 거주자나 사회복지사는 지역에 따라 법이 규정하는 이용 가능한 의료 서비스나 자원이 무엇인지 잘 인식해야 한다.

2) 불법 이민자

위에서 언급한 대로 불법 이민자는 응급의료 지원, 병원 응급실 진료, 예방접종, 전염성 질병 증상의 검사 및 치료에 대해서는 자격이 있고, 그 외의 거의 모든 연방 프로그램에 대해서는 자격이 없다. 덧붙여서 지역 법률이 허용하는 경우 불법 이민자는 시, 카운티, 주의 보건소를 이용할 자격을 가질 수 있고, 그 밖에 자원봉사자에 의해 운영되는 인근의 비영리 클리닉을 이용할 수 있다(Broder, 2007; Staiti et al., 2006).

3) 혼합 지위 가족

혼합 지위 가족은 부모 중 한 명 이상이 시민권이 없고, 아동 중 한 명 이상이 시민권을 가지고 있는 가족을 말한다(Capps, Kenney, & Fix, 2003). 2002년에 시민권이 없는 부모의 아동 72%가 시민권을 가지고 있었다. 혼합 지위 가족에서 시민권을 보유한 아동은 소득 기준 자격이 되는 모든 다른 아동과 동등한 공적 보험 혜택을 받을 자격이 있고, 이 중 1/5이 2002년에 보험 혜택을 받지 못했다. 이러한 비율은 시민권을 보유한 부모의 아동에 비해 74%가 높은 것이다. 보험 혜택을 받지 못하는 이유는 언어 문제이거나, 아동이 Medicaid와 SCHIP 혜택을 받을 자격이 있음을 부모가 잘 인식하지 못하기 때문이다. 간혹 부모가 불법 노동자여서 신청으로 인해 불이익을 받을지 모른다는 두려움 때문에 보험 혜택을 받지 못하는 경우도 있다(Capps, Kenney, & Fix, 2003).

4) 미국 입국 금지 사면 신청(Waiver of Excludability)

새로 입국하는 이민자에게 영향을 줄 수 있는 이주 문제상의 법적 핵심은 '공중 위생에 중요한 전염성 질병'이 발생한 국가에서 입국하는 것을 금지하는 「이민법」 조항이다(U.S. Citizenship and Immigration Services[USCIS], 2008, January 28). 현재 이 조항에 해당하는 질병에는 연성하감, 임질, 서혜부 육아종, 에이즈, 전염성 나병, 림프육아종, 전염성 매독, 활동성 폐결핵이 있다(USCIS, 1991, May 31). 이러한 의료 문제가 특정 국가에서 발생하는 경우 이 규정이 적용되어 미국으로 입국하는 것을 금지할 수 있지만, 입국 금지 사면 신청(waiver) 규정을 적용하여 다시 입국 금지를 면제할 수 있다.

「이민법」은 미국 입국을 차단하는 근거가 될 수도 있지만, 이러한 금지 규정의 예외로 미국으로의 입국을 허가하도록 하는 면제 신청 절차 또한 제공하고 있다. 신청자는 출입국 신고서 I-601, 즉 불승인 사유 면제 신청서(Application for Waiver of Ground of Inadmissibility: AWGI; USCIS, 2008, February 28.)를 사용한다. 이 사유 기재란에는 사회복지사나 서비스 제공자가 의견을 적을 수 있는데, 이민자의 가족이 함께 있게 하는 데 중요한 영향을 미칠 수 있다. 입국 허가를 얻기 위해서는 신청자가 자신의 입국으로 말미암아 다음과 같은 문제가 되는 사항이 발생하지 않을 것임을 입증해 보여야 한다.

① 공중 위생(public health)에 대한 위험의 최소화

② 에이즈(HIV) 확산 가능성의 최소화

③ 정부 기관의 사전 승낙 없이 정부 기관의 비용 부담 불가

정부에 이러한 사항을 문서화하여 제출하는 것, 즉 사회복지사가 각 이민자에게 어떻게 상담을 제공할 것인지와 각 이민자는 이를 받아들일 것임을 입증하는 사회복지사의 진술서(affidavit)가 있다면 정부의 입국 허가를 받는 데 도움이 될 수 있다.

3. 이민자 의료 서비스 접근의 장벽들

이민자에 대한 의료 서비스 보호를 제공하도록 하는 법이 일부 존재하지만, 이민자는 법적 지위에 상관없이 의료 서비스 접근을 제한하는 장벽을 현실에서 만나게 된다. 분명히 이민자 지위는 이민자가 불법인지 혹은 이 나라에서 5년간 살았는지에 따라 의료 서비스에 대한 장벽이 된다. 이민자의 의료 서비스 수급을 막거나 단념시키는 다른 장벽 또한 존재하는데, 두려움, 경제적 결핍이나 건강보험의 부재, 언어 장벽, 문화적 이슈들, 미국 의료 서비스 체계에 대한 지식 부족, 시설 및 교통수단의 부족 등이 있다.

1) 두려움

두려움은 의료 서비스를 찾지 않도록 마음먹게 하는 큰 이유가 될 수 있다. 의료 서비스 공급자들을 낯설어하는 이민자는 그 경험을 두려워할 수 있고, 심각한 진단 결과가 나올까 봐 두려워할 수도 있다(Garcés, Scarinci, & Harrison, 2006). 많은 불법 이민자는 자신들이 적발되어 국토안보부(DHS)에 보고될 것을 두려워하며, 시민권이 있는 아동에 대해 공적 건강보험을 신청할 때에도 자신이 적발되어 추방될 것을 두려워한다. 공적 부조 사무소에서는 수혜를 받는 당사자에게만 시민권 관련 문서 제출을 요구하고 신청 아동의 부모나 동일 가구에 거주하는 타인에 대해서는 그렇지 않음에도, 두려움은 여전히 존재한다(Broder, 2007; Derose, Escarce, & Lurie, 2007). 적발에 대한 두려움이 있는 이민자는 의료 서비스 공급자를 만날 때 부정확하고 불완전한 정보를 제공할 수도 있고, 아예

접촉하지 않거나 어떤 의료 기록도 남기지 않으려고 할 수도 있다. 완전하고 정확한 의료 정보의 부족은 진단이나 치료를 지연시키고 실수를 발생시킨다(Staiti et al., 2006).

5년 거주 기간 후에 Medicaid나 다른 공적 서비스 수혜 자격이 생기는 합법적 이민자는 이러한 서비스 수혜에 대해 두려워할 수 있다. 이러한 공적 서비스 수혜를 마치 생활보호대상자로 계층화되는 것이라고 생각하여, 생활보호대상자이기 때문에 더 쉽게 추방될 수 있다고 여기기 때문이다. 미국이민국(USCIS)에 따르면 Medicaid, SCHIP, WIC, Food Stamp, 예방접종, 태아 보호, 전염성 질병의 검사와 치료, 응급의료 보호, 기타 비현금 급여는 생활보호에 해당하지 않는다고 했음에도, 여전히 이민자에게 두려움이 남아 있어 서비스 접근을 제한하고 있다(DHS, 1999; Derose et al., 2007). 특정 프로그램에 대한 이민자의 자격과 관련하여 지방정부나 주정부, 연방정부의 특정 규제에 어떠한 것이 있는지 잘 인식하고 있는 사회복지사는 이민자의 이러한 두려움을 완화시켜 주고 혜택을 잘 받을 수 있도록 권장할 수 있다.

2) 경제적 결핍이나 건강보험의 부재

연구에서는 전체 근로 이민자의 거의 절반이 최소 임금의 두 배도 벌지 못하고 빈곤 속에 살고 있다고 보여 주고 있는데, 특히 불법 이민자의 경우에는 더욱 그렇다. 또한 합법 노동자의 26%만이 자신들의 사업주를 통해 건강보험을 받고 있다(AFL-CIO, 2005; Broder, 2007; Goldman et al., 2006; Montoya, 2005). 「PRWORA」는 미국 내 최초 5년 거주 규정을 통해, 대부분의 이민자에게 공적 건강보험을 받는 것을 금지하고 있다. 2002년 카이저 가족 재단의 보고(Aiker & Urrutia, 2004)에 따르면 미국 시민권자의 경우에는 15%만이 건강보험을 갖지 못하지만, 비시민권자의 경우 42~51% 정도가 건강보험을 보유하지 못한다고 한다. 건강보험이 없는 가족은 예방 서비스를 받지 않을 가능성이 크고, 응급 상황이 될 때까지 필요한 의료 서비스를 찾지 않을 것이다. 그리고 의료 서비스를 받을 때 저소득 때문에 의료 서비스 비용 지불에 곤란을 겪을 것이다(Aiker & Urrutia, 2004). 보험 부족과 낮은 사회경제적 지위는 의료 서비스에 접근하려는 이민자 인구에게 실질적인 장벽이 될 것이다.

3) 언어 장벽

환자와 공급자 간에 같은 언어로 의사소통하지 못하는 것은 의료 서비스 접근 및 환자에 대한 의료 서비스 질에 극복하기 어려운 큰 장벽이 될 수 있다. Brach, Fraser와 Paez(2005)에 따르면 미국에 거주하고 있는 100,000명 이상의 사람들이 영어로 전혀 의사소통하지 못하거나, 겨우 의사소통을 한다. 영어를 사용하지 못하거나, 자신들과 같은 언어를 사용하는 의료 서비스 공급자를 만나지 못하는 이민자들은 의료 서비스를 덜 찾을 가능성이 크다. 또한 의료 서비스를 이용하더라도 양질의 의료 서비스를 받지 못할 가능성이 크다(Brach et al., 2005). 1964년 「시민권법」의 규정 IV에 의해 연방 기금으로 운영되는 기관은 서비스 이용자의 국적에 따라 서비스 공급을 차별하지 못하도록 되어 있어 이용자에게 구두나 서면상의 언어 지원을 받게 함으로써 언어장애를 어느 정도 감소시킨다. 그러나 관련 법과 규정에서는 어떤 서비스가 반드시 있어야 하는지 그 세부 사항을 정확하게 열거하지는 못하고 있다(Frates & Saint-Germain, 2004). 사지선다형 검사(four-prong test)가 법에 의해 광범위하게 설계되어 있는 것 또한 서비스에 대한 장애가 될 수 있다.

사회복지사와 의료 서비스 공급자는 언어장애를 다루려고 시도할 때 많은 쟁점을 고려해야 한다. 이민자가 필요로 하는 의료 서비스에 대한 가장 좋은 대안은 서비스 공급자, 간호사, 의사, 사회복지사가 두 가지 언어를 전부 구사할 줄 알거나 두 문화를 모두 이해하는 것이다. 만약 공급자가 문화적으로 유능한 직접 서비스 제공자를 고용하지 못하는 경우, 두 번째 대안은 서비스 공급자가 이미 현장에서 근무하고 있고 의료 용어, 윤리, 비밀 보장의 중요성 등에 대해 훈련을 받은 공인 의료 통역사를 이용하는 것이다. 이러한 통역사들은 치료에 흔히 영향을 줄 수 있는 상호작용의 문화적 측면을 잘 이해하고 설명할 수 있어야 한다(국제의료통역사협회(International Medical interpreters association: IMIA), 2007). 하지만 현실적으로는 영어를 이제 막 배우고 있는 이민자와 직접적으로 의사소통할 수 있는 간호사, 의사, 사회복지사가 충분하지 않기 때문에 훈련받은 공인 의료 통역사에 대한 수요는 여전히 존재한다. 이러한 문제와 더불어 간호사, 사회복지사, 의사 등의 많은 의료 서비스 종사자는 통역사를 어떻게 이용할지 체계적인 훈련을 받지 못했다. 만약 현장에서 통역사를 구하기가 여의치 않다면 두 개의 수화기가 있는 전화기를 사용하여 훈련받은 전화 통역사에게 접근하는 것이 다른 대안이 될 수 있다. 이러한 종류의

24시간 서비스는 흔하지 않은 언어나 방언을 구사할 수 있는 통역사가 필요할 때 특히 도움이 된다.

남아 있는 다른 대안은 이중 언어를 구사하는 훈련된 직원이나 가족 구성원, 또는 친구와 같이 즉석에서 발굴한 통역사다. 이러한 경우 가족과 친구에 대한 비밀 보장이 문제가 된다. 1963년 「건강보험이동과책임법(Health Insurance Portability and Accountability Act: HIPAA)」규정은 의료 서비스 종사자가 환자에 대한 서비스를 환자의 동의 없이 타인과 상의하는 것을 금지하고 있기 때문이다. 의료 세팅에서 18세 미만의 미성년자에게 통역하지 못하게 하는 것은 환자가 훈련된 통역사를 거부하거나 다른 대안이 없는 경우가 아니라면 중요하다. 아동을 통역사로 사용하는 것은 비밀이 지켜져야 할 부모의 의료 문제를 아동에게 노출시키는 결과를 낳을 수 있다. 또한 의료 서비스 전문가가 맡아야 할 부모의 위급한 상황에 대해서 판단 능력이 부족한 미취학 자녀가 통역을 담당할 때 문제가 발생할 수도 있다.

의사소통장애는 흔히 환자와 의료 서비스 공급자 사이에 부실한 의사소통을 낳게 하여, 오진으로 이어지거나 환자의 생명에 위협이 되기도 한다. 예를 들면, 환자를 어떻게 돌봐야 하는지, 약 복용을 어떻게 주의해서 해야 하는지에 대한 의사의 지시가 잘못 이해될 수 있다. 그리고 환자는 의사의 지시를 잘못 이해할 수 있다는 두려움을 가지고 있기 때문에 아주 심하게 아프기 전에는 의료 서비스를 받지 않을 수 있다(Staiti et al., 2006). 사회복지사는 자신이 속해 있는 기관이나 의료 현장에서 단지 환자에 대한 편의 때문이 아니라, 환자들의 안전과 건강 개선을 위해서 통역 서비스 확대를 옹호하는 것에 계속 관심을 기울여야 한다. 많은 대도시 병원들이 전자 통역 및 직원 통역을 마련해 놓고 있지만, 언어의 다양성과 제한된 자원으로 인해 숙련된 통역을 항상 쉽게 이용하기는 어렵다.

4) 문화적 이슈들

Gregg와 Saha(2006)는 문화를 "개인이 세계를 이해하는 데 사용되고 그 안에서 어떻게 살 것인지에 이용되는 행동들과 지침들의 집합"으로 정의한다(p. 543). 1장에서 논의한 바와 같이 오늘날 이민자는 세계 각지에서 미국으로 왔고, 그들은 종교, 언어, 행동양식, 가족, 지역사회, 사회적 구조 등을 포함하는 그들만의 문화를 가져왔다. 이러한 문화적 구성 요소는 그들의 삶에서 가족 구조가 될 뿐만 아니라 자신의 과거와 연결해 주기 때문에 이민자에게는 장점이 된다. 하지만 미국 문화와 갈등을 일으킬 때는 이러한 장점이 오히려 장벽이 될 수 있다. 이러한 경우는 의료 서비스 영역에서 문화적 장벽이 이민자 문화와 의료 서비스 공급자의 서구 문화 사이에 '문화적 거리(cultural distance)'를 만들 때 특히 더 그렇다(Gregg & Saha, 2006, p. 542). 의료 서비스 공급자에 의한 문화적 유능성과 문화적 민감성은 문화적 거리 사이에 다리를 놓을 수 있다. 문화적 유능성과 민감성이란 문화적 거리가 존재한다는 사실을 인식하고 그 차이를 존중하여 세심하게 반응하는 능력을 말한다. 이민자인 환자와 일할 때에는 그 사람의 문화가 무엇인지 물어보고, 이민자가 바라거나 필요로 하며 궁극적으로 받고자 하는 서비스(care)에 문화가 어떤 영향을 줄 것인지 이해하려고 노력하는 것이 중요하다. 또한 이민자의 문화적 신념을 일반화하거나 고정관념으로 발전시키지 않는 것도 중요하다(Congress, 2004).

3장에서 문화적 유능성에 대한 쟁점을 좀 더 깊게 탐색하였지만, 서구 국가에서 본래 거주하는 많은 사람이 대부분의 질병은 일반적으로 물질적인 것(예: 박테리아, 바이러스, 영양 부족, 고령 등)에 의해 발생할 뿐 아니라, 항생제나 외과 수술로 치료할 수 있다고 믿는다는 것을 이민자들에게 알게 하는 것 또한 중요하다. 출신 국적에 따라 다르겠지만, 일부 이민자는 영적·종교적 요인이나 자연과의 불균형 때문에 질병이 생긴다고 믿을 수도 있다(Congress & Lyons, 1992; Ma, 1999; Murguía, Peterson, & Zea, 2003). 많은 이민자가 미국으로 이주하기 이전에 서구식 의료에 노출된 경험이 전혀 없거나 극히 적기 때문에, 자신들의 신체적 질병에 대해 서구의 의료 서비스 공급자에게 치료를 맡기는 것을 주저할 수 있다. 대신에 그들은 약초 요법, 침술, 민간의 영적 치유자, 민간요법, 반사요법, 마사지, 척추지압요법, 동종요법 등을 사용할 수 있다(Congress & Lyons, 1992; Dhooper, 2003; Ma, 1999; Murguía et al., 2003; Shpilko, 2006). 만약 이민자가 서구식 의사에게 치료를 받으러 갈 경우, 이민자는 의사들이 이러한 부분을 이해하지 못할 것이라는 신념(실제이든 그렇지 않은) 때문에 전통적 치료법을 사용하는 것을 밝히지 않을 수 있다. 만약 의사가 중미 문화권에서의 몇 가지 증후군을 이해하고, 환자에게 전통적 치료법이 무엇이고 어떻게 사용하는지 존중하면서 물어본다면, 환자는 자신이 사용하고 있는 민간요법에 대한 정보를 의사와 기꺼이 공유할 수 있을 것이다. 이러한 정보는 의사가 전통적 치료법에 대해서 논의하고, 전통적 치료법이 서구식 의료와 함께 사용될 때 발생할 수 있는 부작용이나 합병증이 무엇인지에 대해 논의할 수 있도록 할 것이다(Murguía et al., 2003).

그리고 일부 아시아 문화에서는 마음(mind)과 육체(body) 그리고 영혼(spirit)이 서로 연결되어 있다고 믿어 환자가 아플 때 세 가지 체계를 모두 함께 치료한다. 만약 아시아 환자가 서구식 의사에게 치료를 받을 때 자신의 마음과 영혼에는 효과가 없는 약물을 처방받는다면 그 처방을 쉽게 무시할 것이다. 그러나 서구식 의사가 시간을 들여 환자의 마음과 육체, 영혼이 연결되어 있다는 전통적 신념이 무엇인지 물어본다면, 육체를 치료할 수 있는 약물을 처방하고, 동시에 마음과 영혼을 치료할 수 있는 침술이나 명상을 권할 수 있다(Dhooper, 2003).

전통적 가치와 대안적인 의료 서비스 치료를 이해하고 존중하는 문화적으로 유능한 의료 서비스 공급자(없다면 통역사)는 이민자를 치료하는 서구식 시설에 반드시 필요한 구성요소다. 사회복지사는 자신의 환자를 옹호할 수 있고, 문화적 유능성을 다루는 진행 중인 프로그램을 실행시켜 조직 발전의 한 부분이 될 수 있으며, 이러한 조직에서 필수 불가결한(integral) 부분이 되어야 한다. 사회복지사는 자신의 내담자를 대신하여 옹호할 수 있어야 할 뿐만 아니라(미시적 옹호), 직장 내에서 여러 체계가 서비스를 보장하도록 옹호해야 한다(중시적 옹호). 그리고 거시적 옹호는 시, 주, 연방 정책을 변화시키는 목적이 있는데, 체계적 혹은 거시적 옹호를 특히 의료 서비스 정책의 맥락에서 살펴보면서 이 글을 끝맺으려고 한다.

문화적 유능성은 의사들이 진단을 내릴 때 환자를 대하는 태도로 확장될 수도 있다. 예를 들어, Shpilko(2006)는 러시아의 병원에서는 암 진단이 환자를 상대로는 논의되지 않는다고 지적한다. 그보다는 진단을 내릴 때 가족에게 먼저 알리고, 그 가족이 적당한 시간과 장소를 선택해서 지지적인 가족이나 친구들이 함께 있을 때에야 비로소 진단 내용을 환자에게 알린다. 환자에게 진단을 바로 알리는 것은 가족의 전통적 가치를 무시하는 결례의 신호로 비춰질 수 있다. 하지만 이렇게 환자가 아닌 가족에게 먼저 말하는 것은 「HIPAA」에서 보장하도록 하는 환자의 프라이버시에 대한 권리를 위반하는 것일 수 있다. 다른 문화에서는 권력의 중심이 남편에게 있는지, 연로한 조부모에게 있는지 알아채는 것이 중요할 수 있는데, 권력을 가진 구성원이 의사소통의 표적이 되기 때문이다. 이러한 딜레마에 대한 쉬운 해결책은 없지만, 의료 서비스 공급자가 쉽게 만날 수 있는 문제이기 때문에 반드시 인식해야 하며 이민자를 대할 때 다룰 필요가 있는 것이다.

문화적 쟁점은 또한 자가치료(self-care)의 개념과도 관련이 있다. 서구식 의료가 불편한 이민자는 이전의 출신 국적에 따른 치료 방법을 사용하여 흔히 스스로 혹은 가족에게 진단을 내리고 투약을 한다. Shpilko(2006)의 연구에서는 러시아 노인 이민자에 대해,

Dyck(2006)의 연구에서는 시크교도에 대해 기술하고 있는데, 이들은 익숙하다는 이유로 고국에서 가져온 약물과 약물치료법을 사용하였다. 불행하게도 가끔 이러한 약물들은 복용자의 건강을 위험하게 한다. 가져온 약물의 유효 기간이 지났거나 다른 약물을 복용하는 것을 모르는 미국 의사들이 또 다른 약을 처방해서 부작용을 일으킬 수 있기 때문이다. 서구식 의사들은 환자에게 다른 치료법을 병행하고 있는지 충분히 물어봐야 하고, 환자들이 솔직하게 대답할 수 있도록 좋은 관계를 만들어야 한다는 사실을 잘 알아야 한다.

5) 혼동을 불러일으키는 미국 의료 서비스 체계

미국 의료 서비스 체계를 다루려 애쓰는 것은 심지어 영어를 잘 사용하고, 예방 의료 서비스, 예약 및 일정을 잡는 방법, 진단 검사를 하는 이유, 미국 건강보험의 모든 용어와 제한 사항의 의미에 대해서 기본적인 이해를 하고 있더라도 혼동을 일으키고 겁이 나는 것이다. 더더군다나 미국에 새로 도착한 이민자, 그것도 영어로 말하지 못하거나 잘 이해할 수 없고, 서구식 의료나 의료 서비스 시설에 노출된 경험이 거의 없으며, 의료 서비스에 대한 지불 능력이 제한된 사람의 경우를 상상해 보라. 일부 이민자가 거의 죽어 갈 정도로 아프지 않은 한 의료 서비스를 찾지 않는 것은 그리 놀랄 만한 일이 아니다. 복잡한 미국 의료 서비스 체계는 이민자 의료 서비스에 커다란 장벽이 되고 있다.

연구에서는 이민자의 경우 1차 의료 서비스 주치의가 없는 경우가 많고, 또한 의사를 방문하지 않거나 예방적 의료 서비스(preventive care)를 이용하지 않는다는 것을 보여 준다(Fremstad & Cox, 2004). 자원이 부족한 이민자가 아프다고 느끼지 못할 때 의사를 찾아가 돈을 쓰는 경우는 드물다. 모든 사람은 정기 건강진단이 필요하고, 또 이를 통해 스스로 건강하다는 것을 확인할 수 있으며 건강에 문제가 생기더라도 의료 문제를 초기에 발견할 수 있다. 당뇨의 경우만 하더라도 초기에는 식이요법으로 관리할 수 있지만 더 진행된 후에는 인슐린 주사가 필요하게 된다. 영유아나 아동의 경우에도 건강아동방문은 이들의 성장 및 발달을 모니터하고 제때에 예방접종을 받는 데 필수적이다.

이민자 의료 서비스에 대한 다른 장벽은 다양한 연방 정책에 누가 적격이고 누가 적격이 아닌지에 대한 혼동으로, 「PRWORA」 때문에 더욱 심각해지고 있다(Derose et al., 2007). 이민자 의료 서비스를 받기 위해 필요한 자격 요건은 주정부로부터 기금을 받는지, Medicaid나 SCHIP 프로그램이 운영되는지에 따라 다르고, 여기에 대체로 합법 노동자에게만 개방되어 있지만 때로는 불법 노동자에게도 개방되어 있는 점 등을 고려할 때 더 심각하게 혼동을 불러올 수 있다. 그리고 주정부에 따라 또 연도에 따라 이용 가능한 서비스가 달라지며, 언어 장벽은 상황을 더 혼란스럽게 한다(Derose et al., 2007; Fremstad & Cox, 2004). 그리고 많은 이민자가 연방정부나 주정부 프로그램에 대한 자격이 있음에도 주정부의 Medicaid나 SCHIP 프로그램에 등록하지 않는데, 이는 등록을 하면 생활보호대상자로 신고되어 적발될까 봐 두려워하기 때문이다(Aiker & Urrutia, 2004; Fremstad & Cox, 2004).

이민자만이 이러한 의료 서비스 프로그램에 대해 혼동을 느끼는 것은 아니다. 프로그램 종사자들도 이민자 지위나 사회보장번호와 관련해서 어떤 질문을 해야 하는지 혼란스러워한다. Medicaid나 SCHIP 신청자는 사회보장번호를 요구받는다. 이때 이민자 업무를 담당하는 주 공무원이 신청하지 않은 (다른) 가족 구성원의 사회보장번호를 물어볼 수도 있지만, 연방 규정은 이민자에게 이주 지위나 사회보장번호를 물어보는 것을 허락하지 않고 있다. 이민자에게 출생국가나 출신지를 적도록 하는 것은 필요하지 않으며, 심지어 신청서상에 그러한 질문이 기재될 수도 없다. 그리고 응급의료 지원을 신청할 때에는 누구도 이민자의 사회보장번호를 요구할 수 없다(Tumlin, 2007).

6) 시설 및 교통수단의 부족

인근 시설의 부족, 즉 비보험 이민자를 기꺼이 받으려고 하는 1차 의료 공급자나 전문가의 수가 너무 적은 것과 교통수단이 부족한 것은 이민자가 의료 서비스를 받지 못하도록 저해하는 장벽이 된다(Fremstad & Cox, 2004). 이민자가 많은 지역사회에서는 몇 년 동안 계속 이민자 인구에 대한 의료 서비스 공급 안전망을 발전시켜 왔다. 이민자가 이제 유입되기 시작하는 지역사회에서는 그들을 위한 의료 서비스 대안을 확대 · 발전시키려고 고군분투하고 있으나, 아직 이민자 의료 서비스 욕구를 충족시킬 만한 충분한 자원을 가지고 있지 않을 수 있다(Staiti et al., 2006). 교통수단은 도시와 시골의 세팅 모두에서 의료 서비스에 대한 장애가 될 수 있다. 대중교통을 이용할 수 있다고 하더라도, 이민자의 입장에서는 대중교통 비용이 부족하거나, 이용 가능한 시간대가 맞지 않거나, 자주 다니지 않아서 이용하기 어려울 수 있다. Zuroweste(2007)는 이민 농장 노동자 중 단지 44%만이 자동차를 소유하고 있다고 언급했다. 시골 지역에서의 자동차 부족은 도시에서의 토큰 부족과 마찬가지로 의료 서비스 접근을 어렵게 할 수 있다.

4. 이민자 건강 이슈들

위에서 열거한 쟁점들(두려움, 문화적으로 유능한 공급자의 부족, 혼동을 불러일으키는 연방·주·지방의 법 체계) 때문에 Goldman과 그의 동료들(2006)은 캘리포니아 주 LA 카운티를 대상으로 조사한 'LA 지역 가족 및 지역 조사(the 2000 Los Angeles Family and Neighborhood Survey: LAFANS)' 자료를 발표했다. LA 카운티에서 외국 태생의 거의 1/4이 의학적 검사를 한 번도 받은 적이 없고, 1/9은 의사를 방문한 경험이 전혀 없었다. 이러한 비율은 불법 이민자인 경우에 더 악화되는데, 42%는 지난 1년 동안 의사를 전혀 방문한 적이 없고, 단지 11%만이 입원한 경험이 있었다(Goldman et al., 2006). 이러한 수치는 아시아인, 중앙아메리카인, 아프리카인들을 포함하지만, 의료 서비스 공급자들은 이러한 각 집단을 같이 묶어서 합산하거나 그들이 공통의 문화를 공유하고 있다고 가정해서는 안 된다. 민족 집단을 구성하는 각각의 하위 인구나 개개인으로 보는 것이 중요하다(Congress, 2004; Mui et al., 2007; Pang et al., 2003). 미국에서의 가족관계나 삶의 변화된 역동에 대한 문화적 차이와 반응은 다양하게 나타날 것인데, 이는 국적에 따른 문화의 차이와 개개인의 차이 때문이다. 그리고 문화나 가족 구조에 따라 남성, 여성, 아동, 성인에 대한 기대와 역할 또한 각각 다르게 나타날 것이다.

1) 건강한 이민 현상과 문화적 동화

'건강한 이민 현상(Healthy Migrant Phenomenon)'은 Fennelly(2006)에 의해 설명되었는데, 이민자 개개인이 원래의 국가에서 미국으로 이주할 때 미국 태생의 거주자들보다 건강한 상태로 도착한다는 개념을 말한다. Fennelly(2006)는 그들이 높은 비율로 전염성 질환을 가지고 있음에도 건강 위험 요인, 만성 질환, 사망률 등의 영역에서 일반적으로 더 나은 등급을 받는다고 보고하였다. 이와 비슷한 개념으로 Schenker(2007)는 라틴계 이민자가 미국에 처음 도착했을 때 더 좋은 기대 출생률을 보이는 것을 '건강한 이민 가설'이라고 불렀다.

동화(acculturation)의 개념 혹은 '흡수(assimilation)의 역설'은 미국의 의료 서비스가 미국에서 더 오래 생활한 이민자일수록 더 건강을 악화시키는 것처럼 보이는 현상을 말한다. 왜냐하면 시간이 지날수록 이민자는 점차 언어나 규범, 가치를 포함하는 미국의 문화를 받아들이기 때문이다. 미국의 규범과 가치를 받아들임에 따라 이민자는 점차 덜 건강한 식사 습관과 더 위험한 성적 행동, 흡연, 물질 남용과 같이 덜 건강한 생활방식을 선택하게 된다(Derose et al., 2007; Fennelly, 2006; Schenker, 2007). 이민자가 지지적인 가족과 사회 안전망을 뒤로한 채 자신의 조국을 떠나온 것도 건강 악화의 다른 요인이 된다. 이와 더불어 새로운 나라와 문화에 정착하는 것 자체가 스트레스가 되고, 건강 문제에 영향을 줄 수 있다(Fennelly, 2006). 동화는 조산, 저체중 출산, 청소년 비행 행동, 불안 및 우울, 사망률 등의 증가와 관련이 있다. 이 나라에서 이민자가 더 오래 지낼수록 건강에 대한 위험, 비만·당뇨·암과 같은 만성 질환, 사망률 등이 미국 태생 시민의 그 비율과 더욱 비슷해질 것이고, 필요로는 하지만 얻을 수 없게 되는 의료 서비스는 더 많아질 것이다(Fennelly, 2006; Schenker, 2007)

2) 이민 억류자의 의료상의 쟁점

2007년에 거의 27,000여 명의 이민 억류자가 연방 교도소, 형무소, 지방의 유치장과 국토안보부의 이민세관단속국(Bureau of Immigration and Customs Enforcement: ICE)에서 감독하는 보호실(service processing center)에 억류되었다. 그들은 죄수로 간주되지 않기 때문에 법적 항소 절차의 자격이 없다(Dow, 2007). ICE는 의료 서비스, 단식투쟁, 자살 예방 및 개입에 대한 억류 기준뿐만 아니라 환경 위생 및 안전에 대한 억류 기준을 수립할 책임이 있다. 또한 ICE는 억류자 거주 시설의 관리를 반드시 위에서 언급한 기준에 따라 유지하도록 해야 한다(DHS, 2006).

Tumlin(2007)에 따르면, 최근 의료 서비스를 받는 데 어려움을 겪는 합법 억류자(document detainee)가 가끔 장기 의료 문제를 겪거나 심지어는 사망에 이르는 경우가 있다. 그 몇 가지 예로 억류자에게 약품을 제공하지 못하거나, 의료 서비스 요구에 적시에 대응하지 못하는 경우를 들 수 있다. 국토안보부의 일반조사실(Office of Inspector General: OIG)은 ICE의 주거에서의 억류 기준을 사용하여 5개 시설의 억류 기준 준수 여부를 조사해 2006년 12월에 보고서를 발행하였는데, Tumlin의 사례를 확인할 수 있었다. OIG는 억류자의 21%가 필수 초기 의료 검사를 받지 못했고(혹은 검사가 기록되지 않았음), 23%가 필수 신체검사를 받지 못했으며(혹은 검사가 기록되지 않았음), 전체 비응급 의료 신청의 40%가 명시된 기간 내에 대응하지 못한 것으로 드러났다. 그리고 직원들이 단식투쟁 중인 억류자에 대한 감시 지침을 모두 따르지 않은 횟수가 전체의 62%였으며, 자살 감시를 받는 억류자에 대해 15분 간격으로 확인하고 기록하는 것을 직원이 따르지 않은 경우가 전체의 13%였다(DHS, 2006). OIG에서 보고한 모든 위반 사항은 억류자에게 해를 끼치거나 그들의 건강에 부정적인 영향을 미칠 수 있고, 종종 그러한 결과가 실제 발생하기도 하였다.

3) 일 관련 의료상의 쟁점

이민자 가족의 거의 81%에는 적어도 한 명의 전일제 노동자가 있지만, 미국 태생의 시민에 비해 저임금 직업에 종사할 가능성이 훨씬 크다(Aiker & Urrutia, 2004). 농업, 어업, 산림 관리, 육가공 포장, 제조, 건설, 서비스 접객업, 일용노무자, 저임금 의류 산업 등에 대다수의 이민자가 고용되어 있는데, 이 중의 몇 개 산업은 부상률이 높다(AFL-CIO, 2005; Kugel, 2007; Lashuay et al., 2002; Montoya, 2005; Pransky et al., 2002; Schenker, 2007; Villarejo, 2003).

이러한 산업에 종사하는 이주 노동자는 한 번 혹은 시간에 걸쳐 누적될 수 있는 근골격계 질환을 겪는다. 이러한 부상은 과도하게 무거운 물체를 들어 올리고 운반하거나 몸을 웅크리는 작업을 하면서 발생한다. 이러한 작업에서 반복적으로 손과 팔을 사용하게 되면 손목수근관 증후군이 나타날 수 있다(Zuroweste, 2007).

또한 이주 노동자들은 화학 물질에 노출됨으로써 환경 질환이 생기기도 한다. 농작물을 수확하는 농장 노동자들의 팔과 손은 작물에 살포된 살충제에 노출되기 때문에 피부염증이 발생할 수 있다. 장기간 노출이 계속될 경우 피부염증은 피부과 질환으로 진행될 수도 있다.

농촌 노동자들과 산림 관리 노동자들은 공기 중의 살충제나 화학 세정제를 들이마시기 때문에 호흡기 문제가 발생할 수 있는데, 장기간 노출될 경우 만성 호흡기 질환으로 진행될 수 있다. 몇몇 화학 물질에 장기간 노출될 경우 암이나 신경계 질환의 원인이 될 수 있다(AFL-CIO, 2005; Shenker, 2007; Villarejo, 2003).

AFL-CIO(2005)는 이민자는 직업 상실의 두려움 때문에 미국 태생의 시민들과 달리 위험한 작업 환경에 대해 이의를 제기하거나 부상 후에도 집에서 쉬지 못한다고 보고하였다. 불행하게도 부상이 충분히 낫기 전에 노동자들을 직장으로 복귀하게 한다면, 부상이 더 심해질 수 있고, 부상으로 인해 원래대로라면 같은 일을 충분히 할 수 있는 노동자의 능력이 제대로 발휘되지 않도록 억제하는 것이다(AFL-CIO, 2005). 많은 노동자가 부상을 당한 후에도 집에서 쉬지 못하는 것은 건강보험이 부족하거나 결근을 할 여유가 없고 의료비를 부담할 여유가 없기 때문이다. 보험이나 돈이 없을 경우 부상당한 이주 노동자들은 의료 서비스를 받을 희망조차 거의 갖지 못한다. 그리고 외국 태생 노동자의 50% 이상이 근로자 보상제도에 대해 알지 못한다는 조사 결과도 있다(AFL-CIO, 2005; Zuroweste, 2007).

2,500만 명 이상의 이주 노동자가 농업, 건설, 육가공 포장 산업, 계절 서비스 산업에 종사하고, 그중 53%가 불법 노동자로 추정된다. 이주 노동자의 건강은 이주 생활방식에 의해 부정적 영향을 받는데, 이민자가 임시 거처에 있을 경우 지역 자원에 대해 잘 몰라서 의료 서비스에 접근하기 더욱 어렵기 때문이다(Kugel, 2007; Zuroweste, 2007). Zuroweste(2007)는 이주 노동자가 비이주 노동자에 비해 당뇨 비율이 더 높고, 여성 이주 노동자로부터 태어난 아기는 선천적 기형이 있을 비율이 더 높다고 보고하였다. 그리고 폐결핵 비율도 일반 인구보다 이민자 인구에서 30~50% 더 높게 나타난다.

1984년에 이주 노동자를 추적하고 프로그램을 알선하는 이민자클리닉네트워크(the Migrant Clinicaians Network: MCN)가 설립되었다. 네트워크의 의사는 주정부나 지방정부의 보건국, 연방 기금을 받는 이동/지역사회 보건소, 이주 노동자가 밀집한 곳에 위치한 연방에서 승인하는 보건소에서 일한다. 클리닉은 기초 의료 서비스, 결핵 검사, 유방 조영술, 자궁경부암 검사, 당뇨나 고혈압과 같은 만성 질환의 사후 건강관리, 산전 건강관리 등을 제공한다. 이곳에서는 유방암 · 자궁경부암 · 대장암에 대한 검사와 진단 그리고 치료 또한 제공한다. 의사의 참여로 예방의료, 검사, 산전 건강관리의 중요성에 대한 교육도 제공한다. 환자인 이주 노동자가 이사를 하게 될 때에는 담당 의사가 다음 클리닉의 위치를 알려 주고, 환자의 승인하에 개인 의료 기록을 다음 클리닉에 이전한다. 치료의 연속성은 만성 질환 및 결핵과 같은 전염성 질환의 관리에 특히 중요하다. 덧붙여서 MCN은 당뇨, 특정 암, 폐결핵을 추적하여 연속적인 치료를 제공하도록 하는 특정 네트워크를 개발하고 있다(Kugel, 2007).

5. 특수 인구

여성, 아동, 노인 이민자는 특별한 건강상의 도전에 부딪힌다. 여기에서는 이러한 취약한 인구가 직면하는 구체적인 도전들에 대해 살펴보겠다.

1) 노인 이민자에 대한 의료 서비스

노인 이민자는 의료 서비스 체계에서 서비스를 가장 충분히 받지 못하는 성인인데, 그 이유는 언어와 문화적 장벽이다(Mui et al., 2007). 많은 노인 이민자는 영어를 잘하지 못하고 전혀 못하는 경우도 있는데 이러한 점은 증상을 설명하거나 의사의 권고를 이해하는 데 어려움을 겪게 한다. 의료 공급자들이 환자의 문화를 이해하지 못한다면 더욱 심각한 어려움이 발생한다. 덧붙여서 Mui와 그의 동료들(2007)은 영어를 못하는 아시아계 노인은 종종 자신이 영어를 잘하지 못하거나 이해하지 못하는 것을 인정하지 않고 체면을 세우기 위해 의료 서비스를 이용하지 않는 선택을 한다고 하였다. 사회복지사는 제한된 영어 구사 능력을 가진 개인, 특히 노인과 일할 때 그들이 체면을 세운다는 점을 충분히 고려해야 한다.

문화적 차이는 노인 이민자가 노화 과정에 적응하고 만성 질환에 대처하는 방식에도 영향을 줄 수 있다. 이전에 언급한 대로 많은 이민자가 전통적 의술 및 의료 서비스를 선호하고 이러한 선호는 노인에게서 특히 더 그렇다. 그런데 불행하게도 노인에게는 주기적인 관리 및 돌봄이 필요한 만성 질환이 더 많이 나타나는 경향이 있다. 위에서 언급한 것과 같이 미국 의료 서비스 체계를 회피하는 현상은 노인 이민자에게 더 심각한 질환이 되게 하는 원인이 될 수 있다(Mui et al., 2007; Pang et al., 2003).

노인 이민자는 이미 미국에 정착한 성인 자녀들과 함께 살기 위해 미국으로 이민 온 경우가 종종 있다. 이민하기 전의 원국가에서는 노인이 양육자였고 자녀가 노인에게 조언을 구했다. 그러나 미국에서는 그 역할이 역전되어 영어를 모르고 미국 사회와 의료 서비스 시스템에서 어떻게 헤쳐 나갈지 잘 이해하지 못하는 노인이 자녀에게 의존하고 돌봄의 대상이 된다. 이러한 의존은 스트레스를 발생시킬 수 있는데, 이는 현재의 건강 문제를 더욱 악화시키거나 의료 서비스를 무시하도록 만들어 의료 서비스를 요청하지 않게 한다(Fitzpatrick & Freed, 2000). 미국으로의 동화 때문에 아동이 원래 가지고 있던 전통적 역할을 미국에서의 역할로 재정립한다면 이러한 가족 내의 관계는 더욱 어려워진다(Pang et al., 2003). 12장에서 노인 이민자에 대한 쟁점을 더욱 구체적으로 다룬다.

2) 여성 이민자에 대한 의료 서비스

2000년의 'LAFANS' 자료는 불법 여성 이민자의 20%가 전혀 검진을 받은 적이 없고(미국 태생의 여성보다 4배 높은 비율), 7%는 의사를 만난 적도 없다고 보고하였다. 그 비율에 임신과 병원 분만이 포함되어 있음을 감안한다면, 이러한 비율은 더욱 심각할 수 있다. 이러한 숫자는 미국 전체가 아니라 캘리포니아 주의 LA 카운티에 한해서 나타난 결과에 불과하지만, 대다수의 이민자와 마찬가지로 여성 이민자의 낮은 검진 결과에는 이전에 논의한 의료 서비스 이용에 대한 장벽이 여전히 일정한 역할을 했음을 추론할 수 있다. 문헌에서는 여성의 건강 문제에 대해 문화, 언어, 일상적 돌봄 자원의 부족, 건강보험에 대한 접근이 4대 장벽이라고 지적한다.

서구식 의료에서 여성에 대한 의료 서비스는 유방암과 부인성 암의 진단에 초점을 맞춘다. 연구에서는 여성 이민자가 자궁경부암 검사와 유방조영술을 훨씬 덜 받는다는 것을 보여 주고 있다(De Alba et al., 2005). Matin과 LeBaron(2004)에 의하면, 그 이유가 종교적·문화적 신념 때문이라고 한다. 회교도들은 단정함, 신체적 사생활, 혼전 순결 등에 높은 가치를 두는데, 이러한 점은 21세까지는 여성이 부인성 검사 및 자궁경부암 검사를 받는 것에 더 초점을 맞추는 서구식 의료 서비스 기준과 충돌을 발생시킨다. 이러한 충돌은 회교도의 문화와 종교적 신념에 무감각한 것으로 비춰지는 의사와 환자 사이에 긴장을 낳게 한다. 또 다른 연구에서는 라틴계 여성 또한 보수적인(modest) 경향이 있어 그 결과로 종종 유방암이나 부인성 암 검사를 꺼린다는 결과가 나타났다(Gracés et al., 2006). 의료 서비스 전문가가 양질의 의료 서비스 및 검사를 제공하는 방법을 찾을 때, 이민자 환자의 문화 및 종교적 신념을 존중하고 이에 대한 민감성을 개발하는 것은 모든 여성 이민자의 건강과 웰빙에 아주 중요(결정적)하다.

여성 이민자는 임신 중일 때에도 의료 서비스 접근을 가로막는 장벽을 만나게 된다. 지위에 상관없이 모든 이민자는 진통 및 분만에 대한 응급의료 지원을 받을 자격이 있다. 그러나 산전 건강관리의 부족이 조산과 같은 열악한 임신 결과를 증가시킬 수 있고 장기적인 장애를 일으킬 가능성이 있다는 연구 결과에도 불구하고, 여성 이민자는 산전 건강관리에 대해서 반드시 자격이 있는 것은 아니다(American Academy of Pediatrics, 1997). 결국, Medicare 및 Medicaid 서비스 관리국에서는 SCHIP 규정을 수정하여, 주정부에서 이민자 지위와 상관없이 임신 중인 모든 여성에게 산전 건강관리 서비스를 제공하도록 SCHIP 기금을 사용하게 하였다. 2006년 4월, 7개 주에서 산전 건강관리 등록을 허락하였고, 다른 18개 주에서는 주정부 기금으로 보장되는 산전 건강관리를 제공하였다(KFF, 2006). 서구 문화에서조차 여성의 건강 문제는 여전히 민감한 주제인데, 그 문제가 신체적인 사생활의 부분이기도 하기 때문이다. 여성의 건강 문제를 다루는 것은 겸손과 순결을 강조하는 문화적 · 종교적 신념을 가진 이민자 여성에 대해서는 더욱 어려워진다. 이러한 점이 문화적으로 유능한 의료 서비스 및 사회 서비스 실천가가 절실히 필요한 또 다른 이유이며, 특히 이민자 지역사회를 대할 때는 더욱더 필요하다.

3) 아동 이민자에 대한 의료 서비스

1997년에 미국소아과학회(the American Academy of Pediatrics: AAP)는 "미국의 지리적 경계 내에 있는 모든 아동은 아동의 '지위'에 상관없이, 아동 보호 및 수혜에 대해 지방 · 주 · 연방 수준에서 존재하는 모든 사회 · 교육 · 의료 서비스에 완전히 접근할 수 있어야 한다."라고 언급하였다(American Academy of Pediatrics, 1997, p. 153). 미국은 여전히 이러한 권고를 이행하기 위한 먼 길을 가고 있다. Urban Institute에서 발행된 나이 어린 아동 이민자에 대한 보도에 따르면, 6세 이하의 아동 이민자는 미국 전체 6세 이하 아동의 22%(5,100,000 명)를 차지하고, 그중 93%인 아동은 혼합 지위 가정에서 살고 있는 시민권을 가진 아동이며, 50% 이상이 저임금 가정에 속하고, 미국 태생의 아동에 비해 건강보험 비보장 비율이 두 배나 높다(22% vs 11%).

많은 아동 이민자가 정기적으로 방문할 수 있는 의료 서비스 공급자를 가지고 있지 않거나 정기적인 건강아동방문을 받지 못하기 때문에, 적절한 예방접종을 받지 못할 가능성이 있고 기생충, 전염성 질환, 백신으로 예방 가능한 질환 등의 의료 문제에 대해 진단받지 못할 수 있다(American Academy of Pediatrics, 1997). 두려움, 언어, 문화, 소득, 보험 등의 의료 서비스 접근을 막는 일반적인 장벽은 아동에게도 적용되는데, 아동의 대다수는 가구 소득이나 아동의 시민권 지위를 근거로 하는 Medicaid나 SCHIP의 보장을 받을 자격이 있다. 이러한 프로그램의 등록 비율을 증가시키기 위해서는 해당 지역사회에서 문화적으로 적절한 아웃리치 노력이 중요할 것이다. 아동이 보험을 가지게 되면, 예방적 의료 서비스를 받고, 병이 더 심각해지기 전에 좀 더 다루기 쉬운 상태에서 치료를 받으려 하는 습관이 배도록 아웃리치가 더 필요할 것이다(Lessard & Ku, 2003).

6. 사회복지실천의 함의

이민자와 일하는 사회복지사는 전미사회복지사협회(NASW) 윤리규정(1999)의 가치항목(서비스, 사회 정의, 인간의 존엄 및 가치, 인간관계의 중요성, 통합, 유능성)과 이로부터 파생된 윤리적 원칙을 특별히 잘 인식해야 한다. 사회복지사는 이러한 가치를 이민자 인구에 대한 실천에서 근본이자 지침으로 사용해야 한다. 이 중 대부분이 미국에 거주하면서 만나는 많은 장벽으로 인해 상처를 받기 쉬우며, 그중 일부는 불법 지위 때문에 특별히 더 취약해지기 쉽다. 이민자 지위, 언어, 소득 및 건강보험 상태, 문화 등의 장벽은 이민자의 삶의 모든 측면에 영향을 미친다. 그러한 장벽이 의료 서비스 접근에 부정적인 영향을 미칠 때 부정적 영향은 더욱 심해진다. 건강 상태는 학교, 직장, 가족, 이웃 간의 관계 등 다른 모든 측면의 삶에도 영향을 끼치기 때문이다. 따라서 의료 서비스 분야의 사회복지사가 이민자와 일할 때에는 언어, 문화, 소득 및 건강보험 상태뿐 아니라 법적 지위 등의 문제를 적극적으로 다루어야 한다.

사회복지사는 교육·훈련을 통해 이민자의 삶의 모든 측면을 도와줄 수 있고, 지역사회의 자원과 연결해 주고 보장되는 보험을 찾으려고 시도하며, 의료 서비스 체계 내에서 이민자를 옹호하는 독특하고 유일한 능력이 있다. 의료 서비스 사회복지사의 첫 번째 목표 중 하나는 이민자 내담자와 신뢰 관계를 수립하는 것이다. 신뢰는 이민자와 사회복지사 간의 협력 관계를 만들 수 있어, 이민자가 편안하게 자신의 이야기를 하고 자신의 문화적·종교적 신념을 말할 수 있다고 느끼게 한다. 이를 통해 사회복지사는 이민자가 자신의 욕구를 확인하고 그러한 욕구가 의료 서비스 체계와 어떻게 상호연결되는지 명확하게 이해하도록 도와줄 수 있다. 사회복지사는 이민자의 의료 서비스 및 문화적 욕구를 모두 충족시키도록 보장하는 노력을 통해 이민자와 의료 서비스 공급자 간의 가교 혹은 문화적 중재자로서 활동할 수 있다(Carr, 2006; Congress, 2004). 이민자가 의료 서비스 공급자와 어느 정도 편안한 관계를 수립한다면, 이민자가 더 쉽게 서비스 계획에 계속 참여하고 부응할 수 있을 것이다.

사회복지사는 이민자가 자원 및 이민자 지위에 접근하는 것과 관련하여 내담자의 지리적 지역에 기반을 둔 자원뿐 아니라 연방 및 주 법률에 대해서 폭넓은 지식을 발전시켜야 한다. 한 사람이 모든 분야의 전문가가 되는 것은 불가능하지만, 이민이나 고용 관련 법률과 같은 주제의 전문가와의 관계를 발전시키고, 질문이 생겼을 때 물어볼 수 있는 사람을 만드는 것이 중요하다. 어떤 서비스가 지방공공단체나 비영리사회복지단체, 사회서비스기관에서 제공되고 이러한 서비스에 대한 장벽이 무엇인지 아는 것은 대단히 중요하다. 이러한 지식은 이민자 내담자를 더 쉽게 도울 수 있도록 할 것이다. 또한 경제적 여건이 부족한 이민자에게도 진료해 주고 이민자의 욕구에 문화적으로 유능하고 민감하며 숙련된 이중 언어 구사 직원 및 통역사들이 있어서 효과적으로 의사소통할 수 있는 의사, 약사, 클리닉, 병원의 목록을 만들어 두는 것도 아주 중요한 일이다.

사회복지사는 의료 서비스 현장에서 계속 교육·훈련을 받아야 하고 자기 자신 및 타인에 대해 지속적으로 헌신할 수 있어야 한다. 환자들과 함께 일하면서 스스로 문화적 유능성을 잘 갖추고 있는지 계속 질문을 던지고, 환자의 문화적·종교적 신념을 더 잘 이해하기 위해 애써야 한다. 그리고 사회복지사는 같이 일하는 동료에게도 현재 보고 있는 환자들의 문화적·종교적 신념 및 환자와 인구집단에 의해 제기되는 사회적 문제가 무엇인지 잘 교육해야 하고, 이러한 점이 환자가 의료 서비스에 순응하고 적극적으로 참여하는 데 영향을 줄 수 있다는 점 또한 잘 교육할 필요가 있다(Congress, 2004; Fennelly, 2006). 사회복지사는 이민자가 적절한 의료 서비스에 접근하도록 하고, 이를 사용할 수 있도록 돕는 주요한 역할을 할 수 있고 또 실제로도 하고 있다. 또한 사회복지사는 의료 서비스 체계가 이민자 지위가 아니라 모든 의료적 욕구에 기반을 두고 이용 가능하도록 하는 것을 옹호할 수 있다.

7. 사례 연구

아래의 사례 연구는 사회복지사가 이민자 내담자와 그 가족과 함께 일할 때 만날 수 있는 건강상의 쟁점 유형을 묘사한 것이다. 각 사례에 따른 여러 질문에 대해 토론해 보자.

1) 사례 연구 1: Pedro

Pedro는 멕시코에서 온 불법 이민자 신분의 농장 노동자다. 그에게는 아내 Jovita와 각각 3세, 5세, 7세인 아이들이 있다. 3세와 5세 자녀는 미국에서 태어났지만, 7세 자녀와 아내는 멕시코에서 태어났다. 스페인어가 모국어이며, 7세 자녀 외에는 영어를 전혀 사용하지 못한다. 그들은 현재 플로리다에서 블루베리를 수확하는 일을 하고 있는데, 수확이 거의 끝났기 때문에 이제 한참 수확을 준비하고 있는 사우스캐롤라이나로 이사할 예정이다. 그들은 다른 한 가족과 세 명의 독신 남자와 집을 같이 쓰고 있다. 모두 함께 일을 하는데, 남자는 현장에서 블루베리를 직접 수확하는 일을 하고 여자는 블루베리를 포장하는 일을 한다. 독신남 중 두 명은 자동차를 가지고 있어서 다른 사람들이 필요할 때 태워 준다. 그들은 다 함께 다음 수확지로 옮기려고 계획 중이다.

Pedro는 최근에 기침을 많이 하고 너무 지친 상태인데, 지난 2주간 식은땀으로 밤에 잠을 잘 못 잤기 때문이다. Jovita가 지방 보건소에 가도록 그를 겨우 설득했고, 한 친구가 그곳에 기꺼이 태워다 주려고 했다. 지방 보건소의 의사는 MCN 소속인데, 그를 진찰하고 나서 피부 테스트를 했으며 이틀 후에 그 결과를 확인하러 오라고 했다. 두 번째 방문에서 의사는 Pedro를 폐결핵 활성기로 진단했다. Pedro는 며칠 동안 입원하고 몇 달 동안은 매일 약을 먹어야 할 필요가 있다. 계속 약을 먹는다면 그는 몇 주 후에 직장으로 복귀할 수 있다. 의사는 친구에게 Jovita와 세 명의 자녀도 검사를 받아야 한다고 데려오도록 설득했다. 가장 어린 자녀는 폐결핵 활성기로, 다른 두 자녀와 Jovita는 잠복기로 진단받았다. 가장 어린 자녀는 몇 주 동안 입원하게 되고, 다른 두 자녀와 Jovita는 집에서 내복약을 먹으면서 치료받게 되며, 모두 9개월에서 1년 정도 결핵약을 복용해야 한다. Jovita는 계속 일을 할 수 있지만, Pedro는 한 달 동안 직장에 나가지 못할 것이다.

Pedro와 Jovita는 사우스캐롤라이나에 있는 다음 직장으로 이동할 때 친구들의 도움을 받아야 한다. 플로리다의 일은 이미 끝이 났고, 그곳의 임시 주거시설에서는 더 이상 머무를 수 없다. 아이들이 진단받았을 때쯤 이미 친구들을 제외한 모든 노동자는 먼저 사우스캐롤라이나로 이동하였다. 친구들 또한 일을 계속 하기 위해서 빨리 떠나야 한다. 의사는 가족들을 보건소의 사회복지사와 병원의 사회복지사에게 의뢰하였다. 또한 가족들이 옮겨 갈 사우스캐롤라이나 농장 근처의 이민자클리닉네트워크에도 의뢰가 이루어졌다.

① 이 사례에 의해 제기된 사회복지 쟁점들은 무엇인가?

② 불법 노동자이기 때문에 적용되는 법적 쟁점들은 무엇인가?

③ 사회복지사가 이 가족을 돕기 위해 단기 및 장기적으로 무엇을 할 수 있는가?

④ 결핵에 노출되어 있고 곧 이동해야 하는 다른 노동자 및 가족에게 사회복지사와 의사가 어떤 일을 할 수 있는가?

2) 사례 연구 2: Maria

Maria라는 젊은 여성은 최근 쿠바에서 이주했고 의료 기록을 가져올 수 있었다. 그녀는 오하이오 주의 컬럼버스로 이주했는데, 그곳에 사촌이 살았기 때문이다. Maria와 사촌 모두 영어로 의사소통을 하지 못한다. Maria는 몇 년 동안 부인성 질환이 지속되고 있어서 계속 병원에 다녀야 할 필요가 있다. 사촌이 Maria를 지방 보건소에 데려다 주었고, 그곳에는 이중 언어를 구사하는 직원이 몇 명 있어서 Maria가 쉽게 의사소통을 할 수 있다. 그러던 중, 불행하게도 지방 보건소의 의사가 Maria를 전문의에게 의뢰해야 하는 상황이 생겼다. Maria는 이러한 사실이 불편했지만, 그 예약 진료에 가야 한다는 것은 알고 있다. 보건소의 사회복지사는 예약 진료 당일에 보건소의 훈련된 통역사가 그녀와 함께 갈 수 있도록 해 주겠다고 약속하였다. 불행하게도 Maria는 예약 진료 당일보건소에 도착했을 때 통역사가 아파서 같이 못 가게 되었음을 알게 되었다. 예약 진료를 벌써 몇 달간 기다렸고, 만약 예약 진료를 취소하고 다시 예약 진료를 잡으려면 또다시 몇 달이 걸릴 것이다. Maria와 의사 모두 새로운 예약 진료를 기다릴 수 없기 때문에 보건소에서 이중 언어를 구사하는 다른 사회복지사를 제공하는 것으로 합의하였다.

Maria와 사회복지사는 함께 전문의를 만났고 Maria는 자신의 의료 기록을 모두 전문의에게 주었다. 그런데 스페인어를 말하지도 읽지도 못하는 전문의는 의료 기록을 보고 이것으로는 아무것도 하지 못한다고 말했다. 무엇보다도 의료 기록은 스페인어로 작성되어 있는데 전문의는 스페인어를 읽을 수 없었기 때문이다. 그리고 그 의료 기록을 작성한 쿠바의 의사와 의사소통을 할 수 없기 때문에 그 의료 기록이 사실인지 확인할 방법이 전혀 없었다. 그래서 전문의는 그 의료 기록을 무시할 수밖에 없고, 처음부터 다시 진료를 해야 한다고 말했다. Maria는 원래의 의료 기록에 따른 특정 약물을 처방받아 왔지만, 전문의는 완전하게 진료가 끝나기 전에 예전 약물을 처방할 수는 없다고 거부하였다.

① 이 사례에 의해 제기된 사회복지 쟁점들은 무엇인가?

② 이 사례에 의해 제기된 법적 쟁점들은 무엇인가?

③ Maria를 돕기 위해 사회복지사가 무엇을 할 수 있는가?

④ 이 사례의 조직적(중시) 수준에서는 어떤 것이 이루어져야 하는가? 정책(거시) 수준에서는 무엇을 할 수 있으며, 무엇을 해야 하는가?

3) 사례 연구 3: Phuong

Phuong은 베트남에서 이주한 합법 이민자로 2005년 3월에 미국에 왔다. 그녀는 영어를 느린 속도로 배우는 중이지만, 영어로 말하는 것이 불편하고 아직 이해하는 데 어려움이 있다. Phuong은 공장의 풀타임 일자리를 가지고 있다. 작은 부품들을 조립하는 일이기 때문에 시력이 좋아야 한다. 사업주는 건강보험을 제공하지 않는다. 그녀의 소득은 연방 빈곤 수준의 2배에 못 미치고, 10세 아들과 함께 살고 있다. 그녀와 아들은 필라델피아에 살고 있는데 그녀가 버는 수입으로 살 수 있다. 그녀의 말로는 지금까지 항상 건강했기 때문에 미국에 온 이후로 병원에 가 본 적이 없다고 한다.

최근 Phuong은 피곤한 느낌이 자주 들고, 체중이 줄어들고 있다. 그녀는 항상 갈증이 나고 소변을 자주 보러 간다. 그리고 현재 시야가 흐릿하게 보여서 일하기가 힘들다. 이러한 점을 공장에 있는 친구들에게 말하니, 친구들이 지방 보건소가 있고 베트남어를 할 수 있는 직원도 있다고 말해 주었다. 그녀는 진료를 받기 위해 하루 휴가를 내어, 일찍 보건소에 가서 줄을 섰다. Phuong은 혼자 가는 것이 무섭고 보건소에 베트남어를 할 수 있는 사람이 아무도 없을까 봐 아들을 데리고 갔다. 세 시간 기다린 끝에 Phuong은 의사를 볼 수 있었는데, 의사는 베트남어를 할 줄 몰랐고, 통역을 위해 데스크 직원 중 한 명을 데리고 왔다. Phuong은 그 데스크 직원이 이웃에 살고 있어서 아는 사이였기 때문에 자신의 개인적 문제를 알도록 하는 것을 원하지 않았다. Phuong은 그 직원이 아니라 아들이 통역하기를 바란다고 아들을 통해 말했다. 의사는 아들을 통해 Phuong에게 당뇨에 걸린 것 같으며 그게 맞는지 확인하기 위해서 몇 가지 검사를 더 해야 한다고 하였다. 네 시간이 걸리는 속성 포도당 부하 검사가 필요한데, 아침에 보건소가 시작할 때 검사를 받아야 하고 거의 온종일 있어야 한다. Phuong은 하루 더 휴가를 내어야 하고 아들 또한 학교를 하루 더 쉬어야 한다. 의사는 Phuong이 받아야 할 검사가 당뇨 진단을 가능한 한 빨리 확정하는 데 얼마나 중요한지 강조했다. 검사 결과를 기다리는 동안 의사가 Phuong이 지켜야 할 식이요법 식단에 대해 말해 주었는데, 여기에는 어떤 베트남 음식도 포함되어 있지 않았다. Phuong은 미국 음식을 잘 먹지 않았기 때문에 식단의 음식들을 잘 먹지 못할 것 같다고 말했다. 의사는 그녀를 보건소의 사회복지사에게 의뢰했다.

① 이 사례에 의해 제기된 사회복지 쟁점들은 무엇인가?

② 이 사례에 의해 제기된 법적 쟁점들은 무엇인가?

③ 당신이 Phuong의 사회복지사라면 Phuong과 그 아들을 돕기 위해 어떻게 할 것인가?

④ 이 사례의 조직적(중시) 수준에서는 어떤 것이 이루어져야 하는가? 정책(거시) 수준에서는 무엇을 할 수 있으며, 무엇을 해야 하는가?

📋 추가자료

웹사이트

Center on Budget and Policy Priorities: www.cbpp.org

The Henry J. Kaiser Family Foundation: http://www.kff.org/

Kaiser Commission on Medicaid and the Uninsured (information on immigrant access to and utilization of health insurance and health care): http://www.kff/org/kcmu

National Council of La Raza: www.nclr.org

National Immigration Law Center: http://www.nilc.org/

The Pew Hispanic Center (fact sheets and reports on immigration issues concerning Hispancis): http://pewhispanic.org/

Urban Institute (sections on health and health care, immigrants, families, children, and race): http://www.urbaninstitute.org/

The Urban Institute, *The Health and Well-being of Young Children of Immigrants* (a very comprehensive look at the lives of young immigrant children): http://www.urban.org/uploadedPDF/311139_ChildrenImmigrants.pdf

U.S. Citizenship and Immigration Services (especially sections on laws and regulations and humanitarian benefits): http://www.uscis.gov/portal/site/uscis

의료 통역관련 웹사이트

AMA Office Guide to Communicating with Limited English Proficient Patients: http://www.ama-assn.org/amal/pub/upload/mm/433/lep_booklet.pdf

International Medical Interpreters Association (home page): http://www.mmia. org/

Medical Interpreting Standards of Practice: http://ww.mmia.org/standards/standards.asp

기타 자료들

Aroian, K. J. (2005). Equity, effectiveness, and efficiency in health care for immigrants and minorities: the essential triad for improving health outcomes. *Journal of Cultural Diversity, 12*(3), 99-106.

Choi, H. (2001). Cultural marginality: A concept analysis with implications for immigrant adolescents. *Issues in Comprehensive Pediatric Nursing, 24*(3), 193-206.

Congress, E. P. (2004). Cultural and ethical issues in working with culturally diverse patients and their families: The use of the Culturagram to promote cultural competent practice in health care settings [Electronic version]. *Social Work in Health Care, 39*(3/4), 249-262. Provides a good tool for the social worker who will be working with culturally diverse populations—helps give a visual picture of the patient/client.

Cosman, Madeleine Pelner. (2005). Illegal aliens and American medicine. *Journal of American Physicians & Surgeons, 10*(1), 6-10.

de Alba, I., Hubbell, F. A., McMullin, J. M., Sweningson, J. M., & Saitz, R. (2005). Impact of U.S. citizenship status on cancer screening among immigrant women. *Journal of General Internal Medicine, 20*(3), 290-296.

Dyck, I. (2006). Travelling tales and migratory meanings: South Asian migrant women talk of place, health and healing. *Social & Cultural Geography, 7*(1), 1-18.

Ghazal Read, J., & Emerson, M. O. (2005). Racial context, black immigration and the U.S. black/white health disparity. *Social Forces, 84*(1), 181-199.

Goldman, D. P., Smith, J. P., & Sood, N. (2006). Immigrants and the cost of medical care. *Health Affairs, 25*(6), 1700-1711.

Kemp, C., & Rasbridge, L. A. (2004). *Refugee and immigrant health: A handbook for health professionals*. New York: Cambridge University Press.

Kullgren, J. T. (2003). Restrictions on undocumented immigrants' access to health services: The public health implications of welfare reform. *American Journal of Public Health, 93*(10), 1630-1633.

Lai, K. (2005). Managing the drug regimens of immigrants from other cultures. *American Journal of Health—System Pharmacy, 62*(2), 205-210.

Lasser, K. E., Himmelstein, D. U., & Woolhandler, S. (2006). Access to care, health status, and health disparities in the United States and Canada: Results of a cross-national population-based survey. *American Journal of Public Health, 96*(7), 1300-1307.

Marks, L., & Warboys, M. (Eds.). (1997). *Migrants, minorities, and health: Historical and contemporary studies*. London: Routledge.

Migration and health: a complex relation. (2006, September 23). *Lancet, 368*(9541), 1039.

Pransky, G., Moshenberg, D., Benjamin, K., Portillo, S., Thackrey, J. L., & Hill-Fotouhi, C. (2002). Occupational risks and injuries in non-agricultural immigrant Latino workers. *American Journal of Industrial Medicine, 42*(2), 117-123.

Rashidi, A., & Rajaram, S. S. (2001). Culture care conflicts among Asian-Islamic immigrant women in U.S. hospitals. *Holistic Nursing Practice, 16*(1), 55-64.

Villarejo, D. (2003). The health of U.S. hired farm workers. *Annual Review of Public Health, 24*(1), 175.

Weitzman, M., & DuPleiss, H. M. (1997). Health care for children of immigrant families. *Pediatrics, 100*(1), 153-156.

White, K. (1998). Cultural sensitivity needed to protect girls at risk of mutilation. *Journal of Women's Health, 7*(7), 793-795.

📖 참고문헌

AFL-CIO. (2005, August). *Summary: Immigrant workers at risk: The urgent need for improved workplace safety and health policies and programs*. Washington, DC. Retrieved January 25, 2008, from http://hesa.etui-rehs.org/uk/newsevents/files/immigrant_risk.pdf

Aiker, J. C., & Urrutia, M. (2004). *Immigrants and health coverage: A primer.* (Publication #7088). Washington, DC: Henry J. Kaiser Family Foundation, the Kaiser Commission on Medicaid and the Uninsured. Retrieved January 25, 2008 from www.kff.org/uninsured/upload/Immigrants-and-Health-Coverage-A-Primer.pdf

American Academy of Pediatrics, Committee on Community Health Services. (1997). Health care for children of immigrant families. [Electronic version] *Pediatrics, 100*(1), 153-156.

Brach, C., Fraser, I., & Paez, K. (2005). Crossing the language chasm: An in-depth analysis of what language-assistance programs look like in practice. [Electronic version] *Health Affairs, 24*(2), 424-434.

Broder, T. (2007). *Overview of immigrant eligibility for federal programs.* Washington, DC: National Immigration Law Center. *Retrieved January 25*, 2008, from http://www.nilc.org/immspbs/special/pb_issues_overview_2007-10.pdf

Capps, R., Fix, M., Ost, J., Reardon-Anderson, J., & Passel, J. S. (2004). *The health and well-being of young children of immigrants.* Washington, DC: Urban Institute. Retrieved January 25, 2008, from http://www.urban.org/uploaded-PDF/311139_ChildrenImmigrants.pdf

Capps, R., Kenney, G., & Fix, M. (2003). *Health insurance coverage of children in mixed-status immigrant families.* (Snapshots of America's Families, III, No. 12). Washington, DC: Urban Institute. Retrieved March 23, 2008, from http://www.urban.org/publications/310886.html

Carr, D. D. (2006). Implications for case management. [Electronic version] *Lippincott's Case Management, 11*(4), 195-204.

Congress, E. P. (2004). Cultural and ethical issues in working with culturally diverse patients and their families: The use of the Culturagram to promote cultural competent practice in health care settings [Electronic version]. *Social Work in Health Care, 39*(3/4), 249-262.

Congress, E. P., & Lyons, B. P. (1992). Cultural differences in health benefits: Implications for social work practice in health care settings. *Social Work in Health Care, 17*(3), 81-96.

De Alba, I., Hubbell, F. A., McMullin, J. M., Sweningson, J. M., & Saitz, R. (2005). Impact of U.S. citizenship status on cancer screening among immigrant women. [Electronic version] *Journal of General Internal Medicine, 20*(3), 290-296.

Derose, K. P., Escarce, J. J., & Lurie, N. (2007). Immigrants and health care: Source of vulnerability. [Electronic version] *Health Affairs, 26*(5), 1258-1268.

Dhooper, S. S. (2003). Health care needs of foreign-born Asian Americans: An overview. [Electronic version] *Health & Social Work, 28*(1), 63-73.

Dow, M. (2007). Designed to punish: Immigrant detention and deportation. [Electronic version] *Social Research, 74*(2), 533-546.

Dyck, I. (2006). Travelling tales and migratory meanings: South Asian migrant women talk of place, health, and healing. [Electronic version] *Social and Cultural Geography, 7*(1), 1-18.

Fennelly, K. (2006). Listening to the experts: Provider recommendations on the health needs of immigrants and refugees. [Electronic version] *Journal of Cultural Diversity, 13*(4), 190-201.

Fitzpatrick, T. R., & Freed, A. O. (2000). Older Russian immigrants to the U.S.A.: Their utilization of health services. [Electronic version] *International Social Work, 43*(3), 305-323.

Frates, J., & Saint-Germain, M. (2004). Introduction: Health and human service delivery to limited English proficient and immigrant communities: Policy, management, and educational issues. [Electronic version] *International Journal of Public Administration, 27*(1/2), 1-13.

Fremstad, S., & Cox, L. (2004). *Covering new Americans: A review of federal and state policies related to immigrants' eligibility and access to publicly funded health insurance.* Washington, DC: Henry J. Kaiser Family Foundation, the Kaiser Commission on Medicaid and the Uninsured. Retrieved January 25, 2008, from http://www.kff.org/medicaid/7214.cfm

Garcés, I. C., Scarinci, I. C., & Harrison, L. (2006). An examination of sociocultural factors associated with health and health care seeking among Latina immigrants. [Electronic version] *Journal of Immigrant Health, 8*(4), 377-385.

Goldman, D. P., Smith, J. P., & Sood, N. (2006). Immigrants and the cost of medical care. [Electronic version] *Health Affairs, 25*(6), 1700-1711.

Gregg, J., & Saha, S. (2006). Losing culture on the way to competence: The use and misuse of culture in medical education. [Electronic version] *Academic*

Medicine, 81(6), 542-547.

Henry, J. Kaiser Family Foundation. The Kaiser Commission on Medical and the Uninsured. (2006). *Medical and SCHIP eligibility for immigrants.* Washington, DC. Retrieved January 25, 2008, from www.kff.org.medicaid/upload/7492.pdf

Hoefer, M., Rytina, N., & Campbell, C. (2006, August). *Estimates of the unauthorized immigrant population residing in the United States: January 2005.* Washington, DC: Office of Immigration Statistics, Policy Directorate, U.S. Department of Homeland Security. Retrieved March 23, 2008, from http://www.dhs.gov/xlibrary/assets/statistics/publications/ILL_PE_2005.pdf

International Medical Interpreters Association. (2007). *Medical interpreting standards of practice.* Boston, MA. Retrieved January 25, 2008, from http://www.mmia.org/standards/standards.asp

Kugel, C. (2007, February). *MCN health network: A tracking and referral program for mobile underserved patients.* PowerPoint presentation presented at the 16th Annual Global Health Education Consortium Conference, Santo Domingo, Dominican Republic. Retrieved February 23, 2008, from http://www.global-health-ec.org/GHEC/Events/Conf07/Presentations/A2_Kugel_Candace.ppt

Lashuay, N., Burgel, B. J., Harrison, R., Israel, L., Chan, J., Cusic, C., et al. (2002, January). *"We spend our days working in pain": A report on workplace injuries in the garment industry.* Oakland, CA: Asian Immigrant Women Advocates. Retrieved January 25, 2008, from http://aiwa.org/workingreport.pdf

Lessard, G., & Ku, L. (2003). Gaps in coverage for children in immigrant families. [Electronic version] *The Future of Children, 13*(1), 101-115.

Ma, G. X. (1999). Between two worlds: The use of traditional and western health services by Chinese immigrants. [Electronic version] *Journal of Community Health, 24*(6), 421-437.

Matin, M., & LeBaron, S. (2004). Attitudes toward cervical cancer screening among Muslim women: A pilot study. [Electronic version] *Women & Health, 39*(3), 63-77.

Montoya, I. D. (2005). Health services considerations amongst immigrant populations. [Electronic version] *Journal of Immigrant & Refugee Services, 3*(3/4), 15-27.

Mui, A. C., Kang, S., Kang, D., & Domanski, M. D. (2007). English language proficiency and health-related quality of life among Chinese and Korean immigrant elders. [Electronic version] *Health and Social Work, 32*(2), 119-127.

Murguía, A., Peterson, R. A., & Zea, M. C. (2003). Use and implications of ethnomedical health approaches among Central American immigrants. [Electronic version]. *Health & Social Work, 28*(1), 43-51.

National Association of Social Workers. (1999). *Code of Ethics*, rev. 1999. Washington, DC: Author. Retrieved September 23, 2007, from http://www.socialworkers.org/pubs/code/code.asp?print= 1

Pang, E. C., Jordan-Marsh, M., Silverstein, M., & Cody, M. (2003). Health-seeking behaviors of elderly Chinese Americans: Shifts in Expectations. [Electronic version] *The Gerontologist, 43*(6), 864-874.

Pransky, G., Moshenberg, D., Benjamin, K., Portillo, S., Thackrey, J. L., & Hill-Fotouhi, C. (2002). Occupational risks and injuries in non-agricultural immigrant Latino workers. [Electronic version] *American Journal of Industrial Medicine, 42*(2), 117-123.

Ruttenberg, R., & Lazo, M. (2004). *Spanish-speaking construction workers discuss their safety needs and experiences.* (Residential Construction Training Program Evaluation Report). Silver Spring, MD: Center to Protect Workers' Rights. Retrieved January 25, 2008, from http://www.cpwr.com/pdfs/pubs/research_pubs/

Schenker, M. (2007, February). *Healthcare challenges of global migrants: Farmworker health.* PowerPoint presentation presented at the 16th Annual Global Health Education Consortium Conference, Santo Domingo, Dominican Republic. Retrieved February 23, 2008, from http://www. globalhealth-ec.org/GHEC/Events/Conf07/PConf/Presentations/A1_Schenker.ppt

Shpilko, I. (2006). Russian-American health care: Bridging the communication gap between physicians and patients. [Electronic version] *Patient Education and Counseling, 64*(1-3), 331-341.

Staiti, A. B., Hurley, R. E., & Katz, A. (2006). *Stretching the safety net to serve undocumented immigrants: Community responses to health needs* (Issue Brief No. 104). Washington, DC: Center for Studying Health System Change. Retrieved January 25, 2008, from http://www.hschange.com/CONTENT/818/818.pdf

Tumlin, K. (2007). Immigration detention centers under the microscope: Recent reports reveal widespread violations of the national detention standards. *Immigrants Rights Update, 21*(6). Retrieved March 28, 2008, from http://www.nilc.org/immlawpolicy/arrestdet/ad090.htm

U.S. Citizenship and Immigration Services (1991, May 31). Section 34.2. *Definitions of communicable disease of public health significance.* Retrieved April 11, 2008, from http://www.uscis.gov/propub/ProPubVAP.jsp?dockey=e1659c-9dabe6255b7df61da07cd60e5d

U.S. Citizenship and Immigration Services. (2008, January 28). *Immigration and nationality act.* Chapter 2—Qualifications for admission of aliens; travel control of citizens and aliens: Act 212—General classes of aliens ineligible to receive visas and ineligible for admission; waivers of inadmissibility. Retrieved April 11, 2008 from http://www.uscis.gov/propub/ProPubVAP.jap?dockey=cb90c19a50729fb47fb0686648558dbe

U.S. Citizenship and Immigration Services. (2008, February 28). From I-601: Instructions for application of waiver of grounds for inadmissiblity. Retrieved April 11, 2008, from http://www.uscis.gov/files/form/I-601instr.pdf

U.S. Department of Homeland Security. (1999, May 25). *Fact sheet: Public charge.* Retrieved February 25, 2008, from U.S. Citizenship and Immigration Services Government Portal Online via http://www.uscis.gov/files/pressrelease/public_cfs.pdf

U.S. Department of Homeland Security, Office of Inspector General. (2006, December). *Treatment of immigration detainees housed at immigration and customs enforcement facilities.* Retrieved February 24, 2008, from http://www.dhs.gov/xoig/assets/mgmtrpts/OIG_07-01_Dec06.pdf

Villarejo, D. (2003). The health of U.S. hired farm workers. [Electronic version] *Annual Review of Public Health, 24,* 175-193.

Zuroweste, E. (2007, February). *Health care challenges of global migrants: US migrant farmworkers and other mobile populations.* Powerpoint presentation presented at the 16th Annual Global Health Education Consortium Conference, Santo Domingo, Dominican Republic. Retrieved February 23, 2008, from http://www.globalhealth-ec.org/GHEC/Events/Conf07/PConf/Presentations/A1_Zuroweste_Ed.ppt

신생 이민사회의 정신보건 이슈

Denise Michltka

신규 이민자의 규모가 증가하고 구성이 복잡해질수록 사회복지 및 정신보건 전문가는 이민자들이 직면할 수 있는 다양한 정신보건 문제를 해결하기 위한 새로운 수단과 방법을 발굴하고 개발해야 한다. 지역사회에 기반을 둔 개입을 포함하여 특정 문화 집단이나 고위험 집단을 대상으로 하는 아웃리치와 예방 서비스가 반드시 필요하다. 이민자 문화와 언어를 충분히 고려한 치료 서비스와 모델을 도입한다면 보다 효과적이고 효율적인 정신보건 치료가 가능할 것이다. 그뿐만 아니라 이주민 정신보건 같은 응용 분야에서의 다문화주의에 대한 연구는 탄력성이나 정신적 외상, 인간의 다양성 같은 심리 및 사회복지 분야의 일반적 이슈들을 새롭게 탐구하고 이해하는 데도 도움이 될 것이다.

이번 장에서는 먼저 강점에 기초한 관점과 이민자의 탄력성이라는 측면을 중심으로 정신보건의 정의를 탐구해 볼 것이다. 또한 삼중 정신외상 패러다임과 정신적 외상에 기반을 둔 병리 등 이민자만의 특별한 측면도 살펴볼 것이다. 다음으로 신규 이민자를 대상으로 심리사회적 사정을 실시하고 특별 치료를 선택하는 등 적절한 개입 수준을 결정하는 일이 얼마나 복잡한 작업인지 알아볼 것이다. 마지막으로 신규 이민자, 특히 아동과 가족 이민자의 치료를 위해 특별히 고려해야 할 사항을 제언할 것이다.

1. 정신보건에 관한 문화적 정의

모든 문화는 지역사회의 정신보건과 관련하여 각자의 가치 구조가 반영된 특별한 평가 방법을 보유하고 있다. 많은 문화권에서 삶은 한 개인이 더 나은 다음 세상을 맞이하기 위해 견뎌 내야 하는 일련의 도전이라고 정의된다. 또 다른 문화권에서는 가족 전체의 건강과 안녕이 (과거와 현재에 걸쳐) 삶의 지위와 행복, 성공을 규정한다고 정의한다. 한편, 영적 혹은 생물물리학적 체계의 균형을 가장 바람직한 삶의 상태로 보는 문화권도 있다. 어떤 경우든, 대부분의 신규 이민자는 각자의 정신보건 진단과 예후, 치료법의 선택 등과 관련해 정신보건 실천가와 전혀 다른, 심지어 대립되는 관점을 갖고 있다. 만약 정신보건 실천가가 이런 차이를 간과하거나 무시하고 이민자와 극단적으로 대립한다면 어떤 치료 방법을 제안해도 효과가 떨어질 것이다. 심한 경우(치료 방법이 각 문화권의 전통적 치료 방법과 상충하는 경우) 무용지물이 되거나 위험할 수도 있다.

개인적 혹은 심리학적 증상을 다루는 정신보건 실천가는 클라이언트가 자신의 증상에 대한 원인과 예후에 대해 개인적으로 어떤 믿음이 있는지 알아야 한다. 증상의 원인이 외부적인 힘(저주, 사회적 특성, 출생 순서, 토템 동물 등)에 있다고 믿는 클라이언트는 정서적 차원에만 집중하는 정신보건 개입에는 참여하려 하지 않을 것이다. 운명론을 믿는 클라이언트는 자신의 선택과 결정으로 삶을 바꿀 수 있다는 식의 치료법에 의문을 제기할 것이다. 어떤 징조나 별자리, 출생 순서 등이 성격을 결정한다고 믿는 클라이언트는 성격 유형의 '변화'에 집중하는 치료 방법을 잘 이해하지 못할 것이다.

더욱이 문화권에 따라 신체와 뇌의 관계, 혹은 육체와 정서의 관계를 설명하는 다양한 신념 체계가 존재한다. 어떤 문화권에서는 신체의 우선권을 강조하면서, 정서적 증상을 신체의 균형이 무너지거나 적절한 음식 혹은 허브를 섭취하지 못한 결과로 설명하고 치료하려 한다. 어떤 문화권에서는 외부적 요인(공포, 나쁜 바람, 저주의 눈 등)이 생물학적 체계에 미치는 영향에만 주목하고 정서적인 문제는 철저히 무시한다. 한편, 어떤 문화권(미국 중심의 행동의학 등)에서는 정서를 중시하면서 정서 상태가 생물학적 시스템에 긍정적 혹은 부정적 방식으로 어떻게 영향을 미치는지를 탐구한다. 분명한 점은 신체와 뇌, 정서라는 세 가지 요소에 대한 클라이언트의 신념이 효과적인 개입 방법을 찾아내는 데 결정적인 영향을 미친다는 사실이다.

증상에 대해 영적이고 의미에 기반을 둔 설명이 존재한다면, 반드시 그런 설명을 발견하여 대처해야만 효과적인 정신보건 치료가 가능해진다. 예를 들어, 강요에 의해 어쩔 수 없이 어른들을 폭행하고 살해한 경험이 있는 소년병들은 자신의 증상을 사회적 금기를 어긴 데 대한 조상님들의 벌이라고 설명할 수 있다. 그런 경우에는 치료 과정에 지역사회의 어른들로부터 죄를 용서받고 정화되는 의식을 포함해야만 완전한 치료가 가능해진다.

1) 정신보건에 대한 실천가적 정의

클라이언트의 신념체계를 탐색할 때 정신보건 실천가는 정신보건에 대한 자신의 신념체계와 전문지식에 의문을 품거나, 경우에 따라서는 자신의 신념체계와 전문지식을 배제하고 치료적 관점에서 클라이언트의 관점에 동조하는 것이 필요하다(Sachs, 1987). 이것이 바로 문화적으로 유능한 정신보건 실천가에 대한 정의일 것이다. 즉, 자신의 정의와 신념, 방법론에 대해서는 중립적인 균형을 유지하는 한편, 클라이언트가 주장하는 신념체계를 존중하고 그것을 통해 치료를 진행하는 전문가다.

신규 이민자 클라이언트와 정신보건 실천가 사이에 서로 이해하고 존중하고 협조하는 분위기가 조성되지 않는다면 불화가 발생하면서 긍정적인 개입이 불가능해진다. 특히 심리치료사는 이민 온 클라이언트가 자신의 증상이나 문제점을 개인적·문화적으로 개념화하는 방식을 이해하고 인정해야 한다. 또한 심리치료사는 이민 온 클라이언트의 기능과 라이프스타일에 대해 자신의 가치 기준이 반영된 판단을 내리고 있다는 사실 또한 인식해야 한다(Kleinman & Good, 1985).

미국의 정신보건 실천가들이 이주민 클라이언트에게서 자주 받는 비판 중 하나는 즐겁고 행복하게 사는 것을 인생의 가장 중요한 목표로 삼는다는 것이다(이런 미국적 가치는 다른 문화권은 물론 다른 산업국가에서도 상당히 이질적인 개념이다). 가족이나 지역사회를 희생시켜서라도 개인적 건강과 행복만 추구하라는 식의 처방 역시 이주민 클라이언트와 정신보건 실천가 사이에 자주 대립을 유발한다. 집단주의적 문화권에서는 개인의 성장이나 성취만 추구하면 된다는 생각을 기반으로 하는 상담은 반감을 일으키게 된다.

이주민 클라이언트와 정신보건 실천가 사이에 발생하는 긴장의 가장 중요한 요인 중 하나는 치료 관계 자체의 구조와 변수들이다. 대부분의 개발도상국가에서 정신보건 전문가와 같이 교육받은 실천가를 찾는 것은 이들이 지식과 지혜를 겸비했다고 믿기 때문이다. 학식 있는 전문가가 자신의 문제를 들은 다음 전문지식을 활용해 바람직한 길로 인도해 주기를 바라는 것이다. 따라서 미국에서 시행되고 있는(조언이 아니라 질문을 하는) 성찰적이고 비구조적인 상담 혹은 치유 방법은 자신의 증상을 빨리 '교정'하거나 치료해야 한다고 믿는 신규 이민 클라이언트들에게 혼란과 당황, 실망을 안겨 줄 수 있다. 이들은 실천가의 중립적이고 성찰적인 피드백을 모욕으로 받아들일 수 있다. 전문적인 환경(대형 철제 책상, 밝은 조명, 닫힌 문 등)도 치유를 위한 상담이 아니라 취조를 받는 듯한 느낌을 유발할 수 있다. 이런 환경에서는 클라이언트의 정신적 외상이 촉발(trauma trigger)되어 불안과 고통이 가중될 수 있고 치료적 개입의 효과가 없어질 수도 있다.

2. 이민자의 탄력성

탄력성은 한 개인이나 민족이 신체적, 정서적, 사회적 위기를 견뎌 내는 능력, 자신감(긍정적인 자기효능감과 자기통제감) 및 타인과의 유익한 지지 관계를 회복하여 그런 위기 상황에 대처하는 능력 그리고 자신이 직면한 각종 도전을 수용하고 장기간에 걸쳐 새로운 기술을 연마하고 숙달하는 의지와 능력 등을 의미한다. (흔히 '적응'이라고 인식하고 표현하는) 행동적 요인들도 '이행(transition)' 과정을 의미 있고 규칙에 근거한 방법으로 처리하는 인지적 능력(다시 말해, 개인이나 집단이 자신의 경험을 고통보다는 위로를 주는 도식이나 정의 안으로 통합해 내는 능력)에 바탕을 두고 있다. 그러한 방식으로 경험을 새롭게 이해하지 못하고, 그로 인해 무력감 및 위기를 다시 경험할지 모른다는 두려움을 느끼며, 지역사회나 정부 기관을 신뢰하지 못하고, 이행 과정 이후에도 일상에서 요구되는 임무를 완수할 동기나 능력이 저하되는 현상 등이 바로 정신적 외상과 관련된 기본적인 증상 및 증후군들이다.

한 개인의 탄력성(혹은 탄력성의 부재)은 다층적인 반응을 바탕으로 하기 때문에 정의와 예측, 측정 등이 결코 용이하지 않다. 분명한 점은 탄력성과 관련된 약점과 강점은 모두 관련된 개인의 내적 · 외적 자원과 그 개인이 처해 있는 환경 안에서 발견할 수 있다는 사실이다(Silove, Tarn, Bowles, & Reid, 1991). 유전, 기질, 성장 과정은 물론이고 정치적 · 경제적 · 사회적 · 종교적 현실의 영향을 받는 인지적 · 영적 · 신체적 특성 등 이 모든 것이 신규 이민자들의 위기 이후의 기능을 결정짓는다(Westermeyer, 1989).

예를 들어, 자신에 대한 기대치가 높은 지적인 중산층 변호사는 자신에 대한 기대치가 높지 않고 교육 수준이 낮으며 곤란한 상황을 당해도 별로 개의치 않고 주재국 지역사회와 과감하게 접촉하는 이주민 노동자보다 이주 후 새로운 언어를 습득하는 과정에서 더 곤란을 겪을 수 있다. 연령과 성장 단계 역시 이주민의 적응 수준을 결정할 수 있는데(Guarnaccia & Lopez, 1998), 나이가 어리고 사회적 지위가 불안할수록 연장자들보다 높은 수준의 탄력성을 보여 주는 경향이 있다.

가족과 공동체 역시 탄력성에 영향을 미칠 수 있는 요인이다. 친밀하고 통합된 가족이거나, 공동체가 공동의 목표를 추구하며 이주를 하나의 과정으로 인식하게 되면, 서로 자원을 공유하고 정서적 완충장치를 제공하며 힘든 이주 과정에 의미를 부여하고 개인과 집단 모두의 적응 능력을 높일 수 있다. 한 개인이 가족이나 공동체 안에서 어떤 역할을 담당하게 되거나 이주민 공동체가 보다 광범위한 사회 안에서 어떤 역할을 담당하게 되면 소속감과 의무감, 책임감 등이 높아지면서 이민으로 인한 단절과 분열의 느낌이 경감될 수 있다.

이민의 자발성 혹은 강제성 여부도 이주민의 탄력성에 결정적인 영향을 미칠 수 있다. 슬픈 일이지만 꿈과 모험을 찾아 자신의 집과 가족, 지위, 직업, 안전을 버리는 이주민은 거의 없다. 이민의 추동력이 되는 것은 주로 전쟁과 압제, 궁핍, 자연재해 등이다. 물론 이런 요인들도 이주민의 자기통제감에 영향을 미치지만 이주 경험의 본질적 측면(계획의 부재, 가족과의 분리, 여행의 피로, 정신적 외상의 경험, 재원의 부족 등)도 탄력성에 부정적인 영향을 미친다.

문화 역시 이주 경험에 대한 인식과 대처 기술, 성공 등에 결정적인 역할을 한다. 문화적 기대치에 따라 이행의 일정, 인생의 만족과 성공을 결정하는 요소, 이동의 타당성, 자연 세계와의 관계, 역사와 조상의 역할 등이 결정된다. 한 개인과 민족의 삶에서 가족과 영성/종교, 일, 여가, 교육 등이 차지하는 우선순위와 그런 것들에 대한 의사결정도 문화에 의해 결정된다. 주재국 문화와 본국 문화의 일치 여부도 이주민의 기능을 좌우하는 한 가지 요인이 될 수 있다. 양국의 문화가 유사하거나 구조적으로 비슷한 면이 있을 경우 이주 후 적응 과정이 훨씬 수월해진다.

위기가 닥치거나 위기의 징후가 나타나면 많은 신규 이민사회는 전통적인 방법을 사용해 건강하고 긍정적인 적응을 유도하려 한다. 이런 개입은 개인적일 수도 있고 집단적일 수도 있다. 지역사회 전체가 참여하는 의식, 스토리텔링, 신규 이민자에 대한 사회적 지원 등이 그런 방법들이다. 신체적 차원(마사지, 땀 흘리기 등), 생화학체계적 차원(허브, 차), 정서적 차원(예식, 일기, 꿈 등) 등의 다양한 개입이 제공될 수 있다. 또 신규 이민자들 끼리 주택이나 대출, 일자리 네트워크, 문화 교육 등의 실용적 자원을 공유할 수도 있다. 분명한 점은 그런 식의 회복 지원 방법들은 그것을 선택한 사람에게만 제공되는 것이지, 사회서비스 실천가가 주도적으로 제공할 수는 없다는 것이다.

사회서비스 전문가에게 가장 중요한 것은 신규 이민자의 건강하고 긍정적인 기능이 나타나는 경우를 정확히 파악하여, 자연스럽게 이민자의 탄력성을 높여 주는 '방법, 사고, 제도, 사람들'을 적극적으로 신뢰하고 활용하는 일이다.

3. 이민의 적응 단계

한 국가에서 다른 국가로 이주하는 일에는 법적 지위 획득과 언어 습득, 안정적인 직장과 안전한 주택 마련, 사회 통합, 가족 재결합 등 수많은 도전적인 과제가 뒤따른다. 신규 이민자와 신규 이민 지역사회는 나름의 경험에서 도출한 시간표에 따라 이런 과제들을 완수해 나간다. 그러나 이민의 적응 과정에도 평범한 사회 통합 과정에서 나타나는 적응 단계가 존재한다(슬픔의 극복 단계와 비슷하다). 그리고 각각의 적응 단계에서 다양한 사회 서비스 제공자의 도움이 필요하다. 〈표 6-1〉은 이민의 적응 단계와 각 단계에 필요한 도움의 종류를 보여 준다.

4. 이민과 정신적 외상

신규 이민자에게 정신보건의 가장 취약한 측면은 그들을 난민, 추방자, 망명 신청자가 될 수밖에 없게 만든 다양한 정신적 외상의 경험이다. 경제적인 이유로 자발적 이민을 결정한 이주민과 강제로 이주를 당한 이주민은 전혀 다른 수준의 심리적 증상을 보인다(Escobar, Hoyos Nervi, & Gara, 2000). 난민 지위의 이민은 자발적인 이민보다 이민 1세대의 사망률이 더 높다(Jablensky et al., 1994).

표 6-1 이민의 적응 단계

문화적 동화의 단계와 가능한 서비스적 함의		
물리적 사건	심리사회적 경험	서비스적 함의
도착		
• 가족과 재결합 • 신규 주택 입주 • 자녀의 학교 등록 • 의료 검진 • 정착지원기관의 사례 관리자 배정 • ESL, 고용 및 기타 서비스 관련 의뢰 • 서류 작업, 관청 수속, 기타 문서 관련 요구 사항 처리	• 높은 기대감 • 안도 • 안전에 대한 감사 • 미래에 대한 희망 • 압도되는 느낌 • 혼란 • 방향 상실 • 복합적 감정 • 둔감/쇼크 상태 • 억울함 • 분노	• 학습에 대한 기대 • 도움과 지원에 대한 감사 • 지역사회 편입에 대한 기쁨 • 미국인과의 접촉에 대한 기대 • 목적의식, 계획 수립 • 새로운 언어 습득에 대한 두려움과 불안 • 산만 • 무관심 • 분함 • 초조 • 안달
현실		
• 문화 충격 • 부정적 경험 • 상실의 인식 • 가족 내 세대간 갈등 • 다문화간 가치 및 신념의 갈등 • 난민 지역사회 내 내부 갈등 • 꿈꾸는 삶을 위해 장애를 극복해야 할 필요 자각	• 문화 충격 • 도전과 어려움 인식 • 실망과 분노 • 압도되는 느낌 • 공포, 버려진 느낌 • 상실에 대한 집착 • 좌절 • 정신적 외상 사건의 기억 • 억울함과 분노	• 집중력 저하 • 무심한 태도 • 단기적 기억 상실 • 과제 불이행 혹은 망각 • 플래시백 • 피로 • 수업 중 수면 • 놀람 반응/과각성 상태 • 지각 혹은 잦은 결석 • 신체적 증상 호소(두통, 복통 등)
타협 (혹은 주변화, 아래 참조)		
• 새로운 환경의 이해와 수용 시작 • 발전을 위한 시도 • 영어 능력 향상 • 일상의 안정과 질서 회복	• 상실의 수용 시작 • 정신적 외상 회복 • 성공을 위한 노력 • 자기 결정감 및 통제감 향상	• 수업에 집중 • 과제 완수 • 학급 친구와 교류 • 현실적 목표 설정 • 기억력 향상

• 민족 집단과 협력 • 지원 시스템 재구축 • 새로운 역할 및 정체성 규정		• 집중력 향상 • 좌절감이나 압도되는 느낌 잔류 "내가 과연 이 언어를 배울 수 있을까?"

문화적 통합
(혹은 주변화, 아래 참조)

• 기본적 욕구 충족 • 언어 유능성 발휘 • 취업 혹은 경제적 안정 • 가족관계 강화 • 지역사회 유대감 형성	• 능력감과 통제감 • 이중문화 정체성 형성 • 자신감 • 자급자족에 대한 자부심 • 미래의 안정과 성공 확신 "이 나라에는 내가 머물 자리가 있어."	• 영어 능력 향상으로 ESL 수업 중단 • 수업이 필요 없을 만큼 클라이언트의 수준 향상 • 자기학습 증가 • 직장 내 ESL로 이동 • 대학이나 다른 성인교육기관에 집중

소외

• 교통수단 이용 능력 (혹은 이용 방법) 부재 • 허약한 신체 • 남성 보호자 부재 (남성의 보호가 필요한 문화권의 경우) • 아동 양육 • 정신 건강 문제 • 세대간 갈등 • 가정 학대 가능 • 아동 방치 • 특별 위험 집단: 노인 망명자 및 집에만 있는 여성 등	• 외출 주저 • 외부 세계와의 대결 주저 • 고립과 회피 • 절망과 슬픔 • 자살 고려 • 과거 역할의 상실에 대한 한탄 • 미국 사회에서의 적응 실패에 대한 두려움	• 출석률 저조 혹은 중퇴 • 전화 연락 두절 • 의지는 있으나 출석 불능 • 출석의 장애 (교통수단 부재, 남성 보호자 부재, 아동 양육 의무 등) • 특정 교사 · 레벨 · 프로그램에 대한 과도한 집착 • 시간 관리 · 우선순위 설정 문제

주변화

• 각종 기관, 법률, 아동 복지, 경찰과의 연루 증가 • 실업 • 법적 문제 연루 • 부정적 역할 수용	• 문화적 적응 혹은 사회적 적응에 대한 희망 포기 • 분노/부정적 태도 • 절망 • 접근 곤란	• 출석 중단 • 소재 파악 및 연락 불가

- 임시 거처 및 잦은 이사
- 외출 회피
- 폭력 및 범죄 집단 연루 가능
- 약물 남용 혹은 가정 학대

차별과 탄압, 전쟁과 고문 등은 모두 특정 상대를 향한 의도적인 행동으로서 개인뿐 아니라 지역사회 전체에 영향을 미칠 수 있기 때문에 이민자들이 이주 전에 경험할 수 있는 특별한 사건들이다. 제2차 세계 대전 이후 170여 건의 무력 충돌로 인해 3,000만 명 이상의 민간인 사망자가 발생했다. 무려 140개가 넘는 정권들이 폭력적인 방법으로 법률을 집행하는 것으로 알려져 있다. 종종 특정 인종, 민족, 종교, 전문가 전체가 공격의 대상이 되기도 한다(Amnesty International, 2007). 전 세계적으로 잔혹 행위를 당한 생존자들의 수가 점점 증가하고 있다. 앰네스티 인터내셔널에 따르면 전체 난민의 4~5% 정도가 고문 피해자라고 한다.

난민이란 자연재해나 시민/정치 분쟁 등으로 인해 어쩔 수 없이 고국을 떠나 다른 국가에 거주하고 있는 개인이나 집단을 의미한다. 이들은 몸을 의탁한 주재국(대개는 비슷한 어려움을 겪고 있는 이웃 국가)에서 영구적인 거처를 제공받지 못한다. 오히려 복잡한 검증 과정을 거친 후 제3국 정착을 원하는 대기자 명단에 이름을 올리게 된다. 이 과정은 보통 몇 개월에서 몇 년, 심지어는 몇 세대까지도 걸린다.

난민 캠프에서는 대부분 이동과 취업, 교육 등에 제한을 받기 때문에 살아남기가 쉽지 않다. 더욱이 캠프의 자원은 주로 국제단체 등의 한정적인 공급에 의존한다. 식량과 물, 의약품 및 다른 기본적인 필수품들이 최고 입찰가를 제시하는 사람에게 돌아간다. 취업이 불가능한 상황이기 때문에 각종 범죄와 탄압 등 정신적 외상을 유발하는 위험한 사태가 빈번할 수밖에 없다.

인종이나 민족, 종교, 정치적 성향, 사회 집단 때문에 탄압과 고문의 대상이 되었던 생존자들이 난민 지위를 인정받지 못할 수도 있다. 난민 지위를 인정받기 위해 필요한 적절한 서류나 허가 등을 획득하지 못한 채 강제로 본국을 떠나야 할 수도 있다. 현재 시행 중인 미국의 이민 정책에 따르면 이런 사람들은 주재국에 머물면서 망명을 신청하는 것이 가능하다. 그러나 망명 허가를 받으려면 신청자가 차별과 탄압, 고문의 대상이었음을 입증하는 분명한 증거가 필요하다(망명 신청을 위한 진술서 샘플은 본서 부록 참조).

그러나 위험한 상황에서 본국을 탈출한 사람들은 대개 자신의 사례를 입증할 증거가 신체적·정서적 상처밖에 없는 경우가 많다. 고문이나 탄압의 공식적인 기록을 보관하고 있는 경우는 거의 없고, 고문이나 탄압을 자행한 기관과 정부는 이를 적극적으로 부인하는 경우가 많다. 그런 경우에는 입증이 더욱 어려워진다. 폭력 행위의 가해자는 주요 기관(혹은 정부)의 강력한 지원을 받는 반면, 피해자는 아무런 지원도 받지 못하기 때문이다. (피해자가 적대적인 환경에서 정신적 외상을 다시 체험해야 하는) 재판 과정 등을 통해 정신적 외상이 재형성(retraumatization, 재외상화)되는 일도 자주 발생하고, 오랜 기간 가족과 헤어진 채 장기 구금되거나 경제적인 궁핍(난민 지위를 인정받기 전에는 취업 허가도 받을 수 없기 때문)으로 고통을 받는 일도 자주 발생한다. 더욱이 망명자의 지위가 확보되기 전까지는 연방정부가 지원하는 건강 및 정신보건, 사회서비스 혜택 등도 받을 수 없는 실정이다.

차별과 탄압, 고문 등은 개인을 대상으로 벌어지지만 주로 특정 권력 집단이 자연적으로 형성되는 사회적 지지체계를 파괴하고 나름의 사회통제시스템을 구축하기 위한 수단으로 이를 이용한다. 이런 시스템을 통해 권력 집단은 다른 집단 전체에 대해 (종종 부당한 영향을 미치는 잔인한 방식으로) 제멋대로 자신의 의지를 행사할 수 있다. 이런 복잡하고 폐쇄적인 통제의 그물에서 비롯된 정신적 외상은 희생자들의 신체적·정서적·사회적·영적 행복에 영향을 미친다.

고문의 주요 목적은 신체적, 심리적 전략(학대와 박탈에 의한)을 이용하여 희생자의 내면에서 다른 사람을 편안하게 믿고 의지하는 능력을 파괴하는 것이다. 주로 희생자를 주변과 분리·고립시키고, 비인격화하며(Amery, 1977), 지역사회의 다른 사람들에게 본보기로 제시하는 방식을 사용한다.

1) 삼중 외상 패러다임

Orley(1994)에 따르면 신규 이주민들은 시간의 경과에 따라 다음과 같은 3단계의 뚜렷한 정신적 외상 단계를 거치게 된다.

첫째, 이주민들은 본국을 떠날 수밖에 없게 만든 경험들로 인해 첫 번째 정신적 외상을 입는다. 여기에는 탄압과 차별(백안시되는 특정 집단의 구성원이라는 이유로 인한 취업, 주택, 의료, 기본적인 인권 등에 대한 차별 대우), 위협적 행동(협박, 감시, 본인 혹은 가족에 대한 구금/취조, 그로 인한 도피 등), 고문(폭행, 모의 암살, 격리, 강간, 가족에 대한 상해/살해, 구금, 식량 공급 중단, 극한 환경에 방치 등) 등이 포함되며 그 외에도 여러 가지 혹독한 조치가 있을 수 있다.

둘째, 탄압이나 고문을 받은 피해자는 매우 취약한 상태이기 때문에 탈출 혹은 이주 과정에서도 정신적 외상을 유발하는 사건에 노출되기 쉽다. 급박하게 탈출을 준비하는 사람들은 가족 및 친구와 헤어지는 것은 물론이고 (합법적인 여행 서류를 포함하여) 모든 소지품을 두고 떠나야 한다. 또한 여정 자체도 매우 혹독한 경우가 많다(며칠씩 지속되는 도보 여행, 폐쇄된 공간에의 감금, 식량 및 식수 부족, 고온과 저온 등). 안전한 곳을 찾아 떠나는 이주민들은 빈번한 강도, 강간, 갈취와 같은 범죄의 희생양이 된다. 저렴한 가격에 접근할 수 있는 합법적인 이민 수단이 없기 때문에 대부분의 이주민이 이동 중에 불법적인 시스템을 이용하다 불미스러운 일을 당한다. 대부분의 경우 허가 없이 여러 국가를 통과해야 하는 난민들은 편법을 동원하기 위해 많은 비용을 지불하고, 심각한 위험에 직면하며, 외국에서 구금을 당하는가 하면, 테러를 당하기도 한다. 그러나 안타깝게도 자신이 희생자라는 사실조차 인식하지 못하는 경우가 많다. 오히려 극심한 위협 속에서 살아남기 위해 발버둥치는 과정에서 자신이 무능력하거나 비도덕적인 인간이라는 자괴감을 느끼기도 한다.

셋째, 주재국에서 자리를 잡는 과정 또한 정신적 외상을 일으키는 사건의 연속이다. 무기한의 구금, 비우호적인 법률 시스템과 궁핍, 사회적 고립, 가족의 강제 분리 등으로 인한 정신적 외상의 재형성, 법률적 지위의 부재, 사회적 역할의 상실 등이 전부 신규 이주민의 삶에 지속적인 외상으로 작용한다. 더욱이 이주민들은 정신적 외상과 관련된 증상을 경험하게 되면, 자신의 정신 상태나 역량에 대한 의심이 들면서 스트레스가 심해지고 행복과는 거리가 먼 삶을 살게 된다.

가족의 정체성과 지역사회의 문화, 사회적 지위 등을 상실하는 일도 그런 요소를 자신감과 행복의 근거로 삼는 사람들에게 심각한 영향을 미친다. 익숙하지 않은 직업과 새로운 언어, 가족 내의 역할 변화, 성적 역할 변화, 새로운 국가의 낯선 사회 구조에 적응하기 어려운 점도 이주민에게 지속적인 정신적 외상 경험을 유발한다(Brody, 1994). 이뿐만 아니라 일부 지역사회에는 주재국에서조차 본국의 갈등이 지속되거나 그로 인해 처벌을 받을 수 있다는 두려움도 존재한다(Pope & Garcia-Peltoniemi, 1991). 주로 본국에서 전쟁 중인 집단의 일원들이 동질적인 소규모 고립 지역에 거주하고 있는 경우에 그런 현상이 벌어진다. 이런 요인들 외에도 이주민들은 이민 정책 및 추방에 대한 두려움, 이주민 지역사회와 지역 경찰 및 아동보호기관과의 충돌, 이민자에 대한 적대적인 태도 등으로 인해 지속적으로 정신적 외상을 유발하는 사건을 경험하게 된다.

2) 정신적 외상의 심리적 영향

인간의 정신은 심각한 정신적 외상에 다양한 방법으로 적응해 나가면서 심각한 정신병리 없이 생존해 나갈 수 있는 능력을 키운다. 이러한 역동 중에는 부적응적이라는 판단을 받을 만한 것과 주재국 지역사회에서 심리적/정신의학적 이상이라고 진단받을 만한 것도 있지만 긍정적인 대처 기술로 높이 평가받을 만한 것도 있다. 이런 판단의 차이는 증상과 관련된 객관적 진단 기준보다는 그런 반응들이 주재국 사회에서 어떻게 기능하는지에 더 크게 좌우된다.

대처 기술과 방어기제, 심리적 증상은 물론이고 정신적 외상에 대한 정치적 · 종교적 · 학문적 반응도 모두 문화와 깊은 관련이 있으며, 문화적 가치, 전통, 관습을 바탕으로 부정적인 혹은 긍정적인 평가를 받는다(Stein, 1986).

정신적 외상 환자에 대한 가장 확실하고 보편적인 심리적/정신의학적 진단은 정신장애 진단 및 통계 편람(DSM-IV)에서 규정하고 있는(American Psychiatric Association, 2000) 외상 후 스트레스 장애(posttraumatic stress disorder: PTSD)다. 이런 진단은 생명에 위협을 느끼는 사건을 경험하고 그런 외상성 사건이 발생한 지 일 년이 지난 후까지도 지속적으로 여러 가지 증상을 경험하는 사람들에게 내려진다.

외상 후 스트레스 장애 진단을 내리기 위해서는 반드시 다음의 세 가지 증상 범주가 나타나야 한다. 첫째, 기억이나 생각이 갑작스럽게 엄습해 오면서 플래시백 형태로 정신적 외상 기억을 재경험해야 한다. 플래시백이란 짧고 강렬하고 생생한 기억이 떠올라 일차적 정신적 외상에서 경험한 것과 동일한 심리적 효과를 일으키는 것이다. 그런 경우 심장 박동이 빨라지고 땀이 나며 호흡이 힘들어질 수 있다. 대중 매체에서 흔히 보도하는 것과는 달리 플래시백은 보통 지속 시간이 짧고(몇 분 정도), 현실 인식 능력을 잃지도 않으며, 정신적 외상의 장면을 분명하고 극적인 방식으로 실연하지도 않는다.

둘째, 외상 기억을 상기시키는 모든 생각, 행동, 촉발 요인 등을 회피함으로써 정신적 외상의 재경험을 통제하려는 열망/욕구가 있어야 한다. 여기에는 군중을 피하거나 대중 매체의 폭력적인 장면 등을 보지 않으려 하거나, 제복을 입은 사람을 보면 도망치려 하는

등 매우 구체적인 반응이 포함된다. 그러나 전쟁이나 탄압의 생존자들이 경험한 정신적 외상 사건은 매우 복잡하고 광범위하기 때문에 회피 반응은 일반화되어 나타나는 경우가 많다. 희생자는 끊임없이 일에 몰두하거나, 알코올에 의지하거나, (정신적 외상 사건과 관련된 꿈을 꾸지 않기 위해) 잠을 자지 않으려는 등의 반응을 보일 수 있다. (친밀한 파트너나 가까운 가족 구성원을 포함한) 사회적 관계도 소원해지거나 대립적이 될 수 있다. 교우관계도 피하게 되고 새로운 사람을 만나도 신뢰하지 못한다.

셋째, 정신적 외상의 결과로 생리적인 변화가 나타나야 한다. 여기에는 과잉 각성과 과장된 경악 반응, 과민, 휴식 불능 등의 증상이 포함된다. 오랜 시간 그런 상황을 벗어나지 못하면 부교감신경계(parasympathetic nervous system, 싸우거나 도망치는 반응)가 과다 항진될 것이다. 이런 상황이 자주 강렬하게 반복되면 부교감신경계가 더 오랜 시간 동안 활성화되어 진정시키기가 더욱 어려워진다. 이런 극심한 스트레스 상태는 결국 두려움과 공포를 느끼고, 마음을 졸이며 조바심을 내고, 쉽게 흥분하며 화를 내고, 혈압이 높아지거나 심장부정맥이 나타나는 등의 신체적인 증상으로 이어진다. 그리고 그 직접적인 결과로 행동을 제어하고 집중하며 학습하고 세부 사항에 주의를 기울이는 능력 등이 저하된다.

정신적 외상의 생존자들에게 (종종 본의 아니게) 자주 나타나는 증상과 대처 기술은 해리(disassociation)다. 해리란 눈앞의 현실을 회피하여 다른 생각이나 기억, 심리적 반응으로 주의를 돌리는 것을 말한다. 위기 상황에서 의식이 신체를 떠나 (낯선 사람처럼) 멀리서 상황을 지켜보는 듯한 느낌이라고 한다. 그럴 때는 예전의 기억이나 자신의 심장 박동소리 등에 집중할 수도 있다. 외상 후 해리는 어떤 촉발 요인이 정신적 외상 사건의 기억을 자극할 때 발생하는 것으로 보인다. 종종 고통스럽고 불편한 눈앞의 현실(망명 심사에서 진술을 하거나 직장에서 징계를 받을 때)에서 보다 긍정적인 이미지나 꿈으로 관심을 돌리는 식으로 해리를 자신에게 유리하게 이용하는 외상 희생자도 있다. 이런 과정을 통해 부정적인 감정을 견뎌 낼 수는 있겠지만 다른 사람의 오해와 혼란을 불러올 우려도 있다.

해리 증상을 보이는 희생자는 끔찍한 고문의 기억을 자세히 묘사하면서도 거의 혹은 전혀 감정적인 반응을 나타내지 않는다. 그런 경우 난민 심사관은 희생자의 신뢰성을 의심할 수 있다. 정신적 외상을 입은 아동은 지도 교사 등을 대할 때 멍한 표정을 짓거나 지시에 반응을 보이지 않기도 하는데 이 역시 무례하거나 멍청하다고 해석될 여지가 많다. 대부분의 사람은 해리 증상을 보이는 사람을 보면 정신질환이 진행되고 있다거나 부정적인 예후가 나타날 것으로 예상한다. 그러나 정신적 외상 환자의 해리 증상을 일종의 실용적인 대처 기술로 해석하고 평소에도 점검과 통제에 주의를 기울여야 한다.

3) 정신적 외상이 신규 이민자에게 미치는 신체적 및 생리적 영향

앞에서 논의한 바와 같이 신규 이민자는 극심한 폭력과 영양 부족, 혹독한 여정, 의학적 치료 부재, 불안한 환경 등에 노출되었을 확률이 높고 그 결과 심각한 신체적 및 심리적 증상을 나타낼 수 있다. 게다가 신규 이민자의 여러 가지 심리적 질병(외상 후 스트레스 장애, 불안, 우울)은 신체적 증상(피로, 식욕 저하, 두통 등)을 수반할 수 있다. 더욱이 문화적 요인 때문에 그런 증상들을 스트레스에 대한 심리적 반응으로 파악하는 것이 아니라 정서 상태와 상관없는 단순한 신체적 증상으로 인식 혹은 묘사할 수도 있다.

그런 상황에서는 신규 이민자가 호소하는 증상의 신체적 원인과 심리적 원인을 모두 조사하여 가장 적절하고 효과적인 치료 방법을 선택하는 것이 매우 중요하다. 물론 신규 이민자들은 적절한 의료 서비스와 최고의 진단 기술에 대한 접근이 제한적이기 때문에 목표 달성이 수월한 것은 아니다. 현재 사용 중인 복잡한 진단 과정(MRI, 뇌 스캔, 신경학적 평가) 등은 신규 이민자들을 지원하는 의료 보장이나 자선 의료 서비스에는 포함되어 있지 않다. 불법 이민자들은 그들에게 필요한 신체 및 정신보건 서비스에 접근하기가 어렵기 때문에 특히 더 위험한 상황이다.

4) 정신적 외상에 기반을 둔 정신병리의 중재 요인

전쟁과 억압, 고문 등으로 정신적 외상을 입은 사람들이 모두 자신의 경험과 관련한 질환으로 진단할 만한 수준의 심리적 증상을 보이는 것은 아니다. 희생자 안에, 희생자의 경험 안에 그리고 외상 이후의 환경 안에, 희생자에게 무언가 긍정적인 효과를 발휘하여 정신적 외상의 영향을 경감시켜 주는 보호적인 요소가 존재할 수도 있다. 그런 경우에는 임상적 증상이 발현되지 않을 수 있다. 이런 보호적인 요소는 앞에서 탄력성에 대해 논의하면서 이미 언급한 바 있다.

특히 정신적 외상 경험에만 특별히 작용하는 요소들이 있다. 정신적 외상 경험에 노출된 빈도, 강도, 지속 기간의 차이에 따라 증상의 발현에도 차이가 있는 것으로 알려져 있다. 경험자의 준비 상태 또한 영향을 미친다. 부당한 권위에 대항하기로 이미 의식적인 결정을 내린 사람은 억압이나 고문 형태의 정신적 외상을 당해도 어느 정도 견뎌 낼 준비가 되어 있다. 종교적 · 문화적 · 정치적 신념에 의해 자신을 규정하며 자신의 정신적 외상 경험을 설명하고 정당화할 수 있는 사람은 같은 정신적 외상 경험(대의를 위한 싸움, 정의를 위한 궐기 등)도 다르게 받아들이며, 외상 이전의 상태로 회복되도록 적극성을 발휘한다. 이런 경우는 정신적 외상의 심리적 영향이 약화될 수 있다.

반면에 정신적 외상과 관련한 종교적 · 정치적 · 사회적 바탕이 전혀 없이 무작위로('잘못된 순간 잘못된 장소에 있었다'는 이유로) 정신적 외상 상황을 접한 사람은 자신의 경험을 나름대로 해석하고 일반화하여 이 세계는 나쁜 일이 무작위로 벌어지는 혼란하고 부정적인 곳이라는 믿음을 형성하게 된다. 이런 사람은 우울과 절망에 빠지기 쉽고 회복 과정에 적극적으로 참여할 동기를 별로 느끼지 못한다.

마지막으로, 정신적 외상을 경험한 후 새로운 국가로 이주해 온 사람은 고통과 치유의 과정에 시간적인 주기가 나타난다. 이주 직후에는 응급 상황에 처할 가능성이 크다. 안전한 주택을 찾고, 자신과 가족(주재국과 본국에 있는)을 부양할 경제적 수단을 확보하며, 새로운 언어를 학습하고, 영구적인 합법적 지위를 획득해야 한다. 그런 순간에는 정신적 외상 사건에 대해 심리적 보류가 일어난다. 안전하고 안정된 삶의 조건을 확보하여 자신의 경험에 대해 생각해 볼 여유를 갖게 될 때까지는 말이다. Tayabas와 Pok(1983)에 따르면, 정신적 외상 경험에서 살아남은 이주민들은 보통 1~2년 후에야 정신보건 서비스를 신청하는 것으로 밝혀졌다.

5) 간접적 외상의 치료

치료 관계에서 나타나는 가장 중요한 문제 중 하나는 신생 이민사회를 위해 일하는 정신보건 전문가들이 경험하는 심각한 2차 외상 혹은 간접적 외상일 것이다.

정신보건 전문가들은 자신들에게 낯설고 압도적인 클라이언트의 경험(고문, 전쟁, 어쩔 수 없는 망명 등)의 외상을 축소하거나 부인하려고 한다. 클라이언트의 사례에 너무 충격을 받은 나머지 클라이언트에게 정상화(normalization)나 통제된 감정이입을 제공하지 못하는 것이다. 혹은 클라이언트의 극적이고 색다른 경험에 마음이 끌려 치료 과정보다는 그런 요소들에만 관심을 집중하기도 한다.

많은 상황에서 정신보건 전문가들은 클라이언트의 경험에 대한 반응으로 우울과 분노,

영적 의문 등을 경험할 수 있다. 치료자가 정치적이 되거나 희생자와의 상담에서 야기되는 무력감을 회복하기 위해 옹호에 집중할 수도 있다. 2차 정신적 외상 경험은 충분히 예상 가능하며, 이러한 2차 외상 경험은 치료자가 신규 이주민의 경험에 대해 건강하고 헌신적이며 연민이 가득한 마음으로 이해하고 있음을 보여 준다.

이런 경험을 처리하기 위한 최선의 방법은 정신보건 전문가가 몇 가지 단계에 따라 효율적으로 작업하는 것이다. 모든 정신보건 전문가는 반드시 적절한 휴식을 취하고 적당한 운동과 건강한 생활 습관을 유지해야 한다. 일과 레크리에이션의 합리적인 균형, 사회 관계망의 지원, 삶과 일에 대한 의미 찾기 등을 통해 어렵고 힘든 일을 지속할 수 있는 정열과 활력을 회복해야 한다. 만약 어떤 심리적 증상이나 중독 증상 등 뭔가 개인적인 위기가 찾아올 때는 즉시 동료를 제외한 다른 정신보건 전문가에게 상담 치료를 받아야 한다.

5. 신규 이민자에 대한 심리사회적 사정

신생 이민사회에 대한 사정은 분명하고 유익한 목표를 미리 설정한 후 적절한 자원을 동원하여 주의 깊게 이루어져야 한다. 신생 이민사회의 정신질환과 관련하여 충분한 연구를 통해 효과가 입증된 치료 방법은 거의 없는 실정이다. 정신적 기능에 대한 사정은 특히 문화의 영향을 많이 받는 활동으로, 각 사회의 독특한 사회 규범과 조사 방법, 문화적 정의를 사용한다. 그러나 사회 내에 주변화된 개인이나 집단은 기준에서 배제되는 경향이 있기 때문에, 이주민의 정신보건 문제를 다루는 데는 전혀 효과가 없을 수도 있다. 지능이나 성격, 주재국의 특별한 문화적 개념(자존감 등) 등의 평가 방법도 대부분 마찬가지다.

신생 이민사회의 정신질환에 대한 사정을 시도할 때, 사회복지 실천가는 관련 국가의 의료 및 심리 서비스 환경을 반드시 고려해야 한다. 신규 이민자 중에는 고국에서 적절한 의료 및 정신보건 서비스에 접근할 기회나 능력이 부족했던 사람들이 많다.

사정을 진행할 때는 해당 문화에 익숙한 정신보건 전문가와의 임상적 인터뷰에 큰 무게를 두어야 한다. 일반화는 시험 상황과 거의 유사하고 특별한 상황에만 한정되어야 한다. 가능하면 언제나 여러 차례의 사정에서 다양한 방법을 동원하여 다방면으로 정보를 수집해야 한다.

개인과 가족의 신체 및 정신 건강과 관련한 병력에 대한 질문은 진단과 치료가 아닌 특정 증상이나 특징을 중심으로 이루어져야 한다. 임상적 질문은 어떤 식으로든 클라이언 트에게 혜택이 될 만한 매우 구체적이고 분명하며 제한적인 질문이어야 한다.

이민자에 대한 사정은 다른 일반적인 사정보다 천천히 진행되어야 한다. 사용하는 모 든 방법을 클라이언트에게 설명해야 하고, 발견한 사실을 해석하는 과정에서도 신뢰도 및 타당도와 관련된 모든 정보를 클라이언트와 공개적으로 논의해야 한다. 평가의 모든 과정(목적, 방법, 결과)을 공개한다면 클라이언트는 자신이 주도적이고 적극적으로 사정 과정에 참여하고 있다는 느낌을 받게 될 것이다.

개인적인 개입이든 지역사회 차원의 개입이든 반드시 문화와 인종, 민족 등에 따른 주 의 깊은 감별 진단(differential diagnosis)이 선행되어야 한다. 정신적 건강을 전반적인 삶 의 만족, 증상의 인식, 삶에 대한 긍정적 전망의 기대 등으로 정의하는 것은 전적으로 문 화적 정의다(Marsella, 1993). 한 사람의 특정 경험을 설명하는 방식은 사회적 학습과 문 화적 기대 그리고 증상에 대한 나름의 해석에 의해 결정된다. 동시에 자신의 증상을 다 른 사람에게 털어 놓을 때는 상대에 대한 신뢰와 동기, 증상 완화에 대한 기대 등이 결정 적인 영향을 미친다. 흥미로운 점은 모든 문화권에 걸쳐 증상의 설명과 예후가 가장 유사 한 질환은 자연적으로 발생한 만성적 정신질환이라는 사실이다. 예를 들어, 정신분열증 과 자폐증, 정신지체 등의 질환은 병의 원인과 치료 방법 등은 굉장히 다양하지만, 국가 와 상관없이 놀라울 정도로 균일한 양상을 나타낸다.

1) 망명 신청자에 대한 사정

망명 신청자에 대한 사정의 중요한 예로 망명 신청자들이 탄압과 폭력, 고문의 후유증 으로 심각한 신체적, 심리적 고통을 받고 있음을 입증해야 하는 경우가 있다. 그런 경우 망명 신청자들이 자신의 망명 신청을 뒷받침하기 위해 제공할 수 있는 '증거'는 법의학 적 · 의료적 · 심리적 평가뿐일 수 있다.

이런 새로운 분야에서는 진짜 희생자를 구분하는 과정에서 심리적 손상뿐 아니라 신뢰 성에도 무게를 두어야 한다. 신뢰성 여부를 결정할 때는 매우 신중해야 하는데, 실제 고 문의 생존자들은 취조를 연상시키는 분위기와 질문에 대해 부정적인 반응을 보일 수 있 기 때문이다. 다양한 정보원을 통해 개인 및 국가에 대한 정보를 수집하고, 여러 차례의 평가를 통해 증언의 일관성을 검토하며, 내적인 통합성 등을 점검하는 등의 방법을 모두 동원하여 신뢰성을 검증해야 한다.

심리적 증상을 기록할 때는 다양한 정보원과 관찰, 증상의 시간적 순서 그리고 특별히 치료 과정과 증상 묘사의 진정성 등의 요소를 전부 고려해야 한다.

2) 아동에 대한 사정

이주민 아동을 적합한 교육 기관에 배치하고 이들에게 특별 교육 서비스를 제공하려면 이주민 아동에 대한 평가 및 사정이 필요하다. 아동의 행동 및 정서 패턴을 근거로 정신적 외상을 사정하는 것은 특히 더 어려운 작업이다. 아동은 특유의 탄력성 때문에 대부분의 상황에 잘 적응하는 것처럼 보일 수 있으나, 정신적 외상 경험과 전혀 관련이 없어 보이는 영역에서 증상이 나타날 수도 있다. 아동은 특별한 교육 혹은 정신보건 서비스 환경을 경험할 기회가 별로 없었기 때문에 자신의 수행 능력을 제대로 발휘하지 못할 수 있다. 더욱이 한 번의 사정을 통해 아동을 배치할 교육 기관을 결정해 버린다면 주기적으로 나타나는 불안이나 우울 증상 등이 가려질 수 있다.

6. 신규 이민자에 대한 개인적 개입 전략

신생 이민사회에 대한 사회복지적 접근에는 방법론적으로 항상 다중 모델이 적용된다. 서비스는 반드시 생활환경과 문화적 유능성, 정신보건의 복잡성, 의료적 요소, 개인적 삶의 사회적 · 영적 측면 등을 모두 고려해야 한다. Woodcock(1997)에 따르면, 신규 이민자에 대한 접근은 너무나 새로운 분야이기 때문에 절충주의와 다중방법론만이 사회복지 실천가가 선택할 수 있는 유일한 윤리적이고 논리적인 선택이다. Kleinman과 Kleinman(1991)은 실천가와 신규 이민자의 치료 관계에서 가장 중요한 임무는 장기적으로 서로 믿고 의지하는 관계를 구축하고, 최근의 스트레스 요인을 인식하며, 정신의학 관련 증상을 완화시키고, 사회적 유대를 강화하여 클라이언트의 자신감과 자긍심 등을 높이는 데 있다고 주장한다.

지속노출치료(prolonged exposure therapy)나 바이오피드백, 기타 정신적 외상 관련 특수 치료 등 다양한 방법이 현재 소규모로 이용되고 있고 이민자 클라이언트에게 사용되도록 권장하고 있지만 그런 치료 방법들이 신규 이민자에게 어떤 다른 영향을 미치는 지를 입증할 만한 대조군 설정 연구는 수행되지 않고 있다. 당연한 일이지만 비이민자의 경우와 마찬가지로 치료 효과는 각 클라이언트가 자신의 정신보건, 교육, 치료자와의 관계에 대해 갖고 있는 신뢰와 치료 방법 사이의 상호작용에 달려 있다.

정신보건 개입은 신규 이민자 클라이언트의 실제 삶과 분리되어 도입될 수 없다. 합법적인 이민자 지위와 안전한 주택, 적절한 직장, 적당한 의료, 충분한 식량과 의복, 교통수단 등이 반드시 치료의 바탕이 되어야 한다(Pederson, 2000). 사례 관리와 치료가 동시에 이루어지는 것이 이상적이긴 하지만, 공익 서비스를 자유롭게 이용할 수 없는 신규 이민자 클라이언트에게는 불가능한 경우가 많다.

정신보건 치료에 집중하고 싶은 사람들을 위한 가장 실제적인 해법은 사회서비스에 대한 충분한 정보를 제공하고 제대로 이용할 수 있도록 돕는 것이다. 여기에는 신규 이민자의 욕구를 충족시켜 줄 수 있는 거주 지역의 법률, 의료, 자선서비스 등이 포함된다. 오리엔테이션이나 상담 시간 중 일부를 활용하여 클라이언트의 기본적 욕구를 점검하고, 지역사회의 각종 자원과 관련된 정보를 제공하여 이용하도록 하며, 필요한 서비스에 접근하는 과정에서 경험하게 되는 장애물 혹은 성공까지 관리해 준다면, 실천가와 클라이언트 사이에 서로 협력하고 신뢰하고 이해하는 분위기가 형성될 것이다. 더욱이 안정적인 주택과 직장, 돌봄 서비스, 교통, 생활의 기본적 욕구가 충족된 클라이언트는 보다 유연하고 협조적인 자세로 자신의 정신보건 관련 증상을 치료하려는 의지를 보일 것이다.

그러나 아무리 좋은 의도로 적절한 서비스를 권한다 해도 신규 이민자들은 모순적인 규정과 관료주의적 의무, 서류 작업 등을 통해 시스템(합법 이민, 형사 문제, 학군, 아동보호기관, 연방구호기관, 고용 혜택, 자선 의료 시스템 등)과 접촉하면서 혼란과 실망, 무력함 등을 느낄 수도 있다. 정신보건 전문가는 사례관리자와 달리 클라이언트와의 사이에 적절한 전문가적 경계를 구축하는 것이 필요하지만, 서비스 조정과 옹호에 일정 시간과 노력을 기울이면서 이주민 클라이언트가 기본적인 서비스를 확보하여 편안하게 정신보건 치료에 참여할 수 있도록 유도해야 한다.

1) 치료 관계의 형성

어떤 클라이언트와의 관계에서와 마찬가지로 치료 성공의 가장 정확한 증거는 정신보건 전문가와 클라이언트 사이에 형성되는 치료 관계일 것이다(Kinzie & Fleck, 1987). 사회적으로 고립되고 가족 및 친구들과도 분리되어 있으며 오직 치료자를 통해서만 주재국 문화를 직접적으로 접하게 되는 이민자에게는 더욱 그렇다.

신생 이민사회에 있어 신뢰는 주재국 지역사회와의 거의 모든 관계에 영향을 미치는 중요한 주제다. 이민자, 특히 인간의 의도적인 폭력과 억압을 경험한 이민자들은 일반인은 상상도 못할 인간 본성의 어두운 면을 목격한 사람들이다. 인간이 얼마나 다른 인간의 권리와 존엄성을 폭력적으로 짓밟으면서 해를 끼칠 수 있는 존재인지 알고 있는 것이다. 이런 경험을 한 생존자들은 인간의 조건에 대해 깊은 의심을 품게 되고 사회 제도에 대해서도 거의 혹은 전혀 신뢰하지 못하게 된다.

자신과 종교, 문화, 인종, 성별 등이 다른 치료자에게 자신의 정신보건 문제를 털어놓아야 하는 이민자들로서는 신뢰감을 형성하기가 더욱더 어려울지 모른다. 이 문제에 대해서는 앞으로 문화적 유능성을 다루면서 더 논의하기로 한다.

이민자들이 터무니없어 보이는 각종 규정(이 나라에서 거주하는 것은 가능하지만 노동은 불가능하다. 하지만 자녀는 무상 교육을 받을 수 있다)을 접하게 되면 신뢰를 쌓기가 더욱 힘들어진다. 이런 경우 자신이 모르는 규칙이나 규정을 위반할지도 모른다는 두려움 때문에 신뢰가 형성되기 어렵다.

서로 신뢰하는 치료적 유대관계를 형성하기 위해서는 주재국의 클라이언트를 대할 때보다 이민자 클라이언트를 대할 때 정신보건 치료자가 자신의 개인 정보를 더 많이 공개할 필요가 있다. 이때 생겨날 수 있는 이슈는 두려움이 지속되는 것이다. 많은 이민자는 종교와 민족, 사회계층 등이 다른 상대에 대해서 서로 대립하거나 위험할 수도 있다고 생각한다. 대부분의 이민자와 그들을 위해 서비스하는 실천가들 사이에는 너무 큰 격차가 있어서 치료자의 정보 공개가 이민자에게 위험하게 느껴질 수도 있다. 따라서 클라이언트가 치료자의 종교나 정치 성향, 민족적 배경 등을 알고 싶어 한다면 상대를 안전하게 느껴 상대를 믿고 속내를 털어놓을 수 있다는 의미다. 정보를 공개할 때는 질문에 대한 직접적인 답변만 간단히 할 수도 있고("네, 저는 이러저러한 종교가 있습니다. 제 종교가 우리의 치료 진행에 어떤 영향을 미칠 것이라고 생각하십니까?"), 아니면 치료 관계의 변수를 설명할 수도 있다("저는 제 정치적 성향이 우리가 치료를 진행하는 데 전혀 영향을 미치지 않을 것이라고 생각합니다. 특별히 걱정되는 부분이 있으십니까?"). 많은 경우에 치료자는 신규 이민자의 문화 상담자 역할을 담당하게 되고, 이민자는 치료자를 관찰하고 개인적으로 접촉하

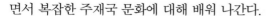

면서 복잡한 주재국 문화에 대해 배워 나간다.

개인 정보를 공개하고 긍정적인 감정을 전달하는 것이 치료 관계의 바탕이 되지만, 전문가적이고 직업적인 경계선을 유지하는 것도 교육적이고 중요한 일이다. 정신보건 전문가라는 직업은 많은 문화권에서 낯설고 특이한 것으로 인식된다. 많은 지역사회에서는 전혀 모르는 사람에게 자신의 가장 내밀한 걱정을 털어놓는 것을 이상하게 생각한다. 신규 이민자 클라이언트(특히 자선 서비스를 받고 있는 사람들)가 치료자에 대한 감사 혹은 치료자의 전문지식에 대한 존경의 표시로 물질적 보답을 하려고 할 수도 있다. 관습적인 작은 선물이나 음식, 기념품 등은 받아도 괜찮다. 그러나 값비싼 선물이나 여행 제안, 사업적 선물 등은 정중히 거절해야 한다(직업적 제한과 기관의 정책, 치료자 협회의 규정 등을 이유로 들어 거절한다면, 상대의 거절을 개인적으로 받아들이지 않아 불쾌하지 않을 것이다). 선물을 받을 때는 항상 충분한 감사의 표시를 해야 한다.

클라이언트가 정신보건 치료자를 가족이나 지역사회의 일원으로 받아들이며 그에 알맞은 호칭(형제나 자매 등)을 부여하는 것도 흔한 일이다. 이런 경우도 적당한 경계만 유지하면 해로울 것은 없다. 중요한 가족 행사나 문화 행사 등에 초대를 받는 경우에도 치료자가 편안하게 참석할 만한 공적인 행사(너무 친밀한 행사는 피해야 한다)나 의미 있는 행사(난민 청문회나 귀화 의식 등)라면 참여해도 괜찮다.

2) 수치심과 죄책감의 극복

수치심은 대부분의 신생 이민사회에서 지속적으로 나타나는 문제다. 이민자들은 한 문화권에서 다른 문화권으로 이주하면서 원래의 지위와 권력, 자원, 역할, 존경받는 인간으로서의 중요한 표지들을 상실하게 된다. 더욱이 폭력과 정신적 외상을 경험한 이민자들은 자신이 어느 정도는 그런 경험을 자초했거나 그런 일을 당할 만한 존재라고 생각할 수도 있다. 이런 자기비하는 절망적인 전쟁 상황이나 이주를 위한 '여정' 중에 스스로 혐오스럽거나 수치스럽다고 생각하는 행동을 강요당했을 경우 더 심해진다. 또한 신규 이민자들은 자신들이 주재국 문화권의 환영이나 존경을 받지 못한다는 사실을 깨닫고 수치심이나 절망감이 심해질 수도 있다. 이와 같은 다중적인 수치심 때문에 이민자들은 정신보건 문제를 밝히고 공개적으로 논의하는 것을 꺼릴 수 있다. 그런 경우에는 치료자에게 적절한 정보를 제공하지 않기 때문에 효율적이고 효과적인 치료를 하기가 곤란해진다.

죄의식은 신생 이민사회에서 정신질환을 진단하고 치료하는 과정에서 가장 마지막에 나타나는 보편적인 장애물이다. 많은 이주민은 본국에 남겨 두고 온 가족이나 지인들의 운명과 자신의 운명을 비교하며 죄책감을 느끼거나, 행복할 자격이 없다는 생각을 하게 된다. 자신을 희생해 가며 본국에 두고 온 가족을 경제적으로 지원하거나 가족 혹은 다른 지역사회 구성원의 이주를 돕는 경우도 많다. 따라서 자신의 처지를 '호소'하거나, 소중한 자원(시간과 돈)을 낭비해 가며 생명에 치명적이지도 않은 정신질환으로 인한 모호한 느낌, 감정, 행동을 진단하고 치료하는 것을 이민자에게는 적합하지 않은 미국인의 사치라고 생각하며 꺼릴 수도 있다.

3) 문화적 이슈에 관한 대처

효과적인 치료를 위해서는 정신보건 전문가들이 서로간의 문화적 이슈는 물론이고, 주재국의 문화도 내적으로 모순되는 부분이 많다는 점을 인정할 필요가 있다. 신규 이민자들이 경험하게 되는 부당한 이민 정책과 인종적 · 언어적 차별, 강요된 빈곤, 필요한 서비스의 이용 불가능, 사회적 고립, 문화적 자기중심주의 등도 모두 정신보건 개입 서비스에서 다뤄질 수 있다. 이에 대한 사회복지 실천가들의 반응 역시 자신의 국가나 문화에 대해 불신, 죄책감, 좌절을 느끼는 것부터 주재국이 베풀어 준 관용에 대해 고마워하지도 않고 비판만 하는 신규 이민자에게 분노하는 것까지 다양하게 나타날 수 있다. 대부분의 경우 신규 이민자를 상대하는 사회복지 실천가는 이전에는 체험하지 못한 자국 문화의 색다른 측면을 경험하는 기회를 갖게 된다.

이런 현실에 직면하여 클라이언트에게 도움이 되는 치료 방식으로 접근할 수 있으려면 훈련과 감독, 자기 탐색 및 신규 이민자의 경험을 진심으로 이해하려는 강한 의지가 필요하다. 이런 문화적 쟁점을 부인하거나 회피하는 것은 우호적인 치료관계 구축에 방해가 될 수 있다.

그러나 다른 분야에서와 마찬가지로 정신보건 전문가가 이런 주제를 일부러 탐색하거나 과도한 관심을 기울여서는 안 된다. 신규 이민자 클라이언트가 안전한 분위기에서 충분히 지지를 받고 있다고 느끼면 그리고 밝혀야 한다는 생각이 들면, 먼저 그런 주제를 다루려 할 것이다. 일부 신규 이민자들은 새로운 나라의 이데올로기를 열정적으로 지지하고 새로운 나라에도 어떤 부정적인 면이 있다는 사실을 부인할지도 모른다. 그런 이민자의 믿음에 일부러 의문을 제기할 필요는 없다. 또한 주재국 문화에 대해 클라이언트의 반응이 이상과 냉소 사이에서 급격한 변화를 보일 수도 있다.

치료관계에서 나타나는 문화적 적응(동화)을 정신보건 치료의 목적 혹은 긍정적인 정신건강의 증거로 간주할 수도 있다. 역사적으로 동화란 신규 이민자가 주재국 문화의 가치, 생활양식, 경제, 교육 및 법률 시스템에 적응하는 것으로 정의된다. 그런 개념의 바탕에는 이민자가 주재국의 모든 면을 기쁘고 고맙게 받아들인다면 주재국의 일원으로 성공적인 삶을 영위하면서 자신의 고향과 문화를 떠난 것에 대해 거의 혹은 전혀 슬픔을 느끼지 않을 것이라는 믿음이 깔려 있다. 아메리칸 드림의 심리적 버전인 셈이다.

최근 들어 통합을 바탕으로 문화적 정체성을 보존하고 범세계적 유대를 강화하는 데 주목하는 대안적 이민자 적응 모델도 등장하고 있다. 이런 방법들은 이민자의 원래 정체성(문화적, 종교적 등)을 장려하고 강화하려고 노력한다. 또한 교육을 받고 경제적 발전을 이루어 관용적인 주재국 사회에 기여할 기회를 부여하면서도 본국과의 사회적·문화적 유대 역시 유지되도록 하려고 노력한다.

그러나 신규 이민자 클라이언트의 행동과 의견, 가치체계 등에 국가 간의 뿌리 깊은 문화적 차이가 드러날 때는 실천가의 다문화주의가 도전을 받을 수도 있다. 예를 들어, 가족을 부양하기 위해 자신의 학문적·직업적 발전의 기회를 뒤로 미루는 여성, 경제적 곤란이 지속되는데도 수입의 상당 부분을 본국으로 송금하는 가족, 자녀에게 긴급 통역을 하게 하거나 어린 동생을 돌보라고 학교에 보내지 않는 부모 등이 그런 경우다. 집단보다는 개인의 권리를 우선시하는 정신보건 전문가라면 이런 모든 상황에 대해 부정적인 피드백을 보내게 될 것이다.

이런 문제들은 이민자 클라이언트가 주재국 문화와 타협하면서 어떤 가치, 생활양식, 관습 등을 수용하고 거부할지를 결정하기 시작하면서 더 많이 나타날 것이다. 신규 이민자는 자신보다는 가족을 우선시하거나, 엄격한 종교적·문화적 관습을 따르거나, 경제적 발전보다는 가족의 평화를 중시하거나, 성별이나 연령에 따라 엄격한 행동 규칙을 유지할 수도 있다. 또는 주재국의 문화가 너무 물질주의적이라거나 의복, 종교성, 가족관계 등에 대해 너무 관대하다고 대놓고 비판할 수도 있다. 주재국에서의 연장자를 대하는 방식이나 동물을 대하는 방식 등에 대해 거부감을 표할 수도 있다. 심지어 정신보건 치료의 중요성 자체에도 의문을 제기할 수 있다.

이런 경우 준비가 부족한 정신보건 전문가는 방어적이 되거나 짜증을 낼 수도 있고,

신규 이민자 클라이언트의 시각이나 의견의 바탕이 되는 문화적 다양성 자체를 증상화 (symptomatize)할 수도 있다.

7. 문화적으로 유능한 정신보건 서비스

미국의 정신보건 전문가들은 스스로 인종 차별을 하지 않고 어떤 수준의 문화적 다양 성도 수용할 수 있다고 생각하며 자랑스러워한다(Ivey, 1995). 그러나 대부분의 신규 이 민자 클라이언트는 인종에 굉장히 민감하다. 그들은 전문가와 자신들 사이의 차이를 지 나칠 정도로 인식하고 있으며, 전문가에 대해 불편함도 자주 느낀다. 성별과 인종, 종교, 문화, 교육, 계층의 차이는 신규 이민자 클라이언트가 자신의 문화적 관점으로는 극복할 수 없는 장애가 될 수 있다(Freire, 1973). 그런 경우에는 전문가가 아무리 자신의 문화적 유능성에 대한 신념을 갖고 있다 해도 소용이 없다. 이민자 클라이언트에게 다양한 서비 스 공급자의 다양한 서비스를 제공하는 것이 필요하다.

신규 이민자에게 정신보건 관련 예방과 교육, 궁극적으로 치료를 제공하는 방법에는 여러 가지가 있다. 가장 빠르고 확실한 방법은 프로그램 설계, 실행, 평가의 모든 단계에 이민자와 같은 민족적 · 문화적 배경의 정신보건 전문가 등 지역사회의 대표를 포함시키 는 것이다. 물론 문화적 배경이 같은 집단 내부에도 항상 다양성이 존재한다. 하지만 같 은 민족 출신의 전문가를 활용하면 문화적 차이에 의한 의사소통의 어려움을 줄이고 개 입의 효과를 높일 수 있다.

1) 명확한 치료 목표 설정

다문화 치료를 진행할 때는 명확한 치료 목표를 설정하는 것이 중요하다. (개념이 어떻 게 정의되든) 고통을 완화하고, 긍정적인 삶의 경험을 확대하며, 인생에서 바람직한 역할 을 완수하고, 여러 가지 자원(개인적 대처 기술, 정보적 · 심리교육적 · 사회적 자원 등)을 확 보하는 등의 일반적인 목표에는 대부분의 신규 이민자 클라이언트가 공감을 표현할 것이 다. 치료 관계는 상호 존중과 존경을 바탕으로 이루어져야 하며, 클라이언트를 지켜보고 위로하고 창의적으로 협력하여 클라이언트가 자신의 생각과 느낌을 자유롭게 표현할 수 있도록 하는 데 집중해야 한다.

많은 정신보건 전문가는 개발도상국의 삶이나 전쟁, 이주의 가혹한 현실을 난생 처음 접해 보는 경우가 많기 때문에 클라이언트의 가슴 아픈 사례를 단순히 목격자의 입장에서 대처하기가 굉장히 어렵다. 이민자들은 종종 자신들의 고통과 상실, 힘겨운 노력 등을 아무도 이해하고 믿고 걱정해 주지 않는다고 느낀다(심지어 그런 말을 직접 듣기도 한다). 따라서 정신보건 전문가가 뭔가 혼란스러워하면서 질문을 하면 클라이언트들은 그것을 자기 이야기를 믿지 않거나 이해하지 못하는 것으로 받아들일 수 있다.

이민자 클라이언트들은 개인주의와 집단주의의 차이, 성별과 연령, 교육적 역할의 차이, 이해받지 못하고 있다는 느낌 등에 굉장히 큰 영향을 받는다. 주재국 문화권 사람들과 서로 존중하는 긍정적인 관계를 유지하는 것은 이민자 클라이언트의 회복에 필수적인 요소다. 이민자들은 삶의 모든 영역에서 자기효능감(self-efficacy)을 상실한 상태일 수 있기 때문이다(Silove, Tarn, Bowles, & Reid, 1991). 공식적인 호칭 및 직함(… 씨, … 부인, … 박사님 등)을 사용하고, 약속 시간을 준수하며, 지속적으로 클라이언트의 권리와 권리 행사 방법 등을 상기시키면 도움이 될 것이다.

부부나 가족 클라이언트를 상대할 때는 문화적으로 결정된 가족 구성원 및 남녀의 서로 다른 역할에 대해 이해하고 존중한다는 표현을 하면 좋다. 그러면 서로 신뢰도가 높아지고 혹시라도 전문가가 클라이언트의 문화적 신념이나 생활양식에 대해 의문을 제기할지도 모른다는 염려가 줄어들 것이다. 이민자 클라이언트는 속으로는 정신보건 서비스나 서비스 제공자에 대해 문화적 규범 및 사회적 행동 때문에 치료를 지원할 능력이 없다고 무시하면서도, 겉으로만 존경하는 척하면서 지시에 따를 수 있다. 이민자 클라이언트가 전문가의 지시에 따르지 않는 것은 문화적으로 부적절한 서비스에 대해 실망하여 치료를 종료하고 싶다는 무언의 항변일 수 있다.

2) 언어적 배려

언어적 배려는 문화적 차이를 고려한 정신보건 서비스의 최소 요구조건이다. 물론 클라이언트가 서비스 제공자와 의사소통을 할 때 사용하는 공통의 언어가 있을 것이다. 그러나 그것만으로는 충분하지 않다. 영어를 외국어로 구사하는 사람은 다양한 상황에서 영어로 의사소통할 수 있겠지만, 정신보건 치료에서는 통역이 없다면 적절한 개선이 불가능하다. 인간의 기억, 특히나 정서적 사건의 기억은 그 사건의 발생 당시에 사용한 언어로 암호화된다. 익숙하지 않거나 사건 발생 당시 사용하지 않은 외국어로 정신적 외상의 기억과 갈등을 다루는 것은 훨씬 어렵고 효과도 떨어지는 일이다.

자세한 평가를 진행할 때나 정서적 내용과 정보의 문맥을 이해해야 할 때는 항상 통역을 이용하는 것이 필요하다. 통역사는 언어적 의사소통만 용이하게 하는 것이 아니라, 상황이 허락하면 문화의 중개자로서 역사적 문맥을 제공하여 문화적 이해를 도와주고 클라이언트가 자신의 지역사회 내에서는 정상적인 존재라는 점을 확인해 줄 수 있다.

그러나 동시에 통역사는 치료관계에서 혼란과 불신의 원천이 될 수도 있다. 대부분 규모가 작고 배타적인 이민자 지역사회 내에서는 통역사와 클라이언트가 이미 안면이 있는 사이일 가능성이 크다. 통역사도 클라이언트도 비밀 보장이라는 개념 자체가 생소할 수 있기 때문에 기회가 있을 때마다 비밀 보장 의무를 주지시켜야 하고, 전문가적 경계선의 문제도 분명히 규정하고 준수해야 한다. 아무리 같은 언어를 사용한다고 해도 거주했던 지역과 성별, 종교, 계층, 교육, 사회 집단 등에서 극심한 차이가 나는 통역사는 부적절하고 비효율적이다. (전화 통화나 중립적인 통역사를 통해) 통역사의 특징이나 자격과 관련한 조건을 미리 클라이언트와 논의하는 것이 중요하다. 정신보건 전문가는 이런 문제들 역시 치료의 한 과정으로 인식하고 주의해야 한다. (아무리 언어적 기술이 없어도) 전문가가 주의 깊게 관찰한다면 통역을 이용한 상담 과정의 관계적 혹은 언어적 문제를 파악하고, 다른 통역사나 통역 방법을 이용하여 문제를 해결할 수 있다.

무엇보다 이민자 클라이언트와 정신보건 전문가 사이에 주요 관계가 형성되고 유지되어야 한다. England-Dimitrova(1991)는 긍정적인 통역을 위해 필요한 규칙 여덟 가지를 다음과 같이 제시한다.

① 단문을 사용하라.
② 복잡하거나 다면적인 개념은 구분해서 설명하라.
③ 클라이언트를 대할 때는 항상 상대를 똑바로 바라보라.
④ 클라이언트에게 지시 사항이나 특정 개념을 다시 말해 보라고 요청함으로써 제대로 이해했는지 확인하라.
⑤ 자신의 개인적인 판단과 반응은 공개적인 말로 표현하라.
⑥ 대화를 요약해서 들려주고, 피드백을 확인하라.

⑦ 클라이언트나 통역사의 발언을 끊지 마라.

⑧ 새로운 발언을 시작하기 전에 메시지 전체가 통역되길 기다려라.

3) 전통적 치유 방법

문화적 유능성이 중시되는 다문화 치료 분야에서는 이주민과 비이주민 상관없이 모든 클라이언트의 치료 환경에 전통적 치유자나 치유 의식을 포함시키자는 움직임이 있어 왔다. 클라이언트가 이런 접근 방법을 선호하여 먼저 요청해 오는 경우에도 그런 개입 방법을 도입하기 전에 먼저 많은 부분을 조사하고 협상하며 이해하고 넘어가야 한다.

한 가지 주의할 점은 신규 이민자 클라이언트가 먼저 전통적 치유 방법을 도입하자고 제안해야 한다는 것이다. 같은 문화권의 사람들도 전통적 치유 방법에 대해 다양한 의견이 있으며, 자신에게 적용하는 문제에 대해 호불호가 갈릴 수 있다. 어떤 신규 이민자들은 전통적 치유 방법이 비밀스럽고 특별한 것이라서 지역사회 외부인과 공유할 만한 것이 아니라고 믿을 수 있다. 어떤 이민자들은 그런 방법이 시대에 뒤떨어진 위험한 죄악이라고 생각할 수도 있다. 정신보건 전문가는 논의를 통해 클라이언트의 개인적인 신념이 무엇이며 대안적 치유 방법을 사용해도 되는지 물어보고, 클라이언트가 그런 개입 방식을 원하지 않는다면 추가 질문(probing)을 하지 말아야 한다.

만약 클라이언트가 전통적 치유 방법을 신뢰하고 그런 방법을 도입할 의사가 있는 것으로 밝혀지면, 전문가는 어떤 방법을 사용할 것이고 그 방법을 통해 어떤 결과를 기대하는지 그리고 그 방법이 다른 개입 방법과 어떤 식으로 상호작용하며 영향을 미칠 것인지 등을 반드시 고려해야 한다. 또한 문화적 유능성이 있는 믿을 만한 지역사회의 구성원으로부터 도움이 될 만한 정보를 얻어, 사용할 예정인 전통적 치료 방법이 어떤 식으로 진행되고 어떤 결과가 예상되며 부작용은 없는지 등도 파악해 두어야 한다.

4) 대안 치료의 탐색

신규 이민자들은 자신의 정신보건 증상을 나름의 방식으로 인식하고 경험하고 있기 때문에, 창의적이고 전체론적(holistic)인 치료 계획을 통해 그들의 다양한 의료적 욕구를 충족시키는 것은 중요한 일이다. 폭력이나 성폭행 희생자들, 장기적인 통증 관리를 받아

온 사람들에게 신체적인 치료 방법을 병행하는 것이 굉장히 유용할 수 있다. 마사지 요법이나 무용동작치료, 점진적 근육 이완법(progressive muscle relaxation), 바이오피드백, 물리치료(physical therapy)를 포함한 전통적 의료 행위 등이 이에 해당한다.

말이든 글이든 자신의 의사를 언어로 표현하는 일이 어렵고 어색한 사람들에게는 자기 표현의 기회를 확대하기 위하여 미술치료나 음악치료, 오락치료 혹은 의례나 사진의 활용과 같은 창의적이고 대안적인 형태의 정서 표현 방법도 효과적일 수 있다. 심지어 친숙한 음식과 음악, 춤 등이 포함된 전통 축제에 참여하는 것도 치료적 가치가 있을 수 있다 (Kalcik, 1985).

5) 집단치료의 활용

집단치료는 다양한 방법으로 신생 이민사회에 적용되어 왔다. 집단치료는 표면적으로는 신규 이민자 의뢰인들에게 많은 혜택을 제공하는 것으로 보인다. 특별히 난민들에게는 소속감을 높여 줄 수 있고, 참여자들이 치료를 넘어서 서로 우정과 유대관계를 쌓으면 실제로 사회적 지원도 늘어나고 사회화에도 도움이 될 수 있다. 집단치료는 신규 이민자들이 경험한 다양한 상실에 집중하고, 문화적 적응과 교육 문제를 다루며, 외상 후 스트레스 장애나 우울증과 관련된 증상과 효과적인 대처 기술 등을 소개하는 기회를 마련할 수 있다. 집단 미팅을 통해 많은 신규 이민자의 관심과 염려가 조직화(regularize)되는 경향이 나타날 수 있다(Woodcock, 1997).

그러나 신규 이민자의 긍정적 경험을 유도하는 집단치료에는 장애물도 있다. 현실적 측면에서 많은 신규 이민자가 근무 조건에 융통성이 거의 없는 열악한 직업을 갖고 있다. 다른 직원들이 원하지 않는 시간대에 교대 근무를 해야 하거나 근무 일정이 자주 바뀌기도 한다. 또는 절박한 경제 사정 때문에 동시에 여러 개의 직업을 갖고 있는 경우도 많아서 클라이언트가 임의로 참석 시간을 바꿀 수 없는 집단 모임에는 참석이 불가능하다.

신규 이민자 집단 내의 동질성과 다양성의 균형을 이루는 것도 중요한 문제다. 한 집단 내에 구성원들이 사용하는 언어가 달라서 다양한 수준의 통역이 필요하다면 모임은 통제가 곤란해지고 집단 구성원들이 화합을 이루어 역동적인 상호작용을 하기가 어려울 것이다. 반면에 특정 국가의 출신으로 집단을 구성하면 정치적 · 민족적 · 종교적 배경이 다른 다양한 사람이 모임에 참여해 혹시라도 대립하게 될 때 구성원들이 편안한 마음으로 서로를 신뢰하기 어려울 것이다. 보다 동질적인 사람들로 집단을 구성하면 서로 너무 비슷하기 때문에 그룹 내의 일반적인 상호작용과 익숙한 패턴의 의사소통 등으로 치료의 목적 자체가 퇴색할 수도 있다.

8. 가족 혹은 지역사회 수준의 개입

정신적 증상들이 개인 차원에서 가장 자주 나타나는 것이 사실이지만, 많은 경우 신규 이민자를 상대로 한 가장 효과적인 개입 방법은 가족, 지역사회 혹은 사회 차원의 개입이 될 수 있다.

1) 가족 수준의 개입

대부분의 문화권에서 가족은 사회생활의 기본 단위다. 사람들은 자신의 성공과 행복, 정체성을 가정 안에서 규정한다. 한 개인이 문제를 겪고 있고 치료가 필요하다는 사실을 가장 먼저 파악하여 지적하는 것도 가족일 수 있다. 그러나 가족 구성원의 문화 적응 속도가 다를 때(언어 능력의 차이, 주재국의 문화적 가치의 수용 정도의 차이), 가족 단위의 정신적 외상에 대처하는 기술이 서로 다르거나 모순될 때(한 구성원은 기억을 억압하고, 다른 구성원은 공개적으로 슬퍼하는 등) 그리고 정신보건 진단과 관련해 가족들이 서로의 증상을 완화하거나 심화 혹은 촉발하는 등의 역할을 할 때는 문제가 복잡해진다. 더욱이 다세대적인 정신적 외상이 있어 가족체계 전체에 영향을 미칠 수도 있다. Steve Weire는 이런 경우 구조적인 가족 논의를 통해 가족 내에 치유를 위한 공간을 마련하여 정신적 외상과 정신적 증상, 대처 기술 등을 다루면 도움이 된다고 제안한다.

2) 지역사회 수준의 개입

이민자 클라이언트는 개별 치료 방법(요법, 투약)을 통해서도 효과를 볼 수 있지만, 치료에 지역사회 수준의 개입도 권장할 만하다. 더욱이 탄압과 전쟁, 정신적 외상, 고문 등에서 살아남은 사람 중에 폭력과 불의에 맞서기로 결심한 사람은 개별적인 희생자로 취급당하는 것을 용납하지 못할 수 있다. 이런 경우에는 개인적 증언과 가해자에 대한 집단 소송, 진실화해위원회 참여 등이 적절하고 강력한 재활 치료의 방법이 될 수 있다.

증거 자료를 수집하거나 사진을 찍고 증언서를 작성하며, 다른 사람들의 사례를 인식 및 존중하고, 가해자의 이름을 공개적으로 언급하는 등의 과정을 통해 '생존자'들이 느끼는 삶의 의미와 자기효능감이 높아질 수 있다.

이민자 클라이언트들은 그런 식의 개입을 선호할 수 있다. 사회적 혜택을 누리기 위해 자신이 정신적 외상을 입었고 어떤 증상이 있음을 입증할 필요가 없기 때문이다. 이런 노력을 통해 운동가나 전문 증인으로서의 긍정적인 역할이 확산되는 경우도 많다. 이런 과정은 본국에서 추방된 지역사회를 하나로 결속(혹은 집단 간의 반목을 확대)시킬 수도 있고, 각 개인이 자신의 지역사회 안에서 차지하는 입지나 역할을 강화할 수도 있다. 그러나 기억과 공포, 다른 부정적인 증상을 증가시킬 수도 있다. 이런 식으로 다양한 결과가 도출되기 때문에 반드시 모든 참여자에게 가능한 모든 결과에 대해 사전에 정보를 제공해야 한다.

물론 특정 클라이언트 혹은 지역사회가 개입에 대해 품고 있는 기대치를 파악하고 클라이언트를 복합적인 피드백에 대해 준비시키는 것이 중요하다. 긍정적인 면에서는 지역사회 수준의 개입 결과로 신생 이민사회를 위한 실제 자원(법률, 의료, 정신보건 등)이 증가할 수 있다. 매체의 관심이 집중되면서 이주민 지역사회의 경험이 사회의 구성원들에게 광범위하게 공개될 수도 있다. 그러나 이런 프로그램의 결과가 무관심이나 냉담이 될 수도 있다. 아무리 압도적인 증거 앞에서도 고문이나 압제에 참여한 강력한 기관이나 정부를 처벌하여 정의를 바로 세우자는 시도는 나타나지 않을 수 있다. 더욱이 주재국 대중 매체들이 보이는 부적절한 관심으로 인해 오히려 이민자 지역사회가 주변화되고 위축될 수도 있다.

지역사회 개입의 목표에 대한 철학적 · 종교적 논쟁이 벌어질 수도 있다. 어떤 사람들은 역사적 증거 확보 자체가 지역사회의 노력이 지향하는 합리적 목표라고 생각한다. 공정하고 객관적인 역사가 기록되어 전해질 것이라는 생각만으로도 정의가 구현된 느낌이 들고 미래 세대에 대한 교훈이 될 것이라는 생각이다. 그러나 어떤 사람들은 잔혹 행위의 증거를 확보하는 것은 압제자를 처벌하고 배상을 받기 위해 필수적인 과정이라고 생각한다. 가해자에게 실제로 어떤 영향을 미칠 수 있을 때만 지역사회 수준의 개입이 정당화된다는 의미다.

보다 '긍정적인' 진영은 지역사회의 집단행동을 이용하여 화해의 노력에서 관용과 다양성을 전파하려 한다. 상호 협력과 공존을 강조하는 것이다. 마지막으로 사회의 집단과 개인들 사이에 용서를 도입하려고 노력하는 진영도 있을 수 있다. 지난 일은 지난 일로 간주하고 서로에게 유익한 관점을 구축하여 미래 세대의 평화를 보장하자는 것이다.

사람마다 지역사회 기반의 개입 활동에 참여하는 개인적 신념과 계획, 의미 등이 있겠지만, 정신보건 전문가는 클라이언트의 목적에 대해 중립적인 태도를 견지하고 관련 이민자 클라이언트를 지원하는 역할만 담당하는 것이 중요하다.

이민자들이 자신의 개인적 고통과 증상들을 지역사회의 쟁점으로 다루다 보면 좌절감과 자신의 부정적인 스트레스 요인들에 대한 책임감이 경감되기도 한다. 더욱이 동료들과의 직접적인 비교를 통해 자기효능감이 높아질 수도 있다.

끝으로 지역사회 수준의 개입은 신규 이민자와 고국에 남겨진 그들의 가족, 친구, 동료들 사이의 유대를 강화시킨다. 지역사회의 개입 과정은 고국과 이민자 지역사회에서 동시에 진행되는 경우가 많기 때문에 가족과 사회 집단들이 공통의 경험/투쟁과 목적 안에서 단결하는 계기가 된다. 이렇게 단결된 느낌은 이민자 클라이언트가 고향 및 동료들과의 관계에서 느끼는 고립감과 거부감을 감소시킬 수 있다.

9. 이주민 아동과 정신보건

이주 과정은 정상적이고 자연스러운 성장 및 생리 구조(식단의 변화, 질병의 진행, 의료 원칙의 변화), 사회/지역사회와의 상호작용, 인지 과정 등을 중단시킨다. 오랜 시간 자원이 고갈된 환경을 떠돌아다니던 아동(부모나 가족과 분리되어 난민 캠프에서 살아온 아동)들은 명랑함과 창의성, 상상력 등이 파괴되고 애착 유형에 손상을 입어 성인이 되어서도 그 영향을 벗어나지 못한다.

주재국에 도착한 후에도 이주민 아동들은 심각한 곤경에 처할 수 있다. 모든 아동이 그렇듯이 이주민 아동의 적응도 주로 보호자의 적응 수준과 어른들이 혹독한 경험으로부터 아동들을 보호하고 돌봐 줄 수 있는 능력 그리고 아동이 겪는 과도한 정서적 고통을 보호자들이 인식하고 조절을 도와주는 능력 등에 달려 있다.

사실상 이민자 지역사회의 보호 관계는 그 질적 수준이 굉장히 다양하다. 많은 이주민 문화권에서 아동을 가족의 미래를 상징하는 존재로 숭배하며 보호하지만, 전쟁과 정신적 외상, 망명의 과정에서 많은 보호 구조가 방치되면서 아동들은 특별히 취약한 위치로 전락한다. 더욱이 신규 이주민 보호자는 새로운 언어를 배우고 안전한 주택을 마련하느라, 또한 안정적인 직장을 확보하고 낯선 문화 체계를 탐색하느라 분주할 수 있다. 부모들 스스로 정신건강이나 문화적 적응의 문제를 겪고 있다면 자녀의 어려움에 관심을 쏟을 시간과 에너지가 거의 없을 것이다.

부모와 떨어져 혼자 남겨진 아이들은 더 심각한 곤란을 겪는다. 많은 아이가 자신의 가족과 함께 이주할 기회를 얻지 못하고 형제나 사촌, 먼 친척들의 손에 맡겨진다. 그런 친척들은 아동을 돌볼 의무감을 거의 느끼지 않는다. 이런 유동적인 관계는 스트레스 상황이 닥치면 금방 해체되어 버리고, 그런 경우 아이들은 혼자의 힘으로 다른 주재국까지 이동해야 한다.

특히 청소년들의 경우 가족과 분리된 시기에 스스로 어른의 역할을 하면서 살아남거나, 자신을 보호하기 위해 반사회적인 행위에 가담하기도 하고 비슷한 상황의 다른 청소년들과 강력한 유대를 형성하기도 한다. 이런 청소년들은 스스로 어른이라고 생각하여, 부모가 다시 훈계를 하며 자기 삶에 간섭하려 들면 회의적인 반응을 보이며 반발하는 경우가 많다.

그러나 이주민 부모 입장에서는 나름대로 자녀를 우선적으로 보호하기 위해 모든 능력을 동원하여 보살펴 줄 사람을 구하고, 자녀의 욕구를 채워 줄 경제적 수단을 확보하며, 정기적으로 연락을 취하고(경제적 및 정서적인 비용을 감당하면서), 결국 자녀를 주재국으로 이주시켰는데, 자녀의 그런 냉담한 반응에 맞닥뜨리면 혼란을 느끼며 상처를 입게 된다. 그리고 자신들이 남겨 두고 떠나는 바람에 홀로 남겨진 자녀들이 당했을 고통을 의도적으로 부인하거나 축소할 수도 있다. 그럴수록 부모들은 자녀들이 기대하던 이상적인 부모의 모습에서 멀어지게 되고, 자녀들은 여전히 부모의 사랑과 이해를 받지 못한다는 실망감에 빠질 수 있다. 부모들 또한 오랜 기다림 끝에 다시 한가족이 되었는데도 전혀 부모를 존경하거나 사랑하지도 않고 잔뜩 화가 나서 요구사항만 늘어놓는 자녀들에게 혼란과 실망을 느끼게 된다.

아동들이 개인적으로 성장하고 애착을 형성하며 지적 능력을 개발하고 학습하고 사회화하는 모든 과정은 아동이 처해 있는 환경과 상호작용하며 영향을 주고받는다. 안타까운 사실은 많은 것을 잃고 주변의 무관심 속에서 학대까지 당하며 살아온 취약한 아동들이 그 누구보다 강인한 태도, 탄력성, 지적 유연성, 자기보호가 필요한 환경에서 살아가야 하는 상황에 처해질 수 있다는 점이다(Kopola, Esquivel, & Baptiste, 1994).

더욱이 본국의 문화와 주재국 문화의 충돌은 아동들의 삶에서 가장 심각하게 표출될 수 있다. 학령기 아동들은 하루 중 대부분의 시간을 주재국 문화와 상호작용하며 보내기 때문에, 미국적 가치와 기대에 젖어든 채 아동에게 너그러운 미국 문화 시스템과 이주민 아동을 대상으로 하는 지나친 자선 사업의 혜택을 만끽할 수 있다. 아동들은 자기 가족의 우선순위와 가치, 구조 등이 주재국 문화의 그것과 상충한다는 사실을 금방 알아차린다. 그러나 부모들의 눈에는 아이들이 미국의 아동 학대 관련 법률(그리고 911 신고 제도) 정보를 접하고 개인적 권리(학교 교육, 보호받는 지위, 자신만의 침대 등)에 대한 기대가 높아지면서 자기주장이 너무 강해지는 것으로 보인다. 게다가 언어 습득과 문화 동화 능력이 뛰어난 아이들이 심각한 가정 문제와 관련해 부모의 변호인 혹은 통역사 역할을 하게 되면 전통적인 가족의 역할이 크게 흔들릴 수 있다. 가치관과 라이프스타일상의 이런 차이점들이 이주민 아동과 그 보호자 사이에 심각한 균열을 일으키는 원인이 될 수 있다.

아동들은 정신적 외상과 각종 변화에 독특한 방식으로 반응한다. 표면적으로는 잘 적응하는 듯 보이는 이주민 아동들도 내성적이 되고 우울해하거나(스트레스가 심한 이주민 가정에서는 알아차리기 어려운 행동이다), 반대로 공격적이고 적대적인 태도를 보일 수 있다. 후자의 경우 부모들은 자녀가 버릇이 없고 무례하다고 생각해 버린다. 따라서 이주민 아동의 정신보건 증상들은 행동적 · 학업적 · 가정적으로 심각한 위기가 닥치기 전까지는 간과되는 경향이 있다.

이주민 아동을 대상으로 정신보건 개입을 시작할 때는 보호자 및 가족 전체를 참여시켜야 지시 사항의 적극적인 준수와 치료의 성공이 가능해진다. 가족 전체의 통합과 행복을 지킨다는 목표하에 보호자와 신뢰를 바탕으로 한 강력한 협력 관계를 구축하는 데 많은 노력을 기울여야 한다. 부모의 모국어로 의사소통이 가능한 치료자(아동은 주재국 문화와 언어에 익숙하다 해도)를 투입하는 것이 이상적이다.

이주민 아동과 상담을 하다 보면 어떤 상황에서든 반드시 준수해야 하는 전문적 경계선이 흔들리는 경험을 할 수도 있다. 주재국 문화권의 정신보건 전문가는 이주민 부모 혹은 가족이 규정하는 '어린 시절'의 정의를 접하면 자주 당황하게 된다. 많은 국가에서 어린이를 가족의 핵심적이고 중요한 일원으로 간주하면서 상당 수준의 충성과 존경, 사회적 의무, 도덕성 등을 기대한다. 그런데 어린이를 권리가 거의 없는 가족의 일방적인 투자 대상으로 간주하는 국가도 있다. 정신보건 전문가는 이런 낯선 신념 체계를 접하게 되면 이주민 부모가 자녀에게 보이는 사랑과 헌신에 의심을 품게 되면서, 어린이를 사랑 없는 가족 시스템의 희생자로 간주하며 뭔가 다른 대안을 제시하려 든다. 하지만 이는 별로 적절한 행동이 아니다. 이런 개입은 어린이를 그들의 가장 중요한 지원 집단인 가족과 분열시키고, 비현실적인 기대를 높일 수 있으며, 가족 체계는 물론이고 어린이 본인에게도 심각한 해를 끼칠 수 있다. 결론적으로 이주민 아동에 대한 정신보건은 가족과 지역사회 차원에서 개입하고 서비스해야 하며, 아동의 증상을 완화하고 긍정적인 대처 기술을 키우도록 지원하는 데 집중해야 한다.

10. 사례 연구

다음 일화는 고문 생존자를 위한 자유센터(Liberty Center for Survivors of Torture)에서 담당한 실제 사건을 적어 놓은 것이다. 다음 질문을 일화에 적용해 보라.

① 이 일화에 의해 제기되는 사회복지 쟁점은 무엇인가?
② 이 일화에 의해 제기되는 법적 쟁점은 무엇인가?
③ 정신보건 전문가로서 이 일화의 표출된 문제는 무엇이라고 생각하는가? 경험의 어떤 측면이 위기로 보이는가? 그 이유는 무엇인가? 이주민의 다양한 욕구 중 우선순위를 어떻게 결정할 것인가?
④ 반대로 클라이언트의 강점은 무엇이라고 생각하는가?
⑤ 이런 상황에서 어떤 단기적인 정신보건 개입과 자원을 투입해야 도움이 될 것으로 생각하는가? 장기적인 정신보건 개입과 자원을 투입한다면?
⑥ (정신보건 개입 외에) 클라이언트에게 필요한 다른 개입이 있을까?

1) 사례 연구: X 부인

X 부인은 서아프리카 출신의 44세 여성이다. 그녀는 서아프리카의 현 집권 세력에 반대하는 한 정당에 가입하여 활동했다. 그녀뿐 아니라 가족 전체가 그 정당과 인연이 깊었

다. 아버지는 그 정당의 고위 임원으로 활동하다 암살당했다. 그녀 역시 금방 신분이 노출되어 요주의 인물이 되었다. 전화는 도청을 당했고, 아파트도 감시를 당했다. 그녀와 가족들은 협박 메시지를 받았고, 그녀가 운영하는 상점도 약탈당했다. 결국 가족의 안전을 위해 그녀는 자녀들을 버려 둔 채 혼자 몸을 숨겨야 했다. 그 후로 다시는 아이들과 만나지 못했다.

  X 부인은 평화적인 반정부 시위 도중 체포되어 다른 20명의 시위자들과 함께 작은 수용소에 구금되었다. 구금되어 있는 6개월 동안 그녀는 주기적으로 가혹한 폭행을 당했다. 강간도 당했으며 폭행으로 인해 유산을 경험하기도 했다. 결국 간신히 탈출에 성공한 그녀는 미국에 입국해 망명을 신청했다.

  정신보건 전문가와 처음 만났을 때 X 부인은 활력도 없고, 식욕도 없으며, 기쁨도 느끼지 못하는 상태(anhedonia)였다. 또한 심한 죄책감과 무가치함에 시달리며 자주 울었고, 끔찍한 불안과 플래시백, 악몽에 시달리고 있었다. 뭔가에 집중하거나 새로운 정보를 습득할 수도 없었다. 또한 요통과 생리불순 등의 신체적 증상도 경험하고 있었다. 어쩔 수 없는 망명으로 인해 합법적인 이민자 신분을 획득하지 못했기 때문에 취업이 불가능했고, 안정적인 주거도 확보하지 못했으며, 자신을 대변해 줄 법률 전문가도 없었다. 또한 언어적 소통도 곤란했고, 직장을 얻기 위해 반드시 필요한 교육 과정도 이수하지 못하고 있었다.

추가자료

웹사이트

American Psychological Association, Public Policy Office, *The Mental Health Needs of Immigrants*: http://www.apa.org/ppo/ethnic/immigranthealth.html

Bureau of Population Refugees and Migration (agency administers U.S. refugee assistance and refugee admissions programs; site contains key links): www.state.gov/g/prm

Church World Service Immigration and Refugee Program (CWS): www.church-worldservice.org/Immigration/index.html

The Epidavros Project, an excellent site on the INS process of granting asylum: www.wellfoundedfear.org

Grant Makers in Health, *Addressing the Mental Health Needs of Immigrants and Refugees*: www.gih.org/usr_doc/Immigrant_Mental_Health.pdf

Health and Human Development Programs: www.hhd.org

Immigration and Naturalization Service (INS): www.ins.usdoj.gov/graphics/index.html

International Organization for Migration (IOM): www.iom.int/

Migration Policy Institute (MPI has developed substantial expertise relating to the law and practice of protecting refugees and internally displaced people in areas of conflict as well as in the industrialized countries): http://www.migrationpolicy.org/research/refugee.php

National Institute of Mental Health: www.nimh.nih.gov

National Institute of Health, NLM Gateway: http://gateway.nlm.nih.gov/gw/Cmd

Office of Refugee Resettlement: www.acf.dhhs.gov/

Refugee Council USA: www.rcusa.org

Relief Web (data, legislation, documents, and other information): www.notes.reliefweb.int/w/rwb.nsf

UN Refugee Agency (UNHCR) (created by the United Nations Office for the Coordination of Humanitarian Affairs with the purpose of disseminating information to the international relief community and others): www.unhcr.ch.

U.S. Committee for Refugees (USCRI): www.refugees.org

저서

Harvey, J., & Pauwels, B. E. (2000, June). *Post-traumatic stress theory: Research and application*. New York: Brunner-Routledge.

Harvey, J., & Pauwels, B. E. (2002). *Post-traumatic stress theory: A guide to coping*. Iowa: University of Iowa Publishers.

Hernandez, D. J., & Charney, E. (Eds.). (1998). *From generation to generation: The health and well-being of children in immigrant families*. Washington, DC: National Academies Press.

Kleinman, A,. & Good, B. (1985). *Culture and depression: Studies in the anthropology and cross cultural psychiatry of affect disorder*. Berkeley: University of California Press.

Kalick, S., & Jordan, R. (1985). *Women's folklore, women's culture*. Philadelphia: University of Pennsylvania Press.

Lindy, J. D., & Lifton, R. J. (Eds.). (2001). *Beyond invisible walls: The psychological legacy of Soviet trauma (east European patients and their therapists)*. New York: Brunner-Routledge.

Nader, K., Dubrow, N., & Slamm, B. H. (1999). *Honoring differences: Cultural issues in the treatment of trauma and loss*. New York: Brunner-Routledge.

Woodcook, J. (1997). Groupwork with refugees and asylum seekers. In T. Mistry & A. Brown (Eds.), *Race and groupwork* (pp. 254-277). London: Whiting & Birch Ltd.

Zinner, E. S., & Williams, M. B. (Eds.). (1998). *When a community weeps: Case studies in group survivorship*. Philadelphia: Brunner/Mazel.

논문

American Academy of Pediatrics Policy. (1997, July). Healthcare for children of immigrant families. *Pediatrics, 100*(1), 153-156. Available at http://aappolicy. aappublications.org/cgi/content/full/pediatrics;100/1/153.

Amnesty International. (2007, July). AI observations on the report of the working group on human rights protection. 10R61/019/2007.

Driver, C., & Beltran, R. O. (1998). Impact of refugee trauma on children's occupational role as school students. *Australian Occupational Therapy Journal, 45*, 23-38.

Foa, E. B., Keane, M. T., & Friedman, M. J. (2000, October). Guidelines for treatment of PTSD. *Journal of Traumatic Stress, 13*(4), 539-588.

Kwai-Sang Yau, M. (1997). The impact of refugee resettlement on Southeast Asian adolescents and young adults: Implications for occupational therapists. *Occupational Therapy International, 4*(1), 1-16.

Porter, M., & Haslam, N. (2001, October). Forced displacement in Yugoslavia: A meta-analysis of psychological consequences and their moderators. *Journal of Traumatic Stress, 14*(4), 817-834.

Rousseau, C., Drapeau, A., & Corin, E. (1996). School performance and emotional problems in refugee children. *American Journal of Orthopsychiatry, 66*(2), 239-251.

📖 참고문헌

American Psychiatric Association. (2000). *Diagnostic and statistical manual of disorders* (4th ed., p. 463). Washington, DC: Author.

Amery, J. (1977). Die torture. In J. Avery (Ed.), *Jensits Von Schuld urd Sühne* (pp. 46-73). Stuttgart: Kletl Cotta.

Brody, E. (1994). The mental health and well-being of refugees: Issues and directions. In A. J. Marsella, T. Bornemann, S. Ekblad, & J. Orley (Eds.), *Amidst peril and pain: The mental health and well-being of the world's refugees* (pp. 57-68). Washington, DC: American Psychological Association.

England-Dimitrova, B. (1991). *Flyktingar och invandrare I sjukvården* [Refugees and immigrants under medical care]. Stockholm, Sweden: Spri.

Escobar, J., Hoyos Nervi, C., & Gara, M. (2000). Immigration and mental health: Mexican Americans in the United States. *Harvard Review of Psychology, 8*(2), 64-72.

Freire, P. (1973). *Pedagogy of the oppressed.* New York: The Seabury Press.

Ginsberg, L., & Ginsberg, R. (1989). *Psychoanalytic perspectives on migration and exile,* trans. N. Festinger. New Haven, CT: Yale University Press.

Guarnaccia, P., & Lopez, S. (1998). The mental health and adjustment of immigrant and refugee children. *Child and Adolescent Psychiatric Clinic of North America, 7*(3), 537-553.

Ivey, A. E. (1995). Psychotherapy as liberation: Toward specific skills and strategies in multicultural counseling and therapy. In J. G. Ponterotto, J. M. Casas, L. A. Suzuki, & C. M. Alexander (Eds.), *Handbook of multicultural counseling* (pp. 53-73). Thousand Oaks, CA: Sage.

Jablensky, A., Marsella, A. J., Ekblad, S., Jannson, B., Levi, L., & Bornemann, T. (1994). Refugee mental health and well-being: Conclusions and recommendations. In A. J. Marsella, T. Bornemann, S. Ekblad, & J. Orley (Eds.), *Amidst peril and pain: The mental health and well-being of the world's refugees* (pp. 1-13). Washington, DC: American Psychological Association.

Kinzie, J. D., & Fleck, J. (1987). Psychotherapy with severely traumatized refugees. *American Journal of Psychotherapy, 41*, 82-94.

Kleinman, A., & Kleinman, J. (1991). Suffering and its professional transformation: Toward an ethnography of interpersonal experience. *Culture, Medicine and Psychiatry, 15*(3), 275-301.

Kopola, M., Esquivel, G., & Baptiste, L. (1994). Counseling approaches for immigrant children: Facilitating the acculturative process. *The School Counselor, 41*, 352-359.

Marsella, A. J. (1993). Counseling and psychotherapy with Japanese Americans: Cross-cultural considerations. *American Journal of Orthopsychiatry, 63*, 200-208.

Murphy, H. B. (1997). Migration, culture and mental health. *Psychological Medicine, 7*, 677-684.

Orley, J. (1994). Psychological disorders among refugees: Some clinical and epidemiological considerations. In. A. J. Marsella, T. Bornemann, S. Ekblad, & J. Orley (Eds.), *Amidst peril and pain: The mental health and well-being of the world's refugees* (pp. 193-206). Washington, DC: American Psychological Association.

Pederson, P. B. (2000). *Handbook for developing multicultural awareness* (3rd ed.). Alexandria, VA: American Counseling Association.

Pope, K. S., & Garcia-Peltoniemi, R. E. (1991). Responding to victims of torture: Clinical issues, professional responsibilities, and useful resources. *Professional Psychology: Research and Practice, 22*, 269-276.

Sachs, L. (1987). *Medicinsk antropologica* [Medical anthropology]. Stockholm,

Sweden: Liber Press.

Silove, D., Tarn, R., Bowles, R., & Reid, J. (1991). Psychosocial needs of torture survivors. *Austrian and New Zealand Journal of Psychiatry, 25*, 481-490.

Stein, B. N. (1986). The experience of being a refugee: Insights from the research literature. In C. L. Williams & J. Westermeyer (Eds.), *Refugee mental health in resettlement countries* (pp. 5-23). Washington, DC: Hemisphere.

Tayabas, T., & Pok, T. (1983). The arrival of the Southeast Asian refugees in America: An overview. In *Bridging cultures: Southeast Asian refugees in America* (pp. 3-14). Los Angeles: Asian American Community Mental Health Training Center, Special Services for Groups.

Westermeyer, J. (1989). *Mental health for refugees and other migrants: Social and preventative approaches.* Springfield, IL: Charles C Thomas.

Woodcook, J. (1997). Groupwork with refugees and asylum seekers. In T. Mistry & A. Brown (Eds.), *Race and Groupwork* (pp. 254-277). London: Whiting & Birch Ltd.

형사 기소된 이민자에 대한 민간 옹호 시, 의도하지 않은 결과를 피하는 방법

Alina Das

형사 기소된 이민자들은 형사 처분 외에도 여러 가지 심각한 결과를 당할 위험이 크다. 상대적으로 경미한 사건으로라도 일단 형법 체계와 접촉하게 되면 이민의 법적 지위나 법적 지위 취득을 위한 자격 요건이 위태로워지면서 미국에 머물며 일을 하고 가족을 부양하는 등의 모든 활동에 영향을 받을 수 있다. 일단 형사 재판 처리를 받은 이민자는 즉시 구금되거나 강제출국 절차(추방 등)가 시작될 수 있다. 아무리 합법적인 장기체류 영주권을 소유하고 있고 가족이 모두 미국 시민권자인 이민자라 해도 상황은 마찬가지다. 민간법률지원기관과 이민자를 위한 민간옹호단체들은 형사 기소의 결과를 반드시 인식해야 한다. 이 장에서는 이민자의 형사 기소 관련 이슈를 간략히 소개하고 추가 정보를 위한 참고자료 목록을 소개할 것이다.

1. 이민자에게 부정적 결과를 초래하는 보편적인 형사상 근거

추방과 구금, 시민권 획득 자격의 박탈 및 다양한 형태의 이민 구제를 필요로 하는 형사상 근거는 굉장히 광범위하다. 「이민과국적법」은 이런 근거를 여러 가지 항목으로 나누어 설명하고 있다. 여기에는 8 U.S.C. § 1101(f)(시민권 취득 및 특별한 형태의 강제출국 구제에 필요한 '건전한 품성'을 발견하기 어려운 근거), 8 U.S.C. § 1182(합법적 입국이나 영주권 지위를 원하는 개인의 강제출국으로 이어지는 '입국불허'의 근거), 8 U.S.C. § 1227(합법적으로 입국한 개인의 강제출국으로 이어지는 '추방가능'의 근거) 등이 포함된다.

각 항목 아래 상술된 특별한 형법 위반 근거는 어느 정도 중첩되는 부분도 있지만, '부도덕범죄' '규제약물범죄' '특수범죄' 같은 보다 광범위한 범주에 포함된다. 이런 용어들의 정의와 이런 근거 중 형사 재판 처리를 받을 수 있는 한두 가지의 상황에 대해서는 다양한 편람, 기사, 자료 등에서 논의하고 있다.[1]

분명한 것은 형사 재판 처리를 통해 주법에 의거하여 유죄 판결을 받은 범죄가 아닌 경우에도 이런 근거로 작용할 수 있다는 점이다. 핵심은 형사 재판 처리가 연방 「이민법」에서 부정적인 이민 결과를 초래하는 형사상 근거로 정의한 내용과 부합하는지다.[2] 민간 법률지원기관이나 옹호단체 등은 비시민권자 클라이언트가 형법 체계와 접촉하게 되는 경우, 아무리 사소한 경우라도 항상 자격 있는 이민 전문가와 상담하여 잠재적인 영향을 평가해 봐야 한다.

일반적으로 형사 재판 절차에서 비롯된 처리(혹은 일부 경우, 위법 행위를 인정하는 법원 내외에서의 발언)만이 부정적인 이민 결과로 이어지는 형사상 근거로 이용될 수 있다.[3] 경우에 따라 범죄 행위와 관련한 민사 법정의 판결 역시 강제출국의 형사상 근거가 될 수 있지만, 그런 판결에 근거한 강제출국 절차는 보편적이지는 않다. 그러나 민법적 처분에 의해 영향을 받는 형법적 강제출국 근거가 한 가지 있다. 바로 8 U.S.C. § 1227(a)(2)(E)(ii)[4]의 '보호명령 위반'에 의한 추방 가능 근거가 그것이다. 이 근거는 보호명령이 처음에 형사 법정 혹은 민사 법정으로 제출되었는지와 상관없이 모든 보호명령 위반에 적용된다. 보호명령의 위반 자체는 강제출국의 근거가 되지 않는다. 재판 결과 명령을 위반한 것으로 밝혀졌을 때만 강제출국의 근거가 된다. 가정 법원에 보호명령 제출을 앞두고 있는 클라이언트를 상담하는 민간 법률지원기관과 옹호단체는 클라이언트가 다시 보호명령을 위반하는 경우 추방으로 이어지거나 이민 지위에 다른 부정적인 영향을 미칠 수 있음을 인식해야 한다.

2. 민간 법률구조기관 및 옹호단체가 도움을 제공할 수 있는 방법

민간 법률구조기관과 옹호단체는 부정적인 결과를 초래하는 요인에 대한 인식을 높이고, 클라이언트에게 자원을 제공하며, 형사 기소 절차에 직면한 클라이언트를 지원할 수 있는 민간 옹호를 이용하여, 이민자 클라이언트가 형사 기소의 의도하지 않은 결과로 인해 피해를 보지 않도록 도울 수 있다.

이민 절차에 영향을 미칠 수 있는 형사 기소를 초래하는 사건에 대한 인식을 높인다. 민간 법률구조기관과 옹호단체들은 이민 절차에 영향을 미칠 수 있는 형사 기소를 초래하는 사건을 충분히 숙지하여 이민자가 의도치 않게 심각한 추방 위험이나 다른 부정적 결과가 예상되는 형사 기소에 직면하지 않도록 주의해야 한다. 많은 이민자, 특히 경범죄를 범했거나 과거에 유죄 판결을 받은 경험이 있는 사람들은 정부의 신원 조사 및 신원 확인이 있기 전에는 자신에게 추방 가능성이 있거나 다른 부정적인 이민 결과의 위험이 있다는 사실을 깨닫지 못한다. 강제출국 절차로 이어질 수 있는 보편적인 초래 요인들은 다음과 같다. ① 영주권 갱신 ② 지위, 시민권 및 다른 이민 관련 지위 및 혜택을 위한 조정 신청서 제출 ③ 해외여행 후 미국 재입국 ④ 어떤 이유로든 교도소 복역 ⑤ 법 집행 기관 혹은 정부 기관과의 거의 모든 상호작용(몇 가지 예외 존재)이다.[5]

따라서 예를 들어 민간 법률구조기관과 옹호단체가 클라이언트에게 정부 수혜 지원서와 함께 제출하기 위해 영주권을 갱신하라거나 시민권 신청을 도와준다고 말하기 전에, 항상 자격 있는 이민 전문가와 상담하여 클라이언트의 형법적 처리가 그들에게 추방이나 다른 부정적인 결과를 초래하지 않을지 알아봐야 한다.

클라이언트에게 조언을 제공하고 적절한 자원으로 연계한다. 민간 법률구조기관과 옹호단체는 형사 기소가 이민에 미치는 영향을 클라이언트에게 직접적으로 조언하고, 적절한 자원으로 연계할 수 있다. 만약 클라이언트가 과거에 형법적 처리를 받은 적이 있다면 그 처리로 인해 부정적인 이민 결과가 나올 수 있다는 사실을 고지하고, 어떤 행동이 앞으로 그런 결과를 초래할 수 있는지 이해시켜야 한다. 만약 클라이언트가 현재 형사 재판 절차와 관련되어 있다면(혹은 위에서 언급했듯이 가정 법원을 통해 클라이언트를 대상으로 보호명령 신청이 진행 중이라면), 즉시 이민 전문가와 연락하여 추방으로 이어질 수 있는 처분이나 명령을 받지 않고 상황을 해결할 방법이 있는지 조언을 받아야 한다.

민간 옹호를 이용하여 형사 기소로 인한(진행 중인 혹은 앞으로 있을) 이민 절차에서 클라이언트를 지원한다. 민간 법률구조기관과 옹호단체는 경우에 따라 클라이언트를 지원하기 위해 현행 혹은 신규 민간 옹호 형식을 사용할 수 있다. 예를 들어 민간 법률구조기관과 옹호단체는 다음과 같은 조치를 취할 수 있다.

- **클라이언트의 갱생재활증명서 발급을 돕는다.** 민간 법률구조기관과 옹호단체는 클라이언트가 주정부로부터 형사 재판 처리 후 갱생했거나 건전한 품성을 회복했음을 입증하는 증명서를 발급받도록 도울 수 있다.[6] 이런 증명서는 일반적으로 강제출국의 형사상 근거를 삭제하지는 못하지만, 클라이언트가 판사의 재량에 의한 강제출국 면제나 다른 형태의 구제 자격을 획득하는 데는 도움이 될 수 있다.[7]

- **가정 법원 혹은 청소년 법원에서 이민자를 위해 옹호한다.** 가정 법원과 청소년 법원에서 활동하는 민간법률구조기관과 옹호단체는 형사 재판 처리를 받았지만 특정 형태의 추방 면제 자격을 갖춘 이민자를 도울 수 있다. 예를 들어, 가정 법원 혹은 청소년 법원의 청소년 비행 판결은 일반적으로 형사 법원의 판결과 같은 부정적인 이민 결과를 초래하지 않는다.[8] 따라서 옹호자가 클라이언트의 형사 사건이 형사 법원보다는 가정 법원이나 청소년 법원에서 처리되도록 노력한다면 클라이언트가 추방의 형사상 근거를 피하는 데 도움이 되고, 경우에 따라 일부 젊은 불법 이주민이 특별한 합법적 지위를 획득하는 데도 도움이 될 수 있다.[9] 클라이언트가 가정 폭력의 생존자로서 특정 범법 행위를 저질렀을 경우에도 가정 법원에서 재판을 진행하면 클라이언트의 합법적인 영주권 지위 획득을 금지하는 형법적 조치의 면제 자격을 취득하는 데 도움이 된다.[10]

- **이민 서비스를 개발한다.** 민간법률구조기관은 이민 전담반이나 내부 전문가팀을 구성하여 강제출국 위기에 처한 난민이나 망명, 지위 조정, 귀화 등을 원하는 이주민 클라이언트에게 직접적인 도움을 제공할 수 있다. 또한 민간법률구조기관은 이민서비스기관과 연계하여 형사 기소된 이주민 클라이언트의 필요에 부합하는 적절한 서비스를 제공할 수 있다.

💬 NOTES

1) 예를 들어, 이주민 피고인을 대표하는 뉴욕의 Manuel D. Vargas(New York: New York State Defenders Association, 2006), Dan Kesselbrenner와 Lory D. Rosenberg의 이민법과 범죄(St. Paul, MN: Thompson/West, 2007), Manuel D. Vargars(2006)의 유죄 인정 혹은 유죄 판결에 따른 이민결과(New York University Review of Law and Social Change. 30, 701; Norton Tooby and Katherine A.

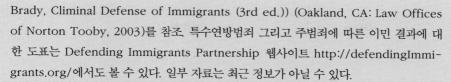

Brady, Climinal Defense of Immigrants (3rd ed.)) (Oakland, CA: Law Offices of Norton Tooby, 2003)를 참조. 특수연방범죄 그리고 주범죄에 따른 이민 결과에 대한 도표는 Defending Immigrants Partnership 웹사이트 http://defendingImmigrants.org/에서도 볼 수 있다. 일부 자료는 최근 정보가 아닐 수 있다.

2) 이민 목적을 위한 유죄 판결은 8 U.S.C. §1101(a)(48)(A)(2006)에 정의되어 있다.

3) 만일 이민자가 유죄 판결을 받았거나 단순 범죄를 저지른 사실이 인정된다면 입국불허에 대한 근거는 확실하지만, 강제추방에 대한 근거에는 일반적으로 유죄 판결이 필수적이다 (「이민법」에 명시되어 있는 것처럼). Vargas, Immigration Consequences of Guilty Pleas or Convictions, supra note 1, at 704-705 참조. 입국불허의 또 다른 범주로, 이민자가 약물 매매자로 정부의 확인을 받은 경우라면 정부의 유죄 판결이나 입국인정이 따로 필요하지 않다. Vargas, Representing Immigrant Defendants, supra note 1, at 5 참조

4) '보호명령 위반'의 추방 근거는 입국 후 언제든지 법원에 의해 보호명령을 받은 혹은 보호명령 위반 행위를 하였다고 법원이 판단한 경우 비시민권자에게 적용된다. 이 보호명령 위반은 보호명령을 받은 사람 혹은 사람들에게 폭력의 위협, 반복되는 성희롱, 신체 부상을 끼치는 것까지 포함된다. '보호명령'의 조항은 보호명령 신청이 진행 중이거나 현재 다른 소송 과정 중인지에 상관없이, 민사 법원 혹은 형사 법원에(아동지원, 자녀양육권, 제공 이외의 것) 의해 내려진 일시적 혹은 최종 명령을 포함하여 가정폭력의 위협적인 행위를 막는 목적까지도 의미한다. 8 U.S.C. §1227(a)(2)(E)(ii)(2006).

5) 몇몇의 지방정부 기관들은 문제가 있는 이민자를 미국 국토안보부(U.S. Department of Homeland Security)에 보고해야 하는가에 대한 정책을 가지고 있다. 옹호단체들은 이러한 정책들을 인지하고 있어야 하며, 비시민권자인 클라이언트가 수혜나 주택, 그 외 다른 도움을 받기 위해 정부기관과 접촉하는 것이 위험을 초래할 수 있는지를 사정하기 위해서는 그 지역의 이민법 전문가와 상담하여야 한다.

6) 갱생재활증명서 발급에 대한 정보는 법적조치센터(Legal Action Center)의 웹사이트 http://www.lac.org/toolkits/certificates/certificates.htm에서 찾아볼 수 있다.

7) Vargas, Representing Immigrant Defendants, supra note 1, at 89-91 참조.

8) Vargas, Representing Immigrant Defendants, at 124-125 참조. Matter of Devison-Charles, 22 I&N Dec. 1362 (BIA 2000) 참조.

9) 특수한 경우, 젊은 불법 이주민은 청소년 특별 이민 상태(Special Immigrant Juvenile Status: SIJS)에 적합할 수도 있고, 입국불허에 대한 범죄 근거가 특별 철회될 수도 있다. 자격 요건이나 신청 방법에 대한 정보는 Immigrant Legal Resource Center의 웹사이트 http://www.ilrc.org/sijs.php 혹은 New York Online SJIS Guide의 웹사이트

http://www.quickplace.law.columbia.edu/childimmigrant 그리고 National Immigrant Justice Center의 웹사이트 http://www.immigrantjustice.org/vawa/asp 와 http://www.asistaonline.org/u.visa.asp를 참조.

추가자료

더 자세한 정보를 원한다면, 법률구조단체, 인권옹호단체, 이민자 및 그들의 가족들은 다음과 같은 기관들에서 전문가와 상담을 하거나 필요한 정보를 얻을 수 있다.

Immigrant Defense Project of the New York State Defenders Association (telephone 212-725-6422): www.immigrantdefenseproject.org

Immigrant Legal Resource Center (telephone 415-255-9499): www.ilrc.org

The National Immigration Project (telephone 617-227-9727): www.nationalimmigrationproject.org

National Legal Aid and Defender Association (telephone 202-452-0620): www.nlada.org/Defender/Defender_Immigrants

Washington Defender Association Immigration Project (telephone 206-726-3332): www.defensenet.org

8장

이민과 고용

Marielena Hincapié

미국 문화는 직업을 매우 중시한다. 한 사람의 정체성을 그 사람의 직업으로 결정하는 경우도 많다. 미국으로 이주한 사람이나 망명한 사람[1]의 삶에서도 직업은 똑같이 중요한 역할을 담당한다. 이주민들은 직업을 통해 미국에서 생존하고, 가족을 부양하며, 지역 공동체 및 사회 전체를 위해 기여하고, 사회의 일원으로서 가치 있는 존재라는 자부심을 느끼게 된다. 그런 직업을 구하고 유지하는 과정에서 이주민들이 겪게 되는 경험은 자신들의 미국 생활의 질을 결정하는 데 중요한 요인이 될 것이다. 따라서 사회복지사들은 이주 노동자와 그들의 지역사회에 영향을 미치는 이슈들에 대해 정확히 이해하고 있어야 한다.

이주민들은 보편적으로 생계를 유지하고 고국의 가족에게 송금할 돈을 벌기 위해 여러 가지 저임금 직업을 유지하고 있다. 이런 송금은 고국에 있는 가족이 생존하는 데 필수적인 경우도 많고, 거시 경제적 관점에서 보면 전 세계적으로 삶의 수준을 끌어올리는 역할도 한다. 미국 생활의 성공은 이주민들이 직장을 구하고, 자신의 생계를 해결하며, 고국의 가족을 지원할 수 있는 능력과 직접적인 관련이 있다. 그러나 이주민들은 특히 직장을 구하고 유지하는 문제에서 완전한 미국 사회의 일원이 되는 데 특별한 장애에 직면하게 된다.

이 장에서는 먼저 저임금 이주 노동자의 특징을 살펴볼 것이다. 다음으로는 노동법을 근거로 이주민들이 이용할 수 있는 권리와 구제 방법을 설명하고, 이주민에게 학대와 착취를 유발하는 여러 가지 요인과 조건을 탐색할 것이다. 또한 고용주들이 노동 및 고용법을 집행하는 데 방해가 되는 장애물을 밝혀 볼 것이다. 여기에는 정부의 느슨한 법 집행과 이민 관련 기관의 추방 위협 그리고 이주민들의 권리 행사를 방해하는 정부 프로그램 등이 포함된다. 마지막으로, 클라이언트가 직면할 수 있는 고용 관련 이슈와 사회복지학과 학생들이 그들에게 개별적인 지원을 제공할 수 있는 방법을 보다 정확히 파악하는 한편, 이주민들이 집단행동을 통해 자신들의 근로 조건을 향상할 수 있도록 하는 데 도움이 되는 (실제 사건에 근거한) 가설을 세워 볼 것이다.

1. 이주 노동자 및 이주 노동자의 사회적 기여 개관

이주는 범세계적 현상이고, 이주의 핵심적인 이유는 경제적인 생존이다. 세계화가 계속 진행되고 사람들이 절망적인 경제 상황을 피해 고국을 떠나게 될수록 미국으로 들어오는 이주민은 증가할 것이다. 따라서 이주의 근본 원인, 즉 사람들을 자신의 고국 밖으로 '밀어내는' 경제적 · 정치적 · 환경적 힘을 살펴보는 동시에 이주민을 미국의 저임금 일자리로 '끌어들이는' 경제적 · 정치적 힘을 살펴보는 것이 필요하다.

미국은 현재 세계에서 가장 이주민을 많이 받아들이는 국가로, 무려 3,700만 명이 넘는 이주민이 미국을 새로운 고향으로 삼고 있다(Pew Hispanic Center, 2008).[2] 미국으로 들어오는 이주민의 숫자는 사상 최고치를 기록하고 있으며, 외국 출신 인구의 총비율이 전체 인구의 12.5%를 차지하고 있다(Terrazas, Batalova, & Fan, 2007). 이 비율은 외국 출신 인구가 전체 인구의 15%를 차지한 1890년대보다 약간 낮은 수준이다(Gibson & Lennon, 1999).

2000년 인구조사에 따르면, 1990년대에 급격한 인구통계학적 변화가 발생했다(Schmidley, 2001). 보다 최근 연구는 이런 인구통계학적 변화가 미국 노동력에 미친 영향에 대해 더 상세한 설명을 제공한다. 1990년 이후 미국에 입국한 이주민을 의미하는 '신규 이민'이 지난 10년 동안 노동력 순증가율의 50%를 차지했다(Sum, Fogg, Harrington et al., 2002). 이는 1990년에서 2001년 사이 미국 노동시장에 유입된 신규 노동자 두 명 중 한 명이 신규 이주민이었다는 의미다. 신규 이주민은 2000년에서 2004년 사이 증가한 노동력 인구의 최소 60%를 차지했고, 증가한 남성 노동력 인구의 2/3를 차지했다(Sum, Fogg, Khatiwada, et al., 2004). 외국 출신 노동력 중 대략 37% 정도가 중앙아메리카와 멕시코 출신이고, 26%가 아시아, 12%가 유럽, 9%가 캐리비안 연안, 7%가

남아메리카 출신이다(Migration Policy Institute, 2004).

평균적으로 이주 노동자들은 미국 출생 노동자들보다 임금 수준이 낮으며 교육 수준도 고졸(9th grade) 이하인 경우가 많다. 2004년 조사 결과에 따르면, 25세 이상 노동자 중 고등학교 졸업 혹은 그 미만의 학력을 보유한 경우가 이주 노동자는 53%인 데 반해 미국 출생 노동자는 38%로 밝혀졌다. 더욱이 이주 노동자들이 고등학교 졸업장을 취득하지 못한 확률은 미국 노동자들보다 4배 이상 높았다(American Immigration Law Foundation, 2005).

2. 저임금 이주 노동자

2장에서 설명했듯이 이민자의 지위에는 다양한 범주가 있고, 이 범주 중 일부는 고용에 영향을 미친다. 어떤 이주 노동자는 합법적인 노동자, 즉 연방정부로부터 미국 내 근로 허가를 받은 노동자일 수 있다. 예를 들어, 망명자와 난민은 근로 허가를 획득할 수 있다(Immigration and Nationality Act, 1952).[3] 다른 범주의 이민은 취업만을 목적으로 하는 임시 비자를 발급받을 수 있다.[4] 불법 노동자란 정부의 허가 없이 미국에 입국했거나, 임시 비자로 입국한 후 체류 허가 기간이 경과하고도 미국에 남아 있는 경우일 수 있다. 이번 섹션에서는 대부분 저임금 노동자인 불법 노동자들이 직면하게 되는 취업 관련 이슈를 논의할 것이다.

미국의 불법 노동자 수는 720만 명으로 추산되며 그중 250만 명, 즉 35% 이상이 2000년부터 2005년 사이에 입국한 이민자들이다(Pew Hispanic Center, 2008). 2005년 미국의 불법 이주민 수는 합법적인 영주권자의 수를 넘어서며, 총 외국 출신 인구의 30%를 차지했다. 반면에 귀화한 인구는 31%에 불과했다. 2005년 3월 미국에는 대략 1,110만 명의 불법 이주민이 거주하고 있으며 그중 상당수가 라틴아메리카 출신이다.

불법 이주민들은 미국에 도착한 지 얼마 되지 않은 데다, 그에 따른 언어적·문화적 장애 때문에 생존에 필요한 기본적인 수단을 획득하는 데도 수많은 어려움을 겪고 있으며, 미국 사회의 일원으로 완전히 통합되기는 더욱 어려운 상황이다. 예를 들어, 불법 이주민들은 취업률이 높은데도 불구하고(Passel, 2005),[5] 불법 이주민 가족의 평균 수입은 합법적인 이민 가족이나 미국 출신 가족의 평균 수입보다 40%나 낮은 수준이다. 사실상 라티노는 2년 연속 임금이 하락한 유일한 민족 집단이다(Kochhar, 2005).

　　노동통계국(Bureau of Labor Statistics)에 따르면, 이주민들은 비숙련 노동 분야에서 불균형할 정도로 높은 비율을 차지하고 있다(Immigration Policy Center, 2005, p. 13). 저임금 노동자 다섯 명 중 한 명이 불법 노동자인 상황이다(Passel, 2006).

　　비록 노동력의 5%를 차지하고 있지만(Passel, 2006), 불법 노동자들은 농업이나 건물 유지 · 보수, 건설, 제조, 음식 서비스 같은 저임금 고위험 노동 분야와 그런 산업에서도 특히 위험한 직업에 과도하게 많이 분포되어 있다(Working Immigrant Safety and Health Coalition, 2002). 예를 들어, 라티노 이주민은 캘리포니아 주 건설 노동자의 20%를 차지하고 있다.

　　외국 출신 노동자의 산재 사망률은 증가 추세이며, 또한 미국 출신 노동자의 산재 사망률을 크게 앞서고 있다(Gregory & Schiller, 2004). 전체 노동력에서 외국 출신 노동자가 차지하는 비율은 15%에 불과한데도 2002년 산재로 사망한 노동자의 69%가 외국 출신 노동자였다(Bureau of Labor Statistics, 2002). 놀라운 사실은 멕시코 출신 노동자가 미국에서 노동하다 산재 사고로 사망할 확률이 미국 출신 노동자보다 80%나 높다는 점이다(Pritchard, 2004).

3. 이주 노동자의 기여

　　수많은 어려움에 직면하고 있음에도 이주민들은 많은 도심과 도시 근교 지역에 활기를 불어넣고 있으며, 성공적인 조합 및 지역공동체 조직의 자극제가 되고 있다. 이주민들은 주택을 구매하고, 아파트를 임대하며, 소규모 사업체를 설립하고, 물품을 구입하는 등 경제에 기여하고 있다.

　　요즘 이민자들은 특히 100년 전 미국에 도착했던 유럽 이민자들에 비해 미국 사회에 동화되는 확률이 떨어진다는 일반적인 오해에도 불구하고, 장기간 이주민이 정착해 온 주(예: 캘리포니아 주)들을 대상으로 한 연구 결과에 따르면 이민자의 동화 속도가 굉장히 빨라졌다는 명백한 증거가 있다. 최근의 한 연구는 캘리포니아 주에 거주한 기간이 10년 미만인 라티노의 33%가 영어를 능숙하게 구사했으며, 캘리포니아 주에 30년 이상 거주한 라티노의 74%가 영어를 능숙하게 구사했다고 밝혔다(Myers, 2008, p. 6). 또한 동일한 연구에 따르면, 미국 생활을 시작하고 첫 20년 동안은 라티노의 빈곤율이 굉장히 높지만, 시간이 지나면서 빈곤율이 감소하는 것으로 나타났다(Myers, 2008, p. 7).[6] 끝으로 캘리포니아 주의 이민 1세대들은 자가 주택 보유율도 높아서, 미국 거주 기간이 10년 미만인 이민자의 자가 주택 보유율은 16%, 30년 이상 거주한 이민자의 자가 주택 보유율은 65%에 달해 캘리포니아 주 전체의 자가 주택 보유율인 57%보다도 높게 나타났다.

이와 같은 경제 지표들은 미국의 미래를 전망하면서 이민자들이 미국 경제에 반드시 필요한 존재라는 사실을 이해할 때 반드시 고려되어야 한다. 신규 이민자는 2030년까지 노동력 성장률의 1/3에서 1/2 정도 기여할 것으로 보이고, 2010년에서 2030년 사이 이민 1세대 및 2세대가 미국 노동력 성장을 전부 담당할 것으로 예상된다. 미국은 2010년에서 2030년 사이 베이비부머 세대가 은퇴를 시작하면서 노령화의 위기에 직면할 것이다. 노동 가능 인구의 수가 감소하면서 노동력 성장률이 마이너스를 기록하는 주도 속출할 것이다(Myers, 2008, p. 8).

이주 노동자들은 경제의 활력을 유지하고, 노령 인구를 보살피며, 의료와 사회보장 시스템을 유지하고, 미국의 미래를 준비하기 위해 반드시 필요한 존재일 것이다. 따라서 건전한 이민 및 노동 정책을 통해 이런 노동자들의 권리를 보장하여 착취나 비인간화의 위험 없이 미국을 위해 기여할 수 있도록 해야 한다.

4. 이주 노동자들은 미국 법률에 의해 보호되는가

미국에는 이주 노동자에게 영향을 줄 수 있는 법률들이 연방, 주, 지역 차원으로 복잡하게 산재해 있다. 연방 「이민법」은 누가 미국에 입국할 수 있는지, 어떤 방법으로 미국에 입국할 수 있는지, 누가 미국에 체류할 수 있는지 그리고 체류 조건은 무엇인지 등을 규정한다. 국토안보부(Department of Homeland Security: DHS)는 2003년 3월 1일에 창설되었으며, 이민세관단속국(Bureau of Immigration and Customs Enforcement: ICE)과 미국이민국(U.S. Bureau of Citizenship and Immigration Services: USCIS) 등 「이민법」 집행기관을 산하기관으로 두고 있다. 법무부(Department of Justice: DOJ)는 특정 이민 정책에 대한 관할권을 유지하고 있으며, 특히 이민심사소(Executive Office of Immigration Review)라는 이름의 이민 법정 시스템이 법무부 산하기관으로 국토안보부(DHS)와는 독립적으로 운영되고 있다.

노동 및 고용법은 개인의 직장 내 권리를 규제한다. 예를 들어, 1935년 통과된 「연방노동관계법(National Labor Relations Act of 1935: NLRA)」은 노동자에게 노동조합을 조직하고 선택하여 가입할 권리를 부여한다.[7] 1964년 통과된 「민권법제7장(Title Ⅶ of the Civil Rights Act of 1964)」은 인종, 피부색, 출신국, 종교, 성별에 따른 고용상의 차별로부터 노동자를 보호한다.[8] 1938년 통과된 「공정근로기준법(Fair Labor Standards Act of 1938: FLSA)」은 노동자에게 최저 임금과 시간외 근무 수당의 권리를 부여한다. 1970년 통과된 「산업안전보건법(Occupational Safety and Health Act of 1970: OSHA)」은 안전하고 건강한 직장에서 근무할 권리를 부여한다.[9] 또한 주 차원의 노동 및 고용법이 노동자에 대한 추가적인 보호를 제공한다. 이주 노동자를 상대할 때는 「이민법」과 노동 및 고용법이 공통적으로 적용되며, 이런 정책들이 모든 노동자의 권리에 영향을 미친다. 이주 노동자, 특히 불법 노동자에게 적용할 수 있는 권리와 구제책이 무엇인지 결정할 때는 이주민의 지위가 쟁점이 될 것이다.

노동자의 이민 지위가 노동자의 고용권 혹은 시민권에 영향을 미치기 시작한 것은 1986년 미 의회가 「이민개혁및규제법(Immigration Reform and Control Act: IRCA)」을 제정하면서부터였다. 미국으로의 불법 이민을 규제하려는 노력의 일환으로 의회는 「이민개혁및규제법」을 제정하여, 고용주가 미국에서 일할 권리가 없는 사람을 알면서도 직원으로 고용하는 행위를 불법으로 규정했다.[10] 「이민개혁및규제법」에는 이 신규 조항을 위반한 고용주에 대한 처벌 조항이 신설되어 「이민과국적법(Immigration and Nationality Act: INA)」의 개정이 이루어졌다.[11] 보통 'I-9 프로세스'라고 불리는 새로운 취업자격증명 프로세스가 고용주 처벌 제도를 관리하기 위한 수단으로 마련되었다. 1986년 11월 6일 이후로 모든 고용주는 모든 신규 채용 노동자에 대해 I-9 양식을 작성해야 한다.[12]

새로운 고용주 처벌 규정으로 인해 '외국인처럼 보이는 혹은 들리는' 미국 시민이나 허가받은 노동자[13]에 대한 차별이 증가할 것을 우려한 시민 및 이민 권리 기관들의 옹호를 근거로, 의회는 시민권자의 차별을 금지하는 차별 금지 조항을 포함하고 소규모 사업장 고용주의 국적 차별을 금지하여 「민권법제7장」을 보완했다.[14] 「이민과국적법」의 반차별 조항을 강화하기 위하여 의회는 이민 관련 불공평 고용 관행 특별상담사무소(Office of Special Counsel for Immigration-Related Unfair Employment Practices: OSC)를 개설했다.[15]

이런 맥락에서 고용 차별과 관련해 사회복지사에게 도움을 요청해 오는 이주민들이 있을 것이다. 시민 차별 소송을 제기하기 위해서는 신청인이 반드시 다음 중 하나에 해당하는 '보호받는 개인'이어야 한다.

- 미국에서 태어난 시민권자 및 귀화한 시민권자
- 미국 국민
- 자격 취득 후 6개월 안에 귀화를 신청한 합법적인 영주권자
- 합법적인 영주권자
- 난민과 망명자

이와 같은 자격 요건은 2장에서 자세히 설명한 바 있다. '보호받는 개인'에 대한 이런 협소한 정의는 두 가지의 광범위한 이민 지위를 배제한다. 바로 다양한 이유로 6개월 안에 귀화 신청을 하지 않은 장기 체류 영주권자와 미국에 거주 중인 1,200만 명의 불법 이주민이다.

1990년에 통과된 「이민법」에 따라 의회는 「이민과국적법」의 반차별 조항을 수정하여 '서류 남용'과 보복을 금지하고 있다.[16] 서류 남용이란 고용주가 I-9 취업자격검증 절차에서 요구하는 서류 이외의 서류를 노동자에게 추가적으로 요구하는 경우다. 예를 들어, 고용주가 신규 채용 노동자에게 고용허가서류나 근로 허가(work permit), 외국인 거주증, 그린카드 등의 특별한 서류를 제시하여 미국에서 합법적인 근로의 권리가 있음을 증명하라고 요구하는 등의 행위가 서류 남용에 해당한다. 이런 요구는 일종의 차별 행위로 간주되는데, I-9 프로세스에 따르면 노동자는 I-9 양식 뒷면에 기재된 서류 목록 중 제시할 서류를 선택할 권리가 있기 때문이다.[17]

근로 허가를 획득한 개인은 누구나 서류 남용과 관련해 소송을 제기할 수 있다. 이런 소송이 보호받는 개인에게만 허용되는 것은 아니지만 불법 노동자에게는 소송 권리가 없다. 이 규정의 근거는 「이민개혁및규제법」이 불법 이민을 억제하고 미국 시민의 일자리를 보호하기 위해 제정된 법률이라는 점이다. 그러나 「이민개혁및규제법」의 고용주 처벌 규정이 고용주가 불법 노동자를 채용 및 고용하는 것을 막지도 못했고, 불법 노동자들이 가족을 부양할 기회를 찾아 미국으로 넘어오는 것을 막지도 못했다는 데는 광범위한 공감대가 형성되어 있다. 한편, 고용주 처벌이 사실 '고용인 처벌'로 변질되어 노동자는 이민 기관의 직원에 의해 구금과 추방을 당하는 반면, 고용주는 아무런 영향을 받지 않는 경우

도 많다. 더욱이 「이민개혁및규제법」의 의도하지 않은 결과 중 하나는 「이민개혁및규제법」만 아니었다면 법을 준수했을 개인들로 하여금 I-9 프로세스의 요구조건을 충족시켜 일자리를 구하기 위한 수단으로 위조 서류를 구입하게 한다는 점이다.

이러한 배경과 더불어 비극적인 9·11 사태 이후 강해진 반이민 감정까지 더해진 상황에서, 연방대법원은 호프만 플라스틱 컴파운즈 대 전국노동관계위원회(Hoffman Plastic Compounds, Inc. v. N.L.R.B.) 재판의 판결을 내리게 되었다.[18] 2002년 판결에서 대법원은 노동조합을 조직하였다는 이유로 해고당한 캘리포니아 주 공장의 불법 노동자인 Jose Castro는 체불 임금을 받을 수 없다고 결정했다.[19] Jose Castro는 「연방노동관계법」을 위반하고 노동조합 조직 운동에 참여했다는 이유로 해고되었다. 전국노동관계위원회와의 행정청문에서 그는 자신이 불법 노동자이며 취업을 하기 위해 위조 서류를 사용했다고 인정했다.

대법원 판결은 Hoffman Plastic에 대해서는 '알면서도' 불법 노동자를 고용한 것이 아닌 '무고한 고용주'로, Castro에 대해서는 위조 서류를 사용함으로써 취업을 위해 '범죄' 행동을 저지른 노동자로 규정했다. Castro에게 체불 임금을 지급할 필요가 없다는 판결을 내리면서 대법원은 그런 위반을 저지른 불법 노동자는 체불 임금과 더불어 전통적인 구제 수단의 하나인 복직의 자격도 없다고 결정했다. 대법원은 그런 변화의 근거로 의회가 '미국 내 불법 체류 외국인의 취업을 금지하는 포괄적 제도'를 마련한 「이민규제및개혁법」을 들었다.[20] 불법 노동자에게 체불 임금을 지급하는 것은 노동자가 불법적으로 수행한 업무에 대해 보상을 하는 행위라는 것이다. 결과적으로 불법 노동자는 노동조합에 가입하고, 노동조합의 조직을 도우며, 노동조합을 위해 투표하고, 노동자의 근무 조건 개선을 위해 제정된 「연방노동관계법」이 보호하는 다른 활동에 참여할 수 있지만,[21] 만약 부당하게 해고된 경우 체불 임금을 받을 수도, 복직될 수도 없다는 의미다.[22]

「연방노동관계법」의 경우처럼, 모든 노동자는 이민 지위와 상관없이 대부분의 연방 및 주 차원의 노동 및 고용법에 의해 보호를 받는다. 예를 들어 모든 노동자는 「공정근로기준법」에 따라 연방 「임금및근무시간법」의 보호를 받는다.[23] 모든 노동자는 이민 지위와 상관없이 연방 「산업안전보건법」에 따라 안전하고 건강한 직장에서 일할 권리를 보유한다. 그리고 위에서 논의한 「이민과국적법」의 반차별 조항과는 달리, 모든 노동자는 이민 지위와 상관없이 「민권법제7장」에 따라 직장 내 차별에서 자유로울 권리를 보유한다.[24] 그러나 호프만 판결 이후 고용주들은 지속적으로 불법 노동자들이 이용할 수 있는 구제

책을 축소시키려고 노력해 온 반면, 노동자의 옹호자들은 호프만 판결이 다른 법률 영역으로 확대되는 것을 성공적으로 저지해 왔다.

이주 노동자의 권리까지 침투해 들어온 부분이 바로 업무상 근거에 의한 노동자 재해 보상(Worker's compensation) 권리다. 가장 위험한 작업 조건에서 근무하는 많은 저임금 노동자가 직장에서 부상 및 사망을 당하는 확률이 높다는 점을 고려하면 특히 염려되는 사실이다. 일반적으로 노동자가 업무상 근거에 의하여 부상을 당하게 되면 산재보험의 보상을 받을 자격이 있기 때문에 치료 및 투약, 휴업급여는 물론, 새로운 직업을 위해 훈련을 받아야 할 경우에는 재활치료까지 받을 수 있다.[25] 대부분의 경우 주 법원은 호프만 판결이 산재보험 사건으로까지 확대 적용되면 안 된다고 결정하고 있다. 산재보험은 고용주의 불법 행위에 대한 구제책이라기보다는 노동자에게 혜택을 제공하는 주 법(state statutes)이기 때문이다.

그러나 펜실베이니아 주 대법원은 불법 노동자의 경우 그의 '노동력 상실은 업무상 근거로 인한 부상 때문이 아니라 그의 이주민 지위에서 발생한 것'이며 따라서 노동자는 산재보험의 보상을 받을 수 없다고 결정했다.[26] 조지아 주 항소법원 역시 불법 노동자가 경증 장애를 입었을 경우에는 합법적으로 직업을 구할 수 없는 신분이라는 이유로 산재보험의 혜택을 받을 수 없다고 결정했다.[27] 그러나 만약 노동자가 중증 장애로 노동이 불가능한 경우일 때는 아무리 불법 노동자라 해도 산재보험의 혜택을 받을 자격이 있다.[28]

5. 이주 노동자들의 직장 내 권리 행사에 대한 장애 요인

직장 관련 법이 불법 이주민을 포함하여 모든 노동자에게 적용된다는 사실에도 불구하고, 노동자들의 권리 행사를 막는 장애 요인이 다수 존재한다. 중요한 장애 요인 중 하나는 노동자들이 자신의 권리에 대한 정보가 부족하고 영어 실력에 한계가 있다는 점이다. 따라서 사회복지사들이 노동자들에게 권리에 대한 적절한 정보를 제공하고 전문적인 지원기관으로 안내하는 것이 중요하다. 이민 지역사회 내의 많은 지역단체도 다언어와 다문화에 능숙한 직원을 배치하고, 다양한 언어로 제작된 '권리 찾기' 관련 자료를 비치하는 경우가 증가하고 있다. 또한 국가의 노동 및 고용법을 집행하는 연방정부 기관들도 「민권법제6장」에 근거하여 이민 지역사회에도 동등한 접근권을 보장해야 하기 때문에

각 기관이 다언어 자료(기소 관련 양식)와 다언어에 능숙한 직원 혹은 통역사를 배치해야 한다.[29]

정부의 보호 장치와 민간옹호단체에도 불구하고 많은 이주 노동자에게 불행한 현실은 고용주의 노동 및 고용법 위반이 특히 저임금 산업 분야에 만연하고 있다는 점이다. 많은 이주 노동자는 자신의 권리를 주장하다가 고용주에게 보복을 당할까 봐 두려워한다. 고용주의 보복에는 노동자를 추방시키겠다고 위협하거나 근로 조건에 대해 항의하는 노동자에게 신체적 위해를 가하는 등의 협박 전략이 포함된다. 다른 노동자의 경우와 마찬가지로 합법적인 이주 노동자도 좌천, 괴롭힘, 해고 등의 형태로 보복을 당할 수 있다. 그러나 불법 노동자의 경우 이런 형태의 보복들은 직장에서 권리를 행사하다 추방을 당할지도 모른다는 두려움에 비하면 별로 심각한 위협이 되지 않는다. 고용주들 역시 미국에서 노동 권리를 취득하지 못한 노동자에 대해 자신들이 얼마나 강력한 위력을 행사할 수 있는지 너무나 잘 알고 있다.

노동자들이 노동조합 가입을 준비하거나 미지급 임금에 대해 노동부나 주 노동기관에 고발하는 등의 방법으로 자신의 직장 내 권리를 행사하면 고용주들은 법적 책임을 피하기 위해 종종 이민 지위와 관련된 쟁점을 제기하거나 경우에 따라 문제의 노동자가 추방되기를 바라며 이민 당국에 신고를 하기도 한다.

「이민법」 집행의 위협은 저임금 이주 노동자들이 노동 권리를 주장하는 과정에서 직면하게 되는 가장 중요한 장애의 하나다. 불법 이민 불시 단속 증가 등으로 인해 이주 노동자들은 노동 분쟁 중 「이민법」 집행의 위협을 매우 현실적으로 실감하게 된다. 고용주들은 불법 노동자임을 알면서도 고용해 놓고 노동자들이 미지급 임금 관련 불만을 제기하거나 노동조합 운동에 참여할 때만 단속 기관에 신고를 한다.[30]

끝으로 이민 관련 집행 기관과 직장에서 이민 관련 법 집행을 지원하기 위해 마련된 일부 정부 프로그램도 노동자들이 자신의 권리를 행사하고 정당성을 입증하는 데 방해가 되고 있다. 여기에 해당하는 전략으로는 이민 불시 단속의 증가, 사회보장국(Social Security Administration: SSA)의 불일치 편지(no-match letter) 프로그램, 불일치 편지에 대한 국토안보부의 규정 그리고 기본 파일럿 프로그램(Basic Pilot Program, 최근 E-검증(E-Verify) 프로그램으로 명칭 변경)이라 불리는 국토안보부의 전자 취업자격검증 프로그램 등이 있다.

1) 이민 불시 단속

미국은 기록적인 횟수의 이민 불시 단속을 실시하고 있으며, 그 과정에서 이민 지역사회는 불법 이민을 엄하게 단속하는 국토안보부의 공격을 받고 있다. 부모가 이민세관단속국에 의해 구금된 동안, 어린이는 부모와 분리되어 방치되거나 위탁 시설에 맡겨진다. 노동자들은 유치장으로 보내지고, 고용주들은 가장 유능한 직원을 잃어 생산에 차질이 생긴다. 이주민―혹은 이주민으로 여겨지는 사람들―은 이민세관단속국에 의해 인종 프로파일링의 대상이 되고, 그 과정에서 미국 시민권자와 합법적인 영주권자까지 구금, 심지어 추방되는 오류가 발생하기도 한다.

이런 이민자에 대한 불시 단속은 상당 부분 이민세관단속국이 연방 「이민법」상의 고용주 처벌 조항을 집행하는 방법인 작업장 법 집행 과정에서 발생한다. 2006년 4월부터 「이민법」 개정 논쟁 도중 이민세관단속국은 직장 법 집행을 위한 '새로운' 전략이 담긴 '국경보안계획(Secure Border Initiative: SBI)'의 2단계로서 새로운 '내부법 집행전략(Interior Enforcement Strategy)'을 발표했다. 이민세관단속국에 따르면, 국경보안계획이란 '미국 국경의 보안을 강화하고 불법 이민의 유입을 감소시키기 위한' 다년도 계획이다.[31] 새로운 내부법 집행전략은 결국 무자격 노동자의 불법 취업을 근절하기 위해 이민세관단속국이 새롭게 도입한 새로운 작업장 법 집행 강화 단계로 이어지게 되었다. 이민세관단속국은 작업장 법 집행 전략이 예전에 시행되던 이민귀화국(Immigration and Naturalization Service: INS)의 노력과 '분명한 대조'를 보인다고 주장한다. 이민세관단속국의 작업장 법 집행 전략은 국가 안보를 강화하고, 중요 사회 기반 시설을 보호하며, 공정한 노동 기준을 확립하는 것을 목적으로 한다는 것이다.

9·11 테러 공격 직후부터 이민세관단속국은 작업장 법 집행 활동을 국토 안보에 집중하여 국가 안보 시설 및 중요한 사회 기반 시설 등을 대상으로 활동하고 있다. 종종 다른 연방 및 주 기관들과 연합하기도 하는 일련의 작전을 통해 이민세관단속국은 핵발전소, 화학공장, 군사기지, 방어시설, 공항, 항구 등에 대한 다양한 조사 활동을 벌였다. 이런 조사 과정에서 수백 명의 노동자가 체포되었다.[32] 2006년 4월부터 이민세관단속국은 불법 노동자임을 알면서도 고의적으로 「형법」을 위반하며 불법 노동자를 고용하여 착취한 악덕 고용주를 대상으로 '전통적인 작업장 조사'를 지속적으로 실시하고 있다.[33]

새로운 내부법 집행전략에 따라 이민세관단속국은 언론에 보도된 대로 스위프트사

(Swift & Co.) 공장에 대한 대규모 군대식 불시 단속과 매사추세츠 주 뉴베드퍼드, 캘리포니아 주 반 누이스, 아이오와 주 포스트빌 등지에서 실시된 작업장 불시 단속을 통해 작업장 법 집행 노력을 강화하였다.[34] 그러나 이런 작업장 법 집행 강화와 엄격한 불시 단속 방법이 얼마나 효과적인지는 불분명하다. 작업장 법 집행 활동은 고용주 처벌을 강화하기 위한 방법이지만, 사실 고용주가 아니라 노동자들에게 더 불리한 영향을 미치고 있으며 직장의 공정한 노동 기준 확립과 관련해서는 아무런 역할도 하지 못하고 있다. 이런 문제를 가장 분명히 보여 주며 논란의 대상이 되고 있는 사례가 아이오와 주 포스트빌에 있는 애그리프로세서(Agriprocessors) 코셔(유대교 식품) 공장을 대상으로 이루어진 불시 단속이었다. 이민세관단속국은 애그리프로세서 공장에서 389명의 이주 노동자를 체포하여 구금했다.[35] 식품 및 무역 연합 노조(United Food and Commercial Workers: UFCW)는 그곳에서 노동조합 설립을 위한 캠페인을 진행 중이었고 옹호자들은 해당 고용주가 아동 노동부터 노동자에 대한 성적·신체적 괴롭힘에 이르기까지 다양한 「노동법」을 위반한 악덕 고용주라는 혐의를 제기하고 있다. 고용주들은 일상적으로 저임금 이주 노동자를 고용 및 착취하고 여러 가지 직장 관련 법을 위반하면서도 어떤 법적 제재도 받지 않는 경우가 많다. 또한 고용주들은 노동 및 고용, 보건 및 안전 관련 연방법과 주법을 위반하면서도 처벌을 모면하는데, 이를 위해 노동자들이 직장 내 권리를 행사하려 시도할 때마다 이민기관에 신고하겠다고 위협을 하고, 각종 보복을 가하며, 근로 조건에 대해 불평하거나 노동조합을 구성하거나 뭔가 다른 방법으로 권리를 행사하려는 노동자를 해고하는 등의 방법이 동원된다.

「이민개혁및규제법」에 따라 고용주 처벌 조항이 신설된 이후, 예전에는 이민귀화국(INS)이 그리고 지금은 그 후속 기관인 이민세관단속국이 불법 노동자를 고용하여 「이민법」을 위반한 고용주에게 처벌을 부과하고 형사 기소를 하는 권한을 갖게 되었다. 고용주 처벌은 불법 노동자 고용이나 불법 이민 자체에 큰 영향을 미치지 못하고 있다. 비양심적인 고용주들은 종종 이주 노동자를 고용하여 착취하면서도 기본적인 직장 관련 법을 위반한 혐의로 어떤 법적 책임도 지지 않는 경우가 많다. 고용주 처벌 시스템은 시작 단계부터 실패였던 것이다. 이 실패한 시스템으로 인해 고용주들은 「이민법」을 악용하여 「노동법」상 자신의 의무를 회피하고 있으며, 「노동법」 집행 인력의 부족으로 인해 불법 노동자를 고용할 큰 유인으로 작용하고 있다.

2) 사회보장국의 불일치 편지

노동자를 배려하기 위해 마련되었으나 오히려 노동자가 직장 내 권리를 행사하는 데 중요한 장애가 되고 있는 또 하나의 연방 프로그램이 바로 사회보장국의 불일치 편지 프로그램이다. 고용주는 매년 사회보장국과 국세청(Internal Revenue Service: IRS)에 급여 및 세금 명세서(Wage and Tax Statements, W-2 양식)를 제출하여 회계연도(calendar year)에 고용인을 위해 지급한 임금과 세금을 보고해야 한다.[36] 사회보장국은 고용주와 고용인 모두에게 편지를 보내 고용주의 급여 보고와 사회보장국의 기록 사이의 불일치 항목을 통보한다.[37] 사회보장국이 불일치 편지를 보내는 경우는 고용주의 W-2 양식에 기록된 고용인의 성명이나 사회보장번호(Social Security Number: SSN)가 사회보장국의 기록과 일치하지 않는 경우다.[38] 사회보장국이 불일치 편지를 보내는 목적은 그런 불일치 항목으로 인해 노동자가 자신의 수입에 합당한 신용을 제공받지 못할 수도 있다는 사실을 노동자와 고용주 모두에게 알리는 것이다. 그런 경우 퇴직이나 장애 발생 시 사회보장국이 제공하는 혜택을 제대로 누리지 못할 수 있기 때문이다.

불일치가 발생하는 이유는 오타, 자료 입력 실수, 개명 등 다양하다. 사회보장국의 불일치 편지는 누군가의 근로 권리 획득 여부를 알려 주는 것도 아니고, 이민 지위와도 관련이 없으며, 고용주나 고용인이 뭔가 부정 행위를 저질렀다는 의미도 아니다.[39] 그런데도 고용주들이 불일치 편지를 오해 또는 오용하는 일이 자주 발생하자, 2002년 사회보장국은 불일치 편지에 이름이 올랐다는 이유만으로 특정 노동자를 차별하거나 학대하지 말라는 경고 문구를 삽입했다.

사회보장국이 불일치 편지에 고용주에 대한 경고 문구를 삽입했음에도 불구하고, 많은 고용주가 여전히 불일치 편지를 노동자의 이민 지위에 대한 통보로 오인하고 불일치 편지를 받은 노동자를 정직 또는 해고하고 있다. 많은 노동조합이 조합의 단체교섭협정의 불만 및 중재 절차에 따라 조합원의 그런 해고에 이의를 제기하고 있다. 결국 몇몇 노동 중재자는 고용주가 사회보장국의 불일치 편지를 이유로 노동자를 해고하는 것은 '정당한 이유'가 없다는 판결을 내렸다.[40] 노동 중재자들의 이런 호의적인 판결에도 불구하고, 고용주들은 직장 내 권리를 행사하려는 노동자에게 보복을 하기 위해 사회보장국의 불일치 편지 및 그와 유사한 사회보장국의 다른 정보를 지속적으로 오용하고 있다.

여러 해 동안 사회보장국과 다른 정부 기관 등이 불일치 편지는 노동자의 이민 지위와 관련해 어떤 정보도 제공하지 않는다는 점을 분명히 했지만, 국토안보부는 현재 이 편지를 이용해 이민에 대한 법 집행을 강화하려는 움직임을 보이고 있다. 국토안보부는 2007년 8월 15일자로 사회보장국의 불일치 편지를 받자마자 고용주의 법적 의무를 확대 하는 규칙 마련을 마무리했다. 이 규칙에 따르면, 이민세관단속국은 불일치 편지를 고용 인이 근로 권리를 획득하지 못한 이주민이라는 사실을 고용주가 사전에 '알고 있었다고 추정'할 수 있는 증거로 사용할 수 있다. 이 규칙에는 또한 고용주가 「이민과국적법」상의 고용주 처벌 조항에 따른 법적 책임을 회피하기 위해 반드시 따라야 하는 '피난항' 절차 도 포함되어 있다.[41] 노동조합, 이주민 권리조직, 기업체 등이 연대하여 국토안보부를 대 상으로 소송을 제기하여 국토안보부와 사회보장국으로 하여금 수백만 명의 미국 시민과 근로 허가를 획득한 이주민, 불법 노동자에게 영향을 미칠 수 있는 마지막 규칙의 시행을 금지하는 연방 법원의 판결을 얻어 냈다.[42] 법원의 명령과 염려에도 불구하고 이 글을 쓰 고 있는 현재 국토안보부는 실질적인 변경 사항 없이 동일한 규칙을 다시 마련해 놓은 상 태다.[43]

사회보장국의 불일치 편지와 관련된 추가자료는 이 장 말미의 추가자료 섹션을 참고하 면 된다.

3) 전자 취업검증 시스템

마지막으로 이민자에게 점점 문제가 되고 있으며 조만간 모든 노동자의 취업에 큰 장 애가 될 또 하나의 연방 프로그램이 바로 기본 파일럿 프로그램(최근 E-검증 프로그램으 로 명칭 변경)이다. 기본 파일럿 또는 E-검증 프로그램은 고용주가 국토안보부 및 사회보 장국을 통해 자율적으로 노동자의 근로 자격을 검증해 볼 수 있도록 해 주는 인터넷 기반 프로그램이다.[44] 기본 파일럿 또는 E-검증 프로그램을 이용하려면, 고용주는 국토안보부 의 지침에 따라 프로그램을 이용하겠다는 내용의 양해각서(Memorandum of Agreement: MOA)를 국토안보부와 체결해야 한다. 고용주는 기본 파일럿 또는 E-검증 프로그램을 신규 채용 노동자의 근로 자격을 검증하기 위해서만 사용해야 하며, 입사 지원자 중 부적 격자를 걸러 내거나 이미 고용된 직원의 근로 허가 여부를 재검증하는 수단으로 사용하 는 것은 금지되어 있다.

기본 파일럿 또는 E-검증 프로그램은 I-9 프로세스를 충족시키기 위해 노동자가 고용주에게 제공한 서류 중 어떤 서류가 (노동자가) 미국에서 근로 권리를 취득했다는 사실을 증명하는 유효 서류인지를 쉽게 검증하게 해 주는 특효약처럼 묘사되기도 했다. 그러나 이 프로그램은 1996년 통과된 「불법이민개혁및이민자책임법(Illegal Immigration Reform and Immigrant Responsibility Act of 1996)」에 의해 실시되기 시작한 1997년부터 이미 많은 문제점을 드러냈다.[45] 이 글을 쓰고 있는 현재 61,000명 정도의 고용주만 사용하고 있는 이 프로그램은 국토안보부와 사회보장국 데이터베이스의 부정확하고 오래된 정보, 고용주들의 프로그램 오용, 적절한 사생활 보호 장치의 부재 등으로 효과적인 운영이 곤란한 상태다.[46]

2007년 국토안보부의 의뢰로 실시한 기본 파일럿 또는 E-검증 프로그램 외부 평가에 따르면, 검증에 사용되는 정부 데이터베이스에 충분한 업데이트가 이루어지지 않아 누군가의 근로 자격 취득 여부를 정확히 검증할 수 없었다.[47] 이런 데이터베이스 오류는 외국 태생의 미국 시민권자에게 불균형한 영향을 미치고 있다. 조회 결과, 외국 태생 시민권자의 대략 10%는 처음에 근로 자격이 없다고 확인되었다(반면에 미국 태생의 미국 시민권자는 0.1%만이 근로 자격이 없다고 확인되었다).[48] 2006년 10월과 2007년 3월 사이에 기본 파일럿 또는 E-검증 프로그램을 통해 조회한 결과 대략 3,200명의 외국 태생 미국 시민권자가 처음에 취업 부적격자로 확인되었다.[49] 데이터베이스 오류로 인해 외국 태생의 합법적인 노동자인데도 근로 자격이 없다는 부정확한 조회 결과가 나오는 확률이 미국 태생 시민권자보다 무려 30배나 높았다.[50]

이런 심각한 문제점에도 불구하고 지난 몇 년 동안 의회에 상정된 모든 이민 개혁 법안과 많은 독자적인 법안이 기본 파일럿 또는 E-검증 프로그램을 의무화하여 모든 고용인이 노동자의 근로 자격을 검증하게 함으로써 「이민과국적법」의 고용주 처벌을 강화하는 방법으로 삼는 것을 목표로 삼고 있다. 이는 수천 명의 합법적 노동자와 미국 시민권자들이 정부의 부정확한 데이터베이스 때문에 근로 기회를 박탈당하는 결과로 이어질 수 있다. 또한 이런 프로그램의 사용을 의무화하는 것은 고용주가 이를 계기고 피부색과 영어 실력, 억양 등을 근거로 외국 태생이라고 인식되는 노동자들을 더 면밀히 조사할 가능성이 커지기 때문에 더 큰 차별로 이어질 수 있다. 마지막으로 의무적인 전자 취업자격 검증 시스템은 미국 내에 대략 1,200만 명의 불법 이민자가 존재하고 있다는 부정할 수 없는 사실에 아무 해결책이 되지 못한다. 불법 노동자들은 더 깊은 음지로 숨어드는 반면, 고용주들은 그들에게 장부 외 임금을 지급하며 연방과 각 주의 노동 및 고용에 따르는 법적 책임을 회피하게 될 것이다. 이는 결국 모든 노동자의 근로 환경에 악영향을 미칠 것이다.

6. 결 론

모두가 행복한 미래를 위해서는 모든 사람의 삶이 상호 연결되어 있다는 사실을 깨닫고, 이주 노동자가 미국 사회를 지원하는 핵심적인 역할을 하는 동시에 노동 관련 보호장치와 인권을 온전히 누리면서 미국 사회의 동등한 일원으로 통합될 수 있는 이민 관리 시스템을 마련하는 일이 중요하다. 그러나 미국 사회에 새로 진입한 노동자들이 자신들의 권리에 대한 정확한 정보에 접근할 수 있는 확률은 낮다. 신규 이민자들은 종종 지역 교회나 사회서비스기관, 노동자 센터 등에 도움을 구하지만, 이런 기관이나 옹호단체들은 「이민법」과 이민 정책, 노동 및 고용법 등이 복잡하게 얽혀 있는 법적 쟁점에 대해 전문적인 도움을 제공할 수 있는 자원이 거의 없다. 따라서 사회복지사들은 클라이언트에게 더 나은 서비스를 제공할 수 있도록 이런 권리들에 대한 기본적 이해도를 높이고, 이주민들이 자신의 문제를 해결하는 방법을 배우고 지역사회를 구성하며 일정 부분 자신들의 땀과 노력이 배어 있는 미국 사회의 온전한 일원이 될 수 있도록 올바른 방향을 제시해야 한다.

7. 사례 연구

다음은 이민자가 흔히 직면하는 고용 관련 쟁점을 보여 주는 사례들이다. 사례별로 제시된 질문에 답해 보라.

1) 사례 연구 1: 불일치 편지

클라이언트 Teresa가 잔뜩 겁에 질린 목소리로 전화를 걸어 왔다. 상사인 Mark한테서 방금 편지 한 통을 받았는데, 90일 안에 Teresa의 사회보장 카드나 이민 서류를 제출하라는 내용이 적혀 있다는 것이다. 사회보장국에서 Teresa의 고용주인 존스 관리 서비스(John's Janitorial Service: JJS)사로 Teresa의 사회보장번호가 잘못되었다는 편지를 보내 왔기 때문이다. 세 아이를 키우는 싱글맘인 Teresa는 직장을 잃을까 봐 두렵다. 벌써 10년 넘게 그 직업을 통해 니카라과에 있는 가족도 부양하고 있다. 다른 직원들에 따르면, Mark는 전에도 이런 사회보장국의 편지를 여러 번 받았지만, '서류' 문제로 누군가가 해고되거나 취조를 받은 적은 한 번도 없었다고 한다. Mark는 Teresa가 불법 노동자라는 사실을 알고 있다. 예전에 그가 Teresa에게 억지로 데이트를 강요하면서 자신과 사귀면 해고나 추방을 당하지 않도록 보호해 주겠다고 약속했었기 때문이다. Teresa는 공포에 떨고 있다.

Teresa는 자신이 직장을 잃을까 봐 두렵기도 하지만, 다른 직원들도 해고되지 않을까 걱정이 많다. 주초에 동료 몇 명이 새로운 근로 허가 서류를 제출하기 전까지 무급 정직에 처해졌기 때문이다. A 건물의 야간 관리자인 Rick에 따르면, 사회보장국에서 그 직원들의 사회보장번호가 잘못 기재되었다는 내용의 불일치 편지가 왔기 때문이다. Rick은 최근 본사 회의에 참석했다가 최근의 법률 개정으로 '불법' 이민에 대한 단속이 강화되고 있다는 정보를 들었다. 자기 부하직원 중에는 불법 노동자가 한 명도 없도록 하기 위해 Rick은 기록이 정정될 때까지 직원들을 정직시키기로 결정한 것이다. 그러나 대부분의 직원이 이미 6년 넘게 근무한 사람들이고, 존스 관리 서비스사는 과거에도 그 직원들과 관련된 불일치 편지를 받았지만 특별히 문제가 발생한 적은 없었다.

① 이 일화에 의해 제기되는 사회복지 쟁점은 무엇인가?

② 이 일화에 의해 제기되는 법적 쟁점은 무엇인가?

③ 노동자들이 행사할 만한 법적 권리가 있는가? 어떤 정부 기관에 연락을 취해 보면 좋겠는가?

④ 고용주가 과거와는 달리, 불일치 편지를 근거로 노동자들에게 서류를 정정하라고 요구하는 이유는 무엇인가?

⑤ (a) 테레사와 (b) 다른 노동자들에게 맨 처음 어떤 조치를 취하라고 조언해야 하겠는가?

⑥ 이 일화가 제기하는 보다 거시적인 관점의 이슈는 무엇인가?(예를 들어, 관리 시스템이나 정책의 변화를 위한 옹호 등)

2) 사례 연구 2: 체불 임금과 복직

어느 날 열 명의 노동자가 찾아왔다. 집단적으로 고용주를 찾아가 잔업 수당을 달라고 요구했다가 한꺼번에 해고당한 사람들이다. 그중 다섯 명은 불법 노동자다. 다섯 명 중세 명은 고용주에게 자기 이름이 기재된 근로 허가 카드를 제출했지만 사실은 위조 서류였다. 다른 한 명은 여동생 남편의 근로 허가 카드를 사용했고, 나머지 한 명은 한동안 본인 명의로 근무하다 해고된 후 가명으로 근로 허가 카드를 위조해 재취업한 경우였다. 노동자들은 체불 임금 지급과 복직을 원하고 있다. 모두 해고된 후 몇 달 동안 직업이 없다가 최근에 다시 일을 시작했는데, 모두 기존 고용주에게 제출한 것과 동일한 근로 허가 카드를 사용하고 있다.

① 이 일화에 의해 제기되는 사회복지 실천적 쟁점은 무엇인가?
② 이 일화에 의해 제기되는 법적 쟁점은 무엇인가?
③ 노동자들 모두 체불 임금을 받을 수 있겠는가?
④ 노동자들 모두 복직될 수 있겠는가?
⑤ 가명을 사용 중인 노동자들에게 어떤 조치를 취해야 하는가?

3) 사례 연구 3: 노동조합 조직

호텔 노동자들이 노동조합 조직 운동에 연루되었다. 조직 운동 중에 고용주가 일곱 명의 이주민을 해고하면서 마지막 2주에 대한 급여 지급을 거부하였다. 고용주는 회사 정책상 사회보장국에 사회보장번호를 확인해 봐야 하는데 그 일곱 명의 노동자는 유효한 사회보장번호가 없었기 때문에 해고된 것이라고 설명한다. 그러나 해고된 일곱 명 중 두명은 유효한 사회보장번호를 보유한 합법적인 노동자였다.

① 이 일화에 의해 제기되는 사회복지 쟁점은 무엇인가?
② 이 일화에 의해 제기되는 법적 쟁점은 무엇인가?
③ 노동자들의 복직을 위해 어떤 조치를 취할 수 있는가? 불법 노동자도 복직할 권리가 있는가?

④ 노동자들이 행사할 만한 법적 권리가 있는가?
⑤ 노동자들은 미지급된 급여를 받을 수 있는가?

퀴즈: 이주 노동자에 대한 거짓과 진실

각 진술이 참인지 거짓인지 결정하라.

① 미국에서 합법적으로 취업하려면 미국 시민권자이거나 그린카드 소지자여야 한다.
② 불법 노동자를 포함하여 모든 노동자는 근무한 만큼 급여를 지급받을 권리가 있다.
③ 고용주는 비시민권자 노동자의 근로 자격 취득 여부만 확인하면 된다.
④ 불법 노동자가 근무 중 부상을 당하면, 의료 혜택을 받지 못한다.
⑤ 불법 이주민은 취업과 관련해 다른 노동자들과 동일한 권리를 갖지 못한다.
⑥ 노동자가 회사를 기소했다는 이유로 고용주가 노동자를 이민 당국에 신고하는 것은 불법이다.
⑦ 노동자가 사회보장국의 불일치 편지를 받으면, 그 노동자가 불법 노동자라는 의미이므로 고용주가 그를 해고해도 된다.
⑧ 고용주는 E-검증 프로그램을 이용해서 입사 지원자 중 부적격자를 걸러 내거나 고용인이 시민권자나 합법적인 노동자인지 재검증할 수 없다.
⑨ 만약 E-검증 프로그램 조회 결과 노동자의 근로 허가 취득 여부가 확인되지 않는다면, 불법 노동자라는 의미다.
⑩ 이민 불시 단속이 실시될 때는, 모든 노동자가 묵비권을 행사하며 불법 행위 관련 정보를 제공하지 않을 권리가 있다.

정답: ① - 거짓, ② - 참, ③ - 거짓, ④ - 거짓, ⑤ - 거짓, ⑥ - 참, ⑦ - 거짓, ⑧ - 참,
⑨ - 거짓, ⑩ - 참

💬 NOTES

1) 본 장에서는 이민자(immigrant)라는 용어를 미국으로 이주한 사람이거나 자신의 본국에서 박해를 당해 망명한 사람이거나 미국을 자신의 새로운 고향으로 여기는 사람들을 지칭하는 것으로 사용한다.

2) 미국 내 외국 출생 통계 표-1. 2006(Population by Nativity): 2000 and 2006(Pew Hispanic Center, January 23, 2008), http://pewhispanic.org/factsheets/ fact sheet.php?FactsheetID=36

3) 「이민과국적법」(Immigration and Nationality Act) 1952, Sec. 208.

4) INA(예를 들어 H-1B, H-2A, H-2B) 참조.

5) 18~64세의 불법 이민자 남성의 92%가 노동시장에 참여하고 있다. Jeffrey S. Passel, Unauthorized Migrants: Numbers and Characteristics(Pew Hispanic Center, June 2005).

6) Dowell Myers의 2005년 연구에 따르면, 캘리포니아 거주 라티노의 빈곤율은 미국에 이민 온 지 10년 미만의 경우에는 28.7%인 데 비해 30년이 넘은 경우에는 11.8%로 감소하였다.

7) 「연방노동관계법(NLRA)」은 연방노동관계위원회(NLRB)에 의해 시행되었다. 「연방노동관계법」에 대한 더 자세한 정보는 NLRB 웹사이트 www.nlrb.gov에 나타나 있다.

8) 제7장은 고용법의 「연령차별법」(1967), 「장애법」(1990) 그리고 「동일임금법」(1963)을 실시하고 있는 평등고용기회위원회(EEOC)에 의해 시행된다. EEOC 및 관할법에 대한 자세한 정보는 www.eeoc.gov에 나타나 있다.

9) 미국 노동부(DOL)는 「이주및계절농업근로자보호에관한법(Migrant and Seasonal Agricultural Worker Protection Act)」과 「가족의료휴가법(Family Medical Leave Act)」뿐만 아니라 「FLSA」를 시행하고 있다. 미국 노동부는 또한 산업안전보건청(Occupational Safety and Health Administration)을 감독하고 있다. 미국 노동부 산하기관 및 관할법에 대한 자세한 정보는 www.dol.gov에 나타나 있다.

10) 「이민개혁및규제법」(Immigration Reform and control Act of 1986)」. Pub. L. No. 99-603, § 101(a)(I), 100 Stat. 3359(Nov. 6, 1986), 8 U.S.C. § 1324a(2000)에서 성문화되었고, 「이민과국적법」(INA) § 274A에서 수정되었다.

11) 8 U.S.C. § 1324a(a)(2008).

12) 8 C.F.R. § 274a.7(2008).

13) 정부회계감사원(Government Accountability Office) 참조. Pub. No. GAO/GGD-90-62 이민개혁: 고용주 처벌 조항과 차별의 문제(1990)(I-9 취업자격증명 요건을 만족하기 위해서 제출하는 서류에 대한 고용주의 혼동과 고용주들의 새로운 법률에 대한 무지

에 기인하는 고용주 처벌로부터 비롯되는 '심각한 유형의 차별'이 존재한다는 내용의 보고서). 고용 차별에 관해서는 인종 정의 추구(Pursuing Racial Justice)(part 2)를 참조: '확대되고 있는 이민 지역사회가 고용주 차별의 증가에 직면함'. Clearing house Review-Journal of Poverty Law and Policy, 36(3/4), July-August 2002.

14) 8 U.S.C. § 1324b(a)(1)(B)(2001)(시민권 지위 차별 금지); 동일법 § 1324b(a)(2)(A)-(B)(고용주에 의한 국적 차별 금지). 「민권법제7장」은 15명 이상의 고용인을 둔 고용주에 의한 차별을 금지하고 있다.

15) OSC, www.usdoj.gov/crt/osc 참조.

16) 「이민법」(1990). Pub. L. No. 101-649, 104 Stat. 4978(INA 8 U.S.C. § § 1101 et seq. (2001))에 성문화되었음. (INA의 § 274B(a)에서 수정).

17) 미국에서 고용되기 위해서는 누구에게나 적용되는 I-9 양식은 최근 「이민법」 및 절차의 변화를 반영하여 2007년 11월 7일에 수정되었다. I-9 양식은 http://www.uscis.gov/files/form/i-9.pdf에 나타나 있다.

18) 535 U.S. 137 (2002).

19) 체불 임금이란 부당하게 해고당하지 않았다면 받았어야 할 임금에 대해 받는 보상을 의미한다.

20) Hoffman Plastic Compounds, Inc. supra, 535 U.S. at 147.

21) Sure-Tan v. NLRB, 467 U.S. 883(1984)(「연방노동관계법(NLRA)」에 따라서 불법 노동자들도 피고용인에 해당된다는 「이민개혁및규제법(IRCA)」 이전의 법원 판결)

22) Catherine L. Fisk and Michael J. Wishnie, The Story of Hoffman Plastic Compounds, Inc. v. NLRB: 불법 이주 노동자에 대한 보상 없는 노동권. Laura J. Cooper and Catherine L. Fisk (Eds.), Labor Law Stories (Foundation Press, 2005).

23) Reyes, et al. v. Van Elk, Ltd., et al., 148 Cal. App. 4th 604, 613(2007)(만일 「공정근로기준법(FLSA)」이 불법 외국인에게는 적용되지 않았다면 고용주는 그를 고용할 의도를 가져야 한다는 법원판결). Patel v. Quality Inn South, 846 F.2d 700 (11th Cir. 1988) (불법 노동자는 「공정근로기준법(FLSA)」의 목적을 위한 고용인이며, 미지불된 임금과 손해배상금에 대해 소송을 할 수 있다).

24) Rivera, et al. v. NIBCO, Inc, 364 F.3d 1057(9th Cir. 2004)(호프만은 「민권법제7장」의 피고가 출신국가 차별 금지를 행하였는지를 결정하는 데 적합한 이민 지위를 만들지 못하였다는 법원 판결).

25) 수입 손실이란 근무상 다치지 않았더라면 받을 수 있었던 임금에 대한 보상이다.

26) The Reinforced Earth Co. v. Workers Comp Appeal Bd, 810 A.2d 99, 107-108 (Pa. 2002).

27) Martines v. Worley & Sons Construction, 628 S.E. 2d 113, 114(Ga. Ct. App. 2006).

28) Wet Walls v. Ledezma, 598 S.E. 2d 60(Ga. Ct. App. 2004).

29) 연방정부기관에 접근하는 정보는 Limited English Proficiency-A federal inter-agency 웹사이트 http://www.lep.gov에 나타나 있다.

30) Corinthian Vigor Ins. Brokerage, Inc., 25 F.Supp.2d 1053, 1056(N.D. Cal. 1998) (고용주들이 미지급 임금 지불을 요청하는 피고용인들에게 보복하기 위해 이민국에 신고하는 행위를 「공정근로기준법」을 위반하는 보복 행위라고 판시함); Singh v. Julta, et al. 214 F.Supp.2d 1056(N.D. Cal. 2002)(미국에서 인신매매를 당했거나 임금 지불 요청에 대한 보복으로 이민국에 보고된 피고용인에게 손해배상금 20만 달러를 지불하라고 배심원들은 판결하였다). 노동 분쟁 동안 이민 관련 법 집행의 희생자가 된 피고용인을 지원하기 위한 더 자세한 정보는 다음을 참조. Issue Brief: Immigration Enforcement During Labor Disputes, National Immigration Law Center, http://www.nilc.org/immsemplymnt/ IWR_ Material/Adocate/labordispute_ info-brief_2007-04-23.pdf.

31) 국경보안계획(SBI)의 내부 법집행 전략에 관한 상세한 정보는 "ICE, Announces a New Interior Enforcement Strategy," Immigrants' Rights Update, 20(2), May 23, 2006 참조. http://www.nilc.org/immsemplymnt/wkplce_enfrcmnt/wkplcen-frc022.htm.

32) Overview of Issues Affecting Low-wage Immigrant Workers, National Immigration Law Center(March 2003) 참조. http://www.nilc.org/DC_Conf/dc-conf2003/Updated_Mats/Ovrvw_Issues_Affecting_LW_ImmWrkrs.pdf

33) 이민 및 세관관리국(ICE) 직원들이 전국 규모의 pallet 회사의 매니저 일곱 명과 미국 26개주에서의 불법 노동자 1,187명을 체포하였다. http://www.ice.gov/pi/news/newsreleases/articles/060420washington.htm. 이민 및 세관관리국이 IFCO Systems North America, Inc.("IFCO")를 급습한 사건의 관련 기사다. 피고용인 중 53.4%가 사회보장번호(Social Security Number)가 유효하지 않으며, 사회보장국(SSA)의 기록과도 일치하지 않고, 아동 및 사망한 사람이었다는 정보를 포함한 형사 기소와, 사회보장국이 2004년과 2005년의 차이에 관한 대략 13개의 서명 통지를 고용주에게 보냈다는 내용의 기사다.

34) "난폭한 힘의 사용에 대한 습격"이라는 CNSNews.Com(December 13, 2006)과 "무수히 많은 비인간적인 습격"이라는 Boston Globe, March 26, 2007 참조.

35) "이민국 습격이 작은 마을을 뒤흔듦"이라는 Washington Post, May 18, 2008 참조. 이

습격에 대한 냉철한 법원의 해석은 "Interpreting after the Largest ICE Raid in U.S. History: A Personal Account," Erik Camayd-Freixas, PhD. Florida International University(June 13, 2008)를 참조. http://thesanctuary.soapblox.net/showDiary. do?diaryId=269

36) 사회보장국(SSA), 사회보장 온라인, 고용주 W-2 제출 및 정보는 http://www.ssa.gov/employer/gen.htm에 나타나 있다.

37) 사회보장국의 불일치 편지, 이민법센터에 관한 더 자세한 정보는 http://www.nilc.org/immsemplymnt/SSA-NM_Toolkit/factsaboutno-matchletter_2008-03-26.pdf. 에 나타나 있다. 불일치 편지는 피고용인의 집주소로도 보내진다. http://www.nilc.org/immsemplymnt/SSA-NM-Toolkit/DECOR_Employee_ltr.pdf. 참조. 사회보장국에 의해서 어느 특정 노동자에 관해 고용주에게 보내지는 편지는 http://www.nilc.org/immsemplymnt/SSA-NM_Toolkit/ssa_no-match_prototypeletter_2007-08.pdf 참조.

38) 사회보장국, 사회보장 온라인, 문의 사항은 No. 20(updated March 15, 2007) 참조. http://ssa-custhelp.ssa.gov/cgi-bin/ssa.dfg/php/enduser/std_alp.php

39) 피고용인의 집으로 보내지는 샘플 불일치 편지는 http://www.nilc.org/immsemplymnt/SSA-NM_Toolkit/DECOR_Employee_ltr.pdf. 참조. 사회보장국에 의해서 어느 특정 노동자에 관해 고용주에게 보내지는 편지는 http://www.nilc.org/immsemplymnt/SSA-NM_Toolkit/DECORE_Employer_ltr.pdf. 참조. 수많은 피고용인에 대해 고용주에게 보내지는 편지는 http://www.nilc.org/immsemplymnt/SSA-NM_Toolkit/ssa_no-match_prototype letter_2007-08.pdf. 참조.

40) 불일치 편지에 대한 노동 중재 판결에 대한 요약은 Monica Guizar의 "사회보장국 불일치 편지와 단체협상 의결" California Labor & Employment Law Review, 20(2)(April 2006) 참조. Aramark Facility Services v. SEIU, Local 1877, 2008 U.S. App. LEXIS 12704 (9th Cir. 2008) ("불일치 편지는 노동자의 이민 지위와 관련하여 어떤 정보도 제공하지 않는다. 따라서 고용주는 노동자를 해고할 어떤 근거도 없다."라는 법원 판결).

41) 8 U.S.C. §1324a(a)(2).

42) American Federation of Labor and Congress of Industrial organizations, et al. v. Chertoff, et al., Case No. C07-04472 CRB, U.S.D.C.

43) U.S. Dept. of Homeland Security Supplemental Proposed Rule, National Immigration law Center(March 27, 2008)의 요약 참조. http://www.nilc.org/immsemplymnt/SSA_Related_Info/DHS_Final_Rule/SSA_no-match_summa-

ry_3-26-08.pdf.

44) 더 상세한 정보는 Basic Information Brief: DHS Basic Pilot Program(National Immigration Law Center, January 2008) 참조.

45) Pub. L. 104-208, 110 Stat. 3009(September 30, 1996).

46) 이 문제에 관한 자세한 논의는 How Errors in Basic Pilot/E-Verify Databases Impact U.S. Citizens and Lawfully Present Immigrants(NILC, April 2008) 참조. http: //www.nilc.org/immsemplymnt/ircaempverif/e-verify_ impacts_ USCs_ 2008-04-09.pdf

47) 웹 기반 파일럿 검증(Westat, September 2007), www.uscis.gov/files/article/ WebBasicPilotprtSept2007.pdf, at xxi. '웹 기반 기본 파일럿 검증 조회 결과'는 다음의 웹사이트 관련 파일과 링크되어 있다. www.uscis.gov/portal/site/uscis/menu-item.5af9bb95919f35e66f614176543f6d1a/? vgnextoid= 89abf90517e15110Vgn VCM1000004718190aRCRD&vgnextchannel=a16988e60a405110VgnVCM10000 04718190aRCRD

48) 상동 50.

49) Nicholas Riccardi, "애리조나 주의 불법 이민자 단속으로 일부 시민권자도 피해를 봄". Los Angels Times, April 5, 2008, www.latimes.com/news/nationworld/nation/la-na-arizimmig5apr05,1,6970275,full.story.

50) 웹기반 파일럿 검증 참조. Findings of the Web Basic Pilot Evaluation, supra(note 67), aT xii-xiii

추가자료

고용정보 웹사이트

America's Union Movement(AFL-CIO): www.aflcio.org

Change to Win: http://www.changetowin.org/

Council for Occupational Safety and Health, Immigrant Worker Resources and Links: www.coshnetwork.org/immigrant_worker_resources.htm

Equal Employment Opportunity Commission(EEOC): www.eeoc.gov

Form I-9: http://www.uscis.gov/files/form/i-9.pdf

Limited English Proficiency—A Federal Interagency Web site: http://www.lep.gov

National Employment Law Project: www.nelp.org

National Immigration Law Center: www.nilc.org

National Immigration Law Center, *Classes of Immigrants Authorized to Work in the United States*: http://www.nilc.org/immsemplymnt/IWR_Material/Attorney/Classes_of_Immigrants.pdf.

National Immigration Law Center, *Immigration & Immigrant Workers: The Basics*: http://www.nilc.org/immsemplymnt/IWR_Material/Attorney/The_Basics.pdf

National Labor Relations Board(NLRB): www.nlrb.gov

Social Security Administration, *Social Security Online, Employer W-2 Filing Instructions & Information*: http://www.ssa.gov/employer/gen.htm

United States Citizenship and Immigration Service: www.uscis.gov

United States Department of Labor(DOL): www.dol.gov

U.S. Department of Labor—Bureau of Labor Statistics: www.bls.gov

판 례

American Federation of Labor and Congress of Industrial Organizations, et al. v. Chertoff, et al., Case No. C07-04472 CRB, U.S.D.C.

Aramark Facility Services v. SEIU, Local 1877, 2008 U.S. App. LEXIS 12704(9th Cir. 2008).

Contreras v. Corinthian Vigor Ins. Brokerage, Inc., 25 F.Supp.2d 1053, 1056(N.D. Cal. 1998).

Hoffman Plastic Compounds, Inc., supra, 535 U.S. at 147.

Martines v. Worley & Sons Construction, 628 S.E. 2d 113, 114(Ga. Ct. App. 2006).

Reyes, et al. v. Van Elk, Ltd., et al., 148 Cal. App. 4th 604, 613(2007).

Rivera, et al. v. NIBCO, Inc., 364 F.3d 1057(9th Cir. 2004).

The Reinforced Earth Co. v. Workers Comp Appeal Bd, 810 A.2d 99, 107-108(Pa. 2002).

Singh v. Julta, et al. 214 F.Supp.2d 1056(N.D. Cal. 2002).

Sure-Tan v. NLRB, 467 U.S. 883(1984).

Wet Walls v. Ledezma, 598 S.E. 2d 60(Ga. Ct. App. 2004).

이주 노동자 권리옹호단체

Bacon, D. (1998). Paolo Freire hits L.A.'s mean streets: Organizing day laborers. http://dbacon.igc.org/immigrants/03daylab.htm (1-10).

Bacon, D. (2001). Why labor needs to organize and defend the rights of immigrant workers. http://dbacon.igc.org/imgrants/26whylaborneedstodefend. htm (1-11).

Fine, J. (2006). *Worker centers: Organizing communities at the edge of the dream.* Ithaca, NY: Cornell University Press.

Frank, L., & Wong, K. (2004). Dynamic political mobilization: The Los Angeles County Federation of Labor. *Working USA—The Journal of Labor and Society, 8*(2), 155-181.

Gordon, J. (2005). *Suburban sweatshops: The fight for immigrant rights.* Cambridge, MA: Belknap Harvard University Press.

LeDuff, C. (2001). "At a slaughterhouse, some things never die," in *How race is lived in America: Pulling together,* pulling apart. New York: Times Books.

Lerner, S. (2003). An immodest proposal: A new architecture for the house of labor. *New Labor Forum, 12*(2), 9-30.

Milkman, R. (2006). *L.A. story: Immigrant workers and the future of the U.S. labor movement.* New York: Russell Sage Foundation.

Milkman, R., & Wong, K. (2000). Organizing the wicked city: The 1992 Southern California drywall strike. In R. Milkman (Ed.), *Organizing immigrants: The challenge for unions in contemporary California* (pp. 169-198). Ithaca, NY: Cornell University Press.

Waldinger, R., Erickson, C., Milkman, R., Mitchell, D. J. B., Valenzuela, A., Jr., Wong, K., & Zeitlin, M. (1997). Helots no more: A case study of the Justice for Janitors Campaign in Los Angeles. In K. Bronfenbrenner et al. (Eds.), *Organizing to win* (pp. 142-167). Ithaca, NY: Cornell University Press.

Wong, K. (2004). Don't miss the bus: The immigrant workers, freedom ride. *New Labor Forum, 13*(2), 60-66.

이민, 고용 및 경제

Ahlstrand, A. L., Laurie, J., Bassi, L. L. J., & McMurrer, D. P. (2001). *Workplace education for low-wage workers.* Alexandria, VA: American Society for Training and Development.

Alba, R. D., and Nee, V. (2003). *Remaking the American mainstream: Assimilation and contemporary immigration.* Cambridge, MA: Harvard University Press.

Altonji, J., & Card, D. (1991). The effects of immigration on the labor market outcomes of less-skilled natives. In J. Abowd & R. Freeman (Eds.), *Immigra-*

tion, trade, and the labor market (pp. 201-234). Chicago: University of Chicago Press.

Bates, T. (1987). Self-employed minorities: Traits and trends. *Social Science Quarterly, 68,* 539-551.

Bernhardt, A., Morris, M., Handcock, M. S., and Scott, M. A. (2001). *Divergent paths: Economic mobility in the new American labor market.* New York: Russell Sage Foundation.

Borjas, G. J. (1999a). *Heaven's door: Immigration policy and the American economy.* Princeton, NJ: Princeton University Press.

Brown, I. (Ed.). (1999). *Latinas and African American women at work: Race, gender, and economic inequality.* New York: Russell Sage Foundation.

Bureau of Labor Statistics. (2002). *National census of fatal occupational injuries.* Washington, DC: U.S. Department of Labor, Author.

Butcher, K. F., & Piehl, A. M. (2000). The role of deportation in the incarceration of immigrant. In G. J. Borjas (Ed.), *Issues in the economics of immigration* (pp. 351-386). Chicago: University of Chicago Press.

Card, D. E. (2001). Immigrant inflows, native outflows and the local labor market impacts of higher immigration. *Journal of Labor Economics, 19,* 22-64.

Crane, K. W., Asch, B. J., Heilbrunn, J. Z., & Cullinane, D. C. (1990). *The effect of employer sanctions on the flow of undocumented immigrants to the United States.* Washington, DC: Urban Institute Report 90-8.

Duleep, H. O., & Regets, M. C. (1992). Some evidence on the effects of admissions criteria on immigrant assimilation. In B. R. Chiswick (Ed.), *Immigration, language and ethnic issues: Canada and the United States* (pp. 410-439). Washington, DC: American Enterprise Institute.

Espendshade, T. J., & Hempstead, K. (1996). Contemporary American attitudes toward U.S. immigration. *International Migration Review 26*(4), 1144-1167.

Friedberg, R. M., & Hunt, J. (1995, Spring). The impact of immigration on host country wages, employment and growth. *Journal of Economic Perspectives, 9,* 23-44.

Gianmarco, I. P. O., & Peri, G. (2006, July). *Rethinking the effects of immigration on wages.* NBER Working Paper 1247. Cambridge, MA: National Bureau of Economic Research.

Gibson, C. J., & Lennon, E. (1999, February). *Historical census statistics on the foreign-born population of the United States: 1850-1990.* Population Division Working Paper No. 29.

Green, D. A. (1999). Immigrant occupational attainment: Assimilation and mobility over time. *Journal of Labor Economics, 17,* 49-79.

Harrington, P. E., & Sum, A. (2006). As jobs go off the books, immigrants edge out some native-born workers. *Commonwealth, 11*(2), 83-90.

Jasso, G., Rosenzweig, M., & Smith, J. P. (1998). The changing skill of new immigrants to the United States: Recent trends and their determinants. NBER Working Paper 6764. Cambridge, MA: National Bureau of Economic Research.

Johnson, H. P. (1997). *Undocumented immigration to California: 1980-1993.* San Francisco: Public Policy Institute of California.

Khatiwada, I., Sum, A., & Barnicle, T. (2006). *New foreign immigrant workers and the labor market in the United States.*

Kooker, N. R. (2006, April). Hospitality immigrant quandary. *Boston Business Journal.*

Levine, L. (2007, January). *Immigration: The effects on low-skilled and high-skilled native-born workers.* Report prepared for Members and Committees of Congress by the Congressional Research Service, Order Code 95-408.

Light, I. (1979). Disadvantaged minorities in self-employment. *International Journal of Comparative Sociology, 20,* 31-45.

Mattoo, A., Neagu, I. C., and Çalar. (2005, April). *Brain waste? Educated immigrants in the U.S. labor market.* World Bank Policy Research Working Paper 3581.

Mehta, C., Theodore, M., Mora, I., & Wade, J. (2002). *Chicago's undocumented immigrants: An analysis of wages, working conditions, and economic contributions.* Chicago: UIC Center for Urban Economic Development.

Mountford, A. (1997). Can a brain drain be good for growth in the source economy? *Journal of Development Economics, 53,* 287-303.

Murray, J., Batalova, J., & Fix, M. (2006, July). *The impact immigration on native workers: A fresh look at the evidence.* Washington, DC: Migration Policy Institute, Insight No. 18.

National Association of Manufacturers. (2003). *Keeping America competitive: How a talent shortage threatens U.S. manufacturing.* Washington, DC: Author.

National Employment Law Project. (2001). *Temp work and unemployment insur-*

ance—*helping employees at temporary staffing and employee leasing agencies.* New York: Author.

Paral, R. (2005). *Essential workers: Immigrants are a needed supplement to the native-born labor force.* Washington. DC: Immigration Policy Center.

Passel, J. S. (2006). *The size and characteristics of the unauthorized migrant population in the U.S.: Estimates based on the March 2005 current population survey.* Washington, DC: Pew Hispanic Center.

Pitts, S. (2007, Fall). The race question and building labor power in the context of the immigrant upsurge. *Labor and Working-Class History Association (LAW-CHA) Newsletter.*

Powers, M. G., & Seltzer, W. (1998). Occupational status and mobility among undocumented immigrants by gender. *International Migration Review, 32*(1), 21-55.

Reitz, J. G. (1998). *Warmth of the welcome: The social causes of economic success for immigrants in different nations and cities.* Boulder, CO: Westview Press.

Reitz, J. G., Frick, J. R., Calabrese, T., & Wagner, G. C. (1999). The institutional framework of ethnic employment disadvantage: a comparison of Germany and Canada. *Journal of Ethnic and Migration Studies, 25,* 397-443.

Sassen, S. (1995). Immigration and local labor markets. In A. Portes (Ed.), *The economic sociology of immigration: Essays on networks, ethnicity, and entrepreneurship.* New York: Russell Sage Foundation.

Schmidley, D. (2001, December). *Profile of the foreign-born population in the United States: 2000, current population reports*—*Special Studies.* Series P23-206. Washington, DC: U.S. Census Bureau.

Smith, J. P., & Edmonston, B. (1997). *The new Americans: Economic, demographic and fiscal effects of immigration.* Washington, DC: National Academies Press. http://books.nap.edu/catalog/5779.html

Stark, O., Helmenstein, C., & Prskawetz, A. (1998). Human capital depletion, human capital formation, and migration: A blessing or a curse? *Economics Letters, 60,* 363-367.

Sum, A., Fogg, N., & Harrington, P. (2002). *Immigrant workers and the great American job machine: The contributions of new foreign immigration to national and regional labor force growth in the 1990s.* Boston: Northeastern University, Center for Labor Market Studies.

Terrazas, A., Batalova, J., & Fan, V. (2007). *Frequently requested statistics on immigrants in the United States*. Washington, DC: Migration Policy Institute.

Tobar, P. (2004). *The employment experiences of teens in central city labor markets: The influence of demographic/human capital traits, family background, and environmental factors*. M.A. Workshop Paper, Department of Economics, Northeastern University, Boston, MA.

Waldinger, R. (1999). Network, bureaucracy, and exclusion: Recruitment and selection in an immigrant metropolis. In F. D. Bean and S. Bell-Rose (Eds.), *Immigration and opportunity: Race, ethnicity, and employment in the United States* (pp. 228-259). New York: Russell Sage Foundation.

이민 불시 단속

Brochure: Rights During Immigration Raids, CASA de Maryland: http://www.nilc.org/ce/nonnilc/raidsrights_dwn&nlg&casa.pdf

From Raids to Deportation: A Community Resource Kit, National Immigration Project: http://www.nationalimmigrationproject.org/commresourcekit.html

How to Be Prepared for an Immigration Raid, National Immigration Law Center: http://www.nilc.org/ce/nilc/immraidsprep_2007-02-27.pdf

Know Your Rights Cards, National Immigration Law Center: http://www.nilc.org/ce/nilc/rightscard_2007-03-15.pdf

"Know Your Rights," video regarding immigration raids, Coalition for Humane Immigrant Rights of Los Angeles(CHIRLA): www.chirla.org/mediarights.mp4

불일치 편지

The Low-Wage Immigrant Worker Coalition's efforts to "Stop the Social Security Administration(SSA) No-Match Letter Campaign": www.lwiw.org.

Social Security Administration "No-Match" Letter Toolkit(3rd ed.). National Immigration Law Center: http://www.nilc.org/immsemplymnt/SSA-NM_Toolkit/index.htm

📖 참고문헌

American Immigration Law Foundation. (2005, November). *Economic Growth & Immigration: Bridging the Demographic Divide*. Special Report of the Immigration Policy Center of the AILF. Washington, DC: Author.

Bureau of Labor Statistics. (2002). *National census of fatal occupational injuries*. Washington, DC: U.S. Department of Labor, Author.

Fisk, C. L., & White, M. J. (2005). *The story of Hoffman Plastic Compounds, Inc. v. NLRB*: Labor rights without remedies for undocumented immigrants. In Laura J. Cooper and Catherine L. Fisk (Eds.), *Labor law stories* (Foundation Press, 2005).

Gibson, C. J., & Lennon, E. (1999). *Historical census statistics on the foreign-born population of the United States: 1850-1990*. Population Division Working Paper No. 29, U.S. Bureau of the Census, Washington, DC.

Gregory, V., & Schiller, J. (2004, October 4). Fatality rate is 25% higher for Latino workers: Immigrants face greatest risks of death at jobs. *Alameda Times-Star*.

Guizar, M. (2006). Social Security Administration No-Match letters and collective bargaining agreements. *California Labor & Employment Law Review, 20*(2).

Immigration and Customs Enforcement. *ICE agents arrest seven managers of nation-wide pallet company and 1,187 of the firm's illegal alien employees in 26 states*. Available at http://www.ice.gov/pi/news/newsreleases/articles/0604 20washington.htm

Inhumane raid was just one of many. (2007, March 26). *Boston Globe*.

Journal of Poverty Law and Policy, *Growing Immigrant Communities Face Increased Employment Discrimination*, Clearinghouse Review—Journal of Poverty Law and Policy, Pursuing Racial Justice (Part 2), Vol. 36, Numbers 3-4, July–August 2002.

Kochhar, R. (2005). *Latino labor report 2004: More jobs for new immigransts but at lower wages*. Washington, DC: Pew Hispanic Center.

Migration Policy Institute. (2004). *What kind of work do immigrants do? Occupation and industry of foreign born workers in the United States*. Washington, DC: Author. [Online newsletter, no. 3]. http://72.14.205.104/search?q=cache:06L

farSNOSgJ: www.migrationpolicy.org/pubs/Foreign%2520Born%2520Occup %2520and%2520Industry%2520in%2520the%2520US.pdf+What+Kind+of+ Work+Do+Immigrants+Do%3F+Occupation+and+Industry+of+Foreign+Born +Workers+in+the+United+States,+Migration+Policy+Institute&hl=en&ct =clnk&cd=1&gl=us

Myers, D. (2008). *Thinking ahead about our immigration future: New trends and mutual benefits in our aging society.* Washington, DC: Immigration Policy Center, American Immigration Law Foundation.

National Immigration Law Center. (2008, January). *Basic information brief: DHS basic pilot program.* Washington, DC: Author.

National Immigration Law Center, *Issue Brief: Immigration Enforcement During Labor Disputes* (NILC, Apr. 2007). available at http://www.nilc.org/immsemplymnt/IWR_Material/Advocate/labordispute_infobrief_2007-04-23. pdf

National Immigration Law Center, *Overview of Issues Affecting Low-wage Immigrant Workers* (NILC, Mar. 2003) available at http://www.nilc.org/DC_Conf/dc-conf2003/Updated_Mats/Ovrvw_Issues_Affecting_LW_ImmWrkrs.pdf

National Immigration Law Center, *Facts About the Social Security No-Match Letter* (NILC, Mar. 2008), available at http://www.nilc.org/immsemplymnt/SSA-NM_Toolkit/factsaboutno-matchletter_2008-03-26.pdf

National Immigration Law Center, *Summary of U.S. Dept. of Homeland Security Supplemental Proposed Rule* (NILC, Mar. 2008), available at http://www.nilc.org/ immsemplymnt/SSA_Related_Info/DHS_Final_Rule/SSA_no-match_summary_3-26-08.pdf

National Immigration Law Center, *How Errors in Basic Pilot/E-Verify Databases Impact U.S. Citizens and Lawfully Present Immigrants* (NILC Apr. 2008), available at http://www.nilc.org/immsemplymnt/ircaempverif/e-verify_impacts_ USCs_2008-04-09.pdf

National Immigration Law Center, sample no-match letter sent directly to employees at their home address, *see, http://www.nilc.org/immsemplymnt/SSA-NM_Toolkit/DECOR_Employee_ltr.pdf.* For letters sent by SSA to employers about a particular worker, *see,* http://www.nilc.org/immsemplymnt/SSA-NM_Toolkit/DECORE_Employer_ltr.pdf. For letters sent by SSA to employers about multiple workers, *see*, http://www.nilc.org/immsemplymnt/SSA-NM_Toolkit/ssa_no-match_prototypeletter_2007-08.pdf

Nicholas Riccardi, "Arizona Slams Door on Illegal Immigrants: Some Citizens Have Been Bruised, Too, as the State Cracks Down," *Los Angeles Times*, Apr. 5, 2008, www.latimes.com/news/nationworld/nation/la-na arizimmig5apr05, 1,6970275,full.story.

Passel, J. S. (2005). *Unauthorized migrants: Numbers and characteristics*. Washington, DC: Pew Hispanic Center.

Pew Hispanic Center. (2008, January). *Statistical portrait of the foreign-born population in the United States, 2006*. Table 1—Population by Nativity: 2000 and 2006. (Pew Hispanic Center, Jan. 2008). Washington, DC: Author.

Pew Hispanic Center. (2008). *Statistical Portrait of the Foreign-Born Population in the United States, 2006*, Table 1—Population by Nativity: 2000 and 2006. Washington, DC: Author.

Pritchard, J. (2004, March 13). *Mexican worker deaths rise sharply*. Associated Press.

Pursuing racial justice (Part 2): Growing immigrant communities face increased employment discrimination. (2002, July/August). *Clearinghouse Review—Journal of Poverty Law and Policy, 36*(3/4).

Schmidley, D. (2001). *Profile of the foreign-born population in the United States: 2000, current population reports—Special Studies*. Washington, DC: U.S. Census Bureau, Series P23-206.

Social Security Administration. (2007, March 15). *Social Security Online, Questions?* 20. Retrieved from http://ssa-custhelp.ssa.gov/cgi-bin/ssa.cfg/php/enduser/std_alp.php

Sum, A., Fogg, N., Harrington, P., et al. (2002, August). *Immigrant workers and the great American job machine: The contributions of new foreign immigration to national and regional labor force growth in the 1990s* (pp. 16-17). Boston, MA: National Business Roundtable, Center for Labor Market Studies, Northeastern University.

Sum, A., Fogg, N., Khatiwada, I., & Palma, S. (2004, July). *Foreign immigration and the labor force of the U.S.: The contributions of new foreign immigration to the growth of the nation's labor force and its employed population, 2000 to 2004*. Boston, MA: Center for Labor Market Studies, Northeastern University.

Terrazas, A,. Batalova, J., Fan, V. (2007). *Frequently requested statistics on immigrants in the United States*. Washington, DC: Migration Policy Institute.

Working Immigrant Safety and Health Coalition. (2002, November). *Improving health and safety conditions for California's immigrant workers*. Berkeley, CA: Author.

법 률

Immigration Act of 1990, Pub. L. No. 101-649, 104 Stat. 4978 (codified at INA, 8 U.S.C. §§ 1101 et seq. (2001)).

Sections § 274B(a) of the INA; 101(a)(15) H-1B, H-2A, H-2B; 8 U.S.C. § 1324a(a) (2008).

규 정

8 C.F.R. § 274a.7 (2008).

Immigration Reform and Control Act of 1986, Pub. L. No. 99-603, § 101(a)(1), 100 Stat. 3359 (Nov. 6, 1986), codified at 8 U.S.C. § 1324a (2000) amended the Immigration and Nationality Act. INA § 274A.

아동과 가족 이슈

Children and Family Issues

이민자 자녀와 교육

Len Rieser

자녀와 함께 이민 온 가족은 여러 가지 도전에 직면하기도 하지만 많은 강점을 갖고 오기도 한다. 이민자 자녀가 오늘의 과학 시험 우승자가 될 수도 있고, 내일의 기업가나 의사, 간호사, 선생님, 집의 소유주, 납세자가 될 수도 있다. 하지만 새로 이민 온 가족 중에는 자녀와 관련하여 미국의 교육 시스템 내에서 구체적인 어려움을 겪는 경우도 있다.

새로 미국 땅에 들어온 자녀들이 교육에 접근하는 데서 당면하게 되는 특수한 도전들과 관련하여, 이 장에서는 사회복지사들이 가족을 도와서 자녀들이 학교에 들어가고 그들이 원하는 교육 서비스를 받도록 하는 방법들을 논할 것이다. 주요 초점은 공립 초등학교와 중등학교에 맞추겠지만, 다른 대안적 교육(정부 지원이 없는 사립 학교, 종교계 학교, 홈스쿨링)에 대한 논의도 포함할 것이다. 또한 취학 전 서비스도 간단히 언급할 것이다.

1. 학교와 교육에 대한 기대: 개요

'학교'와 '교육'은 익숙한 개념이어서 모든 사람이 그 의미를 똑같이 이해하고 공유한다고 생각할 수 있다. 그러나 현실은 다르다. 자녀가 배우는 것과 학교가 돌아가는 방식은 지역에 따라서 그리고 문화에 따라서 너무나도 다양하다.

어떤 나라에서는 학교가 세속화되어 있지만, 또 다른 나라에서는 종교적 권위에 의해 폐쇄적으로 관리된다. 또 어떤 지역에서는 학교에 대한 접근이 보편적이지만 어떤 지역에서는 부유층 가족의 자녀나 특정한 인종적 배경을 가진 가족의 자녀 또는 남자아이 또는 수업료를 낼 수 있는 가족의 자녀로 한정되기도 한다. 또 지역에 따라 학교에 '다닐 수 있는' 아동의 연령 범위도 다르지만 '다녀야만 하는' 연령 범위가 다른 경우도 있다.

선생님이 거의 절대적인 권위를 휘두르는 사회가 있는가 하면, 또 다른 곳에서는 가르치는 일이 평범한 공무원의 직업인 곳도 있다. 어떤 국가에서는 학생들이 미국 학생들에 비해 상당히 높은 수준의 학업적 성취를 이루지만 이와 반대되는 상황에 있는 국가들도 있다.

이러한 이유로 이민자 가족은 학교교육에 대한 태도, 기대, 경험들을 가지고 들어오며, 이 학교교육이 자신들이 미국에서 경험한 것들과 부분적으로라도 유사할 것이라고 생각한다. 사회복지사에게 도전이 되는 것들에는 가족의 교육적 배경뿐 아니라 자녀에 대한 그들의 바람과 소망, 또 자녀 '자신의' 바람과 소망을 이해하는 것이 포함되는데, 이들은 서로 다를 수 있다. 사회복지사는 이민자 가족이 자녀의 학교교육과 관련하여 선택할 수 있는 것들을 알아보고, 그런 선택들을 할 수 있도록 도와야 한다. 그리고 가족과 새로운 학교 사이에서 의사소통을 촉진하고, 학교 입학, 학년과 교육과정 배정, 학교 적응 문제를 해결해 가는 과업들을 수행해야 한다.

이런 일들을 수행하는 데, 자녀들이 학교에 다니는 동안 가족이 실제로 힘을 얻는 방식으로 하는 것은 특히 쉽지 않은 일이다. 그동안 이슈와 의문이 지속적으로 일어나는 것은 불가피할 것이다. 그리고 가족이 가능한 한 자신의 능력으로 어떻게 해 나갈지를 이해하는 것 그리고 언제, 어디서 추가적인 도움을 구할 수 있는지를 아는 것은 중요할 것이다.

그러므로 학교 문제와 관련하여 가족과 함께 일하는 것은 능력, 관점, 접촉이 다방면으로 요구되는 복잡한 과업이다. 사회복지사가 이 분야에서 가장 효과적으로 일하기 위해서는 지역사회 리더, 교사, 행정가, 보건 및 정신건강 전문가, 변호사 그리고 이슈를 이해하고 교육 문제를 해결하는 데 여러 방식의 통찰을 제공해 줄 수 있는 사람들과 네트워크를 형성해야 한다. 학교에서 아동과 함께 일하는 사회복지사에게는 이러한 네트워크를 개발하는 것이 우선순위의 일이다.

이 장에서는 각각의 특정 상황에서 사람들이 계속해서 줄 수 있는, 글로 쓴 것보다 유용한 조언을 대신하려는 것은 아니다. 그보다는 미국의 공립학교가 운영되는 법적·정책적 구조에 대해 기술한다. 이것이 개별 아동이나 가족과 일하는 데 시작점이 되어 주기 때문이다.

일반적으로 이민 온 학생들은 미국 태생 학생들과 같은 학교에 다니기 때문에 여기서 제공되는 대부분의 정보는 일반적인 학생들에게 적용된다. 그러나 어떤 부분에서는 특별히 예외적으로 이민자에게만 적용되는 특정 규범과 정책도 있다.

교육법과 정책은 주마다 다르고 정책 또한 학교 구역에 따라 차이가 난다. 사회복지사는 모든 일반 규칙에는 예외가 있다는 점을 기억하고 필요시에는 좀 더 특수한 정보를 얻도록 유의해야 한다.

2. 미국의 교육법과 정책

교육은 일차적으로 주와 지역의 사항이라고 말한다. 교육 연령, 출석 요건, 거주 규칙, 교육과정 이수, 졸업 기준과 같은 미국 교육 체계의 중요한 측면들이 주나 지역의 법, 규칙, 정책에 의해 관할되는 것은 사실이다. 그러나 연방법 역시 차별, 표현의 자유, 여타 헌법적 권리와 관련된 문제들에 대해 중요한 영향력이 있기 때문에 그 의미가 커지고 있다. 학생 시험 및 학업 진도와 관련하여「낙오학생방지법(No Child Left Behind Act)」*의 정교한 요구사항은 그 한 예다.

이 영역의 법과 정책은 다양한 곳에서 나오고 복잡한 방식으로 상호작용하기 때문에 어떤 특정한 상황에서 규칙이 무엇인지를 구분하는 것은 혼란스러울 수 있다. 따라서 자신이 들은 바가 정말 옳은 것인지에 대해서 건강한 회의주의를 유지할 필요가 있다. 때때로 교사와 행정가는 대단한 권위와 좋은 의도를 갖고 말하지만 틀릴 때도 있기 때문이다.

만약 의문점이 아동의 권리에 영향을 미치는 중요한 것이라면(예를 들어, 아동이 친척과 함께 사는지 아닌지가 그 친척이 거주하는 구역의 학교에 다니는 자격을 결정할 수 있는지에 대한 것이라면), 그 영역의 전문가와 상의해 보는 것이 필요하다. 필요한 정보는 각기 다른 교사, 행정가 또는 학교 제도에 대해 경험이 있는 또 다른 사회복지사에게서 나올 수도 있다. 또는 교육 하나에만 초점을 두거나 여러 목적을 갖고 활동하는 학부모 및 학생권익옹

---

* 역자 주: 미국 공립학교(초등학교와 중등학교)가 연방정부의 보조를 받기 위해 주별로 표준화된 시험을 보도록 함으로써 교육의 책임성을 높이고자 제정된 법이다(Wikipedia 참조).

호집단으로부터 도움을 받을 수도 있다.

다른 방식으로는 해결되지 않는 문제에 대해서는 최후의 수단으로, 예를 들어, 주 교육 부서나 인사기관 또는 법정에 공식적으로 문제를 제기하는 방식도 고려해 볼 필요가 있다. 때로는 항의 절차가 비교적 간단하고 신속하지만 또 다른 맥락에서 보면 비용이 들 수 있다. 법적 자문은 선택지와 그 각각의 장단점을 정리하는 데 도움이 될 수 있다. 자문은 소속 기관, 권익옹호집단, 법적서비스기관 등과 연계된 변호사나 무료 공익변호사를 활용할 수 있다. 이 장 말미에서 교육 문제에 대해 도움을 얻을 수 있는 시기와 방법에 관한 의문을 다시 다룰 것이다.

1) 학교 유형

미국 내 초등학교와 중등학교는 공립(대부분 '학군'이나 시 단위의 정부 기관에 의해 운영된다), 종교계 또는 사립이다. 예를 들어, 법원이 개입하지 않는다면, 독립선언에 의거하여 부모는 자녀를 위해 공립, 종교계, 사립 학교 중 선택할 권리가 있다. 대부분의 주에서 부모들이 자녀를 학교에 보내지 않고 대신 집에서 교육할 권리도 인정한다. 물론 홈스쿨링은 정부의 기준에 부합하도록 요구받는다. 이러한 학교 선택지들은 주요 측면에서 차이가 있으며 각 범주 내에서도 변용이 있다.

(1) 공립학교

모든 학령기 아동은 주소지에 의거하여 학군(또는 그에 상응하는 지역)에 속하며, 어떤 연령 및 거주지 요건이 부합한다면 공립학교에 다닐 권리가 있다. 아동이 다닐 수 있는 학군 내에서 어떤 공립학교에 갈 것인지는 복잡한 문제일 수 있다. 공립학교 학군 내에서 학교를 선택하는 중요한 문제는 '입학 및 학교 배정' 부분에서 좀 더 상세히 논의할 것이다.

그러나 학군으로 운영되는 학교만이 가족이 선택할 수 있는 유일한 곳은 아니다. 이사진과 같은 조직에 의해 관리되는 비교적 새로운 공립학교의 한 형태인 차터 스쿨(charter school)*도 있다. 차터 스쿨은 학군으로 운영되는 학교와 같은 지역에 공존할 수 있다. 이들은 특별한 목적과 특별한 입학 요구조건이 있을 수도 있으며 그렇지 않을 수도 있다.

＊ 역자 주: 공적 자금을 받아 교사 · 부모 · 지역단체 등이 설립한 학교(네이버 사전).

모든 공립학교가 전통적인 학교 건물을 갖고 운영되는 것은 아니다. 예를 들어, 어떤 차터 스쿨은 원거리 학습 기능으로 학생이 집에 머물며(또는 다른 장소에 가서) 온라인으로 교육과정을 이수할 수 있다.

학군에 의해 운영되든 차터 스쿨이든 간에 모든 공립학교는 수업료를 받지 않는다. 또한 이 학교들은 교육과정 내용, 교사의 자격, 학부모와 학생의 권리 등에 대한 요구조건에 대해 여러 가지 법률, 규칙, 정책을 따라야 한다.

(2) 종교계 및 사립 학교

종교계와 사립 학교들은 추가적인 선택지가 될 수 있다. 이 학교들은 수업료를 받는 것이 일반적인데, 실제 수업료뿐 아니라 장학금과 재정보조 정책이 학교에 따라 매우 다양하다. 종교계 및 사립 학교들은 선택적인 입학 정책을 시행할 수 있으며, 상황에 따라서 공립학교에서는 통하지 않는 이유에 의해 아동을 제외시키는 것이 허용되기도 한다. 일반적으로 이 학교들은 공립학교에 비해 정부의 통제나 규제를 덜 받는다.

(3) 홈스쿨링

홈스쿨링도 하나의 대안이 될 수 있다. 일반적으로 홈스쿨링은 부모가 교사가 되어 가르치거나(이 경우 그 부모는 구체적인 조건을 충족해야 한다), 한 가족이나 여러 가족이 자녀들을 위한 교사를 채용해야 한다. 또한 교육과정과 자녀의 진도에 대한 문서와 관련된 요구조건들이 있을 수 있다.

사회복지사는 이민자 가족이 이렇게 다양한 교육 선택지를 제대로 이해하고 살펴보도록 도울 수 있다. 때로는 아무도 가족에게 학군에 의거한 학교 외에 선택할 수 있는 다른 여지나, 각 선택지의 장단점 또는 이들을 선택하기 위해 어떻게 해야 하는지를 말해 주지 않는 경우도 있다.

물론 어떤 아동에게는 가까운 공립학교가 가장 좋은 선택으로 판명될 수 있다. 그러나 지역 내 다른 학교를 이용할 수도 있고 그곳이 더 잘 맞을 수도 있다. 차터 스쿨이나 종교계 학교, 사립 학교가 거리도 가깝고 더 나은 선택인 경우도 있다. 따라서 이민자 가족의 자녀들이 학교에 처음 들어갈 때뿐 아니라 이들의 욕구가 발전하고 변화하는 과정에서 사회복지사는 가족들이 이런 가능성들에 대해 제대로 알 수 있도록 도움을 줄 수 있다.

그러나 미국 내 대부분의 아이는 공립학교에 다니고 있기 때문에 이 장에서는 일차적 초점을 공공 교육 체계에 둔다. 따라서 이제부터 학교라는 용어는 공립학교를 지칭한다. 하지만 어떤 아동에게는 또 다른 선택이 있을 수 있다는 점을 기억하는 것이 중요하다는 것을 다시 한 번 짚고 넘어간다.

3. 부모의 역할과 책임

부모는 미국 교육 제도에서 중요한 권리와 책임이 있다. 부모에게는 자녀가 다닐 학교를 선택하는 것 외에도 여러 가지 교육과정에 관여할 권리와 의무가 있다. 우리는 다음에서 부모가 관여할 여러 측면을 다룰 것이다.

자녀가 그 부모와 떨어져서 따로 살고 있는 경우에 적용되는 특별한 규칙들이 있다. 이런 상황이 물론 흔한 것은 아니지만, 예를 들어, 부모는 아직 모국에 있고 이민자 자녀들은 친척들과 살고 있는 경우도 있다.

만약 아동에게 적절한 법적 후견인, 즉 법원에 의해 부모와 같은 기능을 수행하도록 지정받은 사람이 있다면, 그 후견인이 모든 면에서 부모를 대신하게 된다. 그러나 어떤 상황에서는 후견인 지정에 대한 조건을 마련해 두는 것이 바람직할 수 있는 반면, 학교의 목적에 따라서는 이것이 불필요할 수도 있다. 여러 주에서 친척이나, 아동이 함께 살고 있는 보호제공자가 법적으로 아동의 학업에 대해 부모로 간주된다. 더불어 학생이 일정 연령에 도달하여 독립적으로 생활하는 경우에는 스스로 자신의 교육을 관리할 권리를 가질 수도 있다.

이러한 법률들은 주마다 다소 차이가 있지만, 누가 아동의 교육에 책임을 질 것인지와 같은 기본적인 질문과 관련된 것이기 때문에 중요하다. 아동의 담당 사회복지사에게(부모, 후견인 또는 보호제공자에 반하여) 교육에 대한 결정을 내릴 권한을 주는 법률은 예외적이다.

만약 아동에게 미국에 사는 부모가 없고 아동이 밀입국된 경우라면, 미국 「이민법」에서는 아동이 합법적인 영주권이나 「특별청소년이주자지위법(Special Immigrant Juvenile Status: SIJS)」에 의한 그린카드(이민 비자)를 취득할 수 있도록 허용하고 있다. 2장에서 간단히 설명한 것처럼, 청소년 약물 남용, 유기, 방치로 인해 법정의 관할로 장기간 위탁 자격 요건이 되는 청소년도 합법적인 영주권을 받을 수 있다.

이 과정의 첫 단계는 가정 법원이 아동에게 보호가 필요하다는 판결을 내리는 것이다. 일반적으로 소년부에 있는 아이들이 위탁보호를 받아야 한다고 인정해 주는 것은 「특별청소년이주자지위법」에 의해서다. 아동이 부양받아야 한다는 판결을 받으면 「특별청소년이주자지위법」에 의해 소년부의 아동은 미국의 영주권자가 된다(예: 그린카드 취득). 만약 그 청소년이 이 권한을 신청하고 이것이 성공적으로 진행되면, 그(녀)는 미국에 남아서 합법적으로 취업하고 대학에서 주가 대 주는 수업료로 공부할 수 있으며 5년 내에 미국 시민권을 신청할 수 있다. 그러나 신청이 거부되면 강제추방될 수도 있다(8 U.S.C. § 1101(a)(27)(J); 8 C.F.R. § 204.11(C)). 사회복지사는 아동복지기관과 협력하여 아동이 보호가 필요한 존재로 인식되도록 해야 한다. 이 과정이 완료되면, 그다음에는 이민 변호사와 협력하여 소수자가 합법적인 영주권자가 되도록 힘써야 한다.

4. 언어적 접근성

학교와 학부모는 모든 종류의 이슈에 대해 의사소통한다. 입학에서부터 배치, 진급, 행동, 특별 서비스와 활동에 이르기까지 많은 것이 여기에 포함된다. 이것은 이민자 가족들에게는 문제가 될 수 있다. 바로 언어적 장벽 때문이다.

일반적으로 부모의 모국어가 영어가 아닌 경우에 공립학교는 연방 「시민권법」과 때로는 주법에 의하여 원활히 의사소통을 해야 할 의무를 지닌다(1964년 「시민권법 6장(Title VI of the Civil Rights Act of 1964)」, 42 U.S.C. § 2000d). 이것은 부모에게 보내는 주요 문서 공지나 편지는 번역해서 보내야 하고, 자녀의 학업에 대한 토론회나 학교생활 전반에 대한 학부모 모임과 같은 학교 행사에서 통역 서비스를 이용할 수 있도록 해야 한다는 것을 의미한다.

5. 학령기

아동의 나이에 대한 이슈는 초등과 중등 교육의 맥락에서 두 가지 방법으로 나타난다. 첫 번째로는 아동이 학교에 갈 수 있는 '권리'에 대한 연령 범위다. 이것은 주마다 다르지만 보통 5~6세에 시작해서 20~21세까지 또는 고등학교를 졸업하는 시점까지다. 나이 든 졸업 시점이든 더 먼저 다다르는 때까지다. 이 나이에 속하는 아동은 공립학교에 다닐 권리가 있다. 반면, 사립과 종교계 학교들은 특별히 해당 연령 범위를 요구하지 않는다.

대부분의 공립학교 체계는 유치원 교육을 제공하며 어떤 경우에는 취학 전 프로그램을 제공하기도 한다는 것을 알아 두면 좋다. 또한 헤드 스타트 프로그램(Head Start Program)은 많은 취학 전 아동이 이용할 수 있다. 물론 이 프로그램들은 대부분 5세나 6세 이하 어린이들에게 개방되어 있다.

연방 「특수교육법」인 「장애인교육법(Individual with Disabilities Education Act: IDEA)」에 해당하는 경우에는 주가 출생 시부터 조기 개입 서비스를 제공해야 한다. 이것은 일반적인 교육 서비스 연령에 비해 발달지체나 장애가 있는 아동을 위하여 연령이 확대된 것이다. 조기 개입 프로그램들을 더 자세히 설명하는 것은 이 장의 범위를 벗어난 것이지만, 이 프로그램들은 이민자 자녀에게 매우 중요할 수 있다. 더 나아가, 조기 개입 서비스를 받기 위해서는 수급권을 위한 자격 조건을 충족해야 하기 때문에 사회복지사는 자신의 지역에서 이런 서비스들이 어떻게 전달되는지 그리고 이런 서비스를 신청하려는 가족을 어떻게 도울 수 있는지를 알아야 한다.

두 번째 연령 범위로는 의무적인 출석 연령이 있다. 즉, 학교에 가야 할 '의무'에 해당하는 연령대다. 이것도 주에 따라 차이가 있지만 보통 6~7세에서 17~18세에 해당한다. 의무교육 연령에 속하는 자녀는 반드시 학교에 출석해야 하며, 앞에서 언급했듯이 학교의 종류는 어디든 상관없다.

사회복지사는 가족들이 자녀의 입학(유치원이나 발달지체 및 장애아를 위한 조기 서비스 포함) 허가와 의무교육 연령대를 이해하도록 도울 수 있다. 이 두 가지 연령 제한은 그들이 살던 모국의 기준과 다를 수 있다. 실제로 어떤 가족들에게는 학교 출석이 의무사항이라는 사실 자체가 새로울 수도 있다.

사회복지사는 두 연령 범위가 혼동될 수 있는 경우를 잘 선별해야 한다. 예를 들어, 19세 학생이 학교에 다니는 것은 더 이상 '허용'되지 않는다고 말하지만, 실상은 학교에 다닐 '의무'가 더 이상 없는 것이다. 일반적으로 의무교육 연령이 지난 학생들이 이용할 수 있는 몇 가지 '추가적' 교육 연한은 교육이 중단되었거나 새로운 언어를 따라가기 힘든 문제가 있는 이민자에게 중요한 차이를 가져올 수 있다. 사회복지사는 가족들이 자녀가 추가적으로 학교에 더 다녀야 하는지를 고려해 보도록 격려하고 도울 수 있다.

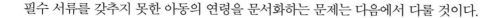
필수 서류를 갖추지 못한 아동의 연령을 문서화하는 문제는 다음에서 다룰 것이다.

6. 입학과 학교 배정

공립학교의 입학 요건은 주법에서 정하는 것이 전형적이다. 여기에는 일반적으로 신원, 연령, 거주지에 대한 증명서들이 포함된다. 때로는 예방주사 증명과 같은 추가 문서가 요구될 수도 있다.

미국에 사는 아동의 법적 권리의 문제가 학교 입학 과정에서 이슈로 표면화되는 경우가 가끔 있다. 그러나 이것은 부당한 일이다. 미국 대법원은 이민자 자녀가 학교에 다니는 데 필요한 거주 요건을 충족하는 경우, 자녀의 이민 서류에 상관없이 또는 자녀가 어떤 이민 증명서를 갖고 있지 않아도 학교에 다닐 수 있도록 규정하고 있기 때문이다(Plyler v. Doe, 457 U.S. 202 (1982)). (거주 요건은 이 장 말미에서 논의할 것이다.) 그러므로 일반적인 규칙상, 학교는 입학 과정의 일환으로 이민 정보나 문서를 요구할 권한이 없다.

1) 신원과 나이 증명

가족이 필요한 서류(예를 들면, 출생 증명, 여권 등)를 갖추고 있다면 아동의 신원과 나이에 대한 증명은 쉽다. 그러나 때로는 이런 서류들이 이용 가능하지 않아서 문제가 되기도 한다. 새로 입국한 가족들은 여권이나 비자를 갖고 있지만 때로는 이런 것들을 전혀 갖고 있지 않거나 유효 기간이 지난 경우도 있다. 일반적으로 주법과 정책에서는 신원과 나이를 규정하는 다양한 방법을 활용하도록 허용한다. 예를 들어, 의학적 전문가가 아동의 나이에 대해 진단한 진술서를 제출할 수도 있다. 증명 서류 문제는 포기하지 않고 계속 노력하면 거의 항상 해결할 수 있으므로 자녀가 서류 미비로 학교에 다닐 수 없다는 의견을 수용해서는 안 된다. 사회복지사는 이민자 가족들이 이런 증명서를 획득하도록 도움을 줄 수 있다.

2) 거주

입학 상황에서 이야기했듯이, '거주'는 자녀의 이민자 지위에 대한 것이라기보다는 그 아동이 학군에 물리적으로 거주하느냐의 조건 충족 여부에 대한 것이다. 거주 역시 주법과 정책에 의해 정해져 있다. 가장 단순한 사례는 학군의 물리적 경계 내에 부모나 한쪽 부모와 살고 있는 아동의 경우다. 이 상황의 아동은 부모가 그 가족이 학군 내에 산다는 것을 보여 주는 증명 서류(임대차계약서나 증서, 공과금 영수증, 운전면허 등)를 제시하는 한 거주 조건 충족에 아무 문제가 없다. 만약 가족이 친척과 함께 살아서 자신들의 이름으로 된 증서나 계약서가 없다 해도 그 가족이 살고 있다고 주장하는 곳에 실제로 살고 있다는 대체 증명서(임대주에게서 온 편지와 같은 것)가 있다면 그것에 의거해서 입학할 수 있다.

가족이 사는 방식이 어떤 식으로든지 불규칙적인 경우 학군에 의해 입학이 거부되기도 한다. 예를 들어, 한 주거지에 너무 많은 사람이 살아서 현지 규정에 맞지 않는 경우가 있다. 그러나 일반적으로 이것은 입학을 거부할 수 있는 타당한 근거가 되어서는 안 된다. 학군이 거주 및 구역 조항을 규제할 권한은 없기 때문이다. 학군의 핵심은 실제로 그 가족이 그 지역 내에서 살고 있느냐가 되어야 한다.

그런데 아동이 부모와 떨어져 살고 있는 경우에는 문제가 좀 더 복잡해질 수 있다. 이에 대한 주법은 다양하지만 대부분은 아동이 다른 성인(법적 후견인, 친척, 보호제공자)과 살고 있다면 그 성인이 거주하는 지역의 학교에 다니는 것을 허용하는 조항이 있다. 이와 유사하게 주법은 위탁가정, 그룹홈, 시설기관에 거주하는 아동을 보호한다.

또한 주법에서는 완전히 독립해서 사는 큰 자녀의 경우(때로는 '해방된 소수'로 불림) 그들이 거주하는 지역에서 다니는 것을 허용하고 있다. 연방법인 「매키니벤토법(McKinney Vento Act)」은 홈리스 가족도 홈리스가 되기 전에 거주한 지역이나 현재 생활하는 지역의 학교에 자녀를 보낼 자격을 인정해 준다(42 U.S.C. §11431 이하 참조).

앞에서 나왔듯이 자녀의 이민자 지위는 입학의 자격 요건에 영향을 주지 않으므로 거주 조항과 혼동하지 '않아야' 한다. 학교에 다니는 것에 대한 정상적인 거주 요건을 충족시키는 이민자 자녀에게는 이민 증명서나 그 자녀의 이민 증명서 존재의 여부와 상관없이 학교에 다닐 자격이 주어진다.

그럼에도 이민자 지위가 학교 입학과 관련될 수 있는 경우가 몇 가지 있기는 하다. 예를 들어, 외국 교환학생의 경우에 학교는 그의 이민자 지위를 알려고 할 것이다. 이것이 외국 교환학생 비자 신청을 위해 필요한 정보를 제공해 줄 수 있기 때문이다(이런 상황에서는 학생이 학교에 수업료를 내야 할 수도 있다). 2장에서 설명했듯이 외국 학생은 F비자에 의해 합법적으로 미국에 들어올 수 있다. 이 경우 학교는 학생을 받아들이고 필요한 양식(이민 양식 I-20)을 발급해서 학생이 미국에 들어올 수 있는 비자를 얻도록 돕기도 한다.

또 다른 경우는 가족이 미국에 관광으로 방문한 경우다. 학교가 가족의 비자를 볼 권한은 없지만 가족은 정말 그 지역에 머물고 있다는 것을 보여 줘야 할 부담을 갖는다. 주법에 따라서는 그들이 계속 머물 것이라는 의지를 보여 줄 것을 요구할 수도 있다. 만약 가족이 잠깐의 방문 후에 모국으로 돌아갈 계획인 것이 사실이라면 그것은 어려울 수도 있겠다.

3) 사회보장번호(Social Security Number: SSN)

법적으로는 학교가 가족에게 입학 조건으로 사회보장번호를 제시하라고 요구할 권한은 없다. 따라서 사회보장번호가 없더라도 아동이 다른 입학 관련 조건들을 충족한다면 입학할 권리가 있다. 또한 학교 점심 프로그램과 같은 어떤 서비스 과정에 신청할 때에도 사회보장번호를 요구받는 경우가 있지만, 주법에서는 이를 요구할 수 없다고 규정하고 있다.

4) 입학 과정에서의 언어적 접근

이미 필요시에는 학교가 부모와 모국어로 잘 의사소통할 의무가 있음을 언급하였다. 물론 이 의무는 가족과 학교 사이의 모든 중요한 의사소통뿐 아니라 입학 과정에서도 적용되어야 한다.

5) 학교 선택

주나 지역 법과 정책은 가족이 공립학교 제도 내에 있는 학교를 선택할 수 있도록 하고 있다. 학교 선택에서 자녀의 입학을 위해 특정 기준을 맞춰야만 할 필요가 없는 경우도 있다. 그러나 아동의 학업이나 행동기록, 특별 프로그램에 대한 관심사나 다른 요소(인종을 들 수 있는데, 아직도 법적인 인종차별 철폐 명령에 의해서 관리되는 지역은 거의 없다)에 기초해서 허가가 나는 상황도 있다. 연방법인 「낙오학생방지법」은 추가적 선택권을 제공해 왔다. 여기에는 수년간 연간 적절한 진전(Adequate Yearly Progress: AYP)을 달성하지 못한 학교에서 그 기준을 충족하는 학교로 옮길 권리와 '위험이 지속되는' 학교에서 그렇지 않은 학교로 옮길 권리가 포함된다(20 U.S.C. §6316).

이미 말했듯이, 이민자 가족들은 비이민자 가족들에 비해 공공 교육 체계에서 그들이 가질 수 있는 학교 선택권에 대해 덜 친숙할 수 있다. 또한 자신들이 사는 지역 외의 학교나 신청양식, 마감기한 등을 잘 모를 수도 있다. 사회복지사는 이민자 가족이 정보를 얻어서 자녀를 위해 가능한 한 최선의 선택을 할 수 있도록 도울 수 있다.

요약하면, 대부분의 이민자 자녀는 학교 입학 과정에서 어려움을 겪지 않지만 어려움을 경험하게 되는 경우에는 상황이 심각한 것일 수도 있다. 서류 분실, 비규범적 거주, 언어장벽 등은 모두 문제가 될 수 있는데, 꼼꼼한 학교 직원들은 법적으로 요구하는 것보다 많은 것을 요구할 수도 있기 때문이다. 그러므로 사회복지사는 소속된 주의 법과 정책을 완전히 파악하고 공식 정책에서 요구하지 않는 요소들이 부과되는 경우에는 일관되게 밀고 나가는 것이 중요하다.

또한 사회복지사는 필요시 통역사를 요구하고, 자녀를 위한 학교 선택 시 가질 수 있는 모든 선택권을 가족이 이해하도록 함으로써, 학교 직원이 아동의 이민자 지위를 조사하고자 하는 방향을 전환하도록 도움을 줄 수 있다.

7. 과정 배치 및 지침

일반적인 규범에 의하면 학교는 아동의 연령에 기초해서 학년을 배정한다. 학년 수준에 따라 교육과정은 선택할 수 있는 경우도 있고 그렇지 않은 경우도 있다. 교육과정은 주에서 학생들이 성취하기를 기대하는 지식과 기술을 규정한 학문적 기준에 따라 조정하는 것이 일반적이다. 시험과 사정 또한 이러한 기준에 의하여 조정된다.

이렇게 다소 표준화된 접근이 이민 온 학생들의 욕구에 맞을 수도 있지만 그렇지 않을 수도 있다. 다행히 법은 학교가 필요하다면 학생들의 특수한 욕구에 부응할 수 있게 프로그램을 수정하도록 규정하고 있다.

1) 영어를 배우고 있는 아동을 위한 서비스

두 가지 연방법인 1964년 「시민권법 6장」, 42 U.S.C. § 2000d와 「평등교육기회법 (the Equal Educational Opportunities Act)」, 20 U.S.C. § 1703(f) 그리고 여러 주의 법률들에서 영어를 모국어로 사용하지 않는 아이들을 위해 학군에서 특별한 조치를 취하도록 하고 있다. 미국 교육부(U.S. Department of Education), 시민권사무소(Office for Civil Rights)의 『영어 사용이 제한적인 학생들을 위한 평등한 교육 기회 제공(*The Provision of an Equal Educational Opportunity to Limited-English Proficient Students*)』 (2007)을 참고하라.

첫째, 학교는 법적으로 학생이 영어를 어느 정도 유창하게 사용할 수 있는지를 사정해야 한다. 이는 학생이 읽기, 쓰기, 듣기, 말하기에 대해 초급, 중급, 고급 중 어디에 속하는지를 결정하기 위해서다. 아동의 영어 능력에 대한 섣부른 판단이 종종 잘못된 것으로 판명되는 경우가 있기 때문에 신중하게 평가하는 것이 중요하다. 예를 들어, 놀이터에서는 그럭저럭 영어로 말하고 또래들과 대화도 할 수 있는 아동이 학문적인 용어들은 잘 이해하지 못하거나 전혀 이해하지 못하는 경우도 있다.

둘째, 아동이 아직 영어에 유창하지 못한 것으로 평가된다면 언어 교육이 제공되어야 한다. 이 프로그램은 적절한 전문적 판단에 의거해야 하며, 이는 그 아동이 제2언어 교육의 자격을 갖고 있는 교사에 의해 제2언어로서 영어 교육을 받는다는 것을 의미한다(일반적으로 교사는 2개 언어 사용자일 필요는 없다. 핵심은 영어를 가르치는 것이지 영어를 다른 언어로 통역해야 하는 것은 아니기 때문이다).

아주 어린 아동이나 영어를 거의 유창하게 하는 경우를 제외하고는, 단순히 영어를 사용하는 환경에 들여보내는 것을 전문적으로 논리적인 교육의 형태라고 보기 어려우므로, 아동이 점차로 언어를 들으며 익힐 수 있다는 이론에 따라 영어에 제한적인 학생을 정규반에 보내는 것은 바람직하지 않다. 이는 아동이 이미 그 또래의 다른 학생들처럼 유창할 것이라는 전제로 그(녀)를 그냥 정규 영어 학급에 배정하는 상황에도 똑같이 적용된다고 할 수 있다.

셋째, 아동이 영어를 얼마나 유창하게 하느냐에 따라서, 그(녀)는 영어로 가르치는 수업(수학, 과학, 역사 등)을 이해하는 데 어려움을 느낄 수 있다. 물론 이러한 이유로 어떤 학교에서는 이중 언어로 교육하는 경우도 있는데, 여기에서는 학생들이 모국어로 가르침을 받는다. 그러나 영어로 교육과정을 전달받는 것이 보다 전형적이므로, 이런 상황에서 학교는 모국어 사용자가 누릴 수 있는 혜택과 같은 수준으로 학생들이 혜택을 받을 수 있도록 교육을 조정하는 방법을 찾아야 한다.

어떻게 하느냐 하는 것은 아동의 영어 유창성 수준에 따라 달라질 것이다. 예를 들어, 교사는 보다 쉬운 영어로 교육 내용을 전달하거나, 비언어적인 접근을 사용하거나, 과외 원조나 개인 교습을 제공하거나, 제2언어로 영어를 사용하는 선생님의 도움을 요청하거나 또는 다른 가능한 여러 단계를 밟아 나갈 것이다. 중요한 것은 언어적 장벽으로 특별한 도움이 필요한 학생에게 특별한 도움이 제공되어야 한다는 점이다.

또한 학교는 시험 절차를 조정해서 영어를 배우는 학생들이 공정하게 평가받을 수 있도록 해야 한다. 이러한 원칙은 지역에서 개발한 시험과 평가뿐 아니라 표준화된 주 차원의 시험에도 적용된다. 학생들의 영어 수준에 따라서, 이러한 조정에는 추가 시간 제공, 통역이나 어학사전 사용 허용, 질문 수정, 등급 기준 수정 등이 포함될 수 있다. 만약 시험의 의도가 학생이 과학이나 역사와 같은 과목을 얼마나 잘 배웠는지를 측정하기 위한 것이라면, 이 시험이 학생이 영어를 얼마나 유창하게 하느냐가 아니라 정말 측정하고자 한 것을 평가하고 있는지를 분명히 하는 것이 중요하다.

정리하자면, 영어를 배우고 있는 학생들은 법적으로 학교에서 가라앉거나 헤엄치도록 요구받지 않는다. 오히려 영어를 배우고 영어로 진행되는 수업을 따라가도록 도울 의무가 학교에 있다. 제공되어야 하는 도움의 성격과 정도는 학생의 영어 실력, 교육과정의 요구사항, 그 외 다른 요소들에 따라 다르겠지만, 사회복지사는 아동이 혹시라도 부적절한 도움을 받거나 아예 도움을 받지 못하고 있는 것은 아닌지 질문해 보아야 한다.

2) 특수교육

연방 「장애인교육법」과 주 법률들하에서, 장애로 인해 도움이 필요한 학생들은 특수교육 서비스를 이용할 수 있다(20 U.S.C. §1400 이하 참조). 물론 영어를 유창하게 하지 못하는 것은 장애가 아니며, 법에서는 그(녀)가 영어를 배우고 있다는 것만으로 특수교육이 필요한 것처럼 학생을 분류하지 않도록 유의하라고 요구하고 있다. 그러나 영어를 배우고 있는 학생에게 학습 장애, 정서적 문제, 지적 장애, 자폐증, 청각 및 시각 손상이나 다른 장애가 있다면 특수교육은 꼭 필요할 것이다.

특수교육은 법에 의해 특별히 세부적인 권리와 절차가 기술되어 있는 영역이다. 이는 아동이 특수교육을 받을 만한지를 결정할 수 있는 평가를 통해 시작된다. 부모는 일정 기간 내에 서면 요구에 의해 이러한 평가를 받을 권리를 갖는다. 평가를 요구하는 것이 부모에게 자녀의 특수교육에 동의하도록 하는 것은 아니다. 평가는 단지 평가팀의 견해에서 볼 때 특수교육이 필요한지 아닌지를 결정하도록 하는 것뿐이다.

「장애인교육법」에서는 평가도구와 절차들에 인종적·문화적 배경으로 인한 차별적 요소가 없도록 선별하여 운영할 것을 규정하고 있으며, 평가는 '실현하는 것이 불가능하지 않다면 아동의 모국어나 모국어 소통의 형태로 제공하고 운영하도록' 의무화하고 있다 (20 U.S.C.§1414 (a)(6)). 이는 일반적으로 평가 절차와 인력들이 아동을 사정·평가하기 위하여 문화적으로나 언어적으로 유능해야 한다는 것을 의미한다. 따라서 어디서든지 이런 측면에서 인력의 부족한 점이 있다면 옹호가 필요할 것이다.

평가를 통해 아동에게 특수교육이 필요하다는 결론이 내려지고 부모가 이에 동의하면 그다음 단계는 아동의 욕구에 맞는 구체적 지침의 프로그램을 고안하기 위한 회의를 하는 것이다. 프로그램은 문서화된 개별교육 프로그램(Individualized Education Program: IEP)으로 기술되며 여기에는 상담, 언어치료 등과 같은 관련 서비스들이 포함된다.

그리고 나서 아동을 어디로 보낼지에 대한 결정을 내린다. 여기서는 아동의 욕구와 받아야 할 서비스를 고려하되 가능한 한 정규 교육 환경에 포함될 수 있도록 해야 한다. 대부분의 경우 이는 일반 학교에 주로 머물면서 특수한 서비스를 받는다는 것을 뜻한다. 그러나 좀 더 복잡한 장애가 있는 아동의 경우에는 장애 아동을 위해서 서비스를 제공하는 특수학급이나 특수학교로 보내는 것도 고려된다. 단, 법률에서는 이렇게 배제시키는 방식의 결정을 매우 선호하지 않는다는 것을 명시하고 있다. 따라서 중복 장애아를 둔 이민자 부모 중 일부는 이러한 포함을 지향하는 법에 대해 우려하기도 한다. 반면, 이전에도 장애 자녀가 다른 아이들과 함께 교육을 받은 경험이 있는 부모들에게는 전혀 문제가 되지 않을 수도 있다.

또한 「특수교육법」은 가족과 학교 간 의견이 일치되지 않을 때 이를 해결하는 장치를 제시하고 있다. 사실상 아동에 대한 모든 결정, 즉 아동의 장애 여부와 특수교육 필요 여부에 대한 결정에서부터 어디로 보내고 개별교육 프로그램의 내용과 적용을 어떻게 할 것인지에 대한 결정에 이르기까지 가족은 이의를 제기할 수 있다. 그 절차에는 중재와 법률적 청문회 및 항소가 포함된다. 세부 사항은 너무 방대하여 여기에 다 제시할 수 없지만, 요점은 특수교육과 관련된 학교의 결정이 불만스러운 가족은 그 결정을 무조건 받아들여야 하는 것이 아니며 다른 자원을 가질 수 있다는 것이다.

결론적으로 앞의 '학령기'에서 언급했듯이, 모든 주에서 어떤 지체나 장애를 보이는 5세까지의 유아에게 취학 전 조기 개입 서비스를 제공해야 한다. 이 서비스에 대한 절차는 학령기 아동에서 서술한 내용과 완전히 똑같지는 않지만 유사하다.

또한 학교는 특수교육이 요구되지 않는다 해도 어떤 특별한 조치가 필요한 경우에는 장애 아동의 욕구에 맞출 수 있도록 프로그램과 서비스를 조정해야 한다. 여기에는 엘리베이터의 접근성이나 건강을 위한 일상 스케줄의 변화 등을 예로 들 수 있다(29 U.S.C. § 794, "Section 504 of Rehabilitation Act"; 42 U.S.C. § 12131 이하 참조, "Americans with Disabilities Act").

3) 기타 특별 프로그램과 서비스

학교 시스템은 폭넓은 프로그램과 서비스들을 제공한다. 그 예로는 취학 전 프로그램, 개인 교습 프로그램, 방과후학교, 과외 프로그램, 직업 및 기술 프로그램, 마그넷 프로그램,* 여름 프로그램 등이 있다. 일반적 규범에 따르면 「시민권법 6장」과 여러 주 법률하에서 이민자 학생들은 이런 프로그램들에 대해 동등한 접근권을 갖는다.

동등한 접근은 학생과 가족에게 그런 프로그램이 있으며 이를 이용하기 위해서 밟아야만 하는 단계들을 적절히 알리는 것에서 시작된다. 여기서 다른 중요한 학교의 의사소통과 마찬가지로 정보들은 그 가족의 모국어로 제공되어야 한다. 또한 동등한 접근이 일반적으로 의미하는 바는, 만약 이민자 학생이 프로그램 참여에 대한 다른 요건에 부합한다면 그 학생이 영어를 배우고 있는 중이라는 사실만으로 프로그램에서 제외시킬 수 없다는 것이다. 또한 학생이 어떤 특수한 도움을 받지 않는 상황에서만 들어올 수 있어서는 안 된다는 것을 의미한다. 오히려 프로그램 내에 제2언어로서 영어 서비스가 제공되어야 한다.

사회복지사는 특수교육, 직업-기술 프로그램, 개인 교습, 기타 서비스와 같이 학교에서 이용할 수 있도록 만들어 놓은 특수 프로그램과 서비스들에 대해 잘 알고 있어야 한

---

* 역자 주: 다른 지역 학생들을 유치하기 위해 일부 교과목에 대해 특수반을 운영하는 프로그램

다. 만약 이민자 가족이 이런 서비스들을 이용하는 데 필요한 정보를 받지 못하고 있다면, 학교에 가족의 모국어로 정보를 제공해 주도록 요청해야 한다. 또한 만약 이민자 학생이 이런 특별 서비스와 프로그램을 이용할 수 없다는 말을 들었다면 사회복지사는 의문을 가져야 한다. 일반적으로 이민자도 다른 모든 학생과 마찬가지로 학교 서비스를 이용할 동일한 권리를 갖고 있기 때문이다. 비록 영어에 대한 도움이 필요한 학생의 욕구에 따라 특별한 조치를 취해야 하는 경우라도 그렇다.

8. 학교에서의 학생의 권리

신입생을 비롯한 학생들은 미국 공립학교에서 추가적인 여러 권리를 갖는다. 이 절에서 우리는 미국헌법 수정 제1조(First Amendment)의 자유(표현, 종교), 비차별, 학교에서의 안전에 대한 권리, 훈육의 공정성에 대한 권리 등을 논할 것이다.

1) 표현의 자유

미국헌법 수정 제1조에 따르면, 학생들은 학교에서 자신의 생각과 의견을 표현할 권리가 있다. 동시에 이 권리는 몇몇 중요한 방식으로 제한된다. 예를 들어, 교육과정을 상당히 저해할 수 있는 말은 금지된다(비록 다른 사람이 어떤 말을 듣고 기분이 상한다는 단순한 사실만으로는 그것을 반드시 방해로 볼 수는 없지만). 또한 학교는 불법적 약물 사용을 옹호하거나 외설적인 말을 금지하고 있다. 이 부분은 복잡할 수 있지만, 요점은 학생들에게는 자유롭게 말할 실제적 권리가 있으며, 이러한 권리를 제한하는 정책은 불법적일 수 있다는 것이다.

또한 수정 제1조는 학생들이 동의하지 않는 것을 강제로 말하지 않도록 보호한다. 학생에게 국기에 대한 맹세를 강요할 수 없다는 법원의 결정 등이 그 예다(West Virginia Board of Education v. Barnette, 319 U.S. 624 (1943)).

2) 종교의 자유

수정 제1조 보호 조항에는 종교도 포함된다. 법에 의한 종교의 자유 조항에 따르면, 학생들은 자신의 종교적 신념을 유지하고 기도하며 종교적 아이템을 착용하는 것이 자유롭다. 그러나 이러한 권리에도 몇 가지 제한이 있다. 공립학교에서는 종교적 신념을 가르치거나, 학교 차원에서 기도 시간을 갖거나, 종교적 명절이나 상징을 지지하는 것이 금지된다. 그러나 학교에서 종교에 대해서나 종교 음악을 포함한 종교를 가르칠 수는 있다(그것이 특정 종교를 퍼뜨리기 위한 것이 아닌 한에서).

3) 차별과 평등

연방법과 대부분의 주법은 공립학교에서 인종, 민족, 국적, 종교, 성에 의한 차별을 금지하고 있다. 이는 일반적으로 이러한 배경들이 학생을 학교 프로그램에서 배제시키거나 다른 학생들에게 제공되는 것보다 열등한 서비스를 제공하는 근거가 될 수 없다는 것을 의미한다. 모든 학생은 인종, 민족, 국적, 종교, 성에 상관없이 학교 프로그램과 서비스를 동등하게 이용할 권리가 있다.

장애에 의한 차별 역시 연방 및 주 법에 의해 금지된다. 이는 장애 학생도 학교 프로그램을 동등하게 이용할 수 있어야 한다는 것을 의미한다. 단, 적절한 조정과 적응이 주어진 상황에서도 프로그램에 성공적으로 참여할 수 없는 학생의 경우 동등한 이용이 의무는 아니다.

성적 지향에 대한 차별도 금지된다. 이에 대해 연방법은 언급이 없으므로 주 및 지역 법과 원조 정책을 봐야 하는데 몇몇 주와 지역에서만 이와 관련된 조항을 두고 있다.

4) 안 전

학교는 위험으로부터 학생을 보호할 법적 의무가 있지만, 그 의무를 실행하는 데에는 어려움이 있을 수 있다. 대부분의 학교와 학군 지역은 학생들에게 실질적인 위험뿐 아니라 위협을 알리는 절차를 마련하고 있다. 자기 지역에서 이런 절차가 어떻게 작동하는지를 아는 것은 분명히 중요하다. 학교 교직원들이 위험에 대해 충분히 고지를 받은 상태라면 지속될 위험 상황을 그대로 두지는 않을 것이다.

또한 학교는 명상 프로그램, 폭력예방 프로그램, 집단 간 갈등을 포함한 문제를 해결하도록 돕는 서비스들을 운영하는 경우가 많다. 이런 서비스들은 지자체, 사회서비스기관, 또는 주에서 운영하는 프로그램을 통해서도 이용할 수 있다.

결국 「낙오학생방지법」에 의하면 폭력의 피해자가 된 학생은 학군 내 다른 학교로 전학을 할 권리가 있다(20 U.S.C. § 9532). 이는 일이 일어난 후에 요구될 수 있으며 학군 내에 학생이 다닐 수 있는 학교가 한 곳 이상일 때 가능하다는 문제점이 분명히 있기는 하지만, 어떤 학생들에게는 유익할 수 있다.

5) 훈육(discipline)의 공정성

미국 「헌법」의 적법 절차 조항(Due Process Clause) 해석에 대한 법원의 결정에 따르면, 학교는 일반적으로는 문서로 학생에게 학교의 규율과 위반 시의 벌칙에 대해 알려 줘야 한다. 앞에서 언급했듯이 영어로 말하지 못하는 학생과 그 가족을 위해서는 번역이 제공되어야 한다.

대법원에서는 제4차 미국 수정헌법을 다음과 같이 해석하였다. 즉, 학생이 학교 규칙을 위반한 것으로 의심할 만한 사유가 있다면 학교 교직원은 학생의 소지품을 또는 어떤 상황에서는 학생을 조사하는 것이 허용된다는 것이다. 일반적으로 허용되는 조사의 정도는 의심의 성격과 강도에 따라 다르다. 무작위 약물검사는 특정 학생에 대한 의심 없이도 적어도 방과후학교와 과외활동 간 연계를 갖고 시행될 수 있다. 결국 사물함과 책상은 학생의 소유가 아니며 학교에 속한 것으로 보기 때문에 학교 교직원은 이런 물건들을 조사하는 데 무한의 권한을 갖는다는 것을 알아 둘 필요가 있다.

적법절차조항에 따라 학교 규칙 위반으로 고발된 학생은 이것이 유효한지를 결정하는 공정한 절차에 들어가게 된다. 절차의 정도는 처벌의 심각성에 달려 있다. 일반적으로 유기정학에는 비교적 비공식적인 회의나 교직원이 함께하는 청문회 정도가 필요하지만, 무기정학에는 이 문제에 관련이 없는 사람들이나 이사들 앞에서 열리는 보다 공식적인 청문회가 요구된다. 구체적 규범은 주마다 다르다. 장애 학생에게는 이들에게 적용되는 추가적 규범이 있는데, 그 목적은 장애로 인해 나타난 행동 때문에 불공정하게 처벌받지 않도록 하기 위한 것이다. 훈육에 대한 어떤 결정은 법정에 항소되는 경우도 있다.

훈육의 대상이 된 학생도 지속적인 교육 서비스를 받을 권리를 갖기도 한다. 예를 들어, 어떤 대안적 훈육 프로그램에 보내진 학생은 그 프로그램 내에서 학습을 지속할 수 있다. 퇴학 처분을 받은 학생이라 할지라도 어떤 학습 서비스를 계속 받을 권리를 가질 수 있으며, 그 기간이 지나면 정규 학교로 돌아갈 수도 있다.

요약하면 학생들은 학교에서 기본적으로 공정하게 대우받을 권리가 있다. 표현과 종교의 자유, 차별로부터의 자유, 안전한 환경에 대한 권리, 훈육에서의 공정성에 대한 권리 등이 여기에 포함된다. 그리고 이 모든 자유에는 한계도 있다. 하지만 사회복지사는 학교가 기본적인 공정성의 경계를 넘어서지 않았는지 상황을 주의 깊게 살피고 학교의 대응이 허용 불가능한 것이 아니었는지를 밝히는 단계를 밟아야 한다.

이러한 보호 방침은 특히 이민자 학생들에게 중요하다. 이들은 문화적·언어적·종교적 차이로 인하여 학교에서 다른 학생들에 비해 잘못된 대우를 받을 가능성이 크다. 또한 이민자 학생들은 학교 규칙을 충분히 이해하지 못하거나, 동료 학생들의 행동을 오해하거나, 자기가 살던 문화에서는 통하지만 미국에서는 허용되지 않는 방식으로 대응하여 문제를 일으키는 경우도 있다.

9. 학적(學籍)과 정보에 대한 권리

자녀의 학적 사본은 학생 프로그램에 대한 문제해결에서 중요하다. 이는 특히 학생 프로그램과 학문적 진전에 대한 문제, 자녀에게 장애가 있다고 생각할 만한 이유, 훈육 문제나 관련 사항들이 있을 때 그렇다.

연방 「교육권및사생활법(Federal Education Rights and Privacy Act)」과 여러 주법에서 부모와 보호자 그리고 18세 이상의 학생 자신은 학적을 열람할 수 있게 하고 있다 (20 U.S.C. § 1232g). 단, 법 집행관에 의해 기록된 바와 같이 몇몇 예외는 있다. 학교는 45일 이내에 기록을 열람할 수 있도록 해야 한다(만약 주법에서 달리 제시하지 않는다면 그보다 빨리). 그러나 일반적으로 가족들은 요구한 기록을 더 신속히 받아 볼 것이다. 이는 양도서명을 가진 사회복지사나 다른 전문가에게도 마찬가지다. 학교가 항상 학적부 사본을 제공해야 하는 것은 아니지만 대부분 요구가 들어오면 그렇게 한다.

또한 동일한 연방법에서는 학교가 부모나 보호자 또는 18세 이상의 학생의 문서화된 동의 없이 제삼자에게 학적부를 양도하는 것을 금지하고 있다. 그러나 학생이 입학을 원하는 다른 학교에 공개하는 것이라면 동의가 필요하지 않다.

또한 법률은 개별 학생에 대한 특정 사항이 아닌 일반적인 특성에 대한 정보들, 즉 특정 학교나 학군 학생들의 전반적인 학업성취 수준, 교사 자격, 안전 위반, 중도탈퇴 비율 등에 대한 정보는 대중에게 알리도록 하고 있다(예로 20 U.S.C. § 6316, 「낙오학생방지법」 참조). 또한 학교의 개선계획, 정책, 규칙도 일반적으로 공개할 수 있다.

학교 문제를 겪고 있는 가족을 돕기 위해서는 전체적인 그림을 알고 있어야 한다. 학적은 가족이 받아 보지 못했던 귀중한 정보를 제공해 줄 수 있고 생각보다 쉽게 얻을 수 있다. 학교 문제로 어려움을 겪는 가족을 도우려 할 때, 자녀의 학교 파일을 정기적으로 요청하거나 적어도 최근 기록을 요구할 수 있다.

10. 학교활동에 대한 부모의 참여

대부분의 학교에서는 학부모가 자녀의 학교생활에 대해 알고, 학교 행사나 활동에 관여하며, 학교와 학군 행정에 참여하는 기회를 제공할 수 있도록 계획된 활동들을 수행한다. 어떤 '부모 참여' 활동들은 학교의 재량이지만 부모가 자녀 학급의 수업을 참관하도록 학교가 허용하는 것은 연방법인 「낙오학생방지법」과 주법에 의해 법적으로 의무화되어 있다.

여러 이유로 이민자 부모들은 이런 활동에 미국 태생 부모들보다 덜 참여적인 경향이 있다. 여기에는 언어장벽, 이민 지위에 대한 걱정, 문화적 차이(예를 들어, 부모가 학교에서 수행할 정당한 역할은 없다는 가정을 갖고 있을 수 있다), 직장에서의 요구, 자녀 돌봄 등과 같은 이유가 작용한다. 그러나 부모의 참여가 자녀 교육에 커다란 차이를 가져온다는 것은 잘 알려져 있다. 적극적인 부모가 자녀의 학업을 돕고, 진전을 관찰하며 자녀가 일으킨 문제를 파악하고, 교사나 학교 행정가들과 효과적으로 소통하고, 여러 방식으로 자녀의 학습을 지원할 수 있다. 또한 적극적인 부모가 자녀에게 유익한 학교의 개선을 위해 옹호할 수 있다.

사회복지사는 가족들이 자녀의 학교생활에 관여할 권리가 있다는 것과 그렇게 할 때

자녀에게 유익하다는 것을 이해하도록 도울 수 있다. 또한 부모가 부모 참여 활동에 보다 효과적으로 참여하는 데 필요한 통역과 번역 서비스를 받을 수 있도록 도울 수 있다. 더불어 교사와의 만남이나 학교활동 참여에 그들의 이민자 지위가 영향을 미쳐서는 안 된다는 것을 알려 줄 수도 있다.

11. 결론

이민자 가족이 당면하게 되는 학교법과 정책 이슈들은 다양하고 많을 수 있다. 반복하지만 이런 문제에 접근하는 가장 좋은 방법은 학교 체계, 규칙, 주요 내부자를 알고 있는 여러 사람으로 구성된 네트워크의 도움을 받는 것이다. 여기에는 교육자, 부모와 학생 그룹, 다른 사회복지사들, 교육 및 이민 변호사들이 들어갈 수 있다. 어떤 문제들은 특별 자문과 외부 압력이 필요하지만 대부분의 문제는 비공식적으로 해결되고는 한다.

기초 및 초등 교육에 초점을 두고 있는 부모와 자녀 단체들은 소규모 지역뿐 아니라 주요 학군마다 있다. 학부모교사연합(Parent Teacher Association)과 같이 학교 내에서 주로 서비스를 제공하는 그룹도 교사 및 행정가와 유용한 관계를 증진시키기도 한다. 또 보다 옹호에 초점을 둔 부모 및 학생 단체들은 부모가 문제를 해결할 수 있도록 개별 가족 차원과 집단 차원에서 도움을 줄 수도 있다.

모든 주가 주 차원과 연방 차원에서 장애인 권리 보호 및 옹호조직을 지원하고 있다. 보호 및 옹호 기관의 전국 조직을 찾으려면 이 장 뒷부분의 추가자료를 보면 된다. 이민자 학생과 같은 소수자를 돕는 옹호조직도 전국적 차원과 지역 차원에서 존재한다. 법적 서비스를 위해 지역 및 주의 변호사협회가 도움이 될 수 있으며, 지역법률원조기관, 공공 변호서비스, 법률대학원 임상 프로젝트도 일조할 수 있다. 교육이나 일반적인 아동 이슈에 특화된 법률 조직도 찾아볼 수 있을 것이다.

결론적으로 사회복지사도 다른 사람들처럼 학교에 가서 학교 교직원을 권력자로 대하게 된다는 점을 인식할 필요가 있다. 물론 그들은 그렇다. 그러나 우리가 알고 있듯이 이것이 그들이 항상 옳으며, 가족을 도울 수 있는 모든 방법을 다 써 봤고, 그 가족이 어디서 왔는지를—문자 그대로 이민자의 경우에—충분히 이해하고 있다는 것을 의미하지는 않는다. 사회복지사는 이민자 가족이 권위에 적응하도록 돕는 동시에 그에 대해 적절히 의문을 제기하고, 필요로 하는 도움을 찾는 동시에 자녀의 교육을 위해 옹호할 수 있도록 도움으로써 그들에게 맞는 서비스를 수행할 수 있을 것이다.

12. 사례 연구

1) 사례 연구 1

J 씨 가족은 최근 외국에서 미국으로 왔고 17세 딸과 13세 아들을 두고 있다. 고향에서는 아들만 학교에 다녔고 딸은 집에서 가르침을 받았다. 다음 질문과 관련하여 당신은 어떤 조언과 도움을 제공할 수 있겠는가? 이 가족을 돕기 위해 추가적으로 필요한 정보는 어느 정도이며 이를 어떻게 얻을 수 있는가?

① 새로 정착한 곳에서 자녀들이 학교에 다닐 자격이 있는가? 만약 그렇다면, 어떻게 등록해야 하는가?
② 자녀들은 학교에 다녀야만 하는가?
③ 자녀들은 이웃한 공립학교 외의 다른 학교 선택권이 있는가?
④ 자녀들을 위해서 어떤 학교로 보내는 것이 가장 좋을까?

2) 사례 연구 2

가족은 자녀들을 지역의 공립학교로 보내기로 결정했다. 아들 V는 7학년에 배정되었는데 그 학교에는 V가 쓰는 언어를 아는 교직원이 한 명도 없고 단지 같은 학년에 영어도 잘하고 V와 같은 모국어도 잘하는 아이가 한 명 있다. 학교에서는 이 학생에게 V를 돕도록 하였고 실제로 그렇게 했지만 V는 심각한 어려움을 겪는 것으로 보였다. 당신이 보기에 V의 부모는 아들보다도 영어를 더 이해하지 못하기 때문에 아들에게 도움을 줄 수가 없다. 당신의 불안감에도 불구하고 V의 부모는 이 상황에 상당히 만족하는 것으로 보인다. 그들은 학교가 안전하며 아들이 학교에서 영어를 빠르게 배워 가면서 가게나 길거리에서 가족에게 통역해 주는 역할을 하고 있다고 말한다.

① 당신은 V의 학업 발달에 대한 걱정을 어떻게 다루어야 하겠는가?

② V는 지금 받고 있는 것 외에 (또는 그 대신에) 학교에서 추가적인 서비스를 받을 권리가 있는가? 만약 그렇다면 어떤 것들인가?

③ 사실 V가 추가적인 서비스를 받을 권리가 있고 그것을 받을 수 있도록 돕기로 했다면, 당신은 그와 관련하여 어떻게 해야 하는가? 예상되는 장애물은 무엇이며 이들을 어떻게 다룰 것인가?

3) 사례 연구 3

딸 Z 역시 학교에서 어려움을 겪고 있다. 그녀에게는 중요한 종교적 상징을 착용하지 못하도록 하는 것도 어려움 중의 하나다(학교에서는 종교적 활동을 금하고 있으며, 이것이 그녀가 갖고 있는 종교에 대한 차별은 아니라고 알려 주었다). 그녀는 기량이 뛰어난 무용수이지만 공연예술학교에는 지원할 수 없다는 말을 들었다. 그 학교에는 영어를 제2언어로 하는 수업이 없기 때문이었다. 일 년쯤 뒤에 교직원은 가족에게 그녀의 영어 실력이 향상되었으므로 이제 그 학교에 지원해도 좋다고 말했다.

① Z뿐 아니라 그 부모도 종교적 상징에 대한 신념이 강하다. 그러나 그들은 이 이슈를 밀어붙이는 것을 주저하였다. Z가 종교적으로 소수자라는 것이 자명하기 때문이다. 당신은 그들을 도울 수 있겠는가? 그리고 돕는다면 어떻게 돕겠는가?

② Z는 공연예술 프로그램에 참여할 수 없다면 학교를 그만두겠다고 한다. 그녀를 도울 수 있겠는가? 그리고 돕는다면 어떻게 도울 수 있겠는가?

추가자료

웹사이트

National Association for Bilingual Education: www.nabe.org

National Parent-Teacher Association: www.pta.org

Public Education Network (national network of local "public education funds," working to improve public schools): www.publiceducation.org

Teachers of English to Speakers of Other Languages: www.tesol.org

U.S. Department of Education: www.ed.gov

전국적인 법적 옹호조직들

American Civil Liberties Union: www.aclu.org

Asian American Legal Defense and Education Fund: www.aaldef.org

Center for Human Rights and Constitutional Law (information on Special Immigrant Juvenile Status): http://immigrantchildren.org/cases/

Lambda Legal (advocacy on behalf of lesbians, gay men, bisexuals, transgender people and those with HIV): www.lambdalegal.org

Mexican American Legal Defense and Education Fund: www.maldef.org

NAACP Legal Defense and Education Fund (legal arm of the National Association for the Advancement of Colored People): www.naacpldf.org

National Council of La Raza (Latino civil rights advocacy organization): www.nclr.org

National Disability Rights Network (information, resources, and links involving services to persons with disabilities, including special education): www.ndrn.org

법률적 참고자료

헌법 조항, 법령, 규칙

United States Constitution, First Amendment

United States Constitution, Fourth Amendment

United States Constitution, Due Process Clause (Fourteenth Amendment)

8 U.S.C. § 1101(a)(27)(J)

20 U.S.C. § 1232g

20 U.S.C. § 1703(f)

20 U.S.C. § 1400 *et seq.*
20 U.S.C. § 1414(a)(6)
20 U.S.C. § 6316
20 U.S.C. § 9532
29 U.S.C. § 794
42 U.S.C. § 2000d
42 U.S.C. § 11431 *et seq.*
42 U.S.C. § 12131 *et seq.*
8 C.F.R. § 204.11(c)

사 례

Plyler v. Doe, 457 U.S. 202 (1982)

West Virginia Board of Education v. Barnette, 319 U.S. 624 (1943)

기타 자료들

U.S. Department of Education, Office for Civil Rights. (2007). *The provision of an equal educational opportunity to limited-English proficient students.* Washington, DC: Author.

10장

여성, 성에 기초한 폭력과 이민

Sujata Warrier, Jennifer Rose

이야기 하나를 깨고 열어 그 속에 있는 것을 알려 주리라. 그리고 모래 위로 떨어진 다른 모든 것처럼 그것을 끝내리니. 그리하고 나면 바람이 실어 가리라.

-Shostak(1981)

들려줄 이야기가 많다. 여성 폭력 관련 사업이나 성에 기초한 폭력(Gender-Based Violence: GBV) 운동은 위의 시구로 자신의 이야기를 시작한 Nisa와 같이 사랑하는 사람의 손에 의한 여성의 폭력 경험에 관한 이야기로 시작되었다. 여성에 대한 온갖 형태의 폭력은 전 세계적인 현상으로, 여성 세 사람 중 한 사람이 경험하는 일이다. 이와 같은 일은 UN의 사무총장도 인정하였듯이 가장 기본적인 인권 침해다. 세계 여러 곳에서의 개선 노력에도 불구하고 문제의 핵심 부분은 여전히 인식되지 않은 채 남아 있다. 여성에 대한 폭력을 근절하기 위해서 노력해 온 여성과 여성단체는 폭력이 생명을 파괴할 뿐만 아니라 지역사회를 균열시키고 발전을 저해한다는 것을 알고 있다. 세계보건기구에 의하면 다음과 같다.

- 신뢰할 만한 대규모의 연구 결과를 보면 15%에서 71%의 여성이 가까운 파트너에 의해서 신체적 혹은 성적 폭력을 당했다.
- 인구 통계에 근거한 연구에 의하면 12%에서 25%의 여성이 파트너나 전 파트너에 의한 강제적인 성관계를 경험했다.

■ 2002년과 2005년에 실시된 다국적 연구에서 파트너 폭력은 여성의 건강과 안녕에 큰 영향을 미치며, HIV나 성병 증가와 관련이 있고, 정신건강에 심각한 위협이 되고 있다는 것을 발견했다.

이민 여성과 난민 여성은 미국(미국령을 포함한)에서 태어난 여성들과 여러 면에서 유사하고도 상이한 가정폭력, 성폭력 등 다양한 유형의 폭력을 경험한다. 이들은 많은 구조적 장애와 지역사회 내부의 상황으로 인해 안전, 지지, 역량 강화 등을 찾기가 더 어렵다.

1991년에 여러 기관의 후원으로 개최된 '꿈을 잃다, 꿈을 찾다' 콘퍼런스에서 이민 여성과 난민 여성의 옹호자들은 이민자와 난민 사회의 가정폭력과 성폭력 경험이 본국에서 나고 자란 여성과 유사하기도 하고 상이하기도 한 점을 강조하였다.

많은 사람이 이민 여성과 난민 여성이 서비스 전달 체계에 접근하여 서비스를 받기 위해서는 엄청난 장애와 취약성을 극복해야 한다는 사실에 동의하고 있다. 언어나 문화적으로 적합한 방식의 서비스가 제공될 때 이민 여성과 난민 여성들의 서비스 접근성과 이용률이 현저하게 증가한다는 사실은 많은 연구를 통해 증명되고 있다. 본국 출생의 여성과는 달리 폭력을 당하는 이민 여성은 미국 시민권을 가진 가해 배우자로부터의 안전과 이민자 지위를 확보하기 위한 법률 서비스를 필요로 할 수도 있다. 이민자 가정폭력 피해자를 보호하기 위해 생성된 1994년의 「여성폭력예방법(Violence Against Women Act: VAWA)」에 의거한 구제를 받기 위해 법률 서비스를 신청한 여성의 숫자는 충격적이다. 이는 가정폭력, 이민자 권리, 사회복지서비스 관련 옹호자와 실무자들이 네트워크를 형성하고 협력함으로써 모든 이민 여성과 난민 여성을 위한 안전망을 만들지 않았다면 불가능했을 것이다.

이 장에서는 폭력의 독특한 역동과 위험 요인, 폭력의 결과 등 이민자와 난민 사회에서의 여성에 대한 폭력을 살펴볼 것이다.

1. 이민자와 난민 사회에서의 여성 폭력

여성에 대한 폭력을 정의할 때 "공공장소, 개인 영역 등 발생 장소에 상관없이 여성에게 신체적, 성적, 정신적 유해나 상해를 유발하거나 가져올 수 있는 성에 기초한 모든 유형의 폭력과 그러한 행위의 협박, 강제, 자유의 임의 구속"(유엔총회, 1993)이 포함되어야 한다는 것이 일반적인 견해다. 즉, 가정과 지역에서 발생하는 구타, 아동 성폭력, 지참금 관련 폭력, 강간, 여성 할례와 여성에게 위해한 전통의식, 비(非)배우자 폭력과 착취 관련 폭력, 성희롱, 직장과 학교 및 기타 장소에서의 위협, 여성 밀매, 강제 매춘, 국가에 의해 자행되거나 용인된 폭력 등의 신체적, 성적, 심리적 폭력을 모두 포함한다.

통상적으로 여성에 대한 폭력은 위와 같이 정의되지만 많은 경우 폭력에 대항하는 운동은 관련 이슈와 정의를 파편화하고 축소한다. 가정폭력과 성폭력을 서로 다른 이슈와 문제로 다루는 경향이 커지면서, 가정폭력을 대인관계의 문제로 보고 폭력의 피해자나 생존자들을 유해한 관계에서 떨어지도록 하는 데에 많은 노력을 기울이게 되었다.

이러한 노력의 결과는 이민 여성과 난민 여성으로 하여금 더욱더 서비스나 보호 법률에 다가가기 어렵게 하였다. 대부분의 경우에 이들에게 제공되는 서비스는 문화적으로나 언어적으로 적합하지 않게 구성되어 있다. 이민자나 난민이 미국에서의 삶을 꾸려 나가는 데 많은 어려움이 있다는 것은 자명한 사실이다.

1) 이민자와 난민: 상이점과 유사점

이민자와 난민은 미국에서 태어나지 않았다는 점으로 인해 많은 부분에서 비슷하게 보일 수 있으나, 두 집단은 주요 부분에서 다른 점이 많다. 법률적인 측면에서의 큰 차이는 그들이 소지하고 있는 지위와 그 지위에 따라오는 혜택에서 찾아볼 수 있다(2장 참조).

2장에서 기술한 바와 같이, 1980년 「미국난민법」에서 난민은 민족, 종교, 국적, 정치적 견해, 혹은 특정 집단의 구성원이라는 점 때문에 과거에 박해를 받았거나 박해를 받을 근거가 있어서 본국을 떠난 사람을 말한다. 만약 그 사람이 미국에 있지 않다면 외국에서 난민 자격을 미리 신청할 수 있으며, 방문자나 학생 자격으로 미국 내에 있다면 망명을 요청할 수 있다. 위치에 상관없이 지원자들은 "민족, 종교, 국적, 정치적 견해, 혹은 특정 집단 소속으로 인해 박해를 받을 수 있다는 확실한 근거"를 제시하여야 한다(1980, 「미국난민법」).

여성 할례나 가정폭력 등과 같은 학대 상황으로부터 도피하는 여성들은 그들이 여성이라는 특정 사회집단에 소속되어 있어 박해를 받을 수 있다는 것을 근거로 「난민법」에 의한 보호를 요청할 수 있다. 그러나 여성이 사회집단이냐 아니냐에 대한 것은 여전히 논란이 되고 있다. 사회복지사는 자신의 자격을 활용하여 지원자가 실제로 본국에 돌아가기를 두려워하고 있고, 본국으로 송환될 경우에 대비하여 공포를 최소화하기 위해 필요한 치료를 제공하고 있다는 내용으로 정부에 제출하는 지원서 작성에 도움을 줌으로써 첫 번째 관문을 통과하도록 원조할 수 있다. 이 방법이 유효하기 위해서는 여성의 권리와 인권 침해 등의 자료를 제공함으로써 보고된 인권 침해 사례로 박해가 있음을 증명해 줄 수 있는 여성 권리 옹호자와 타 기관 서비스 제공자들과의 긴밀한 협조가 필요하다. 사회복지사는 또한 본국으로 송환될 경우의 박해에 대한 두려움 등과 같은 지원자의 현 상태에 대해서 직접 혹은 지원서를 통해 진술함으로써 지원자의 법적대리인과 협력해야 한다.

성에 기초한 폭력에 관해서는 이민 여성과 난민 사이에 상이점보다는 유사점이 더 많다. 주류사회에 적응하여 아메리칸 드림의 일부가 되고 자녀들에게 더 나은 삶을 제공하고 싶은 욕구로 인해 모든 이슈를 부정하도록 하는 상황이 되기 쉽다. 가족의 비밀을 나누고 과거에 있었던 어려운 이야기를 다시 꺼내는 것은 매우 수치스러운 일일 수 있다. 이민자와 난민 사회에서 주류사회에 정착하여 모범적인 소수집단이 된다는 것은 어려움이나 잠재적 재앙이 될 수 있는 가정폭력이나 성폭력과 같은 문제에 대해 침묵하거나, 부정하거나, 아니면 이민 스트레스와 관련지어서만 표현해야 함을 의미한다.

동화의 시급함 때문에 많은 이민자사회는 가정폭력의 심각성을 적극적으로 보려 하지 않는다. 그들은 가정폭력을 개인적인 문제라고 생각하거나 혹은 좋은 집이나 직장을 얻는 것과 같은 문제보다 덜 중요하다고 생각한다. 본국이나 제3국의 참혹한 상황에서 도망쳐 나온 난민들의 가장 높은 우선순위는 새로운 삶에 적응하고 새로운 조국에서 성공하는 것이다.

옹호자들이 이민자와 난민 사회의 여성에 대한 폭력을 다루기 위해서는 이민자와 난민이 이 나라에 도착하기 이전의 삶에 대한 충분한 이해가 반드시 필요하다.

2. 이민 여성에 대한 폭력의 역동, 위험 요인, 결과

1) 통제 도구로서의 이민자 지위와 체계

성에 기반을 둔 폭력은 인종, 민족, 문화적 경계에 상관없이 이루어지지만, 성 기반 폭력(Gender-based violence: GBV)[1]을 다룰 때 특정 사회문화적 이슈를 고려할 필요는 있다. 특히 주의해서 살펴볼 것은 여성을 통제하기 위해서 배우자가 이민자의 지위를 이용하는 경우다. 이런 경우 여성의 취약성은 현재의 미국이주 정책에 의해서 더욱 두드러진다. 1986년「결혼사기법부칙」(8U.S.C.(§ 1186a))에 의하면 미국 시민의 외국인 배우자는 2년간의 조건부 거주 지위를 갖게 되고, 이후 영구거주권을 얻기 위해서는 미국 시민권자가 자신의 외국인 배우자를 위해 청원서를 제출하여야 한다. 이러한 정책은 외국인 배우자에 대한 학대 권리를 제공하는 것이다(Anderson, 1993; Bau & Tamayo, 1991).

가해 배우자가 여성의 이민자 지위를 이용해서 그녀들에게 두려움을 심어 주고 통제하는 예는 너무나 많다. 예를 들면, 가해 배우자가 부인에게 이혼하겠다거나 영주권 신청을 거부하겠다고 협박하여 원하는 것을 얻는 것이다. 적법한 서류가 없거나 불법 체류자의 경우, 그러한 상황에 처해 있더라도 합법적인 지위를 잃거나 강제추방당할 수 있다는 두려움으로 인해 외부의 도움을 요청하는 것이 쉽지 않다(Crandall, Senturia, Sullivan, & Shiu-Thornton, 2005; Dutton, Orloff, & Hass, 2000; Hogland & Rosen, 1990; Klein & Ofloff, 1993; Orloff, Jang, & Klein, 1995; Raj, Liu, McCleary-Sills, & Silverman, 2005). 미국 시민권을 가진 자녀가 있는 경우라면 자녀들과 헤어질 위험에 처할 수 있기 때문에 특히 더 상처가 될 수 있다. 이민자와 관련한 권력과 조정의 바퀴를 보면 이민자 지위가 권력과 조정 체계의 한 부분으로 어떻게 사용되는지에 대해 알 수 있다.[2]

이민자 지위뿐만 아니라 영어 능력이나 미국 법과 체계에 관한 지식에서의 격차도 이민 여성이나 난민 여성을 매우 취약한 위치에 놓이게 하므로 가해 배우자는 그들의 학대를 강화하기 위해 시스템을 이용할 수도 있다. 예를 들어, 피해자나 다른 사람이 전화를 걸어 경찰이 현장에 나타났을 때 영어를 사용하는 가해자가 경찰관으로 하여금 폭력을 사용한 사람이 여성이라고 믿게 할 수도 있다.

다음과 같은 결혼이나 관계의 유형에서 외국 태생 여성의 취약성이 나타날 수 있다.

- 미국 군인과의 결혼이나 약혼을 통해서 미국으로 이주한 여성(Erez & Bach, 2003).
- 우편 주문 신부. 미국 내에서 아시아와 동유럽으로부터 사진/우편 주문 신부를 활용하는 일반인이 점차 증가하고 있다(Anderson, 1993; Crandall et al., 2005; Lai, 1986; Narayan, 1995; Vergara, 2000).
- 미국에 살고 있는 같은 민족적 배경의 남자와 결혼한 여성. 미국 내 이민사회나 난

민사회에서 같은 민족 혹은 문화적 배경의 외국 여성과 결혼하는 일은 매우 흔한 일이다. 미혼자들은(가끔은 기혼자들도) 신부를 찾기 위한 목적으로 자신의 고국을 방문한다(Ayyub, 2000; Chin, 1994; Dasgupta & Warrier, 1996; Sullivan, Senturia, Negash, Shiu-Thornton, & Giday, 2005).

위에 제시한 모든 관계의 커플 사이에는 영어 능력 정도, 교육 수준, 미국의 문화·법·의료·사회 체계에 관한 지식, 개인/사회 지지 체계의 접근성이나 가족으로부터의 지원 정도 등 경제적 혹은 사회적 자원에서의 격차가 존재한다. 그러한 사회·경제적 불균형은 외국 태생의 여성들이 배우자의 권력과 통제에 취약할 수밖에 없도록 한다. 대다수의 경우 위 유형의 결혼은 이런 나라의 여성들이 '진보적인 미국 여성'에 비해 순종적이고 수동적일 것이라는 고정관념에 입각해서 이루어진다. 외국 태생의 많은 여성이 자신의 권리에 대해서 알지 못하고 입국하여 그것에 대해서나 혹은 권리를 행사할 경우 일어날 일들에 대해서 잘못된 정보를 제공받는다. 의도적으로 고립되어 자신과 비슷한 경우에 있는 사람들과 사회적 관계를 맺을 기회를 박탈당하고, 남편에게 경제적으로 의존해야 하는 경우가 많으며 계속해서 그렇게 살아가도록 강요받을 수도 있다.

앞서 말한 것처럼 미국 군인과 결혼했거나 우편 주문으로 온 여성의 경우에도 학대 상황에 처한 자신을 발견할 수 있다. 이러한 경우 가해 배우자는 여성의 이민자 지위를 이용해 두려움을 유발하여 통제한다. 그러나 합법적인 영주권자나 미국 시민권자와 결혼한 신규 이민자는 「VAWA」의 이민자 조항에 의해 가해 후원자 또는 배우자의 도움 없이 스스로 청원할 수 있다. 따라서 이민 여성은 폭력으로부터 안전하게 피할 수 있을 뿐만 아니라 변호사, 사회복지사, 옹호인을 접할 수 있다면 자신의 가해자를 고발할 수도 있다.

망명 신청도 마찬가지로, 사회복지사는 다른 서비스 제공자들과 이민 변호사들의 도움으로 클라이언트가 학대를 증명할 증거를 취합하도록 하여 그들이 합법적으로 영주할 수 있게 도와줄 수 있다. 학대 피해 여성이 미국 시민권자나 합법적인 영주권자와 결혼하였다면 자기청원을 할 수 있다. 자기청원을 하지 않은 21세 미만의 미혼인 자녀의 경우 추가 수혜자로 청원에 포함될 수 있다. 사회복지사는 진술서나 다른 서류를 통해 학대를 증명할 수 있다.

■ 이민국의 직원이 이야기의 궤적을 잘 따라갈 수 있도록 클라이언트의 증언을 시계

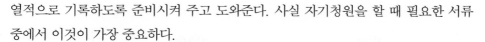

열적으로 기록하도록 준비시켜 주고 도와준다. 사실 자기청원을 할 때 필요한 서류 중에서 이것이 가장 중요하다.

- 다른 사람들로부터 이 결혼이 진실한 것이며 가정폭력과 관련된 이유로 2년 이내에 종료가 되었다는 진술서를 받아서 제출한다.
- 학대보호명령을 받는다.
- 학대로 인해서 의료적 처치를 받은 적이 있다면 병원 기록을 받는다.
- 경찰에 요청한 적이 있다는 것을 보여 주기 위해 경찰 기록을 받는다.
- 사회복지사가 상담을 제공하고 있다는 진술서를 제출한다(이는 임파워먼트를 위해서 반드시 필요하다).

전국의 여러 지방 소도시에서는 「여성폭력예방법(VAWA)」, 성에 근거한 망명, 난민에 대한 법적인 도움을 제공하는 이민 변호사가 많지 않기 때문에 사회복지사와 옹호자들은 학대받는 신규 이민 여성들의 증거 수집에 매우 중요한 역할을 담당한다. 폭력 이슈에 관해 관심이 있고 기꺼이 도와주려고 하는 이민 변호사나 「가정법」 변호사를 찾아내는 것은 법적 자원이 거의 없는 지역에서의 훌륭한 옹호를 위해 가장 중요한 일이다. 협조관계의 구축과 여성폭력 관련 이슈에 대한 교차 훈련 실시 등의 전략이 이민 여성의 안전을 확보하기 위한 법적 개입의 과정에 반드시 포함되어야 한다.

2) 다중 가해자 이슈

미국에서는 가정폭력이 친밀한 관계에 있는 두 사람 사이에서 나타나는 폭력이라고 인식되어 있지만, 아시아-태평양 섬 주민을 대상으로 한 연구를 보면 인척이나 다른 확대가족이 원가족으로부터 지원이 거의 없는 며느리에 대해 직접 혹은 간접적인 폭력을 행사하는 경우도 많다(Dasgupta, 2000; Grewal, 2007; Fernandez, 1997; McDonnell & Abdulla, 2001; Mehrotra, 1999; New Visions Korean Committee, 2004; Shiu-Thornton, Senturia, & Sullivan, 2005; Yoshihama, 2000). 이러한 지역에서 온 난민 여성들은 박해의 증거가 있다면 망명을 요청할 수 있다. 박해자가 정부 기관일 필요는 없다. 가정폭력의 경우 배우자 혹은 시부모이거나, 여성 할례의 경우 할머니처럼 정부가 '조정을 할 수 없거나 할 의사가 없는' 경우일 수 있다. 다른 서비스 제공자와 변호사와의 협력으로 사회복지사는 신청에 필요한 증거를 수집하여 클라이언트가 망명을 요청하는 데 중요한 도움을 줄 수 있다.

3) 지역사회의 지식, 태도, 신념

GBV에 대한 태도와 신념은 서비스가 어떻게 제공되고 피해 여성이 어떠한 서비스를 찾을지에 큰 영향을 미친다. 많은 폭력 피해 이민 여성과 난민 여성은 가족, 친구, 지역 주민들의 지지에 의존하므로 이러한 인구집단과 일하는 사회복지사들은 클라이언트가 표현하는 지역 주민들의 태도, 신념, 행동에 대해 알고 있어야 하고 그것을 다룰 수 있어야 한다. 그래야만 피해 여성들을 도와줄 때 지역사회에서 이용하는 수치심이나 지원 체계 상실에 대한 두려움을 다룰 수 있는 전략을 세울 수 있다(Torres, 1987). 여러 연구에서 밝혔듯이 피해자의 뒤에서 흉을 보거나 폭력을 가족/민족의 외부에까지 드러낸 것에 대해 비난하고 적대시하는 등의 태도는 여성들의 도움 구하기 행동에 커다란 영향을 미친다. 에티오피아 여성에 관한 최근의 연구에도 이러한 내용이 잘 나타나 있다.

> 만약 피해자가 경찰을 부르거나 폭력에 대해 외부에 알린다면 지역사회의 지원을 잃는다거나 지역 주민들로부터 직접적인 위협을 당할 수도 있다. 다른 에티오피아인들로부터 받는 사회적 지원이 전부인 난민이나 이민 여성의 경우 지역사회의 반감과 제재는 견디기 어려운 일일 수 있다.

4) 사회 · 문화와 사회 · 정치적 맥락

GBV를 경험하는 이주/난민 여성에게 영향을 주는 많은 이슈가 있다. 이민자나 난민 문화를 GBV의 주요 요인으로 다루려는 의견들이 있지만 그러한 결론을 적용하려면 매우 조심스럽게 접근해야 한다. 앞에서 다룬 것처럼 GBV는 전 세계적으로 만연한 현상으로 미국의 통계도 거의 비슷한 비율을 보이고 있다. GBV는 가부장적인 태도에 의해 다양하게 표출되는 현상으로 인식되고 있다. 따라서 이민/난민 사회에서 대인관계 폭력에 영향을 미치는 다양한 측면 가운데 하나로 이민/난민의 문화적 가치와 실천을 살펴보는 것은 매우 중요하며, 그 안에서도 문화적 다양성이 존재한다는 것을 반드시 인식하여야 한다.

난민과 이민 사회 내에서 발생하는 GBV 사례는 사회복지사가 내부적 다양성의 현실과 사회적·법적 체계에 의해 만들어진 구조적 장애물을 인지하고 이것들이 이민/난민 여성의 삶에 어떤 영향을 주는지에 대해서 인식할 수 있을 때 피해자에게 공정한 결과를 안겨 줄 수 있다. 예를 들어, 이민이나 난민 정착 과정에서 경험하는 인종차별이나 다른 유형의 차별은 이민자들에게 특정 문화적 가치, 특히 여성에 대한 보수적인 태도를 더욱 강화할 확률이 높다. 따라서 사회복지사는 그러한 언어나 문화 등이 난민 여성이나 이민 여성이 살아야하는 현실이라는 사실과 그들을 도와주기 위해서 만들어진 체계가 그들의 문제를 적절하게 해결하지 못하면 오히려 발목을 잡는 장애가 될 수 있다는 것을 알고 있어야 한다. 많은 경우, 여성의 접근성을 어렵게 하는 것을 체계 그 자체로 보기보다는 지역사회 내에 존재하는 장애물로 보기가 쉽다.

개인적, 대인관계적, 가족적, 기관 내적, 지역사회적, 정책적 차원에서 발생하는 다양한 요인이 서로 영향을 주고받으며 많은 역동을 만들어 낸다. 이민/난민 가해자, 피해자, 그리고 지역사회 내 방관자들의 태도와 행동은 사회·문화·정치적 맥락에서 끊임없이 영향을 주고받으며 형성된다.

일부 여성들은 경제적인 이유로 미국에서 일하기 위해 고국을 떠나는 경우도 있다. 어떤 여성들은 식당에서 일하기 위해 온 줄 알았지만 성매매를 하거나 노동력을 착취하는 공장에서 일하게 된 경우도 있다. 많은 경우 여성을 잠복시키거나 옮길 때 협박과 위협을 사용하고, 이후에 이 여성들은 중개인들에 의해 갇히거나 활동의 제한을 받게 된다. 이러한 상황에서 밀매된 여성들이 급습에 의해 발견되면 정부는 그들을 밀매의 피해자로 규정할 수 있다. 그런 경우에 여성은 관련된 서류를 받거나 여권에 'T'도장을 받을 수 있다. T 도장은 여권의 소지자가 인신매매의 피해자이며 난민 지위와 유사한 상황으로 미국에 합법적으로 남아 있을 수 있음을 알려 주는 표시다. 학대에 근거하여 합법적인 영주 지위를 신청하거나 핍박에 근거한 망명을 신청할 때, 사회복지사는 다른 기관과 협력하거나 인신매매의 피해자에게 법적 도움을 줄 수 있는 서비스 제공자와 연계하는 것이 매우 중요하다. 사회복지사가 정부 개입과 법적 지위 확보 이전에 인신매매 피해자와 접촉할 경우에는 협력적 옹호 계획을 개발하는 것이 특히 중요하다. 정부 기관에서 피해자가 인신매매를 당했다는 것을 확인해 줄 때까지는 중개인들로부터의 보호도 부족하고 정부로부터의 혜택도 받을 수 없기 때문에 밀매된 여성은 매우 취약한 상황에 놓이게 된다. 사회복지사는 지속적인 안전 계획의 확보와 우선적인 사회적·의료적 필요에 대한 도움에 관여해야 한다. 이들에게 제대로 된 도움을 제공하기 위해 필요한 핵심 요소는 사회복지사와 다른 서비스 제공자들에게 주어질 훈련 내용에 인신매매를 정확하게 파악하는 방법을 포함하는 것이다.

5) 문화적 관례, 가치, 규범

문화적 가치와 관례는 GBV가 드러나는 방식과 그에 대한 개인, 가족, 지역사회 구성원 및 기관들의 대처 방법에 커다란 영향을 미친다. 많은 문화적 가치는 동시에 억압적일 수도 있고 보호적일 수도 있기 때문에 여성 자신의 해석을 중심으로 이해해야 한다.

- 엄격하고 위계적인 가부장적 가치―중요한 역할은 남자에게 주어지고 여성은 남성을 따라야 한다.
- 체면 유지, 가족의 중요성, 운명의 역할―체면 때문에 가족을 유지해야 하는 것에 대한 강한 압박이 구성원의 독립이나 피해자의 원조 요청 행위를 가로막는다. 이러한 주제를 다루는 데서 종교와 운명은 매우 중요한 역할을 담당하여, 종교적 계율과 운명을 받아들일 수밖에 없는 경우도 있다. 이러한 가치들은 여성들을 제약하기도 하지만 그들에게 힘의 원천이 될 수도 있다.
- 선택에 의해서든 상황에 의해서든 자신의 집을 떠나 외국으로 간다는 것은 쉽지 않을 뿐만 아니라 그 과정에서 재산 손실, 개인적 상실, 고립, 정신적 외상 등의 경험을 하게 된다. 영어 능력의 한계와 미국 체계에 대한 낯섦 등으로 인해 그러한 감정은 악화될 수 있다.
- 구조적인 인종차별, 외국인 공포증, 이민자와 난민의 삶에 관한 정책이 미치는 영향을 간과해서는 안 된다. 이러한 영향은 남녀에게 모두 미치지만 성에 기반한 폭력을 야기하지는 않는다. 그러나 이민자/난민들이 경험한 차별은 도움을 요청하는 행동에 영향을 미친다. 2001년 9월 11일 이후로 이민/난민 사회의 여성들이 도움을 요청하는 것을 꺼리게 되었다. 그 사건이 폭력 가해자들에게 어떤 영향을 미칠지에 대한 확신이 없었기 때문이다(Raj, Silverman, McLeary-Sills, & Liu, 2004). 추방과 급습이 증가하면서 피해자들 사이에 원조 기관이나 체계를 이용하는 데 대한 우려가 높아졌고, 「복지개혁법」 「불법이민및이민자책임법」 「애국자법」 「결혼사기법」 등과

같은 정책으로 인해 이민/난민 여성의 취약성이 더 커졌다.

■ 1994년 「VAWA」의 통과와 2000년, 2005년의 재인증으로 이민/난민 여성은 이민 구조와 공공 부조를 받을 수 있게 되었다. 5,000명에 가까운 이민 여성들의 신청이 미국 이민국(U.S. Citizenship and Immigration Services: USCIS)으로부터 통과되었 다. 이들을 위한 옹호자들의 끊임없는 노력이 이러한 변화를 가져오게 되었다.

■ 이민과 재정착의 경험은 문화결빙이라고 하는 복잡한 과정을 통하여 고국으로부터 가져온 가치와 규범적 행동을 더 엄격히 적용하게 하기도 한다. 미국처럼 동화의 압 박이 높은 경우 자신의 문화적 가치를 잃을지도 모른다는 두려움 때문에 더 엄격해 질 수도 있다. 흥미로운 점은 그러한 결빙 현상이 여성과 자녀와의 관계를 규정하는 가치를 중심으로 일어난다는 것이다.

■ 적응 과정에서 생존해야 하고 좋은 인상을 심어 줄 필요가 있는 경우에 지역사회 내 GBV를 부정하기도 하는데 인종차별과 외국인 혐오증을 대면하는 경우에는 특히 더하다. 한편으로, 모범적 소수민족 신화가 GBV에 대항하려는 사람을 억압하고 억 누르기도 하지만, 반대로 많은 이민/난민 사회에서 성공을 이끌기도 했다.

3. 사회복지사와 사회서비스기관에의 함의

이민/난민 여성의 기관에 대한 접근성, 여성을 돕기 위해 만들어진 기관의 반응, 여성 의 원조 요청 등은 현재 미국의 상황과 밀접하게 연관되어 있다. 전체적으로 많은 이민자 와 난민 생존자는 다음과 같다.

■ 공식적인 기관에 접촉하기를 꺼린다. 그들은 기관에서 어떻게 대응할지 확실하게 알 수가 없고, 전문가나 옹호자들이 USCIS에 접촉할지도 모른다는 생각을 한다. 다 른 지역 출신보다 라틴계 이주 여성들이 경찰에 접촉하는 비율이 높다는 증거가 있 지만, 그 이유가 그들이 경찰에 접촉하려는 욕구가 높아서인지 아니면 저소득 지역 의 유일한 자원이 경찰이기 때문인지는 확실하지 않다.

■ 지역사회 내의 비공식 지원 자원을 선호하는 경향이 강하다. 어려운 일이 닥칠 때 많은 여성이 신앙공동체나 지역사회의 친구들을 많이 의지한다.

기꺼이 원조를 요청하는 행위는 서비스의 접근성과 관계가 있다. 접근성은 제한적인 영어 능력, 교통수단의 유무, 사회서비스기관의 엄격한 자격 요건, 서비스에 대한 지식이나 익숙함의 결여, 지역사회의 거부, 인종차별, 차별 대우, 부정적 반응에 대한 우려, USCIS나 기타 정부 기관에 대한 두려움 등에 의해 제한된다. 위에 제시한 것들의 일부나 전부가 접근성에 영향을 미친다. 그와 더불어 생존자들은 성역할에 대한 기대, 가족의 염려, 수치심, 체면, 지역사회의 반응에 대한 두려움 등의 부담을 갖게 된다. 원조 요청은 이 나라에 머문 시간, 세대, 지원의 이용 가능성과 연관이 있다. 사회복지사는 그러한 제약과 더불어 정부 체계와 연결되어 있는 서비스 제공자로서 자신이 난민/이민 여성들에게 어떻게 비쳐질지에 대한 인식을 갖고 있어야 한다. 그러한 장애를 없애는 것이 사회복지사가 해야 할 일이다.

그러나 원조 요청이 언제나 원하는 결과를 얻는 것은 아니다. 많은 사회서비스기관이 좋은 의도에서 그러는 것이겠지만 자신들의 가치와 신념을 내세우거나 이민 여성의 고통을 부정 또는 최소화하기도 한다. 어떤 경우에는 여성을 탓하기도 하고, 외국인이라고 생각하는 사람들에게 둔감하게 행동하기도 한다. 예를 들어, 폭력 피해 이민 여성의 안전에 너무 신경을 쓴 사회복지사가 그 가족의 문화적 배경은 전혀 이해하려고 하지 않고 가해자를 즉시 떠나도록 강요하면서 사회복지의 중요한 원리인 클라이언트의 자기결정권을 지지하지 않는 일이 생길 수 있다. 이민/난민 폭력 피해 여성의 필요에 대응하기 위해서 주류기관의 능력을 강화하는 것은 매우 중요하며, 일선 사회복지사는 자신이 도움을 요청하는 이민 초기 여성의 가장 큰 장애물이 무엇인지를 파악하는 특별한 지위에 있음을 알아야 한다. 사회복지사는 이민 초기 여성이 자신이 근무하는 기관에 도움을 요청할 때 경험하는 기관의 장애물들을 고려할 수 있어야 한다. 영어 능력이 제한되어 있는 이민/난민 여성이 처음으로 기관에 접하는 시점이 문화적으로 그리고/또는 언어적으로 접근 불가능한 경우도 있으므로 언어 접근 계획을 개발하는 것으로도 해결이 될 수 있다. 또한 기관의 접근 가능성을 높이기 위해서 기관이 서비스를 제공하는 지역의 이민자와 난민 집단 및 그 내부의 다양성을 정확하게 분석하고 도표화하는 노력이 필요하다. 모든 라틴계 사회는 동일하다는 생각은 일을 그르치기 쉽다. 특정 지역 사람들은 과테말라나 페루나 멕시코에서 온 사람들일 수 있고 스페인어를 못하는 원주민일 수도 있다. 그들은 도시 지역이 아닌 곳에서 온 사람들일 수도 있으므로 단순하게 라틴계 기관이나 사회복지사에게 소개하는 것으로는 그들의 특수한 필요에 부응하지 못할 수도 있다. 기관의 능력을 배양하는 작업을 하면서 사회복지사는 자신의 기관이 제공하는 서비스의 혜택을 가장 받지 못하는 이민/난민 집단을 확인할 수 있다.

사회복지사는 폭력 피해 이민/난민 여성에 대해 더 나은 서비스를 제공하기 위한 개인/기관의 옹호를 넘어서 중요한 지역 조직에 대해서도 고려해야 한다. 지역 조직 사업은 기관의 서비스 제공 지역에서 가장 소외되어 있는 초기 이민 집단에 대한 아웃리치의 전략으로 활용할 수 있지만 지역사회 내에서 여성에 대한 폭력을 다루는 능력을 키우도록 도와줄 수 있다. 폭력 피해 이민/난민 여성의 삶에서 비공식적인 도움의 중요성을 감안한다면 지역사회 구성원의 태도와 사회 규범을 바꾸는 것은 피해자에 대한 비난을 낮추고 원조 요청을 높이는 데 매우 중요하다.

많은 이민/난민 사회가 지역사회 내에서 그러한 이슈를 다루고 있으므로 다른 사람들도 그러한 노력을 지원해야 한다. 지역 조직 전략을 더 큰 차원의 옹호로 영입할 수 있다면 GBV에 가장 큰 영향을 받는 지역사회가 그 이슈에 대해서 주인의식을 가질 수 있고 사회 규범을 변화시킬 수 있을 것이다. 그에 더해 이민/난민 폭력 생존자의 리더십이 지역사회가 GBV를 다루는 능력을 키우는 데 핵심 전략으로 발전하고 있다. 사회복지사는 리더로 자리 잡고 있는 이전 클라이언트와 다른 이민/난민 여성을 파악하여 그들이 자신의 지역사회에서 서비스 접근의 장애물을 지적하고 GBV에 대한 대중의 인식을 높이는 데 도움을 줄 수 있도록 요청해야 한다.

성에 기반을 둔 폭력 이슈를 다루는 데는 이민/난민 사회에서 상황을 변화시키기 위해 노력하는 모든 사람의 공조가 필요하다는 것이 점점 명백해지고 있다. 사회복지사는 사회서비스 체계 내와 그들이 서비스를 제공하려는 이민/난민 지역사회에서 중요한 자원을 확보하는 데 촉매제 역할을 담당해야 한다.

4. 사례 연구

아래의 사례는 이민 여성에 대한 가정폭력 사건의 개요를 다룬 것이다. 사례를 읽고 이후에 제시되는 질문에 관해 토의를 나눠 보기 바란다.

1) 사례 연구 1 : Ana와 Christina

Ana

멕시코에서 태어난 Ana는 현재 중부 지방의 소도시에서 미국인 남편 Blake와 2005년 1월에 태어난 아들 David 그리고 이전에 Ana가 멕시코에서 낳은 15세 된 딸 Christina Ana와 함께 살고 있다.

Ana는 2001년 3월에 검열 없이 미국에 입국했다. 그녀는 이 도시로 옮겨 와서 멕시코에 있는 부모, 형제자매, Ana의 부모님과 살고 있던 Christina를 부양할 돈을 보내기 위해 다양한 직업의 일을 하였다.

Ana와 Blake는 2003년 9월에 직장에서 만났다. 그들은 곧바로 데이트를 시작했고 사랑에 빠졌다. 2004년 1월 Blake는 Ana에게 청혼을 하면서 Christina가 미국에 올 수 있도록 하고 그 아이를 입양하겠다고 약속하였다. 그 둘은 2004년 2월에 결혼하였다. 2004년 3월에 Ana가 Blake에게 언제 Christina와 함께 살 수 있을지를 물었을 때, Blake는 매우 화를 내면서 Ana가 결혼도 하지 않은 채 Christina를 낳은 것에 대해서 모욕을 주었다. 그는 Ana를 창녀라고 부르고 Christina를 사생아라고 불렀다. 그는 그녀의 뺨을 때리고 집을 나가 버렸다. 그날 밤 집에 돌아온 그는 Ana에게 사과하면서 다시는 그녀를 때리지 않겠다고 약속하고, 가능한 한 빠른 시일 안에 Christina를 데려올 수 있도록 하겠다고 하였다. 그는 또 Ana를 위해서 I-130 친척 후원을 신청해서 그녀가 영주권을 받을 수 있도록 하겠다고 약속했다. Ana는 Blake의 사과를 받아들였고, 다음 달까지는 '모든 것이 괜찮았다'.

2004년 4월에 Ana는 David를 임신했다. Blake는 그녀가 다른 사람과 잤다고 주장하면서 자신은 아이의 아빠가 아니라고 하였다. 그는 그녀의 얼굴을 때리고 목을 졸랐으며 배를 여러 번 때렸다. Ana는 정신을 잃고 다음날 아침까지 쓰러져 있었다.

그 후 몇 달간 Blake는 Ana를 심하게 옥죄면서 친구들로부터 고립시키려고 하였다. 그는 그녀가 직장에 갔다가 바로 집으로 오도록 하였고, 자신과 같이 가지 않으면 아무 데도 못 가게 하였다. Ana가 Blake에게 Christina가 언제 올 수 있는지를 물었을 때 그는 Ana와 Christina에게 모욕적인 욕을 하면서 Ana의 얼굴을 여러 번 때리고 그 문제에 대해서 더 이상 자기를 괴롭히지 말라고 말하였다.

Christina

마침내 2004년 12월 1일에 Christina가 도착하였다. 그녀는 자신의 엄마에게 Blake가 아는 밀수업자가 자신을 미국에 데리고 왔다고 말했다.

Blake는 Christina가 학교에 가는 것을 허락하지 않았다. 대신에 일자리를 잡아 주고 일한 대가를 모두 자신에게 주도록 했다. 그는 자신이 친구에게 돈을 주고 Christina를 미국에 오도록 했기 때문에 Christina가 그 빚을 갚아야 한다고 말했다. Christina가 미국에 오기 전까지 Blake는 Ana나 Christina에게 밀수업자에게 돈을 내야 하는지, Christina가 일을 해서 그 돈을 갚아야 하는지에 대해서 전혀 말이 없었다.

Christina는 계속해서 일을 하면서 자신의 수입을 전부 Blake에게 주었다. 그녀는 점점 내성적이 되어 갔고 Blake를 두려워하는 것 같았다.

2005년 9월 Ana가 Blake에게 Christina를 미국에 데려오기 위해 쓴 비용을 다 갚으려면 Christina가 얼마나 더 일을 해야 하는지를 물었을 때, Blake는 몹시 화를 내면서 자신이 이야기할 때까지 일을 해야 한다고 말했다.

체계에 접근하다

2006년 3월 Ana가 다시 Blake에게 Christina가 얼마나 더 일을 해야 하느냐고 물었다. Blake는 Ana를 때리고 집을 나갔다. Ana는 Christina와 David를 데리고 이웃집으로 피신하였고, 이웃 주민이 Ana를 당신에게 데려왔다. 이웃 주민은 스페인어를 하였고, Ana는 많은 이야기를 하지 않았지만 스페인어를 하는 것 같았다.

질문

① 이 사례에 의해 제기되는 사회복지 쟁점은 무엇인가?

② 이 사례에 의해 제기되는 법적인 쟁점은 무엇인가?

③ Ana와 Christina를 맨 처음 접촉한 사람이 당신이라면 무엇을 하겠는가? 어떤 서비스를 제공할 수 있겠는가?

④ 그들을 도와주기 위해 무엇이 필요한가? 이 사례에서 당신 이외에 어떤 사람이나 기관이 이들을 도와줄 수 있겠는가?

⑤ Ana, Christina와 어떻게 의사소통하겠는가? 그들과 잘 소통하고 그들의 이야기를 전달해 줄 수 있는 사람은 누구인가?

⑥ Christina와 Ana가 이민 지위를 취득할 자격이 있다고 생각하는가? 그렇다면 어떤 종류의 신청서를 작성하여야 하는가? 이를 위해 당신은 어떻게 도와줄 수 있는가? 그 외에 무엇을 도와주어야 하는가?

⑦ 민간 차원에서는 어떤 도움이 필요한가? 당신은 어떻게 도와줄 수 있겠는가? 어떤 것들이 보호 요청에 도움이 되겠는가?

⑧ 필요한 경우에 당신은 이민 변호사와 무슨 일을 할 것인가?

⑨ Ana와 Christina를 도울 다른 방법에는 무엇이 있는가? 그 두 사람을 다 도울 수 있는가? 그 두 사람을 위해 일할 때 윤리적인 이슈가 있는가?

2) 사례 연구 2: Johanna

Johanna는 자메이카 시민이다. 그녀는 댄스클럽에서 미국 시민이면서 디스크 자키인 Christopher를 만났다. 그들은 데이트를 시작했고 사랑에 빠졌다. 이후에 그들은 동거를 시작했고 3년 후에 결혼했지만 Christopher는 Johanna를 위해 이민 서류를 작성한 적이 없다.

Christopher는 처음부터 Johanna를 쥐고 흔들었다. 그는 그녀가 어디에 있는지를 알기 위해 수시로 전화를 걸어 확인했다. 그는 그녀가 친구를 만나는 것을 허락하지 않았다. 그리고 자신이 그녀에게 더 쉽게 접근하기 위해 그녀에게 휴대전화를 사 주었다.

Johanna가 임신을 하게 되자 학대는 더 심해지면서 폭력의 주목표가 Johanna의 배인 경우가 많아졌다. 몇 개월이 지나지 않아 Johanna는 유산을 하였다. 그녀는 유산으로 매우 실망하고 우울해졌지만 Christopher의 성적 학대는 계속되었다. 그녀는 다시 임신했지만 우울증이 나아지지는 않았다.

그녀는 힘든 출산을 했고 의사로부터 당분간 성관계를 갖지 말라는 경고를 받았다. 화가 몹시 난 Christopher는 Johanna에게 섹스를 강요했고 그녀는 병원에 입원하게 되었다. 병원 사회복지사는 Johanna를 만나서 이야기를 나눈 후 지역의 가정폭력서비스기관에 의뢰하였다.

질 문

① 이 사례에 의해 제기되는 사회복지 쟁점은 무엇인가?

② 이 사례에 의해 제기되는 법적인 쟁점은 무엇인가?

③ Johanna가 가정폭력에 대한 서비스를 받을 자격이 있는가? 있다면 무엇인가?

④ Johanna는 입원비 지원 혜택을 받을 수 있는가?

⑤ 그 관계를 떠나기 위해서 Johanna에게 필요한 공공 부조에는 어떤 것들이 있는가?

⑥ Johanna는 그중에 어떤 혜택을 받을 수 있는가?

⑦ Johanna는 Christopher로부터의 보호명령을 받을 수 있는가?

⑧ 보호명령을 받기 위해 Johanna가 법정에 간다면 어떤 구조적 장애에 부딪힐 수 있는가?

⑨ 당신이 Johanna가 맨 처음 접촉한 사람이라면 무엇을 하겠는가? 어떤 서비스를 제공할 수 있겠는가?

⑩ 그들을 도와주기 위해 어떤 사람이 필요한가?

⑪ Johanna와 어떻게 의사소통하겠는가? 그녀와 잘 소통하고 그녀의 이야기를 전달해 줄 수 있는 사람은 누구인가?

⑫ Johanna가 이민 지위를 취득할 자격이 있다고 생각하는가? 그렇다면 어떤 종류의 신청서를 작성하여야 하는가? 이를 위해 당신은 어떻게 도와줄 수 있는가? 그녀에게 도움을 줄 수 있는 사람은 또 누가 있는가?

3) 사례 연구 3: Lupe

Lupe는 엘살바도르 국민으로, 1991년에 여행자 비자로 미국에 입국했다. 그녀의 집주인은 같은 엘살바도르인인 Enrique를 그녀에게 소개해 주었다. Enrique는 어머니의 후원으로 영주권을 받았다. Enrique와 Lupe는 몇 년을 같이 살면서 미국 국적의 두 딸을 얻었고 1998년에 결혼하였다.

Lupe는 그들이 사귀는 내내 육체적·정신적 학대를 당했다. Enrique는 극단적으로 지배적이고 소유적이었다. 그는 그녀의 옷을 골라 주었고, 언제 어디에서 일할지, 누구와 말할지, 언제 무엇을 먹을지를 지시하였다. 신체적 폭력도 여러 번 있었는데 그 강도는 해를 거듭할수록 점차 심해졌다. 이웃들이 Lupe에 대한 Enrique의 폭력에 많이 개입하였고 Enrique의 어머니도 개입하였다. Lupe가 당한 상해는 병원 치료를 요할 만큼 위중한 적도 있었다. 그녀는 뺨을 맞아서 한쪽 귀의 청력을 잃었다. 병원에서 의료진이 그녀에게 배우자가 그녀를 때리는지를 질문하면서 도움을 받을 수 있음을 알려 주었다. 그러나 Lupe는 너무 두려워했다. Enrique가 학대에 대해서 누구에게라도 이야기하면 자녀들의 양육권을 본인이 갖고 그녀가 자녀를 볼 수 없도록 할 것이라고 지속적으로 이야기해 왔기 때문이다. 또 만일 그녀가 경찰을 부르면 그들에게 그녀를 강제추방하게 할 것이라고 말해 왔다.

어느 날 Enrique는 그의 어머니를 자신들이 모시면서 Lupe가 그녀를 돌보는 것이 좋겠다고 결정했다. Lupe는 자신들의 방 두 개짜리 아파트가 이미 너무 좁기 때문에 그것은 좋은 생각이 아니라고 생각했다. 화가 난 Enrique는 Lupe를 때리기 시작했다. 겁이 난 이웃이 경찰을 불렀다. Lupe는 경찰이 나타나면 자신과 이야기하지 않고 Enrique, 자녀들, 이웃들과만 이야기할 것이라고 두려워하였다.

질 문

① 이 사례에 의해 제기되는 사회복지 쟁점은 무엇인가?

② 이 사례에 의해 제기되는 법적인 쟁점은 무엇인가?

③ 경찰은 Lupe에게 어떻게 반응해야 하겠는가?

④ 경찰은 Lupe에게 어떤 조언을 해 줄 수 있겠는가?

⑤ Lupe는 왜 경찰과 이야기하는 것을 두려워하는가? 다른 의사소통 문제가 있을 가능성은 없는가?

⑥ Lupe에게 어떤 안전 계획을 제시하여야 하겠는가? 표준적인 것이 좋겠는가, 아니면 다른 것이어야 하겠는가?

⑦ 피해자가 다른 인종적 배경이 있거나 다른 나라에서 온 사람이라면 경찰의 대응이 달라져야 하는가?

⑧ Lupe는 자녀의 양육권을 가질 수 있는가?

⑨ 그녀가 당면할 수 있는 문제는 무엇이고 어떤 자원이 필요한가?

4) 사례 연구 4: Sima

Sima는 인도 사람이다. 그녀는 남편 Rashid가 인도에서 친척을 방문하는 중에 그를 만났다. Rashid는 뉴저지의 유명한 컴퓨터 회사에서 일하고 있다. 부모님의 반대에도 불구하고 그녀는 1997년에 그와 결혼했다.

Rashid는 결혼 직후부터 Sima를 신체적, 정서적, 성적으로 학대하기 시작했다. 처음에 그는 Sima가 미국 생활에 적응하기 어려울 것이라고 말하면서 그녀를 미국에 데려오는 것을 거절하였다. 1년 후에 그는 가장 좋은 방법이라며 약혼자 비자로 그녀를 데려오면서 아무에게도 그들이 결혼했다는 사실을 말하지 말라고 하였다. Sima는 왜 자신의 결혼 상황에 대해 지역사회 사람들에게 거짓말을 해야 하는지 혼란스러웠다. 미국에 도착한 이후 학대는 더 심해졌다. 그녀는 그의 허락이 없이는 아무와도 이야기할 수가 없었고 아무것도 할 수 없었다.

미국에 온 지 3개월이 지난 후에 Rashid는 그의 부모를 모시며 6개월을 함께 살았다. 학대는 더욱 심해져서 Sima는 시부모님의 시중을 들면서 그들의 요구를 다 들어주어야 했다. 그가 직장에서 돌아왔을 때 그들이 불평이라도 하면 Rashid는 그녀에게 벌을 주었다.

아주 심각한 상황이 있고 나서 그의 이웃이 경찰을 불렀다. 경찰이 와서 Rashid를 구속하였다. 그들은 Sima와 상당히 어렵게 의사소통하여 지역의 쉼터에 데려다 주었다. 그녀는 영어를 거의 하지 못했다.

쉼터에서 Sima는 먹지도 않고 옷을 갈아 입지도 않고 나가지도 않았다. 그녀는 단지 Rashid가 집으로 돌아갔는지를 알고 싶어 했다. 실무자가 그녀에게 지역사회의 여성을 대상으로 프로그램을 제공하는 누군가와 이야기할 것을 제안했지만 그녀는 거절하였다. 실무자들은 그녀가 우울해한다고 생각했다.

질 문
① 이 사례에 의해 제기되는 사회복지 쟁점은 무엇인가?
② 이 사례에 의해 제기되는 법적인 쟁점은 무엇인가?
③ Sima가 처해 있는 이슈에는 어떤 것들이 있는가?
④ 그녀를 도와주기 위해서 어떤 전략이 필요한가?
⑤ 그녀의 이민 관련 이슈는 무엇인가? 만일 그녀에게 남편의 형사 고발에 협조해 주면 미국에 남아 있을 수 있다고 말한다면 그녀가 협조할 것이라고 생각하는가?
⑥ 그것이 그녀를 위해 가장 좋은 길이라는 것을 어떻게 설득하겠는가?
⑦ 어떤 협조가 그녀와의 작업을 발전시킬 수 있겠는가?

💬 NOTES

1) 이 부분은 로버트 우드 존슨 재단의 가정폭력예방기금으로 만들어진 미에코 요시하마의 리포트에서 발췌한 것임.

2) 원래의 권력과 조정의 바퀴는 미네소타 주 덜루스 시 소재의 가정폭력 개입 프로젝트에 참여한 폭력 피해 여성 집단에서 개발되었다. 그것은 가해자가 어떻게 권력, 혜택, 소유감을 다양한 방법으로 사용하여 피해자를 통제하고 학대하는지를 보여 준다. 이후 바퀴 모델은 이민자, 노인 등과 같은 다른 집단의 학대를 설명하는 데도 사용되었다. 이외에 평등의 바퀴도 있다. www.ncdsv.org 참조

🗒 추가자료

American Civil Liberties Union, *Human Trafficking: Modern Enslavement of Immigrant Women in the U.S.*: www.aclu.org/womensrights/humanrights/29998 res20070531.html

Family Violence Prevention Fund, *Immigrant Women*: www.endabuse.org/programs/immigrant

Legal Momentum—Advancing Women's Rights, *Immigrant Women Program*: www.legalmomentum.org/site/PageServer?pagename=iwp_main

Migration Information Source, *Immigrant Women*: www.migrationinformation.org/Feature/display.cfm?id=2

National Network to End Violence Against Immigrant Women: www.immigrantwomennetwork.org

📖 참고문헌

Anderson, M. J. (1993). A license to abuse: The impact of conditional status on female immigrants. *Yale Law Journal, 102*, 1401-1430.

Ayyub, R. (2000). Domestic violence in the South Asian Muslim immigrant population in the United States. *Journal of Social Distress and the Homeless, 9*, 237-248.

Bau, I., & Tamayo, W. R. (1991). Immigration Marriage Fraud Amendments of 1986 (Marriage Fraud Act) and other related issues. In Domestic Violence in Immigrant and Refugee Communities (Ed.), *Family Violence Prevention Fund* (VII-1-VII-16). San Francisco: Family Violence Prevention Fund.

Chin, K. L. (1994). Out-of-town brides: International marriage and wife abuse among Chinese immigrants. *Journal of Comparative Family Studies, 25*, 53-69.

Crandall, M., Senturia, K., Sullivan, M., & Shiu-Thornton, S. (2005). "No way out": Russian speaking women's experiences with domestic violence. *Journal of Interpersonal Violence, 20*, 941-958.

Dasgupta, S. D. (2000). Charting the course: An overview of domestic violence in the South Asian community in the United States. *Journal of Social Distress and the Homeless, 9*, 173-185.

Dasgupta, S. D., & Warrier, S. (1996). In the footsteps of "Arundhati": Asian Indian women's experience of domestic violence in the United States. *Violence Against Women, 2*, 238-259.

Dutton, M. A., Orloff, L. E., & Hass, G. A. (2000). Characteristics of help-seeking behaviors, resources, and service needs of battered immigrant Latinas: Legal and policy implications. *Georgetown Journal on Poverty Law & Policy, 7*, 245-305.

Erez, E., & Bach, S. (2003). Immigration, domestic violence, and the military: The case of military brides. *Violence Against Women, 9*, 1093-1117.

Fernandez, M. (1997). Domestic violence by extended family members in India. *Journal of Interpersonal Violence, 12*, 433-455.

Grewal, M. (2007). A communicative perspective on assisting battered Asian Indian immigrant women. In S. D. Dasgupta (Ed.), *Body evidence: Intimate violence against South Asian women in America* (pp. 164-178). New Brunswick, NJ: Rutgers University Press.

Hogland, C., & Rosen, K. (1990). *Dreams lost, dreams found: Undocumented women in the land of opportunity: A survey research project of Chinese, Filipina, and Latina undocumented women.* San Francisco: Coalition for Immigrant and Refugee Rights and Services, Immigrant Women's Task Force.

Klein, C. F., & Ofloff, L. E. (1993). Providing legal protection for battered women:

An analysis of state statutes and case law. *Hofstra Law Review, 21*, 801-1020.

Lai, T. A. (1986). Asian women: Resisting the violence. In M. C. Burns (Ed.), *The speaking profits us: Violence in the lives of women of color* (pp. 8-11). Seattle, WA: Center for the Prevention of Sexual and Domestic Violence.

McDonnell, K. A., & Abdulla, S. E. (2001). *Project AWARE: Research project*. Washington, DC: Asian/Pacific Islander Domestic Violence Resource Project.

Mehrotra, M. (1999). The social construction of wife abuse: Experiences of South Asian women in the United States. *Violence Against Women, 5*, 619-640.

Narayan, U. (1995). "Male-order" brides: Immigrant women, domestic violence and immigration law. *Hypatia, 10*, 104-119.

New Visions Korean Committee. (2004). *Results of surveys*. Ann Arbor, MI: New Visions, Alliance to End Violence in Asian/Asian American Communities.

Orloff, L. E., Jang, D., & Klein, C. F. (1995). With no place to turn: Improving legal advocacy for battered immigrant women. *Family Law Quarterly, 29*, 313-329.

Raj, A., Liu, R., McCleary-Sills, J., & Silverman, J. G. (2005). South Asian victims of intimate partner violence more likely than non-victims to report sexual health concerns. *Journal of Immigrant Health, 7*, 85-91.

Raj, A., Silverman, J. G., McLeary-Sills, J., & Liu, R. (2004). Immigration policies increase South Asian immigrant women's vulnerability to intimate partner violence. *Journal of the American Medical Women's Association, 60,* 26-32.

Shiu-Thornton, S., Senturia, K., & Sullivan, M. (2005). "Like a bird in a cage": Vietnamese women survivors talk about domestic violence. *Journal of Interpersonal Violence, 20*, 959-976.

Shostak, M. (1981). *Nisa: The life and words of a !Kung woman*. New York: Vintage.

Sullivan, M., Senturia, K., Negash, T., Shiu-Thornton, S., & Giday, B. (2005). "For us it is like living in the dark": Ethiopian women's experiences with domestic violence. *Journal of Interpersonal Violence, 20*, 922-940.

Torres, S. (1987). Hispanic-American battered women: Why consider cultural differences? *Response, 10*, 20-21.

United Nations General Assembly. (1993). The Declaration on the Elimination of Violence Against Women, 85th Plenary Meeting, December 20, 1993. A/RES/48/104.

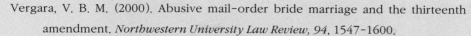

Vergara, V. B. M. (2000). Abusive mail-order bride marriage and the thirteenth amendment. *Northwestern University Law Review, 94*, 1547-1600.

Yoshihama, M. (2000). Reinterpreting strength and safety in socio-cultural context: Of domestic violence and experiences of women of Japanese descent. *Children and Youth Services Review, 22*, 207-227.

11장

동성애자, 양성애자, 성전환자 이민자에 대한 원조

Rachel B. Tiven, Victoria Neilson

2000년 미국 인구조사에 의하면 최소한 36,000쌍의 국제 동성 커플이 미국에 살고 있다. 이 중 많은 커플이 어린 자녀를 양육하고 있는데 58% 이상의 여성 국제 가족과 33% 이상의 남성 국제 가족이 18세 미만의 자녀를 데리고 있다.

가족은 미국 이민 체계의 핵심이다. 합법적 이민의 2/3가 배우자, 부모, 성인 자녀, 형제자매가 후원하는 가족 청원에 의한 이민이다. 직계가족에 의한 후원은 유일하게 특혜가 있는 범주로 연간 수적 한도의 제한을 받지도 않고, 법적 지위를 부여받지 못한 사람도 직계가족에 의해서는 후원을 받을 수 있다. 그러나 동성애 가족에서는 배우자로 인정받지 못한다. 가족이 얼마나 오래 같이 지냈든지, 얼마나 많은 자녀를 함께 양육했든지 상관없이 미국 「이민법」은 그들의 존재나 권리를 인정하지 않는다.

이 장에서는 미국 「이민법」이 레즈비언, 게이, 양성애자, 성전환자(Lesbian, Gay, Bi-sexual, Transgender: LGBT) 이민자들을 어떻게 다루어 왔는지에 대한 역사와 동성 파트너에 의한 후원이 대안이 될 수 없는 이유 및 동성애자, 양성애자, 성전환자들이 망명을 신청할 수 있는 방법, 성전환 이민자와 관련된 이슈, 신규 이민자들과 사회복지서비스 제공자들이 마주할 수 있는 도전 등에 대해서 살펴볼 것이다.

1. 역사적 배경

1952년에 미국 「이민법」의 전면적 개정이 이루어지면서 레즈비언과 게이에 대한 금지 조치가 내려졌다. 인용하자면 "정신병적 성격, 간질 혹은 정신장애로 고통받는 외국인들"[1]을 금지하였다. 의회는 '동성애자와 변태성욕자들'[2]을 포함하기 위한 명백한 의도로 이러한 용어를 사용하였다. 「이민법」은 1965년에 '성적 일탈로 고통받는'[3] 사람의 입국을 좀 더 구체적으로 거부하는 것으로 수정되었다.

1990년까지 '성적 일탈'은 미국 입국 차단의 근거가 되었고 누구든지 동성애자임을 인정하면 입국이 거절되었다. 더 이상 레즈비언이나 게이를 드러내 놓고 거부하지는 않지만, 동성 커플에게는 그러한 금지가 끝난 것이 아니다.

1) 부틸리에 대 이민국, 1967

1967년, 대법원은 '정신병적 성격'이 레즈비언과 게이들을 지칭하기 위한 의도였다는 것을 확정하였다. 캐나다인인 21세의 클라이브 부틸리에는 이전부터 미국에서 살고 있던 어머니와 계부, 형제자매와 함께 살기 위해서 1955년에 미국으로 이사를 왔다. 1963년에 미국 시민권을 신청하면서 자신이 1959년에 남색 관련 기소로 연행된 적이 있음을 시인하였다.[4] 그는 그 결과로 추방 명령을 받았다.

부틸리에는 자신의 추방 명령에 대해 대법원까지 상소하였고, 대법원은 동성애자가 미국에 들어오는 것을 금하는 의회의 권리를 6대 3의 결정으로 승인하였다. 과반수의 법관이 "의회는 임상적 실험이 아니라 동성애와 변태성격을 가진 사람들을 포함하는 제외 기준을 제시한 것이다… 의회는 '정신병적 성격'이라는 용어를 임상적인 의미로 사용한 것이 아니라 모든 동성애자와 타 성적 변태자들의 입국을 제한하기 위한 목적을 발효시키기 위해서 사용하였다."라고 결정하였다.

부틸리에는 8년간 함께한 파트너와 떨어지게 되었다. 한 역사가에 의하면 "대법원의 결정에 대해 상심한 부틸리에는 뉴욕을 떠나기 전에 자살을 기도하였고, 한 달 동안의 의식불명 상태로 인한 뇌손상으로 영구적인 장애를 갖게 되었다. 그의 부모는 그와 함께 남부 온타리오로 이사를 가서 20년 이상 그를 돌보았다."라고 전해진다. 그는 미국이 동성 결혼을 합법화하기 불과 몇 주 전인 2003년 4월 12일에 캐나다에서 죽었다(Long, Stern, & Francoeur, 2006).

금지 규정이 시행되는 와중에도 게이와 레즈비언들은 자신들이 사랑하는 사람들과 함께하기 위해서 미국을 방문하였다. 1970년대 중반에 호주 출신의 앤서니 설리번이라는 사람이 자신의 미국인 파트너인 리처드 애덤스와 콜로라도 주 볼더 시에 살고 있었다. 설리번의 방문 비자가 만료되기 전에 지역의 공무원을 설득하여 결혼증명서를 발급받았고, 그는 애덤스의 배우자로 영주권을 신청하였다. 그들은 이민국적과(Immigration and Naturalization Service: INS)로부터 아래와 같은 서면 답변을 받았다.

> 미국 시민권자의 배우자 자격으로 신청한 앤서니 코빗 설리번의 비자 신청서는 아래와 같은 이유로 기각되었음: 두 남자 동성연애자 사이에 진실한 결혼 관계가 존재할 수 있다는 것을 증명하지 못했음. (이민국적과, 1975)

설리번과 애덤스는 1980년에 소송을 하였고, 제9차 연방 순회 항소 법원은 국회가 '배우자'라는 용어를 이성 커플 사이에 쓰는 것으로 제한하였고 국회가 이민 혜택의 접근을 제한할 모든 권력을 갖고 있으므로 그 기각은 합법적이라는 결론을 내렸다.[5]

그러한 금지 조항은 1990년에 폐지되었지만 게이와 레즈비언이 가족관계에 근거한 이민 후원과 관련하여 동등하게 다루어져야 한다는 조항은 만들어지지 않았다.

2. 가족재회에 근거한 이민: 가족인식의 부정

미국으로의 합법적 이민의 2/3는 약혼자, 배우자, 부모, 성인 자녀 혹은 형제자매 등이 후원하는 가족에 의한 신청이다. '가족재회'는 미국 이민 체계의 심장이라고 할 수 있다. 한 공화당 국회의원의 말을 인용하자면 "배우자를 서로에게서 떨어져 있게 하는 것은 이 나라 건국의 기본 원리와 맞지 않다."라고 한다.[6] 그러나 동성 커플을 떨어뜨리는 것은 국회가 선호하는 원리다. 1996년에 국회는 이민을 포함하여 연방 업무 관련 목적으로 동성 파트너를 배우자나 가족 구성원으로 인정하는 것을 금지하는 「결혼방어법」을 통과시켰다. 동성 커플이 일부 주의 지역 단위에서 얻은 소득이 있긴 하지만, 그들이 이민 혜택을 받을 수는 없다. 이민의 인정은 연방정부에 의해서 관리되는데 연방법은 어떠한 경우라도 동성 커플을 인정하지 않는다. 비록 그들이 매사추세츠 주나 캘리포니아 주 혹은 외국에서 결혼을 했다고 하더라도.

국제 동성 커플은 미국 「이민법」에 의하면 함께한 기간이나 두 사람의 헌신 정도에 상관없이 법적으로 타인이다. 한 사람이 미국 시민권자이거나 영주권자이고 다른 파트너가 외국인인 커플은 모든 주에 살고 있으며 대략 동성애자 커플의 6% 정도를 차지하고 있다.

게이와 레즈비언들은 타당한 결혼증명서가 있고 그들의 헌신 타당성을 증명할 만한 다양한 증거가 있다고 하더라도 이민 체계에 의해 조항 자체가 부정되는 유일한 가족관계다. 이민 체계에서 이성 커플에게 주어지는 광범위한 인정을 비교해 보면 이들은 더 큰 좌절감을 느끼게 된다. 이성 결혼 커플은 가족관계 중에서도 수적인 한계가 정해져 있지 않은 매우 특별한 범주다. 이성 커플이 배우자 혜택을 받고자 하면 다른 가족 범주와 달리 그 수에 상관없이 모두 받을 수 있다. 특별한 경우가 아니면 결혼증명서가 없는 국제 이성 커플도 미국에 입국할 권리를 주장할 수 있다. 외국에 있는 미국대사관에 자신들이 진정으로 결혼할 의사가 있고 최소한 한 번은 만난 적이 있다는 사실을 보여 주기만 하면 된다. 두 번째 조건은 무시할 수도 있다.

반면, 레즈비언이나 게이 커플은 어떠한 인정도 받을 수가 없다. 설령 그들이 '결혼하려는 진실한 의도'가 있다고 하더라도 그들의 결혼은 미국법에 의해 인정되지 않는다. 동성 커플은 그들이 법적으로 혼인한 상태가 아니기 때문에 같은 혜택을 받을 수도 없지만, 그들이 결혼하는 것도 허락되지 않거나 그들의 정당한 결혼증명서도 인정되지가 않는 어려운 위치에 처해 있다.

국제 동성 커플들은 학생 비자 혹은 취업 비자를 받거나 추방의 위험을 안고 불법 거주자가 되어 미국에서 함께 생활을 하고 있다. 예를 들어, 여행자 비자를 받아 미국을 방문하는 중에 미국인과 사랑에 빠진 외국 태생은 미국 대학에 입학하여 학위 프로그램 동안만 가질 수 있는 학생 비자를 신청한다. 졸업 후에는 취업 후원을 해 줄 수 있는 직장을 찾는데 이러한 취업 비자는 단기간인 경우가 많다. 대부분의 경우 취업 비자는 미국에 체류할 수 있는 기간이 한시적이기 때문에 새로운 직장과 비자를 받아야 하는 스트레스와 불안은 끝이 없다. 이성 커플은 약혼자 비자에 지원하고 이후 결혼에 근거한 영주권을 받으면서 이러한 쳇바퀴를 건너뛸 수 있다. 그러나 게이나 레즈비언 커플에게는 그러한 비상구가 없다. 이민국 직원이 한시적 비자를 가지고 있는 외국인의 그러한 관계를 알게 되면 비자가 취소될 수도 있다. 애인이 존재한다는 것을 미국에 남으려는 불법적 의도의 증거로 생각할 수 있기 때문이다.

미국 「가족통합법」이라는 이름으로 국회에 계류 중인 법안은 게이와 레즈비언 커플의 관계가 신실하며 영주권을 부여할 가치가 있다는 것을 증명하는 기회를 제공하도록 「이민법」을 수정할 것이다. 그 법은 「결혼방어법」에 의해 무효화될 수 있는 별도의 파트너십이나 유사결혼 지위를 만들어 내는 것이 아니라, 배우자 항목에 동성 커플을 포함하도록 「이민법」을 수정하는 것이다. 이러한 접근은 국제적으로도 선례가 있는데, 동성 커플에게 이민 혜택을 주는 19개국 중에서 14개 국가가 동등한 혼인 권리를 인정해 주는 것이 아니라 위와 같은 법으로 하고 있다.[7]

커플 중 외국인이 HIV를 가지고 있다면, 그(녀)는 미국에 방문할 수조차 없게 될지도 모른다. HIV 양성으로 판명된 외국인은 대부분의 경우 미국에 입국할 수가 없다. 여행 금지는 비(非)이민 비자로 미국 입국을 허가받으려는 모든 방문자에게 적용되고, 조정 제한은 이미 미국에 있으면서 HIV 양성으로 판명된 사람이 다른 조건이 다 충족되더라도 영주권을 받을 수 없도록 하는 것이다(영주권을 획득하려는 사람이 거쳐야 하는 지원 과정에 HIV 검사를 포함하는 건강검진이 있다).

물론 금지나 제한의 면제를 받을 수는 있지만 거의 불가능하다.[8] 여행 금지의 면제는 미국에서 30일 이내의 여행을 하려는 사람이 현재 증상이 전혀 없고 미국 공공 보건에 위험을 끼치지 않을 것이며 미국에서 아프게 되면 의료비를 지급할 능력이 있음을 증명하면 받을 수도 있다. 조정 제한의 면제는 여행 금지 면제 조건과 동일하지만 자격이 있는 친척이 있는 경우에만 적용이 가능하다. 자격이 있는 친척이란 미국 시민권이나 영주권이 있는 부모, 자녀 혹은 이성의 배우자를 말한다. 그 결과 적절한 부모나 자녀가 없는 게이나 레즈비언 커플은 비슷한 상황에 처해 있는 이성 커플이 받을 수 있는 면제를 신청하는 것조차 어렵다.

3. 망명에 근거한 이민

망명은 LGBT나 HIV 양성인 외국인에게는 특별한 희망이 될 수 있다. 이민 법정에서는 성적 성향, 성전환자, HIV 양성 상태를 망명의 근거로 인정하고 있다.

망명은 미국에 있으면서 난민의 정의를 충족하는 사람에게 주어진다. 난민은 "자기 조국의 외부에 있으면서 인종, 종교, 국적, 특정 사회적 집단 소속, 정치적 의견 등의 이유로 돌아갈 수 없거나 돌아가기를 원하지 않는 사람이거나, 조국의 보호를 받지 못하거나 받고 싶지 않은 사람"[9]을 말한다. 망명을 요청할 수 있는 다섯 가지 근거 중에서 성적 취향이나 성정체성에 근거한 망명으로는 특정 사회적 집단 소속이 가장 유력하다. '특정 사회적 집단의 소속'에 대한 법적 정의는 없지만, 대체로 "집단 구성원들이 변화할 수 없거나 변화를 요구받아서는 안 되는 불변의 특성을 공유하는 사람들의 모임"[10]이라고 기술된다.

1994년에 재닛 리노 법무장관은 토보소-알폰소 문제[11]를 선례로 지정하였다. 그 사건은 개인의 성적 성향에 근거한 박해의 두려움이 미국 망명을 요청하는 데 타당한 근거로 제시될 수 있도록 하는 데 중추적 역할을 하였다. 그 후로 십여 개의 사례가 레즈비언, 게이, 양성애자, 성전환자, HIV-양성 등에 근거한 망명 권리를 수립하는 데 도움이 되었다. 비록 성전환자들을 특정 사회적 집단의 구성원으로 인정하는 선례는 없지만 성전환자 난민을 위한 망명 신청이 성공적으로 이루어진 경우가 많이 있다(이민 평등 및 전국 이민자 정의 센터, 2006).

HIV나 에이즈를 가진 사람들이 미국으로 이민하는 데는 많은 어려움이 있지만, 망명의 목적이라면 자신의 조국에서 HIV로 박해를 받는 사람들이 특정 사회적 집단의 구성원으로 인정될 가능성이 있다. 1996년에 이민국적국의 법률자문실은 HIV 보유자가 망명 신청을 하는 경우 다른 필요조건을 모두 충족한다면 INS와 이민심사국이 특정 사회적 집단 소속에 근거하여 망명을 받아들여야 한다는 공문을 발표하였다. 비록 HIV 상태가 특정 사회적 집단의 소속을 만든다고 인정한 선례는 없지만, HIV 박해가 신청서에 중요한 요인으로 작용하여 망명이 받아들여진 사례들이 있다.[12] HIV가 미국에 들어오지 못하게 하는 근거가 되기도 하지만, 망명자들은 이 법의 인류애에 근거한 면제를 요청하였고 많은 경우 면제(I-602로 불림)를 받았다.

1996년에 국회는 망명 보호에 대한 접근을 제한하는 내용을 골자로 하는 「불법이민개혁및이민자책임법」을 통과시켰다. 이 법으로 인해 망명에 추가 제한이 설정되었는데, 그 중에서도 가장 어려운 것은 일 년의 마감시한이다. 망명이 받아들여지려면 지원자는 미국에 도착한 후 일 년 이내에 망명을 신청해야만 한다. 예외가 있기는 하지만 이러한 마감시한은 LGBT와 HIV 보유를 근거로 망명을 신청하려는 사람들에게 특히 어려울 수 있다. 망명의 근거가 되는 성적 취향이나 성정체성, HIV 보유 여부에 대해서 본인이 잘 모

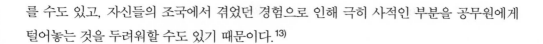

를 수도 있고, 자신들의 조국에서 겪었던 경험으로 인해 극히 사적인 부분을 공무원에게 털어놓는 것을 두려워할 수도 있기 때문이다.[13]

4. 성전환 이민자와 관련된 특별한 이슈

성전환 이민자들이 경험하는 이민 관련 어려움은 레즈비언과 게이 이민자들과는 좀 다르면서 좀 더 복잡하다.

성전환 이민자들은 자신의 정체성을 올바르게 반영한 법적 지위와 이민 서류를 확보하는 데서 매우 광범위한 이슈에 부딪히게 된다. 이 분야의 법은 매우 세분화되어 있어서 LGBT 인권 변호사들은 성전환 이민자들을 도와줄 수 있는 전문성이 부족하고, 이민 변호사들은 이들을 제대로 변호하는 데 필요한 문화적 역량이 부족하거나 성전환자 관련 법적 이슈를 잘 이해하지 못한다.

성전환 이민자와 그들의 가족이 경험하는 이슈에는 결혼, 신분 서류, 망명, 억류 등이 있다.

1) 결혼

한쪽 혹은 양쪽이 성전환자인 국제 커플은 그들이 결혼한 주나 국가에서의 확실한 결혼 증명서가 있다면 이민 혜택을 받을 수도 있다. 그러나 인정에 관한 권리는 지난 수십 년간 매우 불확실한 역사를 보여 주고 있다. 2004년 4월 16일에 미국 이민국(U. S. Citizenship and Immigration Services: USCIS)에서 한쪽 혹은 양쪽 배우자가 '성전환자라고 주장하는' 결혼 이민은 인정하지 않겠다는 정책 공문을 발행하였다. 그러나 2005년 5월에 인권 그룹이 주도한 법정 도전에서 이민항소위원회(Board of Immigration Appeals: BIA)는 긍정적인 결정을 내렸다. 로보-라라 사건에서 결혼이 집행된 지역에서 인정된 것이라면 이민을 위한 목적으로 타당하다는 결정을 내렸다. 성전환자 사회에서 로보-라라 판결은 매우 좋은 소식이지만, 아직도 많은 주와 많은 나라에서는 성전환자가 합법적으로 결혼을 할 수 있는지에 대해서 명확하지 않다(http://www.immigrationequality.org/template.php?pageid=172 참조).

2) 신분 서류

2004년 4월 16일에 USCIS에서 발표한 정책 공문에 의하면 성전환자는 취업확인 카드나 영주권과 같은 신분 서류를 만들어야 하는데, 이러한 서류는 'CIS 서류를 발급받을 당시 겉으로 드러나거나 스스로 주장하거나 혹은 다른 방식으로라도 확인된 지원자의 성'을 반영하는 것이어야 한다. 이렇게 명시된 정책에도 불구하고 성전환자는 여전히 자신의 변환된 성과 일치하는 서류를 받는 것이 어려울 수 있다. 또한 USCIS가 성전환을 인정하기 위해 어느 정도의 의학적 개입을 요구할지에 대한 것도 명확하지 않다(http://www.immigrationequality.org/template.php?pageid=171 참조).

3) 망 명

만약 성전환자가 성 정체성에 근거하여 자신의 조국으로 돌아가기를 두려워한다면 미국에서의 망명 자격이 주어질 수 있다. 당사자는 과거에 박해를 당했다는(정부로부터 직접 해를 입었거나, 타인으로부터 해를 입을 때 정부가 도와주지 못했거나 도와줄 의사가 없었다는) 것을 증명하거나 미래에 있을 수 있는 박해의 타당한 근거를 제시하여야 한다. 성전환자가 자신의 나라에서 다른 사람들이 자신을 게이나 레즈비언이라고 생각하여 박해를 당한 경우에도 망명을 신청할 근거가 된다.

4) 억 류

이민세관단속국(Immigration and Customs Enforcement: ICE)이 사람을 구류할 때 그것을 이민억류라고 부른다. 이민억류를 당하는 이유는 매우 다양하다. 1990년대에 통과된 일련의 냉혹한 「이민법」의 결과로 경미한 비자 관련 위반자나 심지어 망명 신청자들까지도 몇 개월 혹은 몇 년씩 억류를 당하고 있다. 현재 ICE는 연간 200,000명의 이민자를 구류하고 있다. 이 숫자는 점점 커질 것으로 보인다. 구류자들이 범죄 행위 때문에 억류되어 있는 것이 아님에도 대부분의 사람이 지방교도소나 교도소와 유사한 환경에 머물고 있다. LGBT와 HIV 양성 구류자들은 이러한 환경에 더욱 취약할 수밖에 없다. 그들은 차별적 대우를 받는 경우가 많고 괴롭힘이나 학대를 당하는 경우도 있다. 많은 시설이 그렇듯이 HIV 보유자들은 열악한 의료시설로 인해 부가적으로 고통을 받고 있다.

생명과 관련된 기본적인 의료시설에 대한 접근성뿐만 아니라 성전환자들은 이민억류와 관련해 좀 더 구체적인 어려움이 있다. 남녀가 구분된 시설에서의 안전은 매우 심각한 이슈다. 성전환자들은 대체로 자신의 태생적 성과 같은 성을 가진 사람들과 함께 생활하게 된다. 많은 성전환 구류자가 자신이 안전에 대한 우려를 표현하였을 때, 자신을 하루에 23시간 독방에서 지내게 했다고 보고하였다. 괴롭힘의 피해자를 처벌하지 않는 안전장치가 필요하다. 많은 성전환자는 일반적인 건강점검뿐만 아니라 호르몬치료가 필요함에도 불구하고 그러한 치료가 선택적이라고 주장하는 시스템에 의해 말 그대로 갇혀 있게 된다. 호르몬치료를 갑자기 중단하게 되면 심혈관 질환, 당뇨병, 우울증, 불안, 가슴통증, 고/저혈압 등과 같은 심각한 의료적 위험에 빠질 수 있으며 발열, 구토, 어지럼증과 같은 금단 현상이 나타날 수 있다. 이러한 상황은 자가거세 등과 같은 자가치료를 시도하도록 할 수 있으며, 그럴 경우 매우 심각한 피해를 주어 장기간에 걸친 치료를 해야 하는 결과를 가져올 수도 있다.

5. LGBT 신규 입국자들의 어려움

LGBT 신규 입국자들은 모든 사람이 경험하는 언어적 문제와 문화적 충격에 더해서 사회서비스에 접근하는 데도 어려움을 겪는다.

LGBT 이민자들은 다른 이민자들과는 달리 가까운 가족이 없이 미국에 도착하는 경우가 많다. 어떤 사람들은 폭력적이거나 거부적인 가족으로부터 멀리 떨어지기 위해서 고국을 떠나는 경우도 있다. 이미 미국에 정착한 친척이 있는 경우라도 자신들의 성적 성향에 대해서 알리는 것이 쉽지 않을 수도 있고, 원가족이나 고향과 관련이 있는 곳에서 자신을 드러내는 것을 부담스러워할 수도 있다. 일례로 파키스탄 남성이 법률구조기관에 망명 관련 자료를 요청하여 기관에서 파키스탄 게이들의 상황에 대한 정보를 제공한 일이 있다. 그 남자에게 자신의 변호사와 이 문제를 가지고 상담하도록 조언하자 그는 "제 변호사에게 제가 게이라는 얘기는 할 수 없어요. 그는 우리 지역 출신이거든요."라고 대답하였다.

대도시에서나 인터넷을 통해서 LGBT 이민자들을 위한 자료를 충분히 얻을 수 있지만,

영어나 스페인어에 서툰 신규 입국자들은 이러한 자료에 쉽게 접근할 수가 없다. 게이 정체성을 감추고 있어 게이사회로부터 멀어진 사람들이라면 어떻게 자료를 구해야 할지 모를 수도 있다. 종교적 배경이 있는 이민원조기관들은 LGBT 이슈에 대한 정보를 전혀 가지고 있지 않을 수도 있고, 의뢰자가 없을 것이라고 생각할 수도 있다. 또한 게이와 레즈비언 기관들은 친절하지 않아 보이거나 신규 입국자들을 환영하지 않는 것처럼 보일 수도 있다.

망명 신청이 가능한 사람들에게 그러한 무지는 매우 큰 대가를 치르게 할 수 있다. 1년 이내 신청이라는 마감시한은 망명 신청자들이 미국에 도착한 후 365일 이내에 망명을 요구해야 한다는 것을 의미한다. 비록 드러내지 않았던 LGBT들이 자신의 성적 성향이나 정체성을 정부에 숨겨야 하는 것이 아니라 알려야 하는 것이라는 사실을 아는 데 그보다 많은 시간이 걸렸다고 하더라도. 불과 20년 전만 하더라도 동성애자는 미국 입국이 금지되었다는 것을 생각하면 이러한 생각을 비합리적인 오해라고 보기는 어렵다. 마찬가지로 두려움에 떠는 망명 요청자가 미국에 처음 도착해서 자신의 성적 성향을 알려도 괜찮다는 것을 알았다고 하더라도, 나중에 자신에게 불리하게 작용할 수 있을지도 모르기 때문에 불완전하거나 상충하는 정보를 줄 수도 있다.[14] HIV/AIDS를 가지고 있는 망명 신청자들의 모순은 더 심각하다. HIV 감염은 여전히 입국 금지와 강제출국의 근거가 되고, AIDS에 걸린 사람은 국경에서 테스트를 요구받을 수 있다. 그와 동시에 HIV는 망명 사례에서 매우 긍정적인 요인이며, 망명 요청에 성공한 사람에게는 인도적인 차원에서 HIV 면제의 권한이 주어진다.

HIV/AIDS를 가지고 있는 LGBT 이민자에게는 망명과 그에 따라오는 인도적 면제야말로 미국에 합법적으로 남을 수 있는 유일한 방법이다. 자격이 있는 친척이 없는 자로서 그들이 가지고 있는 HIV 상황이 영주권 취득을 영원히 불가능하게 하기 때문이다.

HIV 면제의 거부는 동성 이민 가족이 불인정으로 인해 경험하는 많은 부수적 피해의 하나다. 미국 시민이 자신의 외국 출신 파트너의 영주권을 후원하는 권리를 행사하지 못하는 것뿐만 아니라, 그들의 파트너가 직장의 후원으로 영주권을 받았더라도 HIV 면제를 지원할 수가 없다. 미국 이민국 시스템을 헤쳐 나가는 외국 출신의 LGBT들은 많은 측면에서 불평등한 대우를 받지만, 그중 가장 중요한 것은 배우자나 비생물학적 자녀들에 대한 부양 비자의 거부다. 예를 들어, 학생 비자나 취업 비자로 미국에 도착하였거나 망명 허가나 영주권 추첨을 받은 이성애자들은 배우자나 미성년 자녀를 데리고 올 수 있는 권리가 주어진다. 그러나 동성의 배우자나 비자를 가진 사람과 생물학적으로나 입양으로 맺어진 경우가 아닌 자녀들 같은 경우에는 그렇게 할 수가 없다. 미국에 취업 비자로 들어오는 이성애자 여성 사업가의 경우, 같은 비자로 자신의 남편과 계자녀를 데리고 올 수도 있다.[15]

이민 시스템에서 헤매는 게이와 레즈비언이 경험하는 마지막 모순은 그들이 일구어 가는 사랑과 헌신의 관계를 비밀로 해야 한다는 것이다. 학교, 일, 여행 등의 이유로 미국에 한시적으로 체류하고 있는 비이민 비자 소유자들은 미국에 영구적으로 남아 있으려는 의도를 가져서는 안 된다. 세관이나 대사관 직원들은 손을 잡거나 휴가 때 찍은 사진까지도 금지된 '이민 의도'의 증거로 볼 수 있다. 관계의 증거는 방문자가 미국에 불법적으로 남으려는 의도의 증거로 보이기 쉽다. 이것이 특히 더 모순적인 것은 이성 커플들에게는 자신들의 관계가 진정성이 있고 신실하다는 증거를 보여 주는 즉시 이민 혜택을 전적으로 받을 권한이 주어진다는 점이다. 그러나 외국 출생의 레즈비언과 게이들은 미국인과의 진지하고 장기적인 관계로 인해 자신의 비자를 잃어버릴 수 있다.

6. 사회서비스기관 직원들의 어려움

사회서비스기관의 직원들이 경험하는 가장 큰 어려움은 법에 대한 지식과 문화적 역량 부족이다. LGBT 개인과 커플을 위한 전체적인 대안(혹은 불가능)에 대한 지식은 매우 중요하다. 예를 들면, 매사추세츠 주나 캘리포니아 주에서 인정한 결혼이나 주에서 발행한 사실혼 증명은 영주권 후원에 활용할 수가 없을 뿐만 아니라, 미국에 한시적 비자로 거주하고 있는 사람에게는 이민 의도의 증거로 생각되어 해를 입힐 수도 있다는 점을 알고 있어야 한다. 또한 성전환 커플의 대안은 주마다 달라서 그 차이를 아는 것도 매우 중요하다.

실무자들이 성전환자의 결혼 인정과 관련된 모든 주의 규칙을 기억하기를 기대하는 것은 아니지만 정보를 어디에서 찾을 수 있는지를 아는 것은 매우 중요하다. 망명에 대해 알면 좋겠지만, 망명 신청자를 잘 대변해 줄 수 있는 게이나 게이에 대해 잘 아는 이민 변호사를 어디에서 찾을 수 있는지를 아는 것도 매우 중요하다. 같은 의미로 실무자는 용납될 수 없는 것에 대한 인식이 필요한데, 결혼사기('영주권결혼')는 매우 중대한 범죄이며 조직적인 차별을 경험하는 동성 커플이라고 할지라도 그것이 해결책이 될 수는 없다.

　정보를 어디에서 찾을지를 아는 것은 일단 실무자가 정확한 질문을 할 줄 아는 문화적 역량을 갖춰야 한다는 것을 전제로 한다. 이민자들은 두려움 때문이든지 연관성을 이해하지 못해서든지 간에 자신의 성적 성향에 대해 말하지 않는 경우가 있다. 잠재적인 망명 신청자나 성전환 커플로부터 정보를 얻어 내는 것은 매우 중요한 기술이다. 특정 종교나 민족과 연관된 기관에서 일하는 사회복지사들은 LGBT들로부터 경계의 눈초리를 받을 수 있다. 특히 그들의 고국이 그러한 사람들을 차별하거나 핍박하는 일이 횡행한 사회라면 더욱더 그럴 수 있다.

　클라이언트의 개성을 인정하고 존중하는 개방적이고 비심판적인 태도는 앞으로 과정을 함께 진행하게 될 LGBT/HIV 클라이언트와 성공적인 관계를 맺는 열쇠다. 성소수자와 HIV/AIDS 보유자들도 이성애자나 HIV 음성인 사람들과 마찬가지로 다양성이 있는 개인이기 때문이다. 외모, 복장, 신체적 조건(예: 게이들은 여성스럽고 레즈비언들은 남성적이라는) 등과 같은 정형화된 프로파일에 근거해서 클라이언트의 경험에 대해 속단하지 말아야 한다. 고정관념이나 편견으로 가득한 질문은 클라이언트의 자아존중감에 상처를 줄 뿐만 아니라 신뢰할 수 있는 전문적 관계를 형성하는 것을 망설이게 할 수 있다.

　피해야 할 일반적인 고정관념으로 다음과 같은 것들이 있다: 개인의 성적 성향이나 HIV 상태가 그 사람의 정체성을 결정하는 중요한 요소다. 동성애자들은 문란하고, 외롭고, 스스로를 싫어하는 사람들이다. 대부분의 종교가 동성애를 거부하기 때문에 많은 동성애자는 더 이상 종교와 상관없이 지낸다. 남성 동성애는 아버지의 부재와 어머니의 심한 간섭 때문에 생기는 것이다. 레즈비언들은 남성이 되려고 하기 때문에 남성적이거나 중성적인 옷차림을 한다. 겉으로 보기에 여성적으로 보이는 남성 동성애자는 애정 관계에서 여성의 역할을 한다. 자신을 성전환자로 정의하기 위해서는 수술을 받았거나 의료적 개입에 대해서 고려하고 있어야 한다.

　HIV/AIDS를 가진 사람들의 경우에는 그들의 HIV 감염 이유(예: 의도적으로 부주의한 행동을 하여 감염되었는지), 금욕(예: 금욕생활을 하고 있는지 혹은 해야 하는지), 의료적 치료 방법(예: 양약에 의존해야 하는지와 단백질 억제 '칵테일'을 쓰고 있는지), 사회적 지원(예: 개인 혹은 집단 치료에 참여해야 하는지) 등에서 비판적인 가정이 많다. 부가적으로 클라이언트가 자신의 성적 성향이나 성정체성 및 HIV 관련 정보를 가족, 친구, 직장 등에 완전하게 개방하지 않으면 스스로를 혐오할 것이라는 부정적인 가정도 있다.

클라이언트가 자신의 정체성을 만들고, 이해하며, 살아 나가는 방법이 매우 다르다는 것은 이러한 고정관념이나 비판적 관점이 얼마나 잘못된 것인가를 보여 주는 것이다. 자신이 클라이언트와의 의사소통과 상호작용에 의도적으로 깊은 주의를 기울인다면 개방적이고 비심판적인 태도를 갖출 수 있게 된다.

7. 성전환자 원조 시 참고 사항

실무자가 이전에 성전환자와 일해 본 경험이 전혀 없다면 가장 중요하게 기억해야 할 점은 그들을 존중하고 비심판적인 태도를 갖는 것이다. 성전환이라는 용어는 사람에 따라 다른 의미를 가질 수 있다. 어떤 사람에게는 성전환이라는 것이 단순히 정형화된 성 규범을 따르지 않는 것을 의미할 수 있어서 남성스러운 레즈비언이나 여성스러운 게이를 성전환자라고 생각할 수 있다. 비록 그들 스스로는 자신의 몸이 자신의 성정체성과 일치하지 않는다는 생각을 하지 않더라도.

또 어떤 이들은 성전환자라는 용어를 개인이 타고난 해부학적인 성을 자신의 성정체성과 다르다고 느끼는 사람이라고 생각한다. 이렇게 느끼는 성전환자들은 자신의 성정체성과 해부학적 성을 일치시키기 위해 의료적인 단계를 거치는 경우도 있다.

성전환자들은 자신이 태어날 때 갖게 된 해부학적인 성을 출생성이라고 부른다. 성정체성과 일치하는 외모를 갖기 위한 호르몬 치료, 전기분해, 수술 등의 의료적 단계를 거치는 과정을 이행(移行)이라고 부른다. 클라이언트가 이행 후에 갖게 된 성을 부를 때는 수정된 혹은 정정된 성이라고 한다.

성전환자와 함께 일하면서 그들을 부를 때는 그(녀)가 선호하는 대명사를 사용하는 것이 매우 중요하다. 대부분의 성전환자는 이행의 초기부터 자신이 선택한 성의 대명사로 불리기를 선호하지만, 어떤 사람들은 전통적인 대명사를 모두 멀리하고 모든 상황에서 자신의 이름을 사용하는 것을 선호하기도 하고, 'ze'나 'hir'처럼 신조어를 만들어 쓰기도 한다. 확실하지 않을 때는 물어보는 것이 가장 좋다.

사례를 변호사에게 의뢰하고 클라이언트를 대변하기 위해 함께 일할 때, 어린 시절에 있었던 문제에 대해 질문하는 것이 중요하다. 어쩌면 클라이언트는 특히 더 여성스럽거나 과하게 남성스럽게 보여서 그 결과로 학대를 받았을 수도 있다. 또한 클라이언트가 언제 처음으로 자신이 성전환되었다고 느꼈는지와 언제부터 출생성과 다른 성역할로 살기 시작했는지를 알 필요가 있다. 개인력을 파악할 때는 그들이 의료적인 과정을 실시한 적이 있는지 혹은 앞으로 이행을 할 계획이 있는지 등도 포함해야 한다.

대부분의 성전환자는 성기 전환 수술을 하지 않는다. 수술이 매우 비싸고 의료보험에서 지원하지도 않기 때문이다. 남성 성전환(여→남) 수술 기술은 여성 성전환(남→여) 수술 기술보다 덜 발달되었다. 성정체성은 단순히 해부학적인 측면만을 의미하지 않기 때문에 일부 성전환자들은 이행을 위한 어떠한 의료적 과정을 시도하지 않는다. 이민을 위한 결혼증명서의 타당성은 결혼이 발생하는 주나 지자체가 성전환을 어떻게 정의하느냐에 달려 있다.

개인의 정체성에서 성정체성과 성적 성향은 전혀 다른 측면이라는 점을 이해하는 것은 매우 중요하다. 성전환자나 비성전환자나 모두 자신을 이성애자, 동성애자, 양성애자로 생각할 수 있다. 실무자들은 성정체성에 근거하여 클라이언트의 성적 성향을 임의로 가정하는 실수를 범해서는 안 된다. 한편, 클라이언트가 스스로를 양성애자로 생각하더라도 자신의 고국에서는 그(녀)를 게이나 레즈비언으로 생각하여 박해할 것이라고 두려워할 수도 있다. 예를 들어, 여성에서 남성으로 성전환한 사람이 과거에 여성과 관계를 맺은 적이 있다면, 클라이언트와 그의 파트너가 그 관계를 이성애적이라고 생각하더라도 그의 지역사회 사람들은 그것을 레즈비언 관계로 생각할 수도 있다.

8. 사례 연구

아래의 사례는 LBGT 이민자들에게 자주 발생하는 경험을 보여 주고 있다. 각각의 사례를 읽고 아래의 질문으로 논의해 보기를 권한다.

① 이 사례에 의해 제기되는 사회복지 쟁점은 무엇인가?
② 이 사례에 의해 제기되는 법적인 쟁점은 무엇인가?
③ 제기된 문제가 무엇이라고 생각하는가? 해당 이민자의 필요를 어떤 순서로 풀어 가겠는가?
④ 그 이민자가 선택할 수 있는 법률적 대안은 무엇인가?

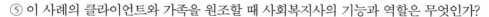
⑤ 이 사례의 클라이언트와 가족을 원조할 때 사회복지사의 기능과 역할은 무엇인가?

⑥ 이 상황에서 도움이 될 것으로 생각하는 단기 개입과 자원은 무엇이며 장기 개입과 자원은 무엇인가?

1) 사례 연구 1: Ahmed

Ahmed는 뉴욕에서 불법 체류자로 여러 해를 일하면서 살았는데 이제 일주일 후면 강제추방을 당하게 되었다. Ahmed가 일하는 곳에서 합법적 영주권을 후원하기로 하여 곧 영주권을 받기로 되어 있었으나 HIV 양성이라는 사실을 알게 된 것이다. Ahmed에게는 미국인 파트너가 있으나 연방정부에서 동성 커플을 인정하지 않으므로 그의 파트너가 면제를 후원할 수 없다.

2) 사례 연구 2: Mark와 Fabien

Mark와 Fabien은 17년 동안 파트너로 지냈다. 그들은 펜실베이니아 주 소도시에 아름다운 집을 갖고 있으며, 수양자녀로 돌본 John(8세)과 Claire-Marie(4세)의 부모다. Fabien은 프랑스 사람으로, 학생 비자와 취업 비자로 지금까지 머물 수 있었다. 현재 취업 비자가 거의 만료되었지만 연장할 가능성이 없어 보여 어려운 선택을 할 수밖에 없게 되었다.

Fabien은 프랑스에서 Mark의 이민 혜택을 후원할 수 있지만, 프랑스 법률이 동성 커플의 입양을 인정하지 않기 때문에 자녀들이 6개월마다 출국과 입국을 반복해야 하므로 가족들은 미국에 머물기를 더 원한다. Fabien이 미국에 머물 수 있도록 학생 비자 취득을 위해 등록금을 내느라 커플은 자신들의 집을 팔 수밖에 없었다. 또한 Mark의 여동생이 다발성경화증을 앓고 있어서 Mark는 연로하신 부모님과 함께 여동생의 수발을 지원하고 있다. Mark는 "우리는 정말 불가능한 상황에 처해 있어요. 돈도 없고 대안도 없어요. 우리 가족과 친구를 떠날 수도 없고 Fabien이 머물 수도 없어요. 그렇다고 프랑스가 대안이 될 수도 없어요. 이성애 커플들은 이런 상황에 처하지 않죠."라고 설명한다.

3) 사례 연구 3: Ojo

2003년에 Ojo는 성난 군중이 자신과 파트너가 애정관계에 있음을 알고 파트너를 살해한 이후 목숨의 위협을 느껴 모국인 나이지리아에서 도망쳤다. Ojo는 합법적인 서류 없이 뉴욕에 도착했고, 즉시 ICE 시설에 억류되었다. 이민평등기관의 실무자가 억류되어 있는 Ojo를 만났고 무상으로 그를 대변하기로 하였다. Ojo는 나이지리아로 돌아가면 죽음을 당할까 봐 두려워 미국에 남아 있기를 희망한다.

4) 사례 연구 4: Olivia

Olivia는 우간다에서 온 레즈비언이다. 고등학교 시절에 그녀는 다른 여학생과 사랑에 빠져 비밀스러운 관계를 시작하였다. Olivia의 사촌이 그들의 관계를 알고 나서 가족들에게 알렸고, 그들은 모르는 사람을 집에 들여와 자신들이 보는 앞에서 그녀를 강간하도록 했다. 우간다에서 동성애는 불법이기 때문에 Olivia는 경찰의 보호를 요청하지 않았다. Olivia는 미국으로 도망쳤다. 그녀는 우간다로 돌아가면 무슨 일이 생길지 모르기 때문에 미국에 남기를 원했다.

5) 사례 연구 5: Melisa

Melisa가 미국 시민이 된 지 10여 년이 지났다. 귀화 이후에 그녀는 성전환 수술을 마치고 법적으로도 이름을 바꿨다. 완벽하게 여성으로서의 삶을 살고 있고 Melisa라는 이름과 여성으로 표시된 미국 발행의 여권도 가지고 있다. 그녀는 USCIS에 자신의 귀화증명서를 자신의 새로운 이름과 정정된 성으로 수정해 달라는 요청을 하였는데, 거부통지서를 받고 무척 놀랐다.

그녀는 현재 외국 태생의 남편이 영주권을 받도록 후원하고 있기 때문에 매우 걱정을 하고 있다. "제 신청을 거부한 것을 믿을 수가 없어요. 저는 지난 몇 년 동안 이 이름을 가지고 여성으로 살아 왔고, 내가 여성이라는 것을 증명하는 미국 여권도 가지고 있어요." 그녀의 남편의 영주권 면접이 곧 있을 예정이라 그녀는 무슨 일이 일어날까 봐 노심초사하고 있다. "제가 이렇게 두려워하는 것은 남편 때문이에요. 만약에 그의 영주권 신청이 거부되어서 미국을 떠나야 하면 어떻게 해요? 저는 큰 충격에서 헤어 나오지 못할 거예요."

6) 사례 연구 6: Victoria Arellano

실제로 발생한 Victoria Arellano 사건은 성전환 이민자에게 자주 발생하는 의료적 어려움을 극단적으로 보여 준 사건이다. 2007년 7월 20일에 성전환 여성인 Victoria가 ICE의 샌페드로 감금시설에서 죽었다. 그녀는 침대에서 쇠사슬로 묶인 채 미국 어디에서든지 치료받으면 어렵지 않게 완쾌될 수 있는 폐렴과 수막염으로 죽었다. 그들은 Victoria에게의 의료적 관심을 의도적으로 거부하였다.

Victoria가 ICE의 관할로 이송되었을 때 그녀는 다파손이라는 일반적인 항생제를 사용해서 HIV를 관리하고 있었다. Victoria가 샌페드로 시설의 직원에게 약이 필요하다고 알렸지만, 그들은 치료가 중단될 때 발생할 수 있는 의료적 결과를 잘 알고 있으면서도 적절한 치료를 거부하였다. 그녀의 상태는 급속도로 악화되었고 고통 없이는 움직일 수 없을 정도로 나빠졌다. 그녀의 상태가 너무 위급하여 함께 지내던 사람들이 그녀를 위해서 나섰다. "그녀가 너무 아파서 우리는 보건소에 도움을 요청했어요. 그녀는 먹지도 못하고 계속해서 설사를 하다가 피를 토했어요. 응대한 간호사는 정말 너무나 비인간적이었어요."라고 함께 억류되었던 Oscar Santander가 8월 9일 데일리 저널에 보고했다. "그 간호사가 말했죠. '오, 이 사람이 지난번에 우리한테 알렸던 그 사람이에요? 의사가 어떤 약도 처방하지 않았어요. 진통제하고 물 주세요. 금방 나아질 거예요.'"

"나아지지 않았어요." 또 다른 억류자인 Abel Gutierrez가 데일리 저널에 한 이야기다. "Victoria는 너무 아팠는데 그들은 아무것도 하지 않았어요. 밤에 우리는 80명 전원이 점호에 불응하고 Arellano를 위해 시위를 했죠." 마침내 Victoria가 죽기 일주일 전에 병원에 데려갔지만 24시간도 안 되어 다시 시설로 돌아왔다. 그녀가 다른 병원으로 이송되었을 때는 이미 너무 늦었다. 그녀는 침대에 묶인 채 죽었다. 그녀를 위해 목소리를 낸 사람들은 그녀를 도우려 했다는 이유로 다른 곳으로 이송되었다.

🗨 NOTES

1) 「이민과국적법」, § 212(a)(4), 66 Stat. at 182.

2) 상원 사법위원회는 1950년에 현존하는 법에서 입국을 금지하는 "정신병 영역에 동성애자
와 기타 성적 변태자를 포함하도록 확대해야 한다."라고 제안하였다(S. Rep. NO. 1515,
81st Cong., 2d Sess., p. 345). 제안 당시 「이민과국적법」은 '동성애자와 성적 변태자'
외국인을 제외시키는 구체적으로 기술된 문구가 포함되어 있었다. 그러나 법안이 통과되
면서 그런 단어들은 삭제되었는데, 상원 사법위원회에 의하면 그 이유가 "공공보건기구
가 정신병적 성격과 정신질환에 감염된 외국인을 제외하는 조항이 동성애자와 성적 변태
자의 제외를 포함할 만큼 광범위하다고 조언하였다. 용어를 바꾸는 것이 성적 변태 외국
인을 제외하려는 의도를 약화시켜서는 안 된다."라는 것이었다. (S. Rep. NO. 1137, 82d
Cong., 2d Sess., p. 9). *Boutilier v. Immigration Service*, 387 U.S. 118(1967) 참조.
*Family, Unvalued: Discrimination, Denial, and the Fate of Binational Same-Sex
Couples under U.S. Law*, Human Rights Watch and Immigration Euqality, 2006,
p.25, fn 53.

3) 1965 Amendments, Pub. L. No. 89-236, 79 Stat. 911 (1965).

4) 남색은 게이들을 학대하기 위해 이전에 경찰들이 자주 사용하던 혐의였다. 성인간에 상호
동의한 사적인 성관계에 대한 기소는 헌법에 맞지 않는다는 결정은 2003년에 내려졌다.
Lawrence v. Texas, 539 US 558 (2003).

5) *Adams v. Howerton*, Ninth Circuit, 673 F.2d 1038(1980).

6) 레이먼드 맥그라스가 C. 듀나스(2000), "Coming to America: The Immigration Ob-
stacle Facing Binational Same-Sex Couples," Southern *California Law Review*,
73, 811-841를 인용함.

7) 평등한 이민 권리를 제공하는 국가의 명단을 보려면 *Family, Unvalued*, Appendix B,
at http://hrw.org/reports/2006/us0506/10.htm#_Toc132691986 참조.

8) 2008년 7월 상원은 HIV 여행 및 이민 금지를 없애기 위한 첫 번째 단계로 HIV/AIDS를
「이민법」에서 제거하였다. 현재는 미국에 입국하는 것을 금지하는 전염병 명단에 HIV가
남아 있다. 그에 더해서 2007년 11월에 부시 정부는 통과가 된다면 HIV에 감염된 사람
들의 미국 입국을 더 어렵게 할 여행 금지 면제에 수정을 요구하였다. 최신 소식을 보려면
http://immigrationequality.org/ 참조.

9) INA § 101(s)(42)(A), 8 USC § 1101(a)(42A).

10) Matter of Acosta (and the rest of Asylum Manual fn 4).

11) 20 I & N Dec. 819 (BIA 1990).

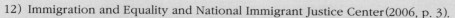
12) Immigration and Equality and National Immigrant Justice Center(2006, p. 3).

13) 상동.

14) 제7차 순회상고법정에서는 성적 성향에 근거해서 망명을 신청하는 사람이 그러한 정보로 인하여 자신의 고국에서 당한 학대를 고려한다면 입국 시에 당국에 그러한 정보를 제공하지 않는 것이 타당하다는 결론을 내렸다. *Moab v. Gonzalez*, 207 U.S. App. Lexis 21893 (7th Cir. 2007).

15) 비(非)이민 비자 소지자의 동성 파트너가 여행자 비자로 입국할 수 있는 작은 허점이 있긴 하지만, 그런 경우 비자를 자주 갱신해야 하고 다른 비자에서 제공되는 권리와 혜택은 받을 수 없다. http://immigrationequality.org/template.php?pageid=155 참조.

추가자료

저서

Cantu, L., & Luibheid, E. (2005). *Queer migrations: Sexuality, U.S. citizenship, and border crossings.* Minneapolis: University of Minnesota Press.

Lambda Legal & Immigration Equality. (2005). *HIV and immigration law: The basics.* New York: Author. Available in English and Spanish at http://www.immigrationequality.org/template.php?pageid=200)

Lambda Legal & Immigration Equality. (2005). *Sexual orientation and immigration law: The basics.* New York: Author. Retrieved from http://www.immigrationequality.org/template.php?pageid=199AAAAa

Luibheid, E. (2002). *Entry denied: Controlling sexuality at the border.* Minneapolis: University of Minnesota Press.

Transgender Immigration Manual—forthcoming from Immigration Equality and Transgender Law Center, published by the American Immigration Lawyers Association.

영화

Through Thick and Thin, Sebastian Cordoba, director, 2007. *Through Thick and Thin* examines the trials of gay and lesbian binational couples as they struggle against U.S. immigration laws. California: Hear No Evil Films.

웹사이트

Asylum Law.org provides very useful information about asylum law in the United States and internationally, with a new database of sexual orientation-related materials. Has a section on sexual minorities and HIV status: http://www.asylumlaw.org/

Center for Gender and Refugee Studies. Has great primary source materials on gender-based asylum claims, including domestic violence, female genital mutilation, rape, and sexual orientation issues: http://cgrs.uchastings.edu

Immigration Equality. A national organization that works to end discrimination in U.S. immigration law, to reduce the negative impact of that law on the lives of lesbian, gay, bisexual, transgender, and HIV-positive people, and to help obtain asylum for those persecuted in their home country based on their sexual orientation, transgender identity or HIV-status: http://www.immigrationequality.org

Sylvia Rivera Law Project. A New York-based legal services organization providing free legal services to transgender individuals. It includes information on transimmigrants living in New York: http://www.srlp.org/

Transgender Law Center. A national organization that engages in litigation, education, and advocacy to secure equal rights for transgender individuals: http://www.transgenderlawcenter.org

📖 참고문헌

Feinberg, L. (2007, September 8). Death of trans immigrant in detention forged United States. New York: Worker's World.

Immigration and Naturalization Service. (1975). Letter to Richard Adams, November 24, 1975. Quoted in S. Long, J. Stern, & A. Fracoeur, *Family, unvalued: Discrimination, denial, and the fate of binational same-sex couples under U.S. law.* New York: Human Rights Watch, 2006. Retrieved from http://hrw.org/reports/2006/us0506/

Immigration Equality and National Immigrant Justice Center. (2006). *LGBT/HIV asylum manual.* New York: Author. Retrieved from http://www.immigra-

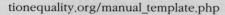

tionequality.org/manual_template.php

Immigration Equality and Transgender Law Center. (2006, January). *Immigration Law and Transgender People*. San Francisco: Author. Retrieved from http://transgenderlawcenter.org/Immigration%20Law%20%20English%20fact%20sheet.pdf

Immigration Law and Transgender People. (2006). New York: Immigration Equality.

Long, S., Stern, J., & Francoeur, A. (2006). *Family, unvalued: Discrimination, denial, and the fate of binational same-sex couples under U.S. law*. New York: Human Rights Watch. Retrieved from http://hrw.org/reports/2006/us0506/

12장

미국의 노인 이민자: 이슈와 서비스

Patricia Brownell and Robin Creswick Fenley

사회복지는 미국에서 19세기 말 진보적인 시기(Progressive Era) 동안에 전문적인 학문 분야로 나타나기 시작했다. 당시 사회복지사는 이민자 가족, 특히 어머니와 아동들에 초점을 두었다. 21세기가 시작되면서 노인복지가 독자적인 영역으로 자리 잡기 시작했다(Greene & Choi, 2008).

이러한 경향에도 노인 이민자에 대한 연구는 여전히 초보 단계에 머물러 있다. 이 장의 목적은 노인 이민자에 대한 사회인구통계적 개요와 노인 이민자와 그 가족과 관련된 이슈, 사정 그리고 개입에 대해 최근의 사회복지 관련 정보를 제공하는 것이다. 최근 동향과 그와 관련된 함의 또한 논의될 것이다.

1. 미국 노인 이민자의 사회인구통계적 개요

미국 인구조사국에 의해 외국 태생 65세 이상 노인으로 정의된 미국 내 노인 이민자의 사회인구통계는 이민 정책에 의해 영향을 받으므로 간략한 역사를 여기에서 소개한다.

미국의 첫 이민법인 1790년의 「귀화법」에서는 단지 '백인'만이 귀화 시민이 될 수 있다고 명백히 기술하였다(Takaki, 1998). 개발도상국의 욕구와 태도를 반영한 미국 이민 정책이 세 가지로 구분되는 기간은 Kilty(2002)가 밝힌 대로 Martin과 Midgley(1999)에 의해 제시되었다.

값싼 노동력의 가치가 인정되던 1780년부터 1875년까지의 자유방임주의 기간에는 대륙횡단 철도, 농장 그리고 공장을 건설하기 위해 주로 중국 이민자들의 유입이 귀화의 혜택 없이 허용되었다(Martin & Midgley, 1999). 1875년부터 1920년까지의 기간은 범죄자, 매춘부 그리고 정신질환자와 같은 집단에 질적인 제한이 있던 시기였다(Kilty & deHaymes, 2000). 1920년대부터 현재까지 미국 이민 정책은 민족성과 국적에 관계 없이 미국 이민을 허용하되, 이민자 총수의 제한이 강요된 양적인 제한의 시기로 특징 지을 수 있다. 이 정책의 뚜렷한 증거는 멕시코에서 미국으로 넘어오는 불법 이민자 수를 줄이기 위하여 미국과 멕시코의 국경 경계선을 따라 방벽을 세운 부시 행정부의 제안서다.

1924년 「이민과국적법」은 총 15만 명의 이민자를 받아들이는 것으로 국가의 최초 인원 할당선을 설정하였다(Kilty & deHaymes, 2000). 이러한 미국 최초의 인원 할당은 북서유럽 출신 이민자들을 선호했고, 아시아 출신 이민자들은 제외시켰다. 일본 이민자들은 금지된 반면, 북서유럽 이민자에게는 많은 수의 이민이 허용되었다(Kilty & deHaymes, 2000). 미국의 정책이 아시아 이민자의 귀화를 허용한 것은 1952년에 이르러서다(Kilty, 2002). 그 결과, 역사적으로 노인 이민자 인구는 주로 유럽 출신이었고, 그 상황은 오늘날까지 이어지고 있다.

이민이 사회적 분열과 쇠퇴를 초래하여 이 나라의 제도를 약화시킨다는 증거 없는 주장과 같은 이국적 요인에 대한 두려움이 가득 찬 인종차별주의나 배제 정책이 반영된 시민전쟁 이후 이민에 대한 관심이 증대되었다(Portes & Rumbaut, 1996, in Kilty, 2002). 이러한 두려움에 대응하기 위해 공인된 유일하고도 중요한 법제인 1798년의 「외국인과 보안법(The Alien and Sedition Act)」은 국가의 평화와 안전에 위험을 주는 어떤 외국인도 추방될 수 있다고 규정하였다(Quiroz-Martinez, 2001, in Kilty, 2002). 주로 이민자 커뮤니티에서 행해진 초기 사회복지사업에서 실천가의 초기 책임은 이 법의 공정한 집행을 보장하기 위한 경계와 전문직 간 협력을 포함했다. 9·11 테러를 겪은 오늘날의 분위기를 감안할 때 그러한 경계와 협력은 여전히 필요한 것으로 남아 있다.

1965년 「이민과국적법」 개정법과 이후 개정법은 국가할당제를 폐지하고 전 세계로 미국 이민을 개방하였다. 이는 아시아계와 라틴계 미국인 이민자의 증가를 가져왔을 뿐만 아니라, 아프리카, 오세아니아 그리고 기타 지역과 같은 세계의 다양한 지역으로부터의 이민의 점진적인 증가를 가져왔다.

2000년 인구조사에 따르면 외국 태생으로 미국에 거주하는 3,100,000명의 노인 중에서 1,200,000명 또는 거의 39%는 유럽에서 태어났다. 이와 대조적으로, 31% 이상이 남미에서 태어났고, 22% 이상이 아시아에서 태어났다. 미국 내 외국 태생 인구가 유럽 출신에서 남미와 아시아 출신으로 변화하는 현상은 향후 외국 태생 노인의 변화로 나타날 것이다(He, 2002).

또한 2000년 인구조사에서 보고된 것처럼, 노인 이민자의 거의 2/3는 30년 이상 미국에 거주해 오고 있다. 그 결과, 노인 이민자들은 모든 연령대의 이민자와 비교해 귀화 시민이 된 비율이 거의 두 배가 된다. 그러나 유럽 출신의 노인 이민자는 아시안과 남미계 노인 이민자들과 비교할 때 귀화 시민 비율이 높았다(He, 2002). 노인 이민자들은 가족의 존재, 이민자 네트워크 그리고 민족 커뮤니티에 기초해 거주 지역을 선택하는 경향이 있기 때문에 노인 이민자의 지리적 분포는 미국 태생 노인과 다르다. 예를 들어, 미국 태생 노인과 비교했을 때 서부는 가장 높은 노인 이민자 비율을 나타낸 반면, 중서부는 가장 낮은 노인 이민자 비율을 나타냈다(He, 2002).

그러나 아마도 시민권 시험을 통과하는 두려움 때문에 시민권을 전혀 신청하지 않는 노인 이민자가 많을 것이다. 65세 이상이고 20년 이상 영주권자로서 미국에 거주하는 노인은 역사와 정부에 대한 지식의 필요성이 감소되었으며, 영어 외에 그들이 선택한 언어로 시험을 볼 수 있다. 사회복지사는 시민권이 없는 노인 클라이언트에게 이러한 법에 대한 정보를 알려 줄 수 있고, 나중에 이 장에서 논의되는 특정한 정부 혜택을 신청하는 데서의 시민권 소지의 이익을 노인과 함께 찾아볼 수 있으며, 또한 그들의 관심사항에 가장 민감하게 반응하는 선거후보자를 위해 투표하는 데 참여할 수 있다.

2. 미국 노인 이민자의 사회경제적 특징

미국 태생 노인과 비교하여, 노인 이민자는 고등학교 교육을 받지 않았을 가능성이 크다(미국 태생 노인 29% 대비 이민자 노인은 거의 45%임). 반면, 미국 태생 노인 15%에 비해 이민자 노인은 거의 19%가 학사 이상의 교육 수준을 보인다. 노인 이민자가 미국 태생 노인보다 낮은 교육적 성취도를 보일 가능성이 있지만, 이는 모든 외국 태생 노인의 사례로 추정할 수 없다(He, 2002). 예를 들어, 러시안 커뮤니티의 경우 많은 젊은 노인 이민자가 전문 학위를 가지고 미국으로 이민 왔으나 언어장벽과 자격(증) 요건 때문에 직업 역할을 수행할 수 없다.

노인 이민자는 미국 태생 노인보다 가족과 함께 살기 쉽다(거의 53%의 미국 태생 노인에 비해 62% 이상임). 외국 태생 노인은 미국 태생 노인보다 대가족 안에서 살기 쉽다(미국 태생 노인 9%에 비해 20% 이상임). 여성 노인 이민자는 미국 태생 여성 노인보다 홀로 살 가능성이 적고, 남성 노인 이민자보다는 홀로 살 가능성이 크다.

남녀 노인 이민자의 결혼 비율은 97%로 거의 동일하지만, 성별 차이를 보이는 이유는 배우자의 상실이다. 남성 노인 이민자는 단지 약 14%만이 홀아비인 데 비해, 여성 노인 이민자는 거의 46%가 과부다(He, 2002). 이러한 차이는 여성이 자신보다 나이가 많은 남성과 결혼하는 경향, 홀아비 노인의 재혼 비율이 높은 경향 그리고 여성이 남성보다 기대수명이 높은 경향과 같은 요인들이 복합적으로 작용한 결과다.

미국 태생 노인보다 노인 이민자의 빈곤율이 더 높은 것은 놀랍지 않다. 1999년 노인 이민자의 빈곤율은 미국 태생 노인의 9% 이상과 비교하여 거의 14%였다(He, 2002). 시민권을 가진 외국 태생 노인과 시민권을 갖지 못한 외국 태생 노인을 비교해도 빈곤율에 차이가 있다(시민권자는 11% 이상인 반면, 비시민권자는 19% 이상임). 노인 이민자 가구나 노인 이민자를 포함하는 가구가 현금 프로그램(거의 17%)보다 비현금 프로그램(29% 이상)에 더 많이 참여한다. 비현금 프로그램에는 학교 급식, 푸드 스탬프, 주거원조(housing assistance) 그리고 메디케이드가 포함되며, 현금 프로그램에는 빈곤 가족에 대한 한시적 원조(Temporary Assistance for Needy Families: TANF), 일반 원조(General Assistance) 그리고 보조적 보장소득(Supplemental Security Income: SSI)이 포함된다.

1999년 인구조사에 따르면, 미국 태생 노인 인구의 99% 이상과 비교하여 미국 노인 이민자 인구의 94%가 그해 전부 또는 부분적으로 건강보험을 가졌다(He, 2002). 그러나 외국 태생 노인 인구는 건강보험보장이 없는 데 불균형적으로 높은 비율을 보였고, 비시민권자 노인은 메디케이드를 제외하면 메디케어나 다른 보험 서비스에서 낮은 비율을 보였다. 노인 이민자의 노동참가율은 12% 이상으로, 미국 태생 노인의 노동참가율 14%에 비해 다소 낮았다.

3. 미국 노인 이민자와 관련된 이슈

미국 문화에의 적응은 노인 이민자 사이에서 삶의 질과 복지의 주요 요소로 여겨진다. 유럽 출신의 노인 이민자는 아프리카, 아시아 또는 남미 출신의 노인 이민자보다 미국의 지배적인 백인 문화로의 적응이 더 쉬울 것이라고 가정할 수 있다. 그러나 이민자들은 매우 다양한 나라와 문화로부터 오는데, 이러한 사실은 역사적으로 건강, 정신건강 그리고 사회서비스 실천 문헌에서 전해져 오지 못했다.

점차적으로, 특히 도시 지역에서 문화적으로 반응하는 서비스와 문화적으로 유능한 서비스의 발전을 향한 노력이 있어 왔다. 정부 혜택과 서비스를 위한 노인 이민자들의 자격 요건에 대한 이해는 사회복지사 그리고 사회서비스, 건강 · 정신건강 기관들의 문화적 유능감 증가와 병행되어야 한다.

1) 이민 신분에 따른 정부 프로그램과 서비스의 자격 요건

미국에서 시민권이 없는 노인 이민자가 필요한 서비스를 얻는 데 주요한 한 가지 장벽은 1996년의 「개인책임및근로기회조화법(Personal Responsibility and Work Opportunity Reconciliation Act)」의 통과다. 이 법은 비시민권자가 SSI, 메디케이드, TANF와 푸드스탬프를 받는 권리를 박탈했다. 특히 메디케이드는 많은 빈곤한 저임금 노인에게 건강과 정신건강 서비스의 이용 자격을 준다. 1997년 「균형예산법(Balanced Budget Act)」은 명확하고 경제적으로 합법적인 이민자들을 위한 일부 메디케이드 기금의 서비스와 SSI의 연방정부의 자격 요건을 복구했으나, 많은 정부 혜택과 수급권(entitlements)은 비시민권자인 노인 이민자에게는 이용할 수 없는 것으로 남아 있다(Binstock & Jean-Baptiste, 1999).

연방 혜택의 완전한 적격자가 되기 위해서는, 신청자는 반드시 시민권자이거나 자격 있는 외국인 신분이어야 한다(Weiner, 2007). 자격 있는 외국인은 합법적인 영주권자, 난민, 망명자, 추방중지를 받은 자, 쿠바인/아이티인 입국자, 최소한 1년 이상 미국에 가석방이 허가된 사람, 매 맞은 특정 배우자, 그리고 미국 시민권자의 부모를 포함한다. 이민 신분에 관계없이 모든 노인에게 개방되어 정부 기금으로 운영되는 프로그램에는 긴급 메디케이드, 성인 보호 서비스(adult protective services), 그리고 전미 가족 돌보미 지원 프로그램(National Family Caregivers Support Program)의 몇 가지 요소가 포함된다.

추가적인 기준을 충족시키는 자격 있는 이민자에게 제한된 연방 자산조사 프로그램은 SSI, 메디케이드, 푸드 스탬프, 그리고 TANF 현금지원서비스를 포함한다. 노인 이민자와 그 가족에게 서비스를 제공하는 사회복지사는 그들의 클라이언트가 처벌이나 추방의 위험 없이 법에 의해 허용되는 모든 혜택과 서비스를 받는 것을 보장하기 위해서 「이민법」의 복잡한 영역에 전문성이 있는 법률 서비스 제공자와 협력하여 일할 필요가 있다(Weiner, 2007).

대부분의 미국 「노인법」에 의한 기금으로 제공되는 서비스들은 시민권이 없는 60세 이상 노인 이민자들이 이용 가능하도록 지속된다. 이러한 서비스들은 노인복지관, 영양섭취 프로그램, 가족 돌보미 프로그램 자원과 서비스(National Family Caregiving Program resources and services) 그리고 사례관리서비스를 포함한다. 카운티와 주가 주관하는 성인보호서비스는 또한 시민권과 관계없이 자격 있는 노인에게 제공된다. 그러나 미국 「노인법」에 의한 기금으로 제공되는 사례관리와 성인보호 서비스는 적절한 증거 서류가 부족한 노인 이민자에게 계속 이용이 어려울 수 있는 메디케이드와 현금 보조금 지원(cash grant assistance)과 같은 정부 혜택 프로그램과의 연결을 돕는다. 빈곤한 노인 이민자를 위한 시민권에 기반한 건강과 정신건강 보호의 이용 접근성 또한 지방정부와 주정부 정책에 의존한다(Weiner, 2007).

2) 문화 적응, 정신건강 그리고 건강

사례 12-1

Singh 부인은 인도에서 남편이 죽은 후에 그녀의 아들과 며느리 그리고 손자녀와 가까이 살기 위하여 미국으로 이민을 왔다. 그녀는 미국에서 가족들에 의해 보호받을 것으로 기대했다. 그러나 도착한 후 Singh 부인은 그녀의 자녀들이 일하는 동안 손자녀를 돌보고 집안일을 해야 한다는 것을 알게 되었다. 그녀는 의기소침해졌고 그녀의 자녀들이 그녀에게 기대하는 의무를 수행할 수 없었다. 그러나 그녀는 자녀들이 진찰을 받으라고 데려간 인도계 미국인 클리닉에서 그녀의 가족이 낙인 찍힐 수 있고 죽은 남편의 기억에 대한 명예가 훼손될 수 있다는 생각에 의사나 직원들과 그녀의 감정을 나누기를 원치 않았다.

인도인에게 영어로 소통하는 문화에 적응하는 것은 다른 가족 구조와 사회적 기대에 적응하는 것보다 덜 도전적일 수 있다. 교육 기회를 얻기 위해 미국에 온 노인 이민자는 문화적 적응을 위한 좋은 기회를 경험할 수 있지만, 특히 그들이 이민 전에 서양 문화에 노출된 적이 없었다면 배우자를 포함한 가족 구성원들은 다른 경험을 할 수 있다(Nandan, 2005). 가족의 근접성과 사회적 · 종교적 가치의 적합성 또한 적응(Nandan, 2005)과 도움 추구 행동을 예측하는 변인으로 작용할 수 있다.

이 책의 분리된 장들로서 건강과 정신건강 이슈가 다루어질 것이나, 여기에서 몇 가지 중요한 사항을 언급하는 것은 가치가 있다. 문화 적응 스트레스와 우울증은 노인 이민자가 새로운 문화에 적응하는 것에 실패할 때 일어나는 정신건강에 해로운 결과로 인식되어 왔다. 문화 적응 스트레스는 노인 이민자와 성인 자녀 사이의 문화 적응 차이로 정의되어 오고 있다(Mui & Kang, 2006). 문화 적응 스트레스는 노인, 특히 아시아 여성 노인에게 정신질환으로 종종 진단되지 않지만 심각한 유형인 우울증을 야기할 수 있다. 한 연구에서 아시아 노인 이민자의 다양한 집단간 적응, 문화적 적응 그리고 심리적 안녕의 차이가 발견되었는데, 이는 집단 내의 편차에 민감한 서비스 전달 체계의 필요성을 제안하는 것이다(Mui & Kang, 2006).

상실과 변화와 관련된 슬픔은 중국계 노인 이민자에게 우울증을 줄 수 있다(Casado & Leung, 2001). 문화 적응, 미국 내 거주 기간, 거주 형태와 가족과의 접촉 정도, 본국 방문 빈도, 그리고 영어 능숙도 같은 요인들은 모두 우울증 및 슬픔 반응과 관련이 있다(Casado & Leung, 2001).

정신건강 상태뿐만 아니라 신체건강 상태도 노인 이민자의 출신국 및 문화와 관련된 요인들에 의해 영향받을 수 있다. 사회적 통합의 정도 또한 노인 이민자의 건강 상태와 관련된다(Diwan & Jonnalagadda, 2001). 인도계 노인 이민자에 대한 한 연구에 따르면 긍정적인 건강 결과는 강하게 인지된 사회적 지지와 가족의 근접함과 관련된 반면, 부정적인 건강 결과는 몸무게, 성, 미국 내 거주 기간 그리고 나이와 관련되어 있었다(Diwan & Jonnalagadda, 2001).

노인 이민자를 위한 출신국 노인에 대한 연구는 이민자를 위한 문화 적응과 관련된 요소들로부터 분리된 정신건강과 안녕에 관한 본국 문화의 영향에 대한 통찰력을 제공할 수 있다. 신체적 조건, 기능적 능력과 재정적 충족은 만성적인 삶의 성향에 기여할 수 있다(Boey, 2001). 홍콩에 사는 중국 노인에 대한 한 연구에서 신체적 건강과 가족 관계망 지지의 이용 가능성은 정신건강, 우울 증상 그리고 생활만족도와 관련된 중요한 요인으로 밝혀졌다(Boey, 2001).

사례 12-2

　Xiu 씨는 대도시의 엘리베이터가 없는 아파트의 4층에 홀로 살고 있는 중국에서 온 91세 이민자다. 그의 아내는 10년 전에 사망하였고 다른 주에 사는 결혼한 외아들은 심장마비로 작년에 사망했다. 근처에는 가족이 아무도 없다. Xiu 씨는 며느리와 두 명의 10대 손녀들과 제한적으로 연락하고 있다. 그는 마작 친구에게 가족 구성원의 사망 이래로 외로움을 느낀다고 호소해 왔다. 이웃 주민들은 저녁에 Xiu 씨 집에 불빛이 거의 없는 것을 알았다. Xiu 씨는 청각은 점점 나빠졌지만 어떤 보조 장치를 착용하는 것을 거부했다. Xiu 씨의 건강은 무릎 통증에 대한 불만 말고는 최근까지 괜찮은 것으로 보인다. 그는 수년 동안 의사를 찾지 않았고 그들을 신뢰하지 않는다. 평생 심각한 흡연자인 Xiu 씨는 만성 기침 증세가 있고 그의 목소리는 귀에 거슬린 소리를 낸다. Xiu 씨의 마작 친구는 그의 생각이 무질서하게 되어 가고 있으며, 그가 분노와 흥분을 자주 하고 평소답지 않다는 것을 알아채기 시작하였다.

만성적 질환은 중국 노인 이민자가 가진 정신적 질환의 유형으로 우울증에 기여할 수 있다. 한 연구는 중국 노인 이민자들에게 관절염이 우울 증상과 관련된다고 증명하였고, 관절염 및 등과 목 질환의 통증에 대한 중국 노인 이민자의 반응에서 성별 차이가 있음을 발견하였다(Wu, Tran, & Amjad, 2004).

3) 돌봄제공 이슈

미국 태생 노인 및 그의 가족과 관련한 돌봄제공자의 스트레스와 부담감은 광범위하게 연구되어 왔다. 그러나 노인 이민자의 가족과 관련한 돌봄 이슈에 대해서는 덜 알려져 있다. 중국 노인 이민자의 돌봄제공자에게 가족과 개인의 경제 상태는 돌봄제공자의 우울증 및 부담감의 주관적 인식과 관련이 있다(Zhan, 2005). 돌봄 스트레스와 부담감에 대한 인식은 치매를 앓고 있는 친척 노인의 한국계 미국인 돌봄제공자 및 미국 태생 돌봄제공자와 비슷하다는 것이 발견되었다. 그러나 스트레스와 부담감에 대한 표현이 달라 대안적인 개입 전략의 필요성을 제안하였다(Zhan, 2005). 돌봄제공자 가족의 민족과 인종의 다양성은 자원의 이용 정도 및 노인과 어려움을 겪는 이민자 가족 구성원에 대한 가족의 책임감과 관련한 인식의 차이를 가져올 수 있다(Scharlach et al., 2006).

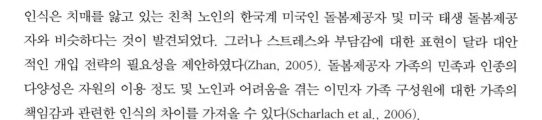

사례 12-3

　　콜롬비아 보고타 태생인 Juarez 부인은 수년 동안 미국에 살고 있으며 신체 장애가 있는 알콜중독자인 외동딸을 방문하기 위해 여행 비자를 받았다. 미국에서 얼마간 지낸 후에 Juarez 부인의 비자가 만료되었다. 그런데 딸의 신체적 상태가 더 악화해 대대적인 급성치료에 이어 입원이 필요하게 되었다. 이 기간에 병원 직원들은 Juarez 부인이 점점 혼란스러워하고 스스로 자신을 돌볼 수 없다는 것을 알게 되었다. Juarez 부인의 입원이 필요해진 것이다. 양 병원의 직원들은 서로 연락하여 현재 서류 미비자 신분인 Juarez 부인이 지역사회에서 더 이상 돌봄을 받지 않고는 살 수 없으며, 딸과 Juarez 부인 모두 서로에게 필요한 돌봄이나 지원을 제공할 수 없음을 인식하게 되었다.

　　치매의 속성은 다양한 이민자 사이에서 다르게 나타날 수 있다. 베트남 돌봄제공자에 관한 한 연구에서는 전통적 표현양식, 종교적 또는 영적 신념, 그리고 노인의 나이에 걸맞은 상태라는 문화적으로 용인된 인식은 노인 가족 구성원의 치매에 대한 이민자 돌봄제공자의 인식과 대처에 영향을 줄 수 있다고 하였다(Yeo, Uyen Tran, Hikoyeda, & Hinton, 2001).

　　특히 중국계와 히스패닉계 노인 이민자에게는 인지적 손상에 대한 강한 낙인감이 있다. 치매가 있는 사람은 치매 관련 행동이 종종 가족을 당황스럽게 하는 것으로 비추어져 미친 것으로 여겨진다. 성인 자녀들이 일하러 간 동안 대가족이 함께 사는 아파트에서 병든 노인을 감금하는 상황이 드물지 않게 나타난다. 노인 이민자들은 문화적으로 유능한 서비스의 부족, 서비스에 익숙하지 못함, 감당할 수 있는 서비스의 부족, 의료보험이 불충분하거나 없음, 한정된 수입, 그리고 법적 신분과 같은 복합적 이유로 공식적인 지지 서비스를 찾지 않는다.

　　본국 그리고 미국 이민자로서의 푸에르토리코 노인과 그 가족의 건강 상태, 돌봄제공의 문화적 패턴, 그리고 주거 자원 사이의 관계가 연구되어 왔다. 주거 형태는 문화적 형태와 연결되어 있고, 돌봄제공자와 노인 이민자의 스트레스와 부담감에 영향을 미칠 수 있다. 예를 들어, 라틴 문화나 푸에르토리코와 같은 나라에서 발견되는 다세대가 함께 사는 주거 형태는 가족 돌봄제공의 문화적 가치를 지지할 수 있다. 노인의 독립성을 증진시키고자 하는 미국의 주거 정책은 돌봄제공자와 노인의 근접성에 의존하는 가족적인 돌봄제공 관계 그리고 이민 가족과 노인에게 출신국과 연결되어 깊게 내재한 문화적 가치를 반영하는 데 장애요인으로 작용할 수 있다(Ramos, 2007). 푸에르토리코 노인은 미국의 시민으로 간주되고 정부 혜택의 자격이 있지만, 시민권 신분이 없는 다른 라틴 국가에서 온 노인은 적격한 신분이 될 수 없어 가족 구성원에게 더 큰 돌봄제공 부담감을 안길 수 있다.

4. 특정 노인 이민자 인구

1) 손자녀 양육 조부모

인구조사 자료는 조부모가 손자녀를 양육하는 가족 세대의 수가 증가함을 보여 준다. 그러나 아주 소수의 연구만이 이민 노인 조부모 돌봄제공자가 조부모 역할을 하는 데서의 문화적 차이에 관해 살펴보았다. 많은 노인 이민자는 자녀들이 일하는 동안 손자녀에게 보충적인 보호를 제공한다. 특히 아시아계 미국 노인 조부모들은 그들의 손자녀의 법적인 보호자나 주된 돌봄제공자 없이 상당한 양의 아동보호를 제공하는 것으로 알려져 있다(Yoon, 2005).

1990년대 이래로 전통적인 조부모의 역할로부터 손자녀 돌봄제공자로서의 조부모로의 변화에 관심이 모아지고 있다(Park & Greenberg, 2007). 그러나 가족 돌봄 제공은 노년기의 삶에서 사람들에게 일상이 되고 있다(Montgomery, Rowe, & Kosloski, 2007). 아프리카계 미국인 가정에서 대가족은 친척과 친척 아닌 사람들 모두에게 지지를 제공한다(Taylor, Chatters, & Celious, 2003). 돌봄제공자로서의 역할을 수행하는 조모들은 나이, 성, 돌봄제공신분, 건강 그리고 경제적 안녕 정도가 상호 영향을 미쳐 건강과 경제적 어려움을 경험할 수 있다(Park, 2006).

줄담배를 피우는 Chou 씨는 손과 팔에 2도 화상을 입고 입원 중이다. 그는 사위, 딸 그리고 손녀와 살았다. 사위와 딸은 오랜 시간 일했고, 손녀는 유치원에 다녔다. Chou 씨의 딸은 아버지의 기억력이 더 나빠졌음을 알았지만 나이 탓으로 돌렸다. 목욕을 안 한다든지 옷을 정기적으로 바꿔 입지 않는 것과 같은 아버지의 개인위생 측면의 변화도 유사하게 나이 탓으로 돌렸다. Chou 씨의 딸과 사위는 손녀의 등 · 하굣길을 보살피고, 딸이 직장에서 돌아올 때까지 손녀를 보호하는 Chou 씨가 필요하였다. 할아버지와 손녀는 매우 잘 지냈다.

부모가 오랜 시간 일하는 동안 손자녀에게 주요 돌봄제공자로서 기능을 하는 지역사회의 조부모 이민자들은 종종 손자녀의 등 · 하굣길을 책임지고 부모가 집으로 돌아올 때까지 손자녀를 돌본다. 어떤 경우에는 손자녀가 조부모를 집으로 안내해야 할 때도 있는데, 이는 인지적인 손상이 조부모를 혼란스럽게 하기 때문이다.

2000년 인구조사 자료에 따르면, 라틴계는 아시아계보다 손자녀에 대한 돌봄제공 책임을 맡을 가능성이 더욱 크다(Simmons & Dye, 2003). 예를 들어, 전국적으로 중미에 사는 조부모들은 돌봄제공을 하지 않는 동료들에 비해 손자녀를 더욱 많이 양육한다. 이러한 돌봄을 제공하는 조부모들은 돌봄을 제공하지 않는 동료보다 젊거나, 결혼했거나, 고등학교를 마치지 못했거나, 직업이 없거나, 빈곤선 아래로 살기 쉽다(Minkler, 2007).

손자녀의 주요 돌봄제공자로서 책임이 있는 라틴계 조부모는 아프리카계 미국인 보호자인 조부모보다 그들에 대한 손자녀의 행동을 무례하거나 정상적인 것이 아닌 학대로 정의하는 것을 발견할 수 있다(Brownell, Berman, Nelson, & Fofana, 2003). 노인학대에 대한 인식과 학대로 해석될 수 있는 행동에 대한 용인은 아시아계 미국인에게는 문화와 출신국에 의해 감안될 수 있다(Moon, Tomita, & Jung-Kamei, 2001).

2000년 인구조사에 의하면 뉴욕 시에는 84,000명이 넘는 조부모 가장 가구가 있다. 비례하여, 뉴저지 주의 뉴왁에는 미국에서 가장 많은 조부모 가장 가구가 존재한다. 조부모는 종종 손자녀의 생물학적 부모의 사망, 투옥, 중독 또는 유기를 포함한 다양한 이유로 손자녀 부양에 대한 전적인 책임을 떠맡는다.

조부모 특유의 관심은 사회서비스 제공기관에 의해 종종 간과된다. 직접적으로나 확대하여 조부모와 같이 일하도록 기관에 명확하게 강제되지 않는다면 사회복지사는 신고된 노인학대를 조사하는 과정에서 질문해야 할 문제의 유형을 인식하지 못할 수 있다. 클라이언트가 기관에 제시하는 문화적 맥락 안에서 직원이 다양한 서비스 이슈에 관한 적절한 훈련을 받는 것을 보장하는 것은 기관과 특히 사회복지 슈퍼바이저의 의무다. 그러한 인식과 지식이 클라이언트에 대해 더욱 포괄적이고 전반적인 사정을 가능하게 하여 클라이언트와 사회복지사 모두의 역량을 강화한다.

손자녀를 부양하는 조부모는 손자녀와 조부모를 위한 정부 혜택 및 수급권에 대한 자격 요건과 관련된 개별 주의 법에 기초한 수많은 법적 도전에 직면한다. 또한 건강 보호, 학교 등록, 여타 손자녀의 삶의 다양한 측면 등과 같은 손자녀를 위한 의사결정을 하는 능력과 관련한 도전에 직면한다. 서류 미비자 신분일 수 있는 일부 조부모 이민자들은 시민권을 가진 미국 태생 조부모들보다 더욱 심각한 도전에 직면한다. 조부모 가구 가정을 위해 일하는 사회복지사는 이러한 이슈들과 관련해 보호자인 조부모와 전문가인 법적 변호인과 밀접하게 일할 것이 권장된다(Daig & Stangl, 2006).

사례 12-5

74세인 Li 부인은 최근에 아내를 잃은 큰아들의 10세 아들을 돌보기 위해 임시 비자를 얻어 중국에서 미국으로 왔다. Li 부인은 이번 방문에 대해 아들의 압력을 느끼며 중국을 떠나는 불안감과 함께 도움을 제공하고자 하는 마음이라는 양가감정이 있었다. Li 부인은 그녀가 기대한 것보다 상당히 오래 머물렀고, 손자가 자라는 모습을 보는 것을 즐기게 되었다. 아들이 더 이상 그녀의 도움이 필요 없으니 중국으로 돌아가도 된다고 하였을 때 Li 부인은 마음이 공허해져서 놀랐다. 중국으로 떠나기 전 며칠 동안, Li 부인은 잠에서 깨어났을 때 어지러웠고, 말하는 데 어려움을 겪었으며, 혼란스러웠다. 그녀의 아들은 의료적 도움을 요청하기를 원했으나 Li 부인은 현재 불법 체류 신분이라 거절했다.

다른 나라에서 온 이민자들과 마찬가지로 손자녀를 돌보고 자녀들과 함께 살기 위해 미국에 오는 아시아 노인 이민자에게 새로운 임무는 복잡한 감정을 일으킬 수 있다. 이국적인 환경에서 영어를 하지 못하는 조부모는 일생 친숙했던 고국의 풍경(sights), 소리(sounds) 그리고 내음(smells)을 잃었다고 느낄 수 있다. 가족책임감이 사회화의 기회를 제한하기 때문에 친구관계를 구축하기 어려울 수 있고, 살아가는 환경은 갑갑할지 모른

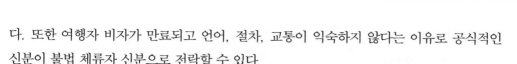

다. 또한 여행자 비자가 만료되고 언어, 절차, 교통이 익숙하지 않다는 이유로 공식적인 신분이 불법 체류자 신분으로 전락할 수 있다.

처음에는 상호적인 관계의 성격이 있었으나, 손자녀가 자라면서 노인의 역할 중요성이 약화되는 노인 이민자의 변화는 정신건강을 나빠지게 하고, 사회적 고립을 심화시킨다. 신체질환 또한 발생할 수 있다. 경제적 자원이나 언어 능력이 없는 노인 이민자는 종종 치료가 지연되어 건강 상태가 악화되기도 한다. 일부 노인 이민자가 고국에서 경험한 정부의 개입이나 보복과 같은 두려운 기억은 불법 체류자 신분에 머무르게 만들어 건강보호서비스가 보증되더라도 이용하지 않는 역효과를 초래할 수 있다. 이민자가 노인이 되고, 보호 욕구가 명백하다면, 그들은 어떻게 필요한 보호를 받을 수 있고, 누가 그들을 옹호해 주며, 누가 그 비용을 지불할 것인가?

2) 이민자 노인 학대 피해자

점점 많은 연구에서 노인 학대와 관련된 문화와 민족성 사이의 관계를 살펴보았다. 1997년, 캘리포니아 기반의 Archstone Foundation은 노화와 노인 학대 분야에 관심 있는 학자를 초청하여 미국 내 이민자와 다양한 문화적 커뮤니티의 노인 학대와 관련된 논문을 발표하고, 이슈를 토론했던 로스앤젤레스에서 열리는 획기적인 콘퍼런스에 기금을 대었다. 이 내용의 많은 부분은 Tatara(1998)가 편저자로 참여한 『소수민족 내 노인 학대에 대한 이해(*Understanding Elder Abuse in Minority Populations*)』라는 책에 요약되었다.

노인 이민자의 학대 피해에 초점을 맞춘 연구 중에 Moon(1998)은 미국에 온 한국 이민자에 대한 역사적 개요를 제공하고, 한국 노인은 미국 문화, 언어 그리고 사회제도에 적응하는 데 어려움을 겪기 때문에 학대에 취약하다고 하였다. Moon에 따르면, 성인 아들에게 전통적으로 재산을 이전하는 것은 한국 이민 노인이 경제적 학대에 취약한 원인이 될 수 있다(Moon, 1998). 문화적 관점은 한국계 미국 노인의 학대에 대한 인식과 학대에 대한 관용에 영향을 미칠 수 있다. 개인을 넘어서는 가족의 문화적 가치, 가족에게 수치심을 가져오는 것에 대한 두려움 그리고 갈등을 회피하는 것은 한국계 미국인 커뮤니티에서 노인 학대를 감추는 요인으로 밝혀졌다.

Sanchez(1998)에 따르면 노인 학대는 멕시코계 미국인 커뮤니티에서의 노화 및 의존성과 관련이 있다고 하였다. 가부장제와 남자다움(machismo)의 문화적 규범은 이들의 커뮤니티 내에서 오랜 파트너와 배우자에게 노년기로 이어진다. 빈곤, 노인차별주의 그리고 여성다움(familismo)의 개념으로 여성 노인은 남성 파트너에 의해 더 큰 학대의 위험에 지속적으로 놓일 수 있다.

Tomita(1998)는 일본계 미국인 커뮤니티에서는 의존, 사회적 의무, 효도 그리고 가족 갈등을 포함하는 위험 요소가 노인학대와 관련될 수 있음을 발견하였다. 노인 가족 구성원을 존경하는 문화적 규범 때문에 가족 학대로부터 아시아 노인들이 안전하다는 신화는 이 민족 집단의 노인 학대를 발견하는 데 방해가 된다. 베트남 노인과 그 가족에 대한 연구에서는 노인 학대와 연관된 문화적 요인으로서 의존성과 개인적 신세의 감정(personal indebtedness)이 확인되었다(Lee, 1997).

동유럽 노인들에 대한 연구에서는 피해자와 가해자의 특징 모두 노인 학대의 위험과 관련된다고 하였다. 이 특징은 노인 편에서는 의존성이고, 가해자 편에서는 물질 남용과 실업이 포함된다. 새로운 이민자가 되는 것은 이스라엘 이민자에게는 신체적 학대의 중요한 예측 요인으로 발견되었다(Iecovich, 2005).

5. 노인 이민자를 위한 사정도구와 정신건강

스트레스, 대처 그리고 우울은 미국에서 노인 이민자들의 성공적인 문화적 적응 및 도움 제공과 부정적으로 관련된 것으로 확인되었다. 노인우울증척도(Geriatric Depression Scale: GDS)는 일본계 미국인 노인 이민자의 우울과 관련된 요인을 조사하는 데 사용되었다. 연구 응답자의 거의 20%가 건강, 가족 구성원에게 부담을 주는 것에 대한 두려움을 지니고 있으며 가벼운 우울증을 앓고 있는 것으로 확인되었고, 친한 친구 및 정서적 지지의 이용 가능성은 이 인구집단의 우울증과 관련된 요인으로 확인되었다(Shibusawa & Mui, 2001).

우울증 검사는 노인 이민자를 포함한 노인들의 우울증을 확인하기 위해 건강과 사회적 서비스 영역에서 사용되고 있다. 한 연구를 위해 노인복지관에서 검사한 결과 중국계 노인 이민자들의 29% 이상이 우울증이 있는 것으로 나타났다. 사용된 도구는 노인우울증척도(GDS)를 중국어로 번역한 것이었다(Shibusawa & Mui, 2001).

문화도는 미국에서 모든 연령대 이민자들의 문화적 적응 수준을 평가하기 위해 개발된 도구다. 문화도는 위험한 상태에 있는 노인 이민자의 노인 학대를 파악하기 위한 문화적 계기를 평가하는 도구로 사용될 수 있다(Brownell, 1998). 문화도는 사회복지사가 노인 구성원을 포함한 이민 가족의 문화와 관련된 정보를 얻기 위한 지침으로 유용하다(Brownell, 1998).

노인 이민자와 그 가족에 대한 문화적으로 민감한 사정을 위해 사회복지사를 도울 수 있는 문화도의 구성요소는 이민 온 이유, 미국 내 거주 기간과 지역사회 내 거주 기간, 합법적 또는 불법적 신분 상태, 이민 당시 나이, 영어와 모국어의 유창함과 읽고 쓸 줄 아는 능력, 문화적 또는 종교적 기관과의 교류, 건강 신념, 지키는 고유의 휴일과 특별한 행사, 위기 사건의 영향, 그리고 가족, 교육과 직업에 대한 가치를 포함한다(Congress & Kung 2005). 문화도를 사용한 사정은 이를 사용하는 사회복지사의 문화적 정체성과 상관없이 위험과 개입 결과를 예측하고, 서비스를 계획하는 데 도움을 줄 수 있다. 문화도에 관한 추가적인 정보는 Congress & Kung(2005)의 책을 참고하기 바란다.

정신건강과 건강 서비스에 대한 접근성은 특히 사회보장연금에 기여하지 않았거나 사회보장연금이나 메디케어 혜택의 자격이 되는 상대방과 법적으로 결혼하지 않은 사람 같은 불법 체류자 또는 합법적인 이민자에게도 제한될 수 있다. 수급권의 자격 요건은 이민 변호사와 공조하는 사회복지사에 의해 아주 적절하게 결정될 수 있다. 2005년 「여성폭력 예방법」은 그러나 만일 학대가 「형법(penal code)」에 의해 정의된 범죄의 수준으로 일어나고, 피해자가 학대자와 합법적으로 결혼한 경우 국외 추방에 대한 구제책과 학대받은 노인들에 대한 공공 부조 혜택의 접근성에 대한 대책을 제공한다.

6. 미국 내 노인 이민자를 위한 개입

노인은 인지적 · 심리적 · 신체적 특성, 가족, 지역사회와 사회적 지지망 그리고 문화적으로 결정된 선호에 기반해 서로 다른 사회적 욕구, 건강 욕구, 정신건강 욕구를 가지고 노년기로 접어든다. 많은 연구가 이 같은 특성과 서비스 그리고 건강과 정신건강 개입 사이의 적합성을 조사해 온 반면, 상대적으로 적은 연구만이 구체적으로 노인 이민자의 욕구 그리고 개입 모델과 서비스 등의 측면에 초점을 맞추어 왔다.

신체적 · 인지적으로 건전한 노인 이민자들은 새로운 나라에 적응하는 것과, 그들의 고국과 고유한 문화를 연결하는 것 두 가지를 모두 돕는 여가활동으로부터 혜택을 받을 수 있다. 민족적 정체성과 문화적 통합이라는 노인의 감각을 보존하기 위한 여가활동에 관한 한 연구에서는 한국계 미국 노인 이민자에게 여가활동은 문화적 통합(cultural integration)보다는 민족성 보존(ethnic preservation)을 위해 더 사용된다는 점을 발견하였다(Kim, Kleiber, & Kropf, 2001). 여가활동 기회를 노인 이민자들에게 제공하는 지역사회와 노인복지관 같은 현장에서 일하는 노인 전문 사회복지사는 문화적 실체로서 여가활동의 가치를 인정할 수 있을 것이다(Kim, Kleiber, & Kropf, 2001).

사회복지실천의 전통적인 방법인 집단사회복지가 아시아계 미국 노인 이민자들과 관련될 수 있는 것으로 알려졌다. 집단사회복지실천은 진보적인 시기(Progressive Era)의 인보관 운동(Settlement House Movement) 기간에 발전되었으며, 이민자를 위한 사회복지실천의 핵심적 방법이다. 집단실천은 노인 이민자와 함께 일하는 노인복지관 내 실천과 특히 관련이 있다. 집단은 민감한 이슈의 토론을 위한 장소를 제공하고, 노인 참여자의 용기를 북돋우며, 영어 구사 능력에 한계를 지닌 아시아계 미국 노인을 포함한 참여자들의 언어, 사회적 제한, 욕구에 대응하고, 사회적으로 수용되는 개입 방법이다(Chung, 2004).

1) 노인복지관

개인적인 정신건강서비스를 노인복지관에서 다루어 온 시도는 복합적인 결과를 나타내고 있다. 주로 유럽 출신의 문화 적응이 잘되는 참여자가 많은 일부 노인복지관에서는 사회복지사와의 약속이 지위의 상징을 의미할 만큼 대기자가 많았다. 일반적으로 사회복지사에게 의뢰되는 문제는 개인적 성향이 아니라 주로 재정적이고 수급권을 둘러싼 이슈였다. 그러나 자살에 대한 대응에서는 민족적으로 다양한 노인복지관의 구성원들이 더 큰 집단에서 의견을 제공하는 것을 삼가 왔고, 고인과 자살에 관한 생각과 느낌에 관해 작은 집단 안에서 말하려는 의지가 있었다.

노인복지관은 미국 태생과 외국 태생을 포함한 모든 미국 노인을 위한 여가활동과 서비스 욕구를 제공하는 초점으로서의 역할을 담당한다. 그러나 노인복지관은 노인 이민자에게는 덜 이용되어 온 자원일 수 있다. 중국계 노인 이민자들이 여가활동을 위해 정기적으로 노인복지관을 이용하지만, 그들은 과업 원조(task assistance)를 포함한 이용 가능한 지지 서비스를 덜 이용하기도 한다(Lai, 2001). 캐나다인의 한 연구에서 새 이민자는 오랜 기간 새로운 나라에 살던 사람들보다 문화 적응과 관련된 서비스를 더 사용한 것으로 나타났다. 더욱이 중국 본토에서 온 이민자들은 홍콩이나 대만에서 온 중국 이민자보다 덜 빈번하게 지지 서비스를 사용하였다. 그러나 중국 본토에서 온 노인 이민자들은 주류 문화 안으로 그들의 통합을 용이하게 하기 위해 문화 적응 관련 서비스를 사용할 가능성이 많았다(Lai, 2001).

노인복지관은 노인 이민자를 위한 여가와 집단 프로그램 및 서비스를 제공할 뿐만 아니라 제한된 수입과 자원을 가진 노인 이민자를 위한 중요한 영양 공급원인 단체식사서비스와 가정배달식사서비스를 제공한다. 그러나 아시아계와 라틴계 미국 노인 이민자들이 많은 지역에서는 이 두 가지 프로그램을 적게 이용하는 것으로 나타났다. 허약한 아시아계와 라틴계 노인 이민자를 위한 영양 공급 프로그램의 참여에 대한 장벽이 무엇인지 연구되었고, 영어 구사력의 부족이 이 이민자 집단의 참여에 대한 주요 장벽으로 확인되었다(Choi, 2001).

문화적 선호를 반영한 음식은 노인 이민자를 노인복지관으로 끌어들이는 성공적인 서비스 전달의 한 구성요소다. 문화적으로 그리고 언어적으로 적절한 아웃리치 활동에 더하여 위험에 처한 노인 이민자의 발견과 개입은 이들 집단의 영양물 섭취 부족으로 인한 허약한 건강을 예방하는 방법으로 여겨진다(Choi, 2001). 지역사회에 있거나 가까운 종합사회서비스기관과 연계된 노인복지관에 참석하는 노인 이민자들은 보호 욕구가 확인되었을 때 노인복지관 직원과 기관의 사회복지사 사이의 의사소통을 통하여 혜택을 받을 수 있다.

2) 회고집단과 세대 간 교류 활동

회고집단은 노인 이민자를 포함한 노인들에게 치료의 효과를 줄 수 있다(Chong, 2000). 사회 센터에 참여하는 중국 노인을 위한 회고 집단의 이용에 대한 홍콩의 한 연구는 이 기법이 사회적 그룹 과정에 중국 노인 이민자를 관여시키는 데 유용할 수 있다고 제안하였다(Chong, 2000).

세대 간 교류 활동의 이용은 젊은 참가자나 노인 참가자 모두에게 유익하다. 세대 간 교류 모델과 노인 이민자의 한 가지 창의적인 이용은 노인들이 시민권을 준비하는 것을 젊은이들이 돕는 것이다.

노인 이민자의 서비스 장벽은 그들의 건강과 정신건강 상태에 부정적인 영향을 미칠 수 있다. 캐나다로 이민 온 중국 노인 이민자들을 조사한 결과, 행정적인 문제, 개인적 태도 그리고 상황적인 문제와 관련된 장벽이 신체건강과 정신건강의 예측 요인이 된다고 하였다(Lai & Chau, 2007). 사회복지에의 함의는 다양한 언어 능력과 문화적 역량을 가진 더 많은 사회복지사를 모집하고 교육하는 것이 필요하다는 것을 포함한다(Lai & Chau, 2007).

라틴계 노인 이민자들은 슬픔과 상실에 대응하기 위해 인생 후반기에 정신건강을 위한 도움을 구하는 것으로 알려져 있다. 그러나 성공적인 개입의 장벽으로 적절한 재정적 자원과 교통수단의 부족, 정신건강 증상과 서비스에 대한 1차 의사의 지식 부족, 이용 가능한 자원에 대한 정보 부족 그리고 노인 이민자와 정신건강 전문가 사이의 문화적 차이와 관련된 낙인 및 수치심과 같은 개인적 · 문화적 특징이 확인되었다(Choi & Gonzalez, 2005). 특별한 아웃리치 활동 노력과 구체적이고 문화적으로 유능한 서비스의 이용 가능성은 노인 이민자와 필요한 정신건강서비스를 연결하는 데 필수적인 요소로 확인되었다.

3) 돌봄제공자 지원, 양로원 그리고 가정돌봄서비스

치매를 가진 노인 이민자의 돌봄제공자가 필요한 보호를 제공하고, 보호 의존적인 가족 구성원을 위해 문화적 · 언어적으로 적절한 지지서비스를 제공하는 것은 도전이 된다. 라틴계 같은 이민자 그룹을 대상으로 한 치매에 국한된 아웃리치 활동과 서비스 프로그램은 치매와 가족돌봄제공자를 가진 노인 이민자에 대한 지역사회의 보호, 문화적으로 민감한 보호, 그리고 협력적인 서비스 전달 관련 보호를 제공할 수 있다(Aranda, Villa, Trejo, Ramirez, & Ranney, 2003). 민족적으로 민감한 컨소시엄 서비스 모델들은 서비스를 충분하게 받지 못하는 이민자들에게 효과적이고 언어적으로 적합한 아웃리치, 교육 그리고 서비스 전달에 관여하는 공공기관과 비영리기관을 함께 일하게 할 수 있다(Aranda, Villa, Trejo, Ramirez, & Ranney, 2003).

사례 12-6

　　69세 Ortiz 씨는 식당에서 일하며 미국에 30년 이상 살고 있으며, 2001년 9월 11일의 테러 사태 이후에 일자리를 잃었다. 그는 대부분의 성인 기간에 당뇨병을 조절하기 위해 노력해 왔으며, 최근에 콜레스테롤이 많고 혈압이 높다고 진단받았다. 그의 지지적인 가족은 지난 몇 년간 주목해 온 그의 인지적인 변화에 관심이 있다. Ortiz 씨는 친숙한 장소에서 집으로 올 때 몇 차례 길을 잃었고, 음식을 먹은 사실을 지속적으로 기억하지 못했으며, 급격한 체중 감소를 경험하였다. 그의 가족 구성원들은 먹고살아가기 위하여 몇 가지 직업을 가지고 일했기 때문에 Ortiz 씨는 많은 시간을 홀로 보내고 있다.

　　가정돌봄서비스는 가족 구성원에 의해 노인 이민자에게 제공될 뿐만 아니라 가정돌봄기관과 가정건강돌봄기관에 의해 제공되기도 한다. 한 연구에 따르면, 아시아/태평양 노인들은 백인 노인들보다 돌봄 의존 욕구가 많고, 메디케어와 메디케이드의 이중적인 적격성에 더 많은 비율을 차지하며(적은 가구 수입과 적은 자원을 가짐을 의미), 더 많은 가정돌봄서비스 시간을 승인받고 양로원에서 퇴원한 후 가정돌봄서비스를 받는다(Lee & Peng, 2001).

　　출신국에서 겪은 트라우마는 노인 이민자들의 문화 적응, 조정 그리고 필요한 사회·건강·정신건강 서비스를 받아들이려는 의지에 영향을 미칠 수 있다. 홀로코스트 생존자와 홀로코스트를 겪지 않은 노인을 비교해 보면 양로원 보호에 들어가기 위한 의지에서 차이점보다는 유사한 점이 더 많이 확인되었다(Letster-Pouw & Werner, 2003). 예를 들어, 양로원 보호에 대한 태도는 양쪽 집단 모두 양로원에 들어가는 것을 꺼리는 것으로 예측되었다. 그러나 경제적 관심은 홀로코스트 생존자에게서 더 두드러졌고, 생활상태와 교육은 다른 노인들에게 더 중요한 것으로 나타났다. 한 연구에서는 홀로코스트 경험을 되새기지 않으려는 홀로코스트 생존자들은 이러한 기억을 통해 판단하려는 의지가 있는 사람들보다 양로원 서비스를 받아들일 가능성이 더 적다고 밝혔다. 이는 트라우마적인 홀로코스트 기억을 통해 일하려는 사회복지서비스가 양로원 서비스의 필요에 있어서 홀로코스트 생존자 노인에게 유사하게 혜택을 줄 수 있다는 것을 보여 준다(Letster-Pouw & Werner, 2003).

　　양로원 서비스를 필요로 하는 노인 이민자들과 그 가족들은 양로원 환경의 문화적 민감성에 관심이 있다. 한 연구는 일본계 미국 여성 노인과 장기보호를 받는 비일본계 노인을 연구하여 민족 특정적인 양로원 시설이 노인 이민자의 보호의 질을 향상시켰는지를 살펴보았다(Hikoyeda & Wallace, 2001). 그 내용은 음식과 같은 요인, 직원과 행정상 사용된 언어 그리고 거주자들의 생활 만족의 질에 관한 행정의 태도의 영향을 살펴보는 것을 포함하였다. 이 연구는 개개인의 특성 또한 생활의 질에 대한 거주자의 인식에 영향을 미치기 때문에 문화적 요소 자체만으로는 거주자와 그 가족의 생활 만족의 질을 담보할 수 없다는 것을 발견하였다(Hikoyeda & Wallace, 2001).

4) 노인 학대 프로그램과 서비스

사례 12-7

Juan S. 씨는 24년 전 40세의 나이로 푸에르토리코에서 이민 왔고, 최근에 허리병 때문에 일을 그만두어야 했다. 이는 심한 음주 문제를 촉발하였다. 그는 10년 전 50세의 나이로 멕시코에서 이민 온 아내 Yolanda S. 씨를 학대하였다. 그들은 8년 동안 함께 살았고, 아이는 없었다. 최근에 그들은 Yolanda에 대한 Juan의 학대 행동 때문에 헤어졌다. Juan은 사회보장연금을 받고, 6개월 동안 메디케어를 받을 자격이 된다. Yolanda 씨는 시민권이 없고 미국에 온 후로 손 관리사(manicurist)로 일해 왔다. 그녀는 관절염을 앓고 있어 자신의 일을 지속할 수 없다. Juan 씨는 Yolanda에게 그녀가 돌아와 자신과 함께 살지 않으면 그녀에게 돈을 줄 수 없다고 하였다. 그녀는 그가 두려웠으나 자신을 위한 어떠한 대안도 찾지 못한다.

노인 학대에 대한 프로그램과 서비스는 사회복지, 건강, 정신건강 그리고 법적인 서비스를 노인 피해자와 그들의 학대자 모두에게 제공한다. 피해자 그리고/또는 학대자가 이민자일 때는 시민권자인 노인 피해자와 그 가족들과 일할 때보다 사회복지사에게 건강, 정신건강과 법적 세팅에서 더 복잡한 도전이 된다.

전미조사협의회(National Research Council)(2003)에 따르면, 아주 적은 수의 노인 학대 프로그램 개입에 대한 평가가 이루어졌는데, 그중 아무것도 노인 이민자와 관련된 이슈가 특별히 다루어진 경우는 없었다. 문화적 배경이 다양한 인구집단과 함께하는 노인 학대에 대한 연구는 일반적으로 이민 신분과 문화 사이를 구별하지 않는다. 그러나 노인 학대에 대한 연구가 증가하고 상당한 양의 연구가 진행되면서, 어떻게 문화가 학대 행동의 인식, 다양한 문화 커뮤니티에서 나타나는 노인 학대의 유형 그리고 다양한 문화적 정체성을 가진 노인 피해자와 그 가족 구성원들 사이의 도움 요청의 중재를 잘 이루어 내는가에 대한 관심을 갖게 되었다(Chang & Moon, 1997; Moon, 1998; Tatara, 1998; Tomita, 1998).

사례 12-8

　Juarez 부인의 사례를 보면, 그녀는 콜롬비아에서 이민 온 노인 이민자로, 그녀의 딸이 Juarez 부인을 돌볼 수 없어 성인보호서비스(Adult Protective Service)가 가능한 양로원에 들어가기 위해 Medicaid 신청이 요청되는 상황이다. 성인보호서비스에서는 Juarez 부인이 미심쩍은 증명 서류로 약 6개월 동안 Medicaid 혜택을 잘못 받아 왔다고 보고하였다. 추가 조사 결과 Juarez 부인은 연방법과 규칙에 의해 Medicaid 자격 요건에 부적격함이 판명되었다. 그 결과, 비록 Juarez 부인이 안정되었고 퇴원할 준비가 되었다 할지라도, 그녀는 딸의 아파트로 돌아갈 수 없고 어떤 종류의 거주를 위해서도 비용을 지불할 능력이 없다. 그녀의 보호에 대한 책임이 있는 딸 외에는 다른 친척이 없기 때문에 퇴거는 선택사항이 아니었다.

이 장의 앞부분에서 논의된 Juarez 부인의 사례에서 개입은 힘든 채로 남아 있다. 심지어 성인보호서비스 같은 정부가 관리하는 성인보호 프로그램의 보호적인 개입이 이루어진다 할지라도, 능력 없는 불법 체류 노인 이민자가 이용 가능한 구제책은 매우 적다. 제도는 현재 이런 유형의 상황에 대응할 수 없고, 건강보호기관의 재정적 어려움은 인구가 노화하고 사회적 지지는 증가하는 돌봄 욕구에 대처하는 데 실패했기 때문에 중대한 문제일 수 있다. Juarez 부인의 사례는 정부, 건강, 사회적 서비스 그리고 장기보호의 영리 및 비영리적 부문의 대표들이 많은 협상과 논의를 한 끝에, 그녀의 딸이 적절하게 그녀의 돌봄 욕구에 대응할 수 없기 때문에 노인 학대와 방임의 피해자인 Juarez 부인을 위해 거주공간을 마련하는 것으로 결정되었다. 부여된 시설은 돌봄에 대한 보증이 제공되고, 비용을 변상하지 않아도 되는 것이다.

　특히 Sanchez(1998)와 Malley-Morrison & Hines(2004)와 같은 몇몇의 저자는 시민권이 요구되는 쉼터, 건강과 정신건강 서비스와 같은 노인 학대 피해자에게 필요한 서비스를 얻는 데서의 법적인 장벽에 대해 논의하였다. 그들과 다른 저자들은 또한 노인 학대 피해자가 필요한 도움을 구하거나 얻는 것을 저해하는 문화적인 규범을 넘어서는 이슈들에 대해 다루었다. 예를 들어, Malley-Morrison과 Hines(2004)에 따르면, 노인 학대 피해자와 그 가족은 주류의 문화적 서비스에 대한 불신과 가족의 강한 문화적 역할 때문에 도움을 구하지 않을 수 있다.

양로원 서비스, 의료적 보호 그리고 가정돌봄 같은 서비스들은 스트레스, 불안 그리고 우울을 완화하는 상담 이후에 노인 학대 피해자와 그 가족들에 의해 더 쉽게 받아들여진다(Nahmiash & Reis, 2000). 그러나 시민권이 없는 노인은 만일 정부의 수급권에 의한 자본으로 운영된다면 이러한 서비스를 이용하는 자격을 갖는 데 어려움이 있을 수 있다. 난민신분의 노인 학대 피해자는 출신국에서의 부정적인 경험 때문에 법의 집행을 포함한 정부의 권위를 불신할 수 있다(New York City Elder Abuse Training Project, 2004).

사회복지 전문직의 증거 기반 실천과 법에서 모두 학문적 실천에 대한 관심이 증가하고 있다. 이는 미래에 노인 이민자에 대한 많은 연구가 미국 내 외국 태생 노인들의 사회복지서비스 전달상의 서비스 활용과 도전과 관련한 개입 결과 연구(intervention outcomes research) 그리고 이민 지위와 문화적 요인의 영향을 살펴보는 연구에 초점을 둘 것을 제안하는 것이다.

7. 결론

노인복지는 미국과 북미에서 세간의 이목을 끌기 시작했고, 이 실천 분야에서 노인 이민자와 함께하는 사회복지 또한 관심을 가져야 할 필요가 있다. 미국의 노인에 대한 사회인구학적 조사는 노인 인구의 다양성이 증가할 뿐 아니라 그러한 다양성이 미국 문화에서 비전통적이라고 생각되는 출신국의 민족성과 문화를 반영하는 것임이 명백함을 보여 준다.

유럽 태생 노인 이민자의 비율이 줄었을 뿐만 아니라 다양한 아시아계와 라틴계 미국 노인 이민자가 증가하고 있다. 이는 문화적 · 언어적 · 민족적 민감성과 균형을 얻기 위한 미국의 건강, 정신건강, 그리고 사회적 서비스 전달 체계에 특별한 도전을 제공한다. 노인 이민자와 그 가족 및 커뮤니티 그리고 유용한 사정도구 및 개입 전략과 관련한 이슈와 욕구에 관한 실천 경험과 학문상의 작지만 증가하는 성과는 사회복지실천가와 정책수립자에게 인구의 노령화와 더불어 나타나는 다양한 노인 이민자의 욕구에 관해 알리는 기능을 할 수 있다.

기대 수명 증가와 출산율 감소는 인구통계에 변화를 가져오고 있다(United Nations, 2007). 이 변화는 3단계로 나뉜다. 첫 번째 단계는 젊은이의 생존이 증가함으로써 아동의 비율이 늘어나 연령분포가 젊어지는 것이다. 두 번째 단계는 출산율의 감소로 일하는 성인의 나이가 증가하고 아동의 비율은 감소하기 시작한다. 세 번째 단계는 노인 비율이 증가하고, 일하는 성인과 어린이 모두의 비율이 감소한다.

선진국은 이미 인구통계 변화의 세 번째 단계에 와 있고 개발도상국은 여전히 두 번째 단계에 있다. 그러나 이전에 인용한 「UN 인구보고서」에 따르면 60세 이상 세계 노인 인구의 대부분은 개발도상국에 살고 있고, 2050년에 이르면 거의 1,600,000,000명의 인구가 적어도 60세 이상이 될 것이다. 선진국에서 나타나는 여자가 남자보다 오래 살기 때문에 특히 노년기에 성별 차이가 더 벌어지는 것이 지속적으로 기대되는 성별 이점의 감소 현상을 개발도상국에서는 경험할 가능성이 적다.

선진국인 미국으로의 개발도상국 이민 인구의 유입은 지속적으로 증가할 것으로 예측되고, 이 인구는 차례차례 노년기로 접어들 것이다. 건강, 정신건강, 사회 서비스 그리고 법적 서비스 전달 체계가 그들을 위해 준비될 필요가 있다.

이 장에서 사례로 반영된 건강, 안전, 인지 능력 그리고 문화와 관련된 복잡한 이슈들을 고려해 볼 때, 노인 이민자와 그 가족이 직면한 적어도 몇몇의 문제는 현 미국 연방법으로는 해결할 수 없는 것처럼 보인다. 치매가 있는 불법 체류자 노인이어서 아무도 필요한 보호를 제공할 수 없거나 제공할 의지가 없는 사람은 시민권을 신청할 수 없거나 출신국으로 추방될 수 있다. 심지어 노인과 장애 난민을 위한 시민권의 접근 기회를 제한하는 최근 법률은 사회복지사와 변호사가 불법 체류 노인을 위한 도움을 요청하는 데서 쉽지 않은 도전에 직면하고 있음을 나타낸다(Refugees in the Cold, 2008).

미래에 예상할 수 있는 한 가지 해결방안은 노인 인권을 위한 협의회(Convention for the Human Rights of Older Persons)의 활용이다(Susan B. Somers, Secretary General, International Network for the Prevention of Elder Abuse, January 4, 2008, 개인적 대화). 많은 사람이 더 오래 살면서 노인의 건강과 안전의 보호와 증진을 보장하는 것은 인권과 공공정책의 문제다. UN총회가 '노인을 위한 UN원칙(United Nations Principles for Older Persons)'을 채택했지만, 국제적인 경계를 가로지르는 노인의 인권을 보장하기 위

한 정부의 의무를 확인하는 국제적인 조약에 대한 요구는 언급되지 않은 채 남아 있다 (Mahabal, 2004). UN과 마찬가지로, 주정부나 지방정부에서 함께 일하는 사회복지사와 변호사는 모든 노인 이민자의 보호와 복지를 보장하는 데 필요한 혜택과 서비스를 받을 수 있는 미래를 위해 일할 수 있을 것이다.

8. 사례 연구

이전에 이 장에서 소개한 다음의 사례들은 노인 이민자가 흔히 부딪치는 생활 경험을 설명하는 것이다. 각 사례에 따르는 문제들에 대해 토론하기 바란다.

1) 사례 연구 1: Xiu 씨

Xiu 씨는 뉴욕의 엘리베이터가 없는 아파트의 4층에 혼자 사는 91세 노인이다. 그의 아내는 수년 전에 죽었고, 그의 유일한 아들도 작년에 심장마비로 사망했다. 그의 며느리와 두 명의 10대 손녀딸들은 Xiu 씨와 제한된 교류를 한다.

Xiu 씨는 마작을 함께하는 친구에게 그의 가족 구성원들이 죽은 이래로 외로움을 느낀다고 표현해 왔다. 절망의 느낌은 Xiu 씨가 자주 한숨을 쉬고 너무 오래 산다고 말하는 것으로 증명된다.

Xiu 씨의 청력은 점점 손상되었지만 그는 어떤 보조 장치를 착용하는 것을 거부했다. 그 결과, 그가 상호작용하는 과정에서 종종 오해와 갈등이 나타난다.

그 밖에 Xiu 씨는 비록 무릎 통증과 가끔 감기에 대한 불평을 하였지만 지금까지 건강한 편이다. 그는 오랫동안 의사를 찾지 않았으며, 특히 그들을 신뢰하지도 않는다. 평생 골초인 Xiu 씨는 만성적인 기침증세가 있고 귀에 거슬리는 음성을 낸다. Xiu 씨의 마작 친구는 그의 생각에 질서가 없으며 그가 평소답지 않게 분노와 흥분으로 반응하는 것에 주목하기 시작했다.

Xiu 씨는 또한 그의 사회보장연금 수표를 훔친다고 그의 이웃들을 의심하기 시작했다. 부엌에 물 새는 것을 수리하러 온 믿을 만한 친구는 술을 먹기 위해 얼음을 꺼내다가 냉장고의 냉동실 안에서 수표 두 장을 발견하였다. 그 친구는 웃으면서 Xiu 씨에게 수표를 건네주었다.

① 이 사례에 의해 제기되는 사회복지 쟁점은 무엇인가?

② 이 사례에 의해 제기되는 법적 쟁점은 무엇인가?

③ Xiu 씨는 어떻게 도움을 구하게 될 것인가? 마작 놀이를 하는 것으로 충분한가? 아니면 Xiu 씨는 다른 몇몇 종류의 활동으로부터 혜택을 받을 것인가?

④ Xiu 씨의 목과 폐에 심각한 질병이 진행되고 있는 것으로 보인다. 만일 이것이 암이고 가족들의 도움이 없다면, Xiu 씨는 어떻게 병을 완화시키는 돌봄서비스에 접근할 수 있을 것인가?

⑤ Xiu 씨는 우울감을 호소하고 있고 그것은 편집증적인 사고로 악화된 것처럼 보인다. Xiu 씨와 같은 사람이 도움을 구하거나 받아들이려면 무엇이 필요한가?

⑥ 그의 무질서한 사고와 흥분의 원인은 무엇인가?

⑦ Xiu 씨가 의사를 신뢰하지 않는 점을 상기한다면 어떻게 사전 의료 지시(advanced directive)나 유산 계획(estate planning)을 그에게 언급할 수 있는가?

2) 사례 연구 2: Juarez 부인

Juarez 부인은 여행 비자로 딸을 방문하기 위해 1996년 콜롬비아에서 미국으로 온 88세 여성 노인이다. Juarez 부인과 같이 살았던 딸은 다발성 경화증(multiple sclerosis)이 있고, 알코올중독자다. 그녀의 딸은 알코올중독과 합성된 다발성 경화증의 악화로 입원해 왔고, 지금은 대대적인 급성치료를 위하여 옮겨졌다. 이 기간에 Juarez 부인 또한 인지 능력이 심각하게 저하되었고, 무질서한 사고와 행동을 나타냈으며, 자기보호 능력이 떨어져 입원하게 되었다. 여행 비자가 만료되어 Juarez 부인은 현재 미국에 불법 체류 중이다. 그녀는 더 이상 급성치료가 필요하지 않지만 지지적인 환경은 필요하다. 병원은 더 이상 그녀를 데리고 있을 수 없으며, 양로원도 그녀가 숙련된 간호 욕구, 보험 또는 지불 능력이 없기 때문에 받아들일 수 없다. Juarez 부인은 Medicaid를 받을 자격이 없다. 그녀는 역시 추가적인 지지가 필요한 딸과 함께 살기를 원한다.

① 이 사례에 의해 제기되는 사회복지 쟁점은 무엇인가?

② 이 사례에 의해 제기되는 법적 쟁점은 무엇인가?

③ Juarez 부인은 어떤 보호 옵션을 이용 가능한가?

3) 사례 연구 3: Ortiz 씨

Ortiz 씨는 당뇨병, 높은 콜레스테롤, 고혈압 그리고 인지 능력 손상 상태인 69세의 전직 식당 종업원이며, 아들 두 명과 딸 한 명이 있다. 그는 먹고살기 위하여 몇 가지 일을 하는 아내와 장남과 살고 있다. 작은아들과 딸은 그들 가족과 떨어져 가까운 주에 살고 있다. 전반적으로 그의 가족은 매우 보호적이고 지지적이다.

그의 가족은 Ortiz 씨의 인지 능력 변화를 약 3년 전에 알았다. 친숙한 장소를 오가는 동안 Ortiz 씨는 종종 길을 잃었고, 목적지에 도착하기 위해서는 도움이 필요하게 되었다. Ortiz 씨는 혈당 정도에 영향을 미치는 식사 여부를 잊기도 하였다. 일자리를 갖지 않았음에도 불구하고, Ortiz 씨는 최근 한밤중에 일어나 배회하고, 일하러 가기 위해 옷을 입기 시작했다. Ortiz 씨의 부인은 극적인 체중 감량을 포함하여 남편의 변화를 감지했으나 무엇을 해야 하는지 확실히 모른다.

때때로 Ortiz 씨는 젊은 시절의 기억은 손상되지 않고 온전한 것처럼 느끼지만, 최근의 일을 기억하는 데에는 어려움이 있다는 것을 인식하게 되면서 좌절과 짜증을 느끼고 있다. Ortiz 씨는 일과 중 점점 더 홀로 집 안에 머물고, 이웃과 교류하기 위해 밖으로 나가는 것을 거부하게 되었다.

① 이 사례에 의해 제기되는 사회복지 쟁점은 무엇인가?

② 이 사례에 의해 제기되는 법적 쟁점은 무엇인가?

③ 의사는 어떻게 Ortiz 씨에게 나타나는 변화에 대응하도록 가족을 도울 수 있는가?

④ Ortiz 씨는 스스로 고립되고 있다. 어떻게 이러한 패턴을 깰 수 있는가?

⑤ Ortiz 씨가 철저한 정밀진단에 의해 알츠하이머 질환으로 판명된다면, 그와 그의 가족은 인지적·신체적 변화의 대처를 위해 어떻게 더 잘 준비할 수 있을 것인가?

⑥ Ortiz 씨는 건강관리대리권(health care proxy)을 고려해야 하는가? 왜 고려하거나 고려하지 않아야 하는가?

⑦ Ortiz 씨가 의료적·사회적 모델의 주간보호에 참여한다면, 그의 급격한 체중 감량

과 철회된 행동은 어떻게 다루어져야 하는가?

4) 사례 연구 4: Li 부인

74세인 Li 부인은 최근에 아내를 잃은 큰아들의 10세 아이를 돌보기 위해 임시 비자를 얻어 중국에서 미국으로 왔다. Li 부인은 시동생과 동업으로 식당을 운영하고 있기 때문에 중국을 떠나는 불안감이 있었고 아들에 의해 강요당하는 느낌을 받으면서도 도움을 주기를 원하는 등 이번 여행에 대하여 양가감정이 있었다. Li 부인은 그녀가 예상한 기간보다 상당히 오래 머물렀고 손자가 자라는 모습을 보는 것을 즐기게 되었다. 아들이 그녀의 도움이 더 이상 필요하지 않으니 중국으로 돌아가도 된다고 예상치 않게 알렸을 때 Li 부인은 마음이 공허해져서 놀랐다. 중국으로 떠나기 며칠 전, Li 부인은 잠에서 깨어나 어지러움을 느꼈고, 말하는 데 어려움을 겪었으며, 혼란스러웠다. 그녀의 아들은 의료적 도움을 요청했으나 Li 부인은 너무 오래 머물러서 현재 불법 체류 신분이라 거절했다.

① 이 사례에 의해 제기되는 사회복지 쟁점은 무엇인가?

② 이 사례에 의해 제기되는 법적 쟁점은 무엇인가?

③ Li 부인의 며느리의 죽음이 아들에게는 매우 갑작스러웠고 명백히 해로운 상황이었다. 아들과 손자 모두에게 이러한 상실을 대처하도록 돕는 몇 가지 옵션은 무엇이었는가? 문화적 맥락을 염두에 둘 때 누가 이러한 옵션들의 최적의 제공자가 될 수 있는가?

④ 아들은 어머니에게 양가감정이 있는 것처럼 보인다. 이 점이 어떻게 다루어져야 하는가?

⑤ Li 부인이 식당을 팔기로 결정한다면 약간의 재정적 자원을 가질 수 있다. 만일 그녀가 그렇게 한다면, 그녀는 어떻게 예상하지 못한 보호 욕구에 대해 조언을 받아야 하는가? 그녀의 아들은 이 논의에 포함되는가 또는 포함시켜야 하는가?

⑥ Li 부인과 아들의 관계를 손자가 나아지게 하거나 해를 줄 수 있는 역할이 있는가? 손자의 욕구는 어떻게 되는가?

⑦ 현재 불법 체류자로서 필요한 보호에 대한 접근성을 극복해야 하는 Li 부인의 두려움은 어떻게 할 것인가?

추가자료

일반 자료

Administration on Aging: www.aoa.gov

The American Immigration Law Foundation, *Immigration and the Elderly*: www.ailf.org/ipc/infocus/ipc_infocus_0708.shtml

Coalition of Limited English Speaking Elderly: www.close.org

NPR—National Public Radio, *Elderly Immigrants Flow Into California*: www.npr.org/templates/story/story.php?storyId=88402850

노인 이민자와 복지

Binstock, R. H., & Racheal, J. B. (1999). Elderly immigrants and the saga of welfare reform. *Journal of Immigrant Health, 1*(1), 31-40.

Bean, E. D., Van Hook, J. V. W., & Glick, J. E. (1997). Country of origin, type of public assistance, and patterns of welfare recipiency among U.S. immigrants and natives. *Social Science Quarterly, 78*(2), 432-451.

Esters, C. L., Goldberg, S., Wellin, C., Linkins, K. W., & Shostak, S. (2006). Implications of welfare reform on the elderly: A case study of provider, advocate, and consumer perspectives, *Journal of Aging and Social Policy, 18*(1), 41-63.

Freidland, R. B., & Veena, P. (1997). *Welfare reform and elderly legal immigrants*. Washington, DC: Henry J. Kaiser Family Foundation.

Hu, W. Y. (1998), Elderly immigrants on welfare. *The Journal of Human Resources, 33*(3), 711-741.

Matloff, N. (1997, June 25). *Welfare use among elderly immigrants*. Testimony before the U.S. Senate Judiciary Committee, Subcommittee on Immigrants, 103rd Congress.

Van Hook, J. (2000). SSI eligibility and participation among elderly naturalized citizens and noncitizens. *Social Science Research, 29*(1), 51-69.

노인 학대

Antezberger, G. J., Korbin, J. E., & Tomita, S. K. (1996). Defining elder mistreatment in four ethnic groups across two generations. *Journal of Cross-Cultural Gerontology, 11*(2), 187-212.

API Elder Abuse Center: http://www.apilegaloutreach.org/elder.html

Archstone Foundation and the National Center on Elder Abuse (1997). *Understanding and combating elder abuse in minority communities*. Long Beach, CA: Author. This publication is a collection of the keynote addresses, presentations, and discussions of the "Understanding and Combating Elder Abuse in Minority Communities" conference. For information regarding the publication, contact the Archstone Foundation, 401 E. Ocean Blvd., Suite 1000, Long Beach, CA 90802, telephone (562)590-8655.

Chang, J., & Moon, A. (1997). Korean-American elderly's knowledge and perceptions of abuse: A qualitative analysis of cultural factors. *Journal of Multicultural Social Work, 6*(1/2), 139-154.

Clearinghouse in Abuse and Neglect of the Elderly (CANE): http://www.db.rdms.udel.edu:8080/CANE/index.jsp

Le, Q. K. (1997). Mistreatment of Vietnamese elderly by their family members in the United States. *Journal of Elder Abuse and Neglect, 9*(2), 51-62.

Moon, A., & Benton, D. (2000). Tolerance of elder abuse and attitudes toward thirdparty intervention among African American, Korean American, and White elderly. *Journal of Multicultural Socail Work, 8*(3/4), 283-303.

Moon, A., & Evans-Campbell, T. (1999). Awareness of formal and informal sources of help for victims of elder abuse among Korean-American and Caucasian elders in Los Angeles. *Journal of Elder Abuse & Neglect, 11*(3), 1-23.

National Center on Elder Abuse: www.elderabusecenter.org

Pablo, S., & Braun, K. (1997). Perceptions of elder abuse and neglect and help-seeking patterns among Filipino and Korean elderly women in Honolulu. *Journal of Elder Abuse and Neglect, 9*(2), 63-76.

San Francisco Consortium for Elder Abuse Prevention: http://www.ioaging.org/services/special/program_elder_abuse/

Tatara, T. (Ed.). (1998), *Understanding elder abuse in minority populations*. Philadelphia, PA: Brunner/Mazel Taylor & Francis Group.

Tomita, S. The consideration of cultural factors in the research of elder mistreatment with an in-depth look at the Japanese. (1994). *Journal of Cross-Cultural Gerontology, 9*, 39-52.

📖 참고문헌

Aranda, M. P., Villa, V. M., Trejo, L., Ramirez, R., & Ranney, M. (2003), El portal Latino Alzheimer's project: Model program for Latino caregivers of Alzheimer's disease affected people. *Social Work, 48*(2), 259-271.

Binstock, R. H., & Jean-Baptiste, R. (1999). Elderly immigrants and the saga of welfare reform. *Journal of Immigrant Health, 1*(1), 31-40.

Boey, K. W. (2001). Contribution of chronic life strain to mental health status of Chinese older adults. *Journal of Gerontological Social Work, 35*(1/2), 39-52.

Brownell, P. (1998). The application of the Culturagram in cross-cultural practice with victims of elder abuse. *Journal of Elder Abuse and Neglect, 9*(2), 19-33.

Brownell, P., Berman, J., Nelson, A., & Fofana, R. C. (2003). Grandparents raising grandchildren: the risks of careging. *Journal of Elder Abuse and Neglect, 15*(3/4), 5-31.

Casado, B. L., & Leung, P. (2001). Migratory grief and depression among elderly Chinese American immigrants. *Journal of Gerontological Social Work, 36*(1/2), 5-26.

Chang, J., & Moon, A. (1997). Korean-American elderly's knowledge and perceptions of abuse: A qualitative analysis of cultural factors. *Journal of Elder Abuse and Neglect, 6*(1/2), 139-154.

Choi, N. G. (2001). Frail older persons in nutrition supplement programs: A comparative study of African American, Asian American, and Hispanic Participants. *Journal of Gerontological Social Work, 36*(1/2), 187-207.

Choi, N. G., & Gonzalez, J. M. (2005). Barriers and contributors to minority older adults' access to mental health treatment: perceptions of geriatric mental health clinicians. *Journal of Gerontological Social Work, 44*(3/4), 115-135.

Chong, A. (2000). Reminiscence group for Chinese older people—a cultural consideration. *Journal of Gerontological Social Work, 34*(2), 7-22.

Chung, I. (2004). The sociocultural reality of the Asian immigrant elderly: Implications for group work practice. *Journal of Gerontological Social Work, 44*(3/4), 81-93.

Congress, E. P. (1997). Using the Culturagram to assess and empower culturally diverse families. In E. P. Congress & M. J. Gonzalez, *Multicultural perspec-*

tives in working with families(2nd Ed.)(pp.3-21). New York: Springer Publishing Company.

Congress, E., & Kung, W. (2005). Using the culturagram to assess and empower culturally diverse families. In E. P. Congress & M. J. Gonzalez, *Multicultural perspectives in working with families*(2nd ed.)(pp.3-21). New York: Springer Publishing.

Diag, J., & Stangl, T. L. (2006). *Grandparents rasing grandchildren: Common legal issues*, Port Huron, MI: Lakeside Legal Aid. Retrieved December 31, 2007, from http://www.lakeshorelegalaid.org/docs/grg.pdf

Diwan, S., & Jonnalagadda, S. S. (2001). Social integration and health among Asian Indian immigrants in the United States. *Journal of Gerontological Social Work, 36*(1/2), 45-62.

Greene, R. R. & Choi, N. (2008). Gerontology: A field of practice. In B. W. Whire, K. M. Sowers, & C. M. Dulmus (Eds.), *Comprehensive handbook of social work and social welfare* (pp.283-314). Hoboken, NJ: John Wiley & Sons, Inc.

He, W. (2002). *The older foreign-born population in the United States: 2000*, U. S. Census Bureau Current Population Reports, Series P23-211. Washington, DC: Government Printing Office.

Hikoyeda, N., & Wallace, S. P. (2001). Do ethnic-specific long term care facilities improve resident quality of life? Finding from the Japanese American community. *Journal of Gerontological Social Work, 36*(1/2), 27-44.

Iecovich, E. (2005). Elder abuse and neglect in Israel: A comparison between the general elderly population and elderly new immigrants. *Family Relations, 54*(3), 436-447.

Kilty, K. (2002). Race, immigration, and public policy: The case of Asian Americans. *Journal of Poverty, 6*(4), 23-41.

Kilty, K. M., & deHaymes, M. (2000). Racism, nativism, and exclusion: Public policy, immigration, and the Latino experience in the U. S. *Journal of Poverty, 4*(1/2), 1-25.

Kim, E., Kleiber, D. A., & Kropf, N. (2001). Leisure activity, ethnic preservation, and cultural integration of older Korean Americans. *Journal of Gerontological Social Work, 36*(1/2), 107-129.

Lai, D. W. (2001). Use of senior center services of the elderly Chinese immigrants.

Journal of Gerontological Social Work, 35(1/2), 59-79.

Lai, D. W., & Chau, S. B. (2007). Effect of service barries on health status of older Chiness immigrants in Canada. *Social Work, 52*(3), 261-269.

Lee, J. S., & Peng, T. R. (2001). A profile of Asian/Pacific Islander elderly in home health care. *Journal of Gerontological Social Work, 36*(1/2), 171-186.

Lee, Q. K. (1997). Mistreatment of Vietnamese elderly by their family members in the United States. *Journal of Elder Abuse and Neglect, 9*(2), 51-62.

Letster-Pouw, S., & Werner, P. (2003). The willingness to enter a nursing home: A comparison of Holocaust survivors with elderly people who did experience the Holocaust. *Journal of Gerontological Social Work, 40*(4), 87-103.

Mahabal, K. B. (2004). *Healthy aging and human rights*. Mumbai, India: Healthcare Management. Retrieved January 12, 2008, from http://www.expresshealth-caremgme.com/20041130/healthandhumanrights01.shtml

Malley-Morrison, K., & Hines, D. A. (2004). *Family violence in cultural perspective Defining, understnading, and combating abuse*. Thousand Oaks, CA: Sage.

Martin, P., & Midgley, E. (1999, June). Immigration to the United States, *Population Bulletin, 54*, 1-44.

Minkler, M. (2007). Central American grandparents raising grandchildren. *Hispanic Journal of Behavioral Science, 29*(1), 5-18.

Montgomery, R. J., Rowe, J. M., & Kosloski, K. (2007). Family caregiving. In J. A. Blackburn & C. N. Dulmus (Eds.), *Handbook of gerontology: Evidence-based approaches to theory, practice, and policy* (pp.426-454). Hoboken, NJ: Wiley.

Moon, A. (1998). Elder abuse and neglect among the Korean elderly in the United States, In T. Tatara (Ed.), *Understanding elder abuse in minority populations* (pp.109-118). Philadelphia, PA: Taylor & Francis.

Moon, A., Tomita, S. K., & Jung-Kamei, S. (2001). Elder mistreatment among four Asian American groups: An exploratory study on tolerance, victim blaming and attitudes toward third-party intervention. *Journal of Gerontological Social Work, 38*(1/2), 153-169.

Mui, A. C., & Kang, S. Y. (2006). Acculturation stress and depression among Asian immigrant elders. *Social Work, 51*(3), 243-255.

Nahmiash, D., & Reis, M. (2000). Most successful intervention strategies for abused elders. *Journal of Elder Abuse and Neglect, 12*(3/4), 53-70.

Nandan, M. (2005). Adaptation to American cultureL Voices of Asian Indian immigrants. *Journal of Gerontological Social Work, 44*(3/4), 175-203.

National Research Council. (2003). *Elder mistreatment: Abuse, neglect, and exploitation in an aging America.* Washington, DC: The National Academies Press.

New York City Elder Abuse Training Project. (2004). *Elder abuse training guidelines for law enforcement.* New York: New York City Department for the Aging.

Refugees in the cold. (2008, January 12). *New York Times*, Editorial Section, A14.

Park, H. H. (2006). The economic well-being of households headed by a grandmother as caregiver. *Social Service Review, 80*, 264-294.

Park, H. H., & Greenberg, J. S. (2007). Parenting grandchildren. In J. A. Blackburn & C. N. Dulmus (Eds.), *Handbooks of gerontology: Evidence-based approaches to theory, practice, and policy* (pp.397-425). Hoboken, NJ: Wiley.

Portes, A., & Rumbaut, R. G. (1996). *Immigrant America: A portrait* (2nd ed.). Berkeley, CA: University fo California Press.

Quiroz-Martinez, J. (2001). Missing link. *Color Lines, 4*(2), 17-21.

Ramos, B. M. (2007). Housing disparities, caregiving, and their impact for older Puerto Ricans. *Journal of Gerontological Social Work, 49*(1/2), 47-64.

Sanchez, Y. (1998). Elder abuse and mistreatment in Mexican American communities: the Nevada and Michigan Experiences. In T. Tatara (Ed.), *Understanding elder abuse in minority populations* (pp.67-77). Philadelphia, PA: Taylor & Francis.

Scharlach, A. E., Kellam, R., Ong, N., Baskin, A., Goldstein, C., & Fox, P. J. (2006). Cultural attitudes and caregiver services use: lessons from focus groups with racially and ethnically diverse family caregivers. *Journal of Gerontological Social Work, 47*(1/2), 133-156.

Shibusawa, T., & Mui, A. C. (2001) Stress, coping, and depression among Japanese American elders. *Journal of Gerontological Social Work, 35*(1/2), 63-81.

Simmons, T., & Dye, J. L. (2003). *Grandparents living with grandchildren: 2000.* Washington, DC: U. S. Census Bureau.

Takaki, R. (1998). *Strangers from a distant shore: a history of Asian Americans* (rev. ed.). Boston: Little, Brown.

Tatara, T. (1998). Introduction. In T. Tatara (Ed.), *Understanding elder abuse in mi-*

nority populations (pp.1-9). Philadelphia, PA: Taylor & Francis.

Taylor, R. J., Chatters, L. M., & Celious, A. (2003). Extended family households among Black Americans. *African American Research Perspectives, 9,* 133-151.

Tomita, S. K. (1998). Exploration of elder mistreatment among the Japanese. In T. Tatara (Ed.), *Understanding elder abuse in minority populations* (pp.119-139). Philadelphia, PA: Taylor & Francis.

United Nations. (2007). *World economic and social survey 2007: Development in an aging world.* New York: Department of Public Information.

Weiner, B. (2007). *Restrictions on eligibility of non-citizens in New York State for certain Federal and State public benefits.* Albany, NY: Empire Justice Center.

Wu, B., Tran, T. V., & Amjad, Q. A. (2004). Chronic illnesses and depression among Chinese immigrant elders. *Journal of Gerontological Social Work, 43*(2/3), 79-95.

Yeo, G., Uyen Tran, J. N., Hikoyeda, N., & Hinton, L. (2001). Conceptions of dementia among Vietnamese American caregivers. *Journal of Gerontological Social Work, 35*(1/2), 131-152.

Yoon, S. M. (2005). The characteristics and needs of Asian-American grandparent caregivers: A study of Chinese American and Korean-American grandparents in New York City, *Journal of Gerontological Social Work, 44*(3/4), 75-94.

Zhan, H. J. (2005). Social-economic context or parent care: Explaining Chinese caregivers' psychological and emotional well-being. *Journal of Gerontological Social Work, 45*(4), 83-100.

4부

이민 정책

Immigration Policy

연방 프로그램의 이민 자격 요건 개관*

Tanya Broder

미국 내 저소득 이민자들은 1996년 「복지법」과 「이민법」 제정 이래로 공공 혜택 프로그램의 접근에서 상당한 제한에 직면해 왔다.[1] 심지어 이민자의 자격 요건이 1996년 법에 의해 보존되거나 추가적인 법률에 의해 회복된다 해도 많은 이민 가족은 법의 냉담한 영향에 의해 생기는 두려움과 혼란 때문에 중요한 건강 보호, 직업 훈련, 영양 그리고 현금 보조 프로그램에 등록하기를 주저한다.

1996년 법은 또한 전통적으로 연방정부가 가져온 특정 권력을 주정부와 지방정부에 양도하려는 시도였다. 더욱이 연방정부 혜택의 범위를 제한함으로써, 「복지법」은 주정부가 많은 주정부 혜택 프로그램과 마찬가지로 세 가지의 연방정부 프로그램에 대해 대부분 이민자에게 자격 요건을 제공하거나 거부하는 것을 허용하였다.[2] 연방정부 자원의 철회는 증가하는 이민자가 미국 도처의 커뮤니티에 정착할 때 주정부가 상당히 많은 비율을 차지하는 그들의 저임금 인구를 위해 일하는 것을 어렵게 하였다.[3]

이러한 압력에도 불구하고, 대부분의 주는 저소득 이민자에게 서비스 제공을 지속하는 것을 선택했다. 1996년 법의 통과 이후 거의 모든 주정부는 연방정부 기금이 이용 가능

* 연방 프로그램의 이민 자격 요건 개관 © 2007 National Immigration Law Center(www.nilc.org). 허가를 받고 2007년 Resource Manual: Low-Income Immigration Right Conference로부터 발췌함. 저자 Sonal Ambegaokar, NILC health policy attorney; Jonathan Blazer, NILC public benefits policy attorney; 그리고 Dinah Wiley, public benefits policy attorney의 유익한 비평과 제안에 감사드린다.

하기만 하면 이민자에게 혜택을 제공하는 것을 선택했다. 주정부의 반 이상은 연방정부 기금으로 운용되는 서비스에 부적격한 이민자의 일부라도 보호하기 위해 자신의 예산을 쓴다. 점점 많은 주정부나 지방정부가 이민자의 신분과 관계없이 아동 그리고/또는 임산부에게 건강보험을 제공한다. 그러나 일부 주정부 프로그램을 위한 기금은 일시적이고, 주정부 예산 투쟁으로 인해 위협받거나 약화되어 왔다. 어떤 주정부와 지방정부는 이민 가족을 위한 서비스의 추가적 접근 제한을 시도하는 기준을 제정해 온 반면, 다른 주정부와 지방정부는 이민자 커뮤니티에 투자하는 것을 선택해 왔다.[4]

지난 10년 동안, 이민자들은 전례 없는 수준으로 조직화되었고, 귀화했으며, 기록적인 수치로 투표에 참여했고, 균등한 대우를 회복하는 옹호활동을 위해 연합체들을 구축하였다. 이민자와 그들의 동맹들은 연방정부 규제의 일부를 뒤바꾸는 데 성공하였고, 신규 이민자들의 발언권은 점차 강력해졌으며, 1996년 법이 지나치다고 의회에 의해 인정되기도 하였다.

이민자는 미국 저임금 노동력의 1/5을 차지한다.[5] 비록 일부 이민자들은 경제적으로 잘 살지만, 다른 많은 이민자는 건강보험이나 다른 혜택이 없는 저임금 직장에서 오랜 시간 일한다. 사실, 이민자의 거의 절반은 최저임금의 2배보다 적은 돈밖에 벌지 못하고,[6] 이민자의 단지 26%만이 직장으로부터 건강보험 혜택을 받는다.[7]

1. 이민 자격 요건 제한

1) 이민자의 분류: '유자격'과 '무자격'

1996년 「복지법」은 정부 혜택 대상의 자격 요건을 분류할 목적으로 이민자를 '유자격'과 '무자격'으로 분류하는 체계를 만들었다. 이 이름들이 제시하는 것과 다르게, 「복지법」은 약간의 예외적인 경우를 제외하고 다양한 혜택을 위한 적격성으로부터 양쪽 집단의 대부분의 사람을 제외시켰다. 유자격 이민자의 범주는 다음을 포함한다.

- 법적인 영주권자, 또는 LPRs(영주권을 가진 사람)
- 난민, 망명이 허가된 사람 또는 국외 추방/제거 보류자 그리고 조건부 입국자

- 미국 국토안보부(Department of Homeland Security, DHS)에 의해 최소한 1년 이상 가석방이 허가된 사람
- 쿠바인과 아이티인 입국자
- 특정 학대받은 이민자들, 그들의 자녀, 그리고/또는 그들의 부모[8]

미국에 법적으로 거주하는 많은 사람을 포함한 다른 모든 이민자는 자격이 없는 사람으로 여겨진다.[9]

2000년에 의회는 유자격 이민자로서 리스트에 올라가 있지는 않지만 난민의 경우처럼 어느 정도 연방 공공 혜택을 받을 자격이 있는 인신매매 피해자(victims of trafficking)를 비(非)미국 시민권자(non-U.S. citizen)라는 새로운 범주로 분류하였다.[10] 2003년에 의회는 인신매매 피해자의 비자 신청(성인 인신매매 피해자의 배우자와 아이들; 배우자들, 아이들, 부모들 그리고 아동 피해자의 미성년 형제자매)으로 작성된 '파생된 수혜자들(derivative beneficiaries)' 또한 연방정부의 혜택을 보증한다는 점을 명확히 했다.[11]

2) 무자격 이민자에게 거부된 연방정부의 공공 혜택

이 법은 무자격 이민자가 대부분의 연방 공공 혜택 프로그램에 등록하는 것을 금지한다.[12] 그러나 이러한 제재에는 중요한 예외가 있다. 연방 공공 혜택은 연방정부 기금으로 지급된 다양한 안전망 서비스를 포함한다.[13]

그러나 「복지법」의 정의는 어떤 특정한 프로그램이 그 용어의 범주에 들어가는지 확실하지 않아서 그 설명의 여지를 각각의 연방 혜택-승인 기관에 남겨 두었다. 1998년에 미국 보건복지부(Department of Health and Human Service: HHS)는 프로그램의 정의에 속하는 내용을 설명한 공고를 발표하였다.[14] 31개 HHS 프로그램은 Medicaid, 주정부 아동 건강보험 프로그램(State Children's Health Insurance Program: SCHIP),[15] Medicare, 극빈자 가족에 대한 일시적인 원조(Temporary Assistance for Needy Families: TANF), 위탁보호, 입양 원조, 어린이 보호와 개발 기금, 그리고 저소득 가정 에너지 원조 프로그램을 포함한다.

HHS 공고는 이러한 프로그램으로 제공되는 혜택과 서비스가 모두 연방 공공 혜택은 아니라고 명시했다. 예를 들어, 몇몇의 사례를 보면 프로그램의 혜택이나 서비스의 모든 부분이 개인이나 가구에 제공되는 것은 아니다. 대신에 그들은 전체 아파트 빌딩을 보호하는 것처럼 커뮤니티로 확장할 수 있다.[16]

「복지법」은 또한 만일 그들이 무자격 이민자에게 주정부의 공공 혜택을 제공하는 것을 선택한다면 주정부가 1996년 8월 22일 이후 부가된 법을 통과시키도록 강요하였다.[17] 주정부의 직무에 대한 연방정부의 그와 같은 세부사항까지의 통제는 헌법 제10번 수정조항에 따르면 잠재적으로 위헌이다.

3) 제한에 대한 예외

이 법은 특정 유형의 서비스에는 중요한 예외가 있다. 신분에 관계없이 만일 그들이 주정부의 Medicaid 프로그램에 적격할지라도 모든 이민자는 긴급 Medicaid를 받을 자격이 있다.[18] 그 법은 백신예방주사로 면역력을 갖게 하는 것 그리고/또는 전염병 증상의 치료(이러한 증상들이 그러한 질병에 의한 것이든 아니든지 간에)를 제공하는 공공 건강 프로그램에 대한 접근성을 제한하지 않았다. 학교의 아침과 점심 프로그램은 이민자 신분에 관계없이 모든 어린이에게 제공되고, 모든 주정부는 여성, 유아, 아동을 위한 특별 영양 보충 프로그램(Special Supplemental Nutrition Program for Women, Infants and Children)을 제공하는 것을 선택했다.[19] 또한 개인적인 소득 자격 조건이 요구되지 않고, 제한으로부터 예외되는 것은 생명과 안전을 보호하기 위해 필요한 본질적인 서비스다. 2001년 1월에 법무부 장관은 이러한 기준을 만족하는 혜택의 유형을 명기하는 마지막 규칙을 발표했다. 법무부 장관의 목록은 아동과 성인 보호 서비스, 날씨 비상상태와 노숙인 관련 프로그램, 쉼터, 무료급식(soup kitchen)과 식사배달 서비스, 생명 또는 안전을 보호하기 위한 의료, 공중 건강과 정신건강 서비스, 생명 또는 안전을 보호하기 위한 장애나 물질 남용에 대한 서비스, 그리고 일하는 사람, 아동, 청년 또는 지역사회 거주자의 생명과 안전을 보호하기 위한 프로그램을 포함한다.[20]

4) 검증 규칙

연방정부 기관이 무자격 이민자에게 적격하지 않은 연방정부의 공공 혜택인 프로그램을 지정할 때, 법은 주정부나 지방정부 기관이 모든 지원자의 이민 신분과 시민권 신분을 입증하기를 요구한다. 그러나 많은 연방정부 기관은 그들의 어떤 프로그램이 연방 공공 혜택을 제공한다고 설명하지 않는다. 그들이 그렇게 할 때까지 주정부와 지방정부 기관은 이민 신분을 입증할 의무가 없다. 또한 1996년 「이민법」에 포함된 중요한 예외 조항에 따르면, 비영리 자선 조직은 "그러한 혜택을 위한 지원자의 자격 요건의 증거를 결정하고, 입증하고 또는 다른 것을 요구하는 것"이 필요하지 않다. 이러한 예외는 특히 1996년 법의 이민자 혜택 제한과 관련이 있다.[21]

5) 주요 연방정부 공공 혜택 프로그램의 자격 요건

의회는 법이 제정된 날짜인 1996년 8월 22일 이전에 또는 '그때 또는 그 후에' 미국에 들어온 사람들 사이를 독단적으로 구분하여 심지어 유자격 이민자도 자격 요건을 제한했다. 그 법은 그때 또는 그 후 미국에 들어온 대부분의 이민자가 유자격의 이민 신분을 확보한 이후 5년 동안 연방 자산조사 공공 혜택을 받는 것을 금지하였다.[22] 연방정부 기관은 연방정부의 자산조사 공공 혜택을 Medicaid(긴급보호 제외), SCHIP, TANF, 푸드 스탬프, 그리고 SSI로 명시하였다.[23]

(1) 빈곤가족에 대한 한시적 원조(TANF), 메디케이드(Medicaid), 주정부 아동 건강보험 프로그램(SCHIP)

주정부는 연방정부의 5년 제재를 끝낸 유자격 이민자에게 TANF, Medicaid 그리고 SCHIP를 제공하기 위해 연방정부 기금을 받을 수 있다.[24] 난민, 망명이 허가되거나 국외 추방/제거가 보류된 자, 쿠바인/아이티인 입국자, 미국인과 아시아인 사이의 자녀 이민자 그리고 인신매매의 피해자와 같은 '인도주의적 이민자'는 유자격 이민 퇴역군인, 현역군인 그리고 그들의 배우자와 자식들처럼 5년 제재를 면제받는다.

주정부의 절반 이상은 연방정부의 기금을 받는 서비스에 대해 5년 제재를 받아야 하는 일부 또는 모든 이민자, 또는 광범위한 이민자들에게 TANF, Medicaid, 그리고/또는 SCHIP를 제공하기 위해 주정부 기금을 사용한다.[25] 이러한 프로그램의 일부는 주정부의 예산 부족으로 위협받아 왔다.

(2) 푸드 스탬프(Food Stamps)

비록 1996년 법은 푸드 스탬프를 위한 이민자의 자격 요건을 심하게 제한하였지만 후속 입법은 이러한 많은 이민자의 접근성을 복원시켰다. 이전에 언급한 유자격 이민자 아동, 인도주의적 이민자와 퇴역군인 집단, 40쿼터(40 quarters)의 직업 경력을 가진 법적인 영주권자, 특정 미국 원주민, 합법적으로 거주하는 몽족(Hmong)과 라오스인 부족 구성원, 그리고 관련된 원조를 받는 이민자[26]들은 미국에 입국한 날짜와 관계없이 현재 적격하다. 1931년 8월 22일 이전에 태어난 유자격 노인 이민자는 1996년 8월 22일 이후 미국에서 합법적으로 거주했다면 적격할 수 있다. 그러나 기타 유자격 성인 이민자가 중요한 영양 원조 프로그램의 혜택을 받기 위해서는 5년 동안 유자격 신분 상태로 기다려야만 한다.

8개의 주는 연방 프로그램에 적격하지 않은 일부 또는 모든 이민자에게 주 기금에 의한 푸드 스탬프를 제공한다.[27]

(3) 보조적 보장소득(Supplemental Security Income)

의회는 SSI 프로그램 아래 원조를 구하는 노인 이민자와 장애가 있는 이민자에게 심한 제한을 부과했다.[28] 비록 「복지법」 통과 이후 2년 동안의 옹호 노력이 이러한 혜택들의 부분적인 복원을 가져왔지만 자격 요건에 상당한 문제가 남아 있었다. 예를 들어, SSI는 혜택을 받지 못하는 무자격 이민자뿐만 아니라 「복지법」이 통과된 이후 미국에 온 대부분의 유자격 이민자[29] 그리고 그 날짜 전에 미국에 있었던 장애가 없는 노인들을 계속 제외시켰다. '인도주의적' 이민자(난민, 망명이 허가되거나 국외 추방/제거가 보류된 자, 미국인과 아시아인 사이의 자녀 이민자, 또는 쿠바인/아이티인 입국자)는 관련된 신분을 얻은 후 처음 7년 동안만 SSI를 받을 수 있다.

적은 수의 주에서 SSI가 부적격이던 노인과 장애인에게 현금 원조를 제공한다. 일부 다른 주는 이러한 이민자들에게 아주 적은 일반 원조 보조금을 제공한다.[30]

6) 보증인이 있는 이민자(Sponsored Immigrants)

1996년 「복지법」과 「이민법」에 따르면, 이민 오는 사람을 돕기 위한 청원서를 신청하기에 적격한 가족 구성원과 일부 고용주는 정부와의 계약(재정보증서)에 서명하여 이민자의 재정적 보증인이 되어야 한다. 집행할 수 있는 진술서(I-864 서식)에 따르면, 보증인은 이민자를 지원하는 것과 이민자가 이용할 수 있는 어떤 혜택을 상환하는 것을 약속한다.

의회는 보증인이 집행할 수 있는 재정보증서에 서명한 이민자에게 추가적인 자격 요건 제한을 부과했다. 한 기관이 프로그램을 위해 합법적인 영주권자의 재정적인 자격 요건을 결정할 때, 몇몇 사례를 보면 법은 그 기관이 이민자에게 이용 가능한 이민자의 보증인 또는 보증인의 배우자의 소득을 고려하기를 요구한다. 보증인의 소득과 자원은 이민자에게 더해지는데, 이는 종종 그 프로그램에 과잉소득으로 잡혀 이민자를 실격시킨다. 과거에는 적은 수의 프로그램들이 고려할 것을 강요했고, 그렇게 했을 때 단지 3년 동안만 적용되었다. 반면, 1996년 법은 이민자가 시민권자가 되거나 미국에서 약 10년 동안 직업 경력이 있어 신용이 보증될 때까지[31] TANF, 푸드 스탬프, SSI, 긴급하지 않은 Medicaid 그리고 SCHIP 프로그램에 고려 규칙을 강제한다.[32] 가정폭력 생존자와 굶주린 이민자 또는 지원을 못 받는 노숙인들은 고려 없이도 최소한 12개월 동안 혜택을 받을 수 있다(빈곤 면제).[33] 미국 농무부(USDA)는 푸드 스탬프를 받고 있는 보증인의 책임으로부터 예외를 포함한 빈곤 면제와 다른 고려와 책임 이슈에 관한 유용한 지침을 발표했다.[34] 미국 보건복지부 또한 5년 금지 기간의 마지막에 도달하고 연방정부 프로그램의 잠재적인 적격자가 되는 집행할 수 있는 재정보증서를 갖춘 이민자를 위해 TANF 프로그램과 관련하여 고려할 지침을 발표했다.[35]

2. 이민자의 공공 혜택 이용을 방해하는 장애요인 개요

1) 자격 요건에 대한 혼란

자격 요건 규칙에 대한 혼란이 혜택 기관과 이민자 커뮤니티에 만연하다. 혼란은 「이민법」과 「복지법」의 복잡한 상호작용, 여러 주와 연방 프로그램의 자격 요건 기준의 차이 그리고 연방정부 기관에 의해 명시된 규칙에 대한 적절한 훈련의 부족에서 기인한다. 결과적으로 자격이 있는 많은 이민자는 서비스를 받을 수 없다고 추측하고, 자격 요건과 관련된 일을 하는 직원은 실수로 자격이 있는 이민자를 외면하는 것이다.

2) 생활보호대상자(Public Charge)

용납하기 어려운 생활보호대상자 원칙의 악용은 서비스에 대한 이민자의 접근성에 상당한 사기저하를 가져오는 데 기여했다. 「이민법」의 '생활보호대상자' 조항에서는 만일 당국자가 영구거주를 원하는 이민자가 '생활보호대상자가 될 가능성'이 있다고 판단한다면 영구거주를 위한 신청을 거부하는 것이 허용된다. 이민자가 생활보호대상자가 될 가능성이 있는지를 판단하기 위하여 이민국 또는 영사관 직원은 이민자의 건강, 연령, 소득, 교육과 기술 그리고 재정보증서를 포함한 '환경의 전반'을 본다. 생활보호대상자에 관해 「복지법」은 1996년에 변화가 없었고, Medicaid나 푸드 스탬프와 같은 프로그램의 이용은 생활보호대상자 결정에서 심각하게 고려되지 않았다. 그러나 「복지법」 제정 직후부터, 이민국 직원과 판사는 이민자가 미국에 재입국하는 것 또는 영주권자 신분을 취득하는 것을 방지하기 시작함으로써, 불법적으로 이민자가 Medicaid 같은 혜택을 되갚기를 요구하고, 신청자가 WIC와 같은 프로그램을 취소할 때까지 영주권을 거부하였다.[36]

이민자의 권리 옹호자, 건강보호 제공자, 그리고 주정부와 지방정부는 법의 한계를 명확히 하기 위해 연방정부 기관을 설득하는 것을 조직화하였다. 1999년 5월에 이민과 귀화 서비스(INS)는 생활보호대상자 원칙에 대한 지침과 규정을 건의해 발표했다.[37] 그 지침에서 건강보호와 다른 비현금 혜택의 수령은 수령자 또는 그의 가족 구성원을 생활보호대상자로 고려하게 하는 위험에 빠트려서 이민자 신분을 위태롭게 하지 않을 것이라는 점을 명백히 했다.[38] 이민자 권리 옹호자는 이 지침의 이행과 지침의 서비스를 구하는 이민자의 의지에 대한 효과를 감시해 오고 있다. 이 지침이 발표된 지 수년 후에도 생활보호대상자 규칙과 관련한 광범위한 혼란과 관심은 남아 있다.

3) 재정보증서(Affidavit of Support)

1996년 법은 또한 가족 구성원과 재결합하기 위해 미국에 이민 오는 것을 더 어렵게 하는 규칙을 제정했다. 1997년 12월 19일부터, 친척(그리고 일부 고용주)은 엄격한 소득 필요요건을 충족해야 하고, 이민자가 연방정부 빈곤 수준의 125%를 유지해야 하며, 이민자가 받을 수 있는 자산조사된 공공 혜택의 상환을 약속하는 장기 계약인 재정보증서에 서명해야 한다.[39] 보증인이 책임질 수 있는 연방정부의 혜택이 알려졌음에도 불구하고(TANF, SSI, 푸드 스탬프, 비응급 Medicaid 그리고 SCHIP), 집행할 수 있는 재정보증서를 가진 아주 소수의 이민자만이 이러한 연방정부 서비스의 자격이 되었다. 연방정부 기관은 이 규정들에 관한 적은 수의 지침만 발표했다. 재정보증서에 관해 최근 발표된 규칙은 주정부는 보증인을 찾아야 할 의무가 없고, 보증인의 책임이 있을 수 있다고 고려되는 자산조사된 공공의 혜택을 공적인 공지 이전에 사용한 것에 대한 상환을 위해 징수할 수 없다는 것을 명백히 했다.[40]

대부분의 주정부는 보증인에게 부담을 주는 프로그램을 지정하지 않았고, 전미이민법센터(NILC)는 단지 한 주정부만이 상환을 추적하는 것을 시도해 온 사실을 인지하고 있다. 그러나 보증인이 책임이 있다는 불안감은 이미 적격한 이민자도 정부의 징수 노력에 의해 그들의 보증인이 대상이 될 수 있다는 우려 때문에 혜택을 신청하는 것을 억제하게 하였다.

4) 언어 정책

많은 이민자는 혜택을 받는 데서 상당한 언어적·문화적 장벽에 직면한다. 미국 인구의 거의 20%(5세 이상)는 가정에서 영어보다 다른 언어를 사용한다.[41] 비록 미국 내 장기간 거주한 이민자의 97%는 결국 영어를 잘하기 위해 배우려 하지만, 많은 이민자는 영어를 배우는 과정에 있다.[42] 미국에 사는 사람의 거의 8%는 영어로 아주 잘 말하지 못한다.[43] 이러한 한정된 영어 능력(Limited-English Proficient: LEP)을 가진 거주자는 혜택을 효과적으로 신청할 수 없거나 언어적 도움 없이 건강보호 제공자와 의미 있는 의사소통을 할 수 없다.

1964년 「시민권법 6장」은 연방정부 기금의 수령자가 출신국에 기초해 차별받는 것을 금지하였는데, 이는 한정된 영어 능력을 가진 사람들에게 언어적 도움을 제공하는 합리적인 수단을 취하는 것을 포함하는 의무다. 이러한 요구의 준수는 제한되어 왔다. 2000년 8월에, 백악관은 2000년 12월 11일까지 언어적 접근성을 증진시키기 위한 계획을 법무부에 제출하도록 하고, 연방정부 기금을 받는 서비스에 '의미 있는 접근'을 보장하기 위해 '합리적인 수단'을 취하라는 6장 요구사항의 준수와 관련하여 연방정부의 재정적 지원을 받는 프로그램을 위한 지침서를 발행하도록 연방정부 기관에 지시하는 행정 명령을 내렸다.[44] 법무부는 연방정부 기금을 받는 기관, 프로그램과 서비스는 한정된 영어 능력을 가진 사람이 효과적으로 참여하도록 보장해야 함을 강조하고, 그렇지 못하면 6장에 의해 금지된 출신국 차별에 해당할 수 있다고 설명하는 지침서를 발행했다.[45] 법무부는 2002년 6월 18일에 수혜자를 위한 최종 지침서를 발행했다.[46] 보건복지부를 포함한 몇몇 기관은 공적인 견해를 밝히기 위한 지침서를 개발하고 발행했으나 많은 부분이 이행되지 않은 채로 남아 있다.

옹호자는 연방정부의 각 부처 간 언어 접근성에 관한 웹사이트인 www.lep.gov에 게시되는 지침서와 관련한 기관의 발전사항을 계속 감시할 것이다. 옹호자는 Medicaid나 SCHIP의 도움 과정에서 제공된 언어지원서비스의 상환을 위해 주정부가 연방정부 기금을 활용할 수 있도록 주정부를 격려하고 있다. 또 옹호자는 주정부가 혜택을 제공하는 데서 언어적·문화적 욕구를 고려하도록 촉구하고, 근로연계복지(welfare to work)와 직업훈련 프로그램을 실행하도록 촉구하기도 한다.

5) 증명과 보고

이민과 시민권 신분[47]을 증명하기 위해 혜택 기관들에 요구되는 규칙들은 혜택 담당 직원이 이민집행자로서 행동하는 것을 허용한 일부 기관에 의해서 잘못 해석되어 왔다.

일부 연방정부 기관은 프로그램 중 어떤 프로그램이 이민 신분의 증명이 필요한 연방정부 공공 혜택을 제공하는지 아직도 결정되지 않았기 때문에, 일부 공공기관들은 신청자를 심사하는 의무에 대해 혼란스러워한다. 자격 요건의 조건으로 일부 기관은 신청자가 이민 서류 또는 사회보장번호(SSNs)와 같은 정보를 제출하는 것이 법적으로 요구되지 않을 때에도 그와 같은 정보들을 요구한다. 보고와 증명 영역에서 연방정부의 확실성 부족은 일부 주정부와 지방정부 기관으로 하여금 신청서와 관련된 불필요한 질문을 하도록 하고, 심지어는 이민자에게 기관 대기실의 벽에 공지하는 것과 같은 불필요한 경고를 하기도 한다. 그리고 국가안전이라는 명목으로 이민자 커뮤니티에 대한 정밀한 조사를 증가시킨 점이나 병원이 이민자 신분에 관해 질문하도록 요구하는 프로포절에 의해 공적으로 발생한 문제점은 서비스를 신청하는 것을 피할 수도 있는 이민자 가족에 대한 부가적인 사생활 보호라는 관심을 불러일으켰다.[48]

(1) 증명

1997년 법무부는 증명을 위한 실효성 있는 최종 규정을 마련할 때까지 연방정부 공공 혜택 제공자들이 이민자의 신분을 증명하는 데 사용하는 임시 지침서를 만들었다.[49] 효력이 남아 있는 이 지침서는 법무부의 전산화된 체계적 외국인 수혜 자격 확인(Systematic Alien Verification for Entitlements: SAVE) 프로그램을 이미 사용하고 있는 공공 혜택 제공기관은 이를 계속 사용하도록 서비스 제공자를 안내한다. 지침서는 신청자에게 이민 신분에 대한 정보를 묻기 전에 기관이 재정적 그리고 다른 자격 요건을 결정하도록 권고한다. 지침서는 또한 기관이 가족 구성원들의 정보가 아닌 단지 공공 혜택 서비스를 신청하는 사람의 정보만을 구하도록 안내한다.

(2) 신청서상의 질문

2000년 9월, 보건복지부와 농무부는 주정부가 불필요하거나 이민자 가족의 참여를 주저하게 할 수 있는 혜택 신청서상 질문의 삭제를 권고하는 가이드라인을 제시했다.[50] 그 지침서는 오직 공공 혜택 신청자의 이민 신분만 관련이 있다고 확인했다. 지침서는 주정부가 신청 과정 초기에 공공 혜택을 신청하지 않는 가족 또는 가구 구성원을 비신청인으로 지정하는 것이 허용되도록 권장한다. 유사하게, Medicaid, TANF 그리고 푸드 스탬프 프로그램하에서는 단지 신청자만 사회보장번호를 제공하여야 한다. 사회보장번호는 긴급 Medicaid만을 신청하는 사람에게는 요구되지 않는다. 2001년 6월, 보건복지부는 주정부가 'Medicaid 확장을 통해서가 아닌' 분리된 프로그램을 통해 SCHIP를 제공하는 데서 SCHIP 신청서에 사회보장번호를 요구하는 것을 허가했지만, 의무는 없다고 하였다.[51]

(3) 국토안보부에 보고

이민자 커뮤니티에서 또 다른 두려움의 원천은 사실 범위가 아주 좁은 1996년 보고 조항을 사용하는 데서 가끔 있는 오용이다.[52] 보고 필요는 SSI, 공공주택 그리고 TANF 세 가지 프로그램에만 적용되고, 관리하는 기관이 아는 사람이 미국에 합법적으로 존재하지 않을 때 INS(현재 DHS)에 보고하는 것을 필요로 한다.[53]

2000년 9월에 연방정부 기관은 보고 필요가 발생할 수 있는 제한된 상황의 개요를 서술한 공동의 지침서를 발행했다.[54] 그 지침서는 단지 실제적으로 혜택을 구하는 사람만이 (대신 신청해 주는 친척이나 가구 구성원이 아닌) 보고 필요의 대상이 된다는 점을 명확히 했다. 기관은 SSI, 공공주택 또는 TANF의 청구와 관련해 공식적인 결정 또는 행정적인 검토의 대상이 되지 않는 한 이러한 신청자를 보고할 필요가 없다. 사람이 비합법적으로 거주한다는 결론은 또한 '국외추방의 최종 명령과 같은' 이민 담당관의 결정에 의해 지지되어야 한다.[55] 이러한 기준(예를 들어, 이민자의 신분을 나타내는 컴퓨터화된 체계적 외국인 수혜 자격 확인 프로그램 질문에 대한 국토안보부의 반응[56], 신청자에 의한 구술 또는 서면 자백, 또는 기관 직원의 의심)을 충족하지 못하는 결과는 보고 필요를 일으키기에 충분하지 않다. 마지막으로 지침서는 기관이 공공 혜택을 위한 자격 요건을 결정하는 데 불필요한 이민 신분에 대하여 결정하는 것은 필요하지 않다고 강조한다. 비슷하게, 기관이 만일 위의 필요를 충족시키는 지식을 가지지 않는 한 국토안보부에 보고를 제출하는 것도 요구되지 않는다. 미국 농무성은 푸드 스탬프 프로그램에서 이 지식 기준이 기존의 보고 필요와 일치되어야 함을 확고히 했다.[57]

3. 변화를 위한 전략 개발

1996년 이후 이민자 공공 혜택 자격 요건의 복원은 주로 1996년 8월 22일에 미국에 있었던 사람들에게 영향을 주었다. 복원의 효과는 새로운 입국자들이 서비스에 대한 접근성 없이 도착함으로써 약화되었고, 1996년 법의 배제적 유산(exclusionary legacy)은 남아 있다.

변화를 위한 전략은 1996년 8월 22일 이전의 공공 혜택 프로그램에서 일반적으로 우세하던 원칙인 시민권자와 합법적인 이민자에 대한 균등한 처우라는 전통적인 원칙으로 돌아가려는 미국에 도전이 될 수 있다.[58] 다년도 접근은 이민 신분에 관계없이 모든 사람에게 예방적 건강 서비스의 이용을 보장하는 것처럼 지역사회의 모든 구성원에게 필요한 서비스에 대한 공평한 접근성을 증진시키기 위한 기회를 제공할 수 있다. 마지막으로 공공 혜택 프로그램을 받는 이민자의 범위는 저소득 가족과 모든 사람의 안전망을 유지하고 강화하기 위해 분투하는 그들의 동맹을 위한 광범위한 네트워크와 함께 제휴하여 일하는 이민자를 위한 요구를 나타내는 그러한 프로그램의 일반적인 효과성에 많은 부분 의존한다.

NOTES

1) 1996년 「개인책임 및 근로기회 조화법(이하 "복지법")」, Pub. L. No. 104-193, 110 Stat. 2105(1996년 8월 22일); 그리고 「국방부세출법(Defense Department Appropriations Act)」, 1997, Pub. L. No. 104-208, 110 Stat. 3008(1996년 9월 30일)의 Division C로서 제정된 1996년 「불법이주개혁및이주민책임법(이하 "IIRIRA")」.

2) 합법적인 이민자에 대한 공공 혜택을 주정부가 거부하는 것은 비록 1996년 「복지법」에 의해 허용된다고 할지라도 「헌법」에 위배되는 것일 수 있다. 특정 이민자 그룹에 대해 주정부 기금으로 운용되는 의료서비스를 거부하는 뉴욕법은 미국의 「평등보호조항(Equal Protection Clause)」, 「뉴욕주헌법」 그리고 「뉴욕주헌법」의 17조항을 위반하는 것이라고 규정한 *Aliessa v. Novello*, 96 N.Y.2d 418(N.Y. Ct. App, 2001년 6월 5일) 참조. 또한 자격 있는 이민자를 위한 주정부의 의료서비스에 대한 주지사의 예산 감축에 대한 엄격한 검토를 반영하고 있는 *Ehrlich v. Perez*, 908 A.2d 1220(MD. Ct. App, 2006년 10월 12일) 참조. 그러나 연방법에 의해 공공 혜택이 보장되지 않는 이민자에 대한 Medicaid 를 중단하는 콜로라도 주의 법을 옹호하지만 주정부가 Medicaid법에 의해 요구되는 일부 수혜자에게 중단과 관련한 공청회를 제공하지 못한 것을 파악한 *Soskin v. Reinertson*, 353 F.3d 1242 (10th Cir, 2004) 참조.

3) 예를 들어, 1990년대 동안에 새로운 이민자들이 유입된 주들의 이민자 인구는 이민자를 아주 많이 받은 여섯 개 주의 이민자 인구에 비해 2배 정도 빨리 증가하였다(61% 대 31%). Michael Fix, Wendy Zimmermann, and Jeffrey Passell, *The Integration of Immigrant Families in the United States*(Washington, DC: Urban Institute, 2001년 7월). 또한 *A Description of the Immigrant Population*(Washington, DC: Congressional Budget Office, 2004년 11월) 참조.

4) *State and Local Policies on Immigration Access to Services: Promoting Integration or Isolation?*(Los Angeles: National Immigration Law Center, 2007년 5월) 참조; *Pro-immigrant Measures Available to State or Local Government: A Quick Menu of AffirmativeIdeas*(Los Angeles: National Immigration Law Center, 2007년 9월). 전미이민법센터(The National Immigration Law Center)는 이하 NILC로 불릴 것이다.

5) Randy Capps and Michael Fix, *Tabulations of Current Population Survey* (Washington, DC: Urban Institute, 2001년 11월).

6) Randy Capps, Michael Fix, et al., *A Profile of the Low-Wage Immigrant Workforce*(Washington, DC: Urban Institute, 2003년 11월).

7) Leighton Ku and Shannon Blaney, *Health Coverage for Legal Immigrant Children: New Census Data Highlight Importance of Restoring Medicaid and SCHIP Coverage* (Washington, DC: Center on Budget and Policy Priorities, 2000년 10월).

8) 매 맞는 배우자 또는 아동의 범주에 속하기 위해서는 이민자가 배우자 또는 부모에 의해 신청되어 허가된 비자 청원서를 가져야 하는데, 이는 구조를 위해 증거가 확실한 사건(a prima facie case)을 다루기 위한 「여성폭력예방법(VAWA)」에 의한 자기청원이거나 또는 「여성폭력예방법」에 근거한 제거의 취소를 위한 신청서다. 배우자와 아동이 폭행을 당한 경험이 있거나 이민자가 함께 사는 가족 구성원들에 의해 미국에서 심한 학대의 대상이 되었거나 또는 이민자의 부모 또는 아이가 그러한 처우의 대상이 되어야 한다. 이민자는 가정폭력과 찾는 공공 혜택의 필요성 사이에 '상당한 관련'이 있음을 보여 주어야 한다. 그리고 매 맞는 이민자, 부모 또는 아동은 학대자의 가구로부터 벗어나야 한다. 공공 혜택 업무를 담당하는 기관들은 이민자들이 학대 상황을 벗어나는 것을 결정해야 한다면 이용할 수 있는 자원에 대한 정보를 이민자에게 제공하기 위하여 이러한 신청서를 즉시 진행하는 것이 권장된다.

9) 1996년 이전에 이러한 이민자들의 일부는 'permanently residing in the U.S. under color of law'(PRUCOL)라고 불리는 자격 요건의 범주하에 공공 혜택을 지원받았다. PRUCOL은 이민자 신분을 나타내는 것이 아니고, 공공 혜택 프로그램이나 지역에 근거해 다르게 해석되어 온 공공 혜택 자격 요건 범주다. 일반적으로, 이는 국토안보부가 미국에 있는 사람들의 존재를 인식하지만 미국에서 그들을 추방 또는 내보낼 계획이 없음을 의미하는 것이다. 몇몇 주는 주 또는 지역 기금을 사용하여 이러한 이민자들에게 지속적으로 서비스를 제공한다.

10) 2000년 The Victims of Trafficking and Violence Protection Act, Pub. L. No. 106-386 § 107(2000년 10월 28일). 연방정부 기관은 개인적으로 심한 유형의 인신매매 대상이 된 사람들에게 그들의 법적 지위와 관계없이 공공 혜택과 서비스를 제공하는 것이 요구된다. 이러한 공공 혜택을 받기 위해서는 피해자가 18세 미만이거나 심한 유형의 인신매매를 당한 대상자로서 조사와 기소에 협조하는 것으로 미국 보건복지부에 의해 확인되어야 한다. 이 증명서에서 미국 보건복지부는 ① 거부되지 않은 T 비자를 위한 명실상부한 지원서(a bona fide application)를 신청한 사람이거나 ② 인신매매자를 기소하기 위한 목적으로 법무부 장관에 의해 미국에서 지속적인 거주가 보장된 사람임을 확인한다.

11) 2003년 「밀매피해자보호재허가법(Trafficking Victims Protection Reauthorization Act)」, Pub. L. No. 108-193, § 4(a)(2)(2003년 12월 19일).

12) 「복지법」 § 401 (8 U.S.C. § 1611).

13) 1996년 연방 「복지법」에서는 '연방 공공 혜택'을 ① 미국의 기관 또는 책정된 기금에 의해 제공되는 그랜트, 계약, 대출, 전문적 라이선스 또는 상업적 라이선스 그리고 ② 퇴직, 복지, 건강, 장애, 공공 또는 도움을 받는 주거 환경(assisted housing), 대학 이상의 교육(postsecondary education), 식량 지원(food assistance), 실업, 공공 혜택 또는 미국의 기관이나 책정된 기금에 의해 개인, 가구 또는 가족에게 제공되는 지출 또는 지원을 위한 다른 유사한 공공 혜택이라고 설명한다.

14) 미국 보건복지부, 1996년 「개인책임및근로기회조화법(PRWORA)」, "Interpretation of 'Federal Public Benefit,'" 63 FR 41658-61(1998년 8월 4일).

15) 주정부 아동 건강보험 프로그램(「사회보장법」의 21조)은 1997년 「균형예산법(이하 "BBA")」의 §4901 et seq. Pub. L. No. 105-33, 111 Stat. 552(1997년 8월 5일)에 의해 만들어졌다.

16) 미국 보건복지부, 에너지지원부(Division of Energy Assistance), 커뮤니티서비스 오피스, 디렉터 Janet M. Fox의 비망록, 저임금 홈 에너지 지원 프로그램(Low Income Home Energy Assistance Program: LIHEAP) 수령자 그리고 다른 관심 있는 단체, 「복지개혁법」 하의 '연방 공공 혜택'의 해석에 대한 재개정 안내 (1999년 6월 15일).

17) 「복지법」 §411 (8 U.S.C. §1621).

18) 「복지법」 §401(b)(1)(A) (8 U.S.C. §1611(b)(1)(A)).

19) 「복지법」 §742(8 U.S.C. §1615).

20) 미국 법무부(DOJ), "Final Specification of Community Programs Necessary for Protection of Life or Safety under Welfare Reform Legislation," A.G. Order No. 2353-2001, published in 66 FR 3613-16 (2001년 1월 16일).

21) 「불법이주개혁 및 이주민 책임법(IIRIRA)」 §508 (8 U.S.C. §1642(d)).

22) 「복지법」 §403 (8 U.S.C. §1613).

23) 미국 보건복지부, 1996년 「개인책임및근로기회조화법(PRWORA)」, "Interpretation of 'Federal Means-Tested Public Benefit,'" 62 FR 45256 (1997년 8월 26일); 미국 농무성(USDA), "Federal Means-Tested Public Benefits," 63 FR 36653 (1998년 7월 7일). 1996년 「복지법」의 통과 후에 만들어진 SCHIP 프로그램은 후에 연방정부 자산조사 결과에 따라 지급하는(means-tested) 공공 혜택 프로그램으로 지정되었다. Health Care Financing Administration, "The Administration's Response to Questions about the State Child Health Insurance Program," Question 19(a) (1997년 9월 11일).

24) 주정부는 또한 1996년 8월 22일 이전에 미국에 거주한 대부분의 자격 있는 이민자들, 그리고 만일 그들이 연방정부의 5년 제재를 끝냈다면 당일 혹은 그 후에 들어온 이민자들

에게 연방정부의 어려운 가족에 대한 한시적 원조(TANF)와 Medicaid를 제공하거나 거절할 수 있는 옵션을 가진다. 「복지법」 §402 (8 U.S.C. §1612). 단지 와이오밍(Wyoming) 주만이 「복지법」이 통과될 때 미국에 거주한 이민자들에게 Medicaid를 거절했다. 콜로라도(Colorado) 주의 이러한 이민자에 대한 Medicaid를 중단하려는 계획은 2005년 주 입법부에 의해서 반대되었고, 따라서 결코 실시되지 못하였다. 와이오밍 주뿐만 아니라, 6개 주(앨라배마, 미시시피, 노스다코타, 오하이오, 텍사스, 버지니아)는 5년 제재 기간을 끝낸 모든 자격 있는 이민자에게 Medicaid를 제공하지 않았다. 5개 주(인디애나, 미시시피, 사우스캐롤라이나, 텍사스, 와이오밍)는 5년 제재 기간을 끝낸 모든 자격 있는 이민자에게 TANF를 제공하는 것에 실패하였다.

25) 연방정부 프로그램의 이민자 적격 요건에 대한 안내서 4판(로스앤젤레스: 전미이민법센터, 2002년)과 www.nilc.org/pubs/Guide_update.htm에 있는 최근 테이블 참조. 또한 Shawn Fremstad와 Laura Cox의 *Covering New Americans: A Review of Federal and State Policies Related to Immigrants' Eligibility and Access to Publicly Funded Health Insurance*(Washington, DC: Kaiser Commission on Medicaid and the Uninsured, 2004년 11월) 참조. www.kff.org/medicaid/7214.cfm에서 검색.

26) 만일 장애 결정이 보조적 소득보장(SSI)의 자격을 위해 사용되는 것 같은 엄격한 기준을 사용한다면 이러한 목적의 장애 관련 프로그램은 SSI, 사회보장장애(Social Security disability), 주정부 장애 또는 퇴직 연금(state disability or retirement pension), 철도퇴직장애(railroad retirement disability), 퇴역군인장애(veteran's disability), 장애 기반의 Medicaid(disability-based Medicaid), 그리고 장애와 관련된 일반 지원(disability-related General Assistance)을 포함한다.

27) www.nilc.org/pubs/Guide_update.htm에 있는 주정부 기금 서비스에 관한 전미이민법센터(NILC)의 최근 테이블 참조.

28) 「복지법」 §402(a) (8 U.S.C. §1612(a)).

29) 대부분의 신규 입국자는 시민권자가 될 때까지 또는 10년 동안(40쿼터) 직업 경력이 있어 신용이 보증될 때까지(결혼 기간에 배우자에 의해, 배우자로서 그 지역에 기반을 잡은-holding out to the community-사람들에 의해 수행된 직업 경력, 그리고 이민자가 18세가 되기 이전에 부모에 의해 수행된 직업 경력 포함) 보조적 소득보장(SSI)을 받을 수 없다.

30) 연방정부 프로그램의 이민자 적격 요건에 대한 안내서 4판(로스앤젤레스: 전미이민법센터, 2002년)과 www.nilc.org/pubs/Guide_update.htm에 있는 최근 테이블 참조.

31) 이는 이민자가 40쿼터 동안의 직업 경력이 있어 신용이 보증될 때까지를 의미한다.

32) 「복지법」 §421 (8 U.S.C. §1631).

33) 「불법이주개혁및이주민책임법(IIRIRA)」§ 552 (8 U.S.C. § 1631(e) 그리고 (f)). 가정폭력으로 인한 예외는 만일 학대가 미국 시민권 및 이민국(USCIS), 법원, 또는 행정법 판사에 의해 인정된다면 더 오랜 기간 연장될 수 있다. 빈곤으로 인한 예외는 12개월 동안 추가로 연장될 수 있다.

34) 미국 연방규정 제7조 274.3(c); 미국 농무성(USDA), "Non-Citizen Requirements in the Food Stamp Program"(2003년 1월),www.fns.usda.gov/fsp/rules/Legislation/pdfs/Non_Citizen_Guidance.pdf. 또한 미국 농무성의 제안 규칙, "Food Stamp Program: Eligibility and Certification Provisions of the Farm Security and Rural Investment Act of 2002," 69 FR 20723, 20758-9(2004년 4월 16일) 참조.

35) 미국 보건복지부, "Deeming of Sponsor's Income and Resource to a Non-Citizen," TANF-ACF-PI-2003-03(2003년 4월 17일), www.acf.hhs.gov/programs/ofa/pi2003-3.htm.

36) Claudia Scholosberg와 Dinah Wiley, *The Impact of INS Public Charge Determinations on Immigrant Access to Health Care*(Washington, DC: National Health Law Program and NILC, 1998년 5월 22일).

37) 미국 법무부, "Field Guidance on Deportability and Inadmissibility on Public Charge Grounds," 64 FR 28689-93 (1999년 5월 26일); 또한 미국 법무부, "Inadmissibility and Deportability on Public Charge Grounds," 64 FR 28676-88 (1999년 5월 26일) 참조; 미국 국무부(U.S. Dept. of State). 「INA」 212(A)(4) Public Charge: Policy Guidance, 9 FAM 40.41.

38) 장기적인 시설보호(예를 들면, 양로원 보호를 위한 Medicaid 지급)를 제외한 모든 건강보호 프로그램의 이용은 생활보호대상 결정과 관련이 없는 것으로 공표되었다. 수입 유지 목적을 위한 현금 지원을 제공하는 프로그램만이 유일하게 생활보호대상 결정과 관련이 있는 프로그램이다. 결정은 '개개인의 환경 전반(totality of a person's circumstances)'에 근거하기 때문에 심지어 과거의 현금지원서비스 이용 경험도 개인의 현재 수입이나 기술, 또는 이민자를 지원하겠다고 약속하는 후원자의 계약 등과 같은 긍정적인 요인에 불리한 요인으로 고려될 수 있다.

39) 「불법이주개혁및이주민책임법(IRIRA)」§ 551 (8 U.S.C. § 1183a)에 의해 개정된 「복지법」§ 423.

40) 미국 국토안보부, "Affidavits of Support on Behalf of Immigrants," 71 FR 35732, 35742-43(2006년 6월 21일).

41) American Community Survey table, "Percent of People 5 Year and Over Who Speak a Language Other Than English at Home"(2006년).

42) James P. Smith와 Barry Edmonston 공편, "The New Americans," p. 377 (Wash-
　　ington, DC: National Research Council, 1997년).

43) 같은 책(Id).

44) 행정명령 No. 13166, "Improving Access to Services for Persons with Limited
　　English Proficiency," 64 FR 50121(2000년 8월 16일).

45) 미국 법무부, 시민권 부서, "Enforcement of Title Ⅵ of the Civil Rights Act of
　　1964—National Origin Discrimination Against Persons with Limited English
　　Proficiency; Policy Guidance," 64 FR 50123(2000년 8월 16일).

46) "Guidance to Federal Financial Assistance Recipients Regarding Title Ⅵ Pro-
　　hibition against National Origin Discrimination Affecting Limited English Pro-
　　ficient Persons," 67 FR 41455(2002년 6월 18일).

47) 「불법이주개혁및이주민책임법」§504(8 U.S.C. §1642)에 의해 개정된 「복지법」§432.
　　오직 미국 시민권자에게 적용되는 2005년 「적자감축법(The Deficit Reduction Act)」의
　　시민권 확인 요구는 이민자를 위한 확인 규정을 변화시키지 않았다. 그러나 이 조항은 이
　　민자 커뮤니티와 일반 대중 사이에 많은 혼란을 주었다. 건강보호 옹호자, 제공자 그리고
　　주정부 기관들은 시민권을 소유한 Medicaid 지원자와 수혜자뿐만 아니라 주정부의 새로
　　운 법률의 시행에 따른 이민자의 사기 저하의 피해를 줄이기 위해 일한다. 그러나 아직 그
　　요구사항은 미국 시민권을 가진 많은 아동이 Medicaid를 보장받는 것을 제한하여 왔다.
　　Donna Cohen Ross, "New Medicaid Citizenship Documentation Requirement
　　Is Taking a Toll: States Report Enrollment Is Down and Administrative Costs
　　Are Up" (Center on Budget and Policy Priorities, 2007년 3월 13일). 이러한 서류
　　요구가 부과하는 부담을 줄이기 위한 프로포절은 의회에서 계류 중이다. 그러나 의회는
　　또한 주정부 아동 건강보험 프로그램(State Children's Health Insurance Program)을
　　위해 엄격한 서류 심사를 적용할 것을 제안하였다. 예를 들어, (대통령에 의해 거부된) 「아
　　동건강보험프로그램개정법(CHIPRA)」(H.R. 976)의 섹션 211 참조.

48) 건강보호 제공자와 옹호자는 「Medicare처방약,개선및현대화법(Medicare Prescription
　　Drug, Modernization and Improvement Act: MMA)」의 섹션 1011에 기인한 피해를
　　줄이기 위해서 일한다. 섹션 1011은 불법 체류 이민자를 포함해 보험이 없는 특정 이민자
　　가 응급서비스를 받는 것에 대해 병원과 의료서비스 제공자에게 제한된 상환만을 제공한
　　다. 응급서비스를 받는 환자는 치료를 받거나 섹션 1011의 상환을 요청하기 위해 이민서
　　류를 제공하거나 이민 신분을 밝힐 필요가 없다. 그러나 옹호자와 제공자는 Medicare와
　　Medicaid 서비스센터(CMS)에 의해 추천된 형식과 절차가 민감한 질문에 의해 거슬릴
　　수 있기 때문에 이민자와 그 가족들이 치료를 받는 것을 제한할 수 있음을 염려한다.

49) 법무부, "Interim Guidance on Verification of Citizenship, Qualified Alien Status and Eligibility Under Title Ⅳ of the Personal Responsibility and Work Opportunity Reconciliation Act of 1996," 62 FR 61344-416(1997년 11월 17일). 1998년 8월, 법무부는 주로 임시 지침과 체계적 외국인 수혜 자격 확인 프로그램(SAVE)에 관해 제안하는 규정을 발표하였다. 법무부 "Verification of Eligibility for Public Benefits," 63 FR 41662-86 (1998년 8월 4일) 참조. 최종 규정은 아직 발표되지 않았다. 그 규정이 채택된다면 주정부는 그들이 관리하는 연방정부 프로그램과 일치하는 시스템을 실시하기 위한 2년의 시간을 가지게 될 것이다.

50) 보건복지부와 농무성으로부터 주정부 건강 및 복지 공직자에게 가는 편지와 관련 자료. "Medicaid, 주정부 아동 건강보험 프로그램(SCHIP), 어려운 가족에 대한 한시적 원조(TANF), 그리고 푸드 스탬프 혜택의 주정부 신청을 위한 시민권 문의, 이민자 법적 신분, 그리고 사회보장번호에 관한 정책 안내"(2000년 9월 21일).

51) 보건복지부, Health Care Financing Administration, Interim Final Rule, "Revisions to the Regulations Implementing the State Children's Health Insurance Program," 66 FR 33810, 33823(2001년 6월 25일).

52) BBA §§ 5564 그리고 5581(a) (42 U.S.C. §§ 608(g), 611a, 1383(e), 1437y)에 의해 개정된 「복지법」§ 404.

53) 같은 책(Id). 또한 H.R. Rep. 104-725, 104th Cong. 2d Sess. 382(1996년 7월 30일) 참조. 다른 맥락에서, 보고 필요는 단지 기관이 특정 개인이 '추방 명령 아래' 있음을 알았을 때만 적용되는 것으로 해석되어 왔다. *Memorandum of Legal Services Corporation General Counsel to Legal Services Corporation Project Directors*(1979년 12월 5일) 참조(불법 거주의 보고는 이민자가 최종 추방 명령이 유효한 상황을 위반하는 것과 관련된 경우를 포함한다).

54) 사회보장청(Social Security Administration), 보건복지부, 미국 노동청(U.S. Dept. of Labor), 미국 주택도시개발부(Dept. of Housing and Urban Development), 그리고 법무부-이민 및 귀화서비스, "Responsibility of Certain Entities to Notify the Immigration and Naturalization Service of Any Alien Who the Entity 'Knows' Is Not Lawfully Present in the United States," 65 FR 58301(2000년 9월 28일).

55) 같은 책(id)

56) 체계적 외국인 수혜 자격 프로그램(SAVE)은 몇 가지 중요한 공공 혜택 프로그램의 적격 요건을 확인하기 위해 최근에 사용하는 국토안보부의 절차다. 42 U.S.C. § 1320b-7 참조. 국토안보부는 컴퓨터 데이터베이스를 통해 그리고/또는 기록을 수동적으로 확인해 봄으로써 신청자의 법적 신분을 확인한다. 이 정보는 단지 공공 혜택의 적격성을 확인하는 데

에만 사용되고, 추방을 시작하거나 소송법 절차에 사용될 수 없다(범죄 위반 제외). 1986년 「이민개혁및규제법(Immigration Reform and Control Act)」, 99 Pub. L. 603, § 121 (1986년 11월 6일) 참조; 법무부, "Verification of Eligibility for Public Benefits," 63 FR 41662, 41672, 그리고 41684(1998년 8월 4일).

57) Public Laws 104-208, 105-33 그리고 105-185, 65 FR 70166(2000년 11월 21일)에 의해 개정된 농무성(USDA), "Food Stamp Program: Noncitizen Eligibility, and Certification Provisions of Public Law 104-193.

58) Ron Haskins, Mark Greenberg, 그리고 Shawn Fremstad, *Federal Policy for Immigrant Children: Room for Common Ground?* (Washington, DC: Brookings Institution Press, 2004년 여름호) 참조.

14장

사회복지사와 이민자 옹호

Jasmeet Kaur Sidhu

미국은 이민자의 나라이지만, 우리가 받아들여야 할 이민자는 누구인가? 또 우리는 어떤 이민자에 대해 분개하고, 어떤 이민자를 두려워하는가? 그중 누구에게 기꺼이 기본적인 시민권 및 사회서비스를 확대시킬 수 있는가? 이러한 것이 인구학적 정체성 문제로 계속 투쟁해 온 국가가 당면하고 있는 질문들이다. 그리고 이러한 논쟁에서 사회복지사는 어떤 역할을 할 것인가?

이 장에서는 개인, 자원봉사자, 사회서비스조직의 구성원 등 어떤 형태이든 간에 사회복지사가 사용할 수 있는 옹호 수단이 무엇인지 탐색한다. 사회복지사가 효과적인 옹호를 위한 기술과 지침으로 무장할 때, 자신들의 목소리를 내기 힘든 내담자뿐 아니라 전반적으로 급성장하고 있는 이민자 지역사회를 대변하는 지속적인 목소리를 낼 수 있다.

사회복지사는 흔히 직접 서비스를 제공하는 과정을 통해 내담자의 입장에서 옹호를 한다. 이번 장에서 우리는 이러한 활동을 '미시적 옹호'라고 부를 것이다. 그러나 개인과 조직들이 개개의 내담자 지향의 전략을 구사하지 않고 체계 지향의 전략을 사용할 때 우리는 이를 '거시적 옹호'라고 부를 것이다. 거시적 옹호는 정책을 변화시키기 위해 여러 가지 방법, 예를 들어 병원에서 신규 환자를 대하는 방법, 복지기관의 정책, 공공교육기관에서 영어 학습자에게 서비스를 제공하는 방법, 집주인이 비거주 세입자를 대하는 방식, 사업주가 불법 노동자를 대하는 방식 등으로 시도될 수 있다.

이번 장은 이민자 내담자들과 관계를 맺은 사회복지사에게 옹호 작업의 중요성을 이야기하면서 시작하려 한다. 다음으로 개인적이고 미시적인 옹호 전략을 논의하고, 마지막으로 거시적 옹호 전략과 이에 영향을 미치는 법에 대해서 논의하도록 하겠다.

1. 이민자 옹호의 중요성

> 사려 깊고 헌신적인 시민 집단이 세상을 바꿀 수 있다는 것을 의심하지 마라. 정말 지
> 금까지 세상을 바꾸어 왔던 것은 시민 집단 하나뿐이다. – Margaret Mead

Margaret Mead의 인용문은 사려 깊고 헌신적인 시민들이 자신들의 지역사회를 더 좋고 더 정의롭고 더 공정하게 만드는 데 일조할 수 있다는 것을 잘 상기시킨다. 특히 사회복지사는 잘 들을 수 없고 힘없고 가난해서 도움의 손길이 가장 필요한 사람들의 목소리를 계속해서 대변해 왔다. 전문가로서의 사회복지가 시작된 가장 초기, 즉 Jane Adams가 도움이 필요한 내담자들(이민자를 포함한)을 위한 헐 하우스를 시카고에 설립했을 때이후로 사회복지사는 취약 인구를 옹호해 온 긴 역사가 있다.

현재의 변화하는 사회 · 정치적 상황에서 이민자 집단은 도움의 목소리를 필요로 하는집단 중에서도 가장 빠른 성장을 보이고 있다. 2007년만 하더라도, 거의 182개의 이민관련 법이 43개 주에서 통과되었다(Gillam, 2007).[1] 이러한 주 제정법의 상당수가 명백하게 반(反)이민적 성격을 지닌다. 예를 들어, 최근 오클라호마에서 시행된 법은 불법 이민자를 고용하거나 운송하거나 거주하도록 하는 것을 불법으로 규정하는 한편, 오클라호마의 지방경찰에게 연방 출입국관리소가 미국 「이민법」을 집행하는 것에 협조할 수 있도록권한을 부여하였다. 또한 이 법은 주정부가 불법 외국인에 대해 서비스를 제공하지 못하도록 하고, 이들을 고용한 사업주에게 페널티를 부과한다(Gillam, 2007).

지방 차원에서도 시 당국은 실패한 연방 차원의 해결 방법과 마찬가지로 이민 관련 조례를 빠르게 통과시켜 왔다. 그 한 사례로, 펜실베이니아 주의 헤이즐턴 시 당국에서는 「불법이민자원조법」을 통과시켰는데, 이 법은 불법 이민자를 고용하거나 유지, 원조, 사주하는모든 사업의 허가를 유예하고, 불법 이민자에게 부동산을 빌려 주는 소유주에게 하루마다1,000달러의 벌금을 부과하며, 모든 공식적인 시 당국의 업무는 영어로만 작성하도록 선언하는 것이다. 헤이즐턴에서 아파트를 빌리고 싶은 사람은 시 당국에 주거 허가를 신청해야 하는데, 시민권을 부여받은 후에만 신청 자격이 있다(Powell & Garcia, 2006).

이러한 흐름에 반대하여 이민자 지역사회에 손을 내밀고, ID 카드와 같은 특전을 제공하고 있는 곳은 코네티컷 주의 뉴헤이븐과 같이 몇 안 되는 소도시에서만 일부 나타난다. 이러한 카드는 은행 서비스 이용이나 법 집행 과정에서 유효한 신분 확인의 수단이 될 뿐만 아니라, 도서관, 해변, 공원과 같은 장소에서 사용될 수 있으며, 심지어 시 당국이 운영하는 주차요금징수기나 지역의 상점에서 결제카드로도 사용될 수 있다. 이러한 정책의 목표는 불법 이민자를 지역사회에 통합시키고, 문서의 부족으로 발생하는 범죄로부터 그들을 보호하며, 좀 더 적극적으로 범죄를 경찰에 신고하도록 촉진하기 위한 것이다(Matos, 2007; McKinley, 2007; Medina, 2007).

이민자가 미국 태생의 시민과 동등한 수준의 괜찮은 주거와 의료서비스, 교육, 급여 혜택, 직장을 찾을 수 있도록 사회복지사가 돕는 것은 그가 자신의 일을 하는 것이기도 하지만 동시에 미국의 구성원이 되기 위해 분투하는 수많은 이민자 공동체의 권리에 대해 옹호하는 것이기도 하다.

전미사회복지사협회(NASW)도 이민자의 욕구를 인지하고 있어 『사회복지에서의 이민자 권리(*immigrant Rights in Social Work*)』최근판(2008)과 『이민자 정책도구상자(*an Immigrant Policy Tool Kit*)』(2007)를 출간하면서 이를 잘 기술하고 있고, 특히 후자는 미국 전역의 이민 정책 쟁점을 담고 있다. 또한 최근 전미사회복지사협회이사회(2008)는 윤리 규정을 가결하였는데, '이민자 지위'에 근거해서 어떤 개인이나 집단을 차별하는 것이 있다면 사회복지사는 이를 제거하기 위해 일해야 한다는 내용을 새롭게 추가하였다.

이러한 노력은 사회복지사가 미시와 거시 수준에서 옹호하고 정책 변화에 영향을 미치기 위해 힘을 합쳐야 한다는 것을 강조하는 것이며, 이러한 정책 변화는 자신들의 내담자 개인뿐 아니라 지역사회 전체를 돕는 것이다. 이제 우리는 사회복지사가 자신들의 내담자를 미시 수준에서 어떻게 원조할지 탐색할 것이다.

2. 이민자 내담자를 위한 개인적 옹호

사회복지사가 개인적 능력 범위에서 자신이 일하는 이민자 지역사회를 원조할 방법은 많다.

1) 이민자 클라이언트에게 자신의 권리에 대해 교육하라

주거, 사회서비스, 의료서비스, 노동, 기타 영역에서 계속 변화가 이루어지고 있고 새로운 절차가 만들어지고 있는데 미국 태생의 영어 사용자들조차 이에 대해 혼동을 일으킬 수 있다. 다행스럽게도 이러한 정보는 독자들이 이민자의 권리와 절차를 더 인식할 수 있게 해 준다. 간단한 것이라고 하더라도 정책 내용 및 도움이 되는 자원이 무엇인지 잘 알고, 그 정보를 내담자에게 널리 알리는 것은 분명히 큰 도움이 되고 효과적일 수 있다.

2) 이민자 외의 사람들에게 이민을 둘러싼 쟁점들에 대해 교육하라

미국에서 이민자의 숫자가 증가하는 상황을 고려해 보면 이민자의 권리 쟁점과 정책 및 개혁 의제들을 이민자의 권리와 함께 묶어서 생각하는 것은 수십 년 동안 계속 국가적 논쟁이 될 것이다. 이 책을 집필하고 있는 현재, 2008년 선거에서 유권자들이 가장 중요한 문제라고 뽑은 상위 10개 문제 중에 이민 문제가 포함되어 있다. 하지만 국가적 의제로 선정되는 것 그 이상으로, 이미 이민자가 미국 내에서 사회복지사에 의해 서비스가 제공되는 인구 중에서 가장 큰 비율을 차지했고 앞으로도 계속 그럴 것이다. 사회복지를 공부하는 학생과 전문가 그리고 자원봉사자는 자신의 지역사회에 영향을 미치는 문제에 관해 계속 교육을 받아야 한다.

많이 배우고 적극적이기 위한 최선의 방법은 이민자 권리 쟁점에 관한 토의나 포럼, 토론, 패널 등에 대해 준비하고 참여하는 것이다. 학생들은 이민자의 입장을 옹호하는 지방의 비영리조직에 자원봉사자로 참여할 수 있고, 자신들의 학교에서도 교육과정을 통해 체계화시킬 수 있을 것이다. 훈련생을 교육 중인 사회복지사는 지방의 기관과 지역사회 구성원을 초청하여 지역의 이민자에게 영향을 미치는 새로운 조례나 정책들에 무엇이 있는지부터 불시단속, 증오 범죄, 시민권 위반과 같은 사건들에 어떻게 대응할 것인지 등 모든 것을 훈련시킬 수 있다. 자신이 속한 지역사회에서 운영 중인 이민자 옹호집단들을 점차 알아 가는 것은 이민 문제에 관여하고 체계적 변화가 이루어질 수 있도록 영향을 미치는 가장 중요한 방법이 된다.

3) 입법 과정 및 정책 형성에 전문적 조언을 제공하라

개인으로서 당신은 일하고 있는 지역사회에 대해 다양한 정책과 절차가 효과가 있는지 법정에서 증언할 수 있을 뿐만 아니라, 규제에 관해서도 의견을 제공함으로써 전문적 조언(input)을 제공할 수 있다. 흔히 정책에서 개인과 집단의 차이를 만드는 가장 결정적인 순간은 규제가 만들어질 때다. 그렇기 때문에 사회복지사는 지역의 기관 및 행정 조직의 정책 형성과 입법 과정이 어떠한지 이해해야 하고, 그들의 조언을 문서에 반영할 수 있어야 하는데, 이것은 이민자 권리를 옹호하기 위한 또 다른 방법이다.

개인적 옹호 노력 또한 가치 있고 중요하지만, 변화에 영향을 미치고자 하는 성공적인 조직에는 거시적 옹호가 중요한 수단이 되고(Grant & Crutchfield, 2007), 특히 그러한 조직은 사회복지사를 구성원으로 포함한다. 이번 장의 나머지 부분에서는 조직적 수준에서 수행되는 거시적 옹호가 어떻게 변화를 위한 강력한 수단이 될 수 있는지 보여 주도록 하겠다.

3. 사회적 변화를 위한 거시적 옹호

이민자의 권리에 초점을 맞추는 조직들은 자신들의 지역사회에 유의미한 변화를 만들어 내는 구조, 자원, 인력을 가지고 있다. 이러한 점은 다음과 같은 최근의 사례에서 일부 확인할 수 있다.

- 뉴욕시정참여프로젝트(The New York Civic Participation Project: NYCPP)는 2007년 뉴욕 시의 복지, 푸드 스탬프 및 Medicaid 사무소가 영어에 유창하지 못한 사람들에 대해 통역 서비스를 제공하도록 하는 새로운 지방법이 통과하는 데 지침을 제공했다.
- 테네시 이민자 난민 권리 연합(The Tennessee Immigrant and Refugee Rights Coalition: TIRRC)은 수천 명의 이민자 가족에게 부정적인 영향을 줄 수 있고 결과적으로 모든 테네시 주 사람들에게 의도치 않은 해를 끼칠 수 있는 테네시 주 의회의 2006년 19개 법안과 2007년 40개 법안을 무산시키는 데 도움을 주었다.

■ 전국라라자위원회(The National Council of La Raza's: NCLR)의 노력은 2007년 연방 입법 의제의 최선두에서 통합적 이민 개혁 주제를 만드는 데 도움이 되었다.

이러한 사례는 조직이 어떻게 정부의 정책 형성에 일조하고 개인을 옹호자로 만드는 데 명분을 제공하여 고무할 수 있는지를 보여 주는 몇 가지 실례에 불과하다(Grant & Crutchfield, 2007). 문제가 되는 쟁점이 각 조직의 사명과 관련이 있다면, 옹호에는 조직이나 조직의 구성원이 쟁점을 가진 타인들을 지지, 반대, 교육하는 모든 방식의 활동이 가능하다.

4. 효과적인 옹호 전략 창조하기

이민자 권리의 입장에서 옹호할 때 효과적인 사업 전략을 만들기 위한 필수적인 단계는 무엇인가? 어떻게 좋은 아이디어를 얻고 이를 성공적인 옹호 전략으로 전환할 수 있는가?

성공적 전략을 만드는 1단계는 옹호의 기초를 이해하는 것이다. 옹호 사업은 다른 영역의 사업과 달리 직접 서비스와 유사하므로 평가하기가 쉽지 않고 해결책을 마련하는 데 흔히 몇 달에서 몇 년이 걸릴 수 있다. 그러므로 옹호의 필요 요소는 다음과 같다.

■ 체계에 대한 지식 – 지방정부, 행정 기관, 입법부, 법원 등의 내부 작동 원리를 잘 이해하는 것
■ 창조적인 영향 평가 – 친구, 동료, 연합체의 장점이 무엇인지 확인하고 연결시키며, 그 연결에 가치를 부여할 수 있어야 하고, 자신만이 가지고 있는 이야기를 어떻게 알릴지 아는 것
■ 인내 – 장기적인 체계적 변화에는 시간이 필요하다는 점을 이해하는 것
■ 유연성 – 하나의 접근이 잘 작동되지 않을 때 전략을 바꿀 수 있는 것
■ 용감성 – 위험을 감내하고 실패를 수용하는 능력

막연히 생각하는 것에서 벗어나 옹호에 접근하는 것이 사업 전략을 더욱 쉽게 발전시킬 수 있다. 옹호자는 그 자신에게 Schultz(2003)가 채택한 네 가지 핵심 질문을 물어봐

야 한다. ① 무엇을 원하는가? ② 누가 그것을 제공할 수 있는가? ③ 누구의 말을 들을 것인가? ④ 무엇을 들을 필요가 있는가?

1) 무엇을 원하는가

당신이 해결하고 싶은 문제는 무엇인가? 완전한 해결책이 합리적인 시간 안에 실행 가능한가? 그렇지 않다면 바람직한 방향으로 움직이는 데 더 작은 단계가 있는가?

어떤 옹호 캠페인의 계획 단계에 승선하기 전에 의미가 있지만 현실적인 목표를 확인하는 것은 중요하다. 예를 들어, 현재 미국 내에 있는 모든 불법 이민자에게 3개월 내에 유효한 시민권을 받도록 하는 것은 의미 있는 목표가 될지도 모른다. 하지만 어떻게 이를 현실화할 것인가? 심지어 현재 우리가 가지고 있는 사회기반시설로 이러한 목표를 지원하는 것이 가능한가? 명백히 가능하지 않다. 조금 다르게 말하면, 향후 30년 안에 현재의 모든 불법 이민자에게 유효한 시민권을 받도록 하는 다른 목표가 있을 수 있다. 이러한 목표는 전자보다 명백히 더 현실적으로 보인다. 하지만 현재 지원을 필요로 하는 이민자 지역사회에 이러한 목표가 얼마나 의미가 있을까?

의미도 있으면서 현실적인 더 나은 목표는 향후 2년 내에 연방정부 수준에서 통합적 이민 개혁(법)을 통과시키도록 옹호하고, 주 및 지방 정부가 문제를 더 크게 키울 수 있는 독자적이고 제한된 방법을 만들지 못하도록 하는 것이다.

몇 년 전의 다른 사례로, 브루클린의 저소득 이민자 지역사회에 소재한 몇몇 공공 도서관이 지방의 정치·행정상의 예산 삭감 때문에 실질적으로 거의 문을 닫는 지경에 이른 일이 있다. 문제는 다음과 같이 간단했다. 공공 도서관이 없다면, 이 지역의 많은 아동 이민자가 교육 자원에 접근할 필수적인 권리가 박탈될 것이다. 뉴욕시정참여프로젝트 (NYCPP)는 의미 있고 현실적인 해결책으로 도서관 시설을 대중에게 계속 개방하는 것을 결정하였다.

2) 누가 그것을 제공할 수 있는가

위의 사례를 계속 적용하면, NYCPP는 문제를 해결하기 위해 누구와 일할 것인지 알 필요가 있었다. NYCPP는 도서관 폐관에 항의하기 위해 브루클린의 저소득 이민자 지역사회에 있는 학부모들과 아동을 조직하였다. 그들의 목소리가 함께 공명했고, 예산상 책임을 가진 적임자는 그들의 목소리를 들었으며, 도서관은 계속 개방될 수 있었다.

NYCPP의 사례에서 알 수 있듯, 초기에 일찍 다음과 같은 질문을 해 보는 것이 중요하다. 우리의 메시지는 누구를 겨냥해야 하는가? 우리에게 해결책을 가져다줄 수 있는 권한이 누구에게 있는가? 입법 과정에 영향을 주기 위한 각종 시도와 로비를 통해서 성공할 수 있는가? 대중 선거 과정을 통해서 혹은 비정파적 노력을 통한 충격요법을 써야 하는가? 시민권 소송이 사법부 결정 집행을 통한 변화를 이끌어 낼 수 있을 것인가? 혹은 정책 규제나 다른 정책들에 대해 의견 표명을 하는 것이 가장 과실이 클 것인가? 변화에 대한 어떤 방향이 해결책이 될 것인가? 이러한 방향의 노력들을 서로 조합할 수 있으며, 그 조합이 해결책으로 최적인가?

다음과 같은 또 다른 예가 있다. 회교도옹호(Muslim Advocates)라는 공공자선단체는 회교도인 미국인 지역사회에 대해 공정성과 정의의 쟁점에 관심을 가진다. 그들은 2001년 9월 11일에 발생한 세계무역센터 테러 이후 몇 달에서 길게는 몇 년 동안 사람들이 회교도인 미국인 지역사회 구성원들을 적대시하는 각종 시민권 위반 행위에 대해 관심을 가져왔다. 그래서 회교도옹호는 법무부, 국토안보부, FBI의 고위관료와의 회의에 참여하면서 회교도 지역사회가 가지고 있는 시민권에 대한 걱정들을 행정부의 관료와 기관에 분명하게 전달하여 이에 대한 정부 정책을 만들고 실행하도록 하였다. 그들은 관료 및 기관에서 정책을 만들고 집행하는 데에는 결정적인 시간 내에 해결책을 제공하는 것이 최선이라고 생각했다.

3) 누구의 말을 들을 것인가

문제를 고치고 해결책을 만들어 낼 독립체나 개인을 확인하는 것이 옹호 과정에서 가장 힘든 부분은 아니다. 가장 결정적이고 가끔은 좌절을 불러일으키기도 하는 힘든 부분은 사람들에게 메시지를 듣도록 하는 것이다. 의회나 법원, 행정 기관에서 누구의 말을 듣게 할 것인가? 그들을 선출하는 일반 대중? 여론 주도층? 담배나 낙농 산업에 종사하는 특수 유권자들? 교육받기를 원하는 아동은 또 어떠한가?

재미한인서비스및교육협력단(The National Korean American Services and Education Consortium: NAKASEC)은 DREAM법을 통과시키기 위한 연합체의 일부가 되었는데, 이

는 아동 이민자가 공공 교육에 대한 접근권을 얻기 위한 방법을 보장하는 것이었다. 이러한 노력 중의 하나로 NAKASEC는 〈DREAM〉이라는 소규모 다큐멘터리 프로그램을 제작했다. 다큐멘터리 프로그램은 이의가 제기된 연방 입법의 결과가 나오기를 기다리는 아동의 희망을 표현하는 내용을 담고 있다. 비디오에서는 한 어린 소녀의 목소리를 통해서 더 나은 교육 기회로 학생들의 삶이 얼마나 바뀔 수 있는지를 설명하고 있다. 메시지는 힘이 넘쳤고, 입법자와 지역사회 조직가, 대중의 의견에 영향을 미쳤다.

4) 무엇을 들을 필요가 있는가

열성적인 사람들에게서 볼 수 있는 가장 큰 약점 중의 하나는 타인의 시선을 보지 못한다는 것이다. 활동가들은 동일한 문제를 타인의 시선에서 보지 못하는 스스로의 문제 때문에 일을 그르치는 경향이 있다. 옹호자들은 어떻게 입법가나 일반 대중에게 자신의 쟁점을 관철시킬 수 있을까?

사람들은 다양하기 때문에 다양한 호소에 반응한다. 어떤 사람에게는 이주 노동자에 대한 시민권 위반 사례가 얼마나 많은지 기술하는 객관적인 여론조사 결과나, 이민율 증가에도 범죄율은 오히려 감소함을 보여 주는 통계 수치와 같은 양적 자료가 필요할 수 있다. 어떤 사람들에게는 2006년의 이민자 없는 날 캠페인과 같이 강렬한 메시지가 효과적일 수 있는데, 이민자는 직장 출근이나 학교 등교를 거부하고 소비 지출을 피하는 방식을 통해 자신들이 미국 경제에 일정한 기여를 하고 있음을 보여 주는 대중 집회를 미국 전역에서 개최하였다. 또한 순전히 많은 숫자의 사람들을 동원하는 것이 여전히 효과적이기도 한데, 입법기관 앞에서 수천 명의 이주 옹호자가 시위를 할 수 있다. 이민자 옹호집단은 자신들의 메시지를 재고할 필요가 있을 수 있고, 몇 가지 다른 형태의 메시지를 만들 필요도 있는데, 결국 더 많은 대중의 지지를 얻고 입법가의 관심을 얻어 내기 위한 것이다.

5. 효과적인 옹호 캠페인 계획하기

옹호자들이 자신들의 목표와 전략을 정하고 나면, 그다음 단계는 옹호 캠페인을 계획하는 것이다.

1) 옹호 역량 사정하기

옹호 작업에 착수하고자 하는 조직은 가장 먼저 자신들의 옹호 역량을 다루어야 한다. 이것은 캠페인을 계획하고 기금을 마련하며 직원들을 조직하는 데 가장 필수적인 시작 단계다. 사정을 할 때 고려해야 할 점은 다음과 같다.

- 운영(Operations) – 당신이 어떻게 운영할 것인지가 옹호 부분에 고려되어 있는가? 당신의 이사회는 옹호 정책을 마련하고 있는가? 기록을 보관하고 회계를 담당할 시스템이 있는가?
- 직원(Staff) – 경험 있는 직원(상담가, 로비스트, 마케팅 및 관공서 담당, 기금 조달)이 조직에 있는가? 없다면 그런 직원을 고용하는 것이 중요한 일인가?
- 네트워크(Network) – 누구를 알고 있는가? 직원이나 임원, 지지자 중에 지방정부나 기관, 대중 매체에 연줄이 있는 사람이 있는가?
- 인적 기술(Skills) – 당신 조직이 가지고 있는 인적 기술, 지식, 경험은 무엇인가? 옹호 활동과 관련한 규칙에 관해 훈련받아 본 적이 있는가?
- 물적 기술(Technology) – 옹호 노력을 하는 데 특정한 물적 기술이나 프로그램(웹사이트, 이메일 경보 시스템, 지지자 등의 데이터베이스)이 필요한가?
- 기금 마련(Funding) – 어떤 자원들이 이용 가능한가? 당신의 사업에 기금을 주려고 하는 민간 재단이 있는가?(기금 마련과 관련한 제한 및 규제에 대해서는 이 장의 마지막 부분에서 더 자세히 다룬다.)
- 메시지 전달(Messaging) – 옹호 메시지와 캠페인을 만들 수 있는 숙련된 직원이 있는가?

조직이 옹호 역량을 많이 보유하고 있지 않다면 기금 신청, 모금 행사, 이사회에서의 기금 전입 약속, 전문가나 자문위원을 더 많이 채용하거나 위촉하는 방법 등을 통해 옹호 역량을 증대시키려 노력해야 한다. 조직이 옹호 역량을 사정하고 옹호 역량을 증가시키기 위한 계획을 만들고 난 다음에야 목표 그 자체에 초점을 맞추어 좋은 전략을 계획할 수 있는 토대가 마련된 것이다.

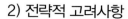

2) 전략적 고려사항

성공적으로 옹호 사업 계획을 수행하는 데 참작해야 할 많은 전략적 고려사항이 있다. 시기 선택(timing), 관계, 반대, 협상 등이다.

옹호 활동을 추구하는 형태에 따라 시기 선택은 성과에 다른 영향을 미칠 수 있다. 입법 과정은 다양하고, 규제 과정은 복잡하다. 소송은 느리게 진행될 수 있고 종종 최종 기한까지 갈 수도 있다. 당신의 전략에 유권자 교육과 같은 선거 관련 활동이 포함된다면, 캠페인은 일찍 시작되어야 하고, 사업의 초기에 실시하는 것이 중요하다. 2007년에 없어진 「통합적이민개혁법(Comprehensive Immigration Reform Legislation)」의 실패가 그 증거가 될 수 있는데, 체계적이고 장기 지속적인 변화의 과실을 보기 위해서는 몇 달 혹은 몇 년이 걸릴 수 있다.

조직 안팎에서의 당신의 관계 네트워크는 옹호 캠페인의 핵심 요소다. 적임자를 알고 있다면 그 사람이 당신을 입법가에게 데려가 줄 수도 있고, 대중 매체나 방송 매체에 관련된 사람을 소개해 줘서 당신의 대의명분을 기고하거나 보도하도록 해 줄 수도 있는데, 이러한 사건은 당신의 노력을 이루어 줄 수도 있고 망쳐 버릴 수도 있다.

당신의 노력에 중요하지 않은 사람은 아무도 없다는 것을 기억하라. 접수 담당자부터 총책임자까지 모든 사람이 당신을 도울 수도 방해할 수도 있는 힘을 가지고 있다. 또한 당신이 속한 조직의 직원, 이사회, 자원봉사자들이 개인적으로나 직업적으로 알고 있는 사람이 누구인지를 확인하는 것은 중요하고, 항상 그러한 관계를 강화하고 더 넓혀 나가는 것 또한 중요하다. 이러한 중요한 방법의 한 가지는 조직의 연합체를 만들거나 참여하는 것이다. 연합체는 폭넓은 인간관계를 제공한다. 심지어 당신이 입법부나 지방정부, 대중 매체에 있는 사람에게 접근하지 못한다고 할지라도, 연합체의 구성원에게 접근할 수 있을지 모른다. 자원 및 영향력을 공유함으로써 연합체 구성원은 공동의 목표를 지지할 수 있다. 당신이 조직에 대한 연줄이나 파트너를 개발해 놓는다면 다음 차례의 옹호 캠페인을 시작할 때 훨씬 탄력을 받을 수 있다. 이러한 점을 고려한다면 당신은 더 이상 원점에서 시작하는 것이 아니다. 당신은 이미 옹호 역량을 축적해 놓았다.

네트워크를 만들 때, 에너지를 인정되는 곳에 집중하는 것이 중요하다. 당신은 당신이 지지하는 지역사회에 대한 메시지와 목표를 분명히 보여 주어야 한다. 만약 당신에게 동의하는 입법가나 지역사회 지도자에게만 집중한다면 효과적이고 장기적인 변화로 나아가지 못할 수도 있다. 그러나 당신의 옹호 목표에 절대로 동의하지 않거나 지지하지도 않는 사람들도 있는데, 이들에게 너무 많은 에너지를 쏟을 필요는 없다.

테네시 이민자 난민 권리 연합(The Tennessee Immigrant and Refugee Rights Coalition: TIRRC)은 네트워크의 힘을 보여 주는 좋은 예다. 테네시 이민자 난민 권리 연합은 미 남동부 전역의 이민자 권리 조직들 사이에서 협력과 학습을 증진하는 단체인 남동부 이민자 권리 네트워크의 설립을 도와주었다. 네트워크를 만들려는 이들의 노력을 통해 테네시 이민자 난민 권리 연합은 이 나라에서 가장 다양한 이민자 권리 연합체를 하나로 합치고 조직을 유의미하게 확장시켰다. 테네시 이민자 난민 권리 연합은 새로운 이민자 권리 네트워크의 모델이자 멘토가 되었다.

현재 존재하거나 잠재적인 반대 관점이 무엇인지 확인하고 예상하는 것은 성공적인 옹호자로 하여금 근거가 있고 설득적인 논쟁을 가능하게 해 준다. 당신의 대의명분이 아무리 자애롭고 대단할지라도 당신의 조직은 적을 가질 수 있는데, 예컨대 당신 조직의 사명에 반대되는 조직이 있을 수 있다. 논쟁이나 특집 기사에서, 입법가와의 회의 석상에서, 아니면 대중과의 의사소통 과정에서 그들은 뭐라고 이야기할 것인가? 그들의 주장 속에 담겨 있는 약점은 무엇이고, 이를 어떻게 무효화시킬 것인가? 예를 들어, 많은 이민자 옹호집단은 반대편에서 이민자가 범죄율을 상승시키거나 이민자는 세금을 내지 않는다는 주장을 하더라도 일단 기록으로 받아들이고, 왜 그러한 주장이 전혀 말이 안 되는지 조사하고 실질적으로 보고하며 연대순으로 기록할 수 있도록 기금 지원을 하고 있다(Rumbaut & Ewing, 2007).

효과적인 옹호자들은 그들의 투쟁 말미에는 경우에 따라서 협상을 할 수도 있다는 것을 항상 미리 고려한다. 이러한 점을 고려하기 때문에 옹호집단은 다른 이득을 얻어 내기 위하여 때로는 상대방을 현혹시키는 미끼 문제를 만들어서 마지못해 수긍하는 척하며 작은 변화를 기꺼이 받아들인다. 무엇보다도 옹호자로서 당신은 양보할 수 없는 협상의 하한선이 무엇인지 반드시 알고 있어야 한다. 하한선이 예를 들어 연방 수준에서의 이민 개혁일 정도로 광범위하고 전면적이든, 아니면 모든 이민자에게 유효한 운전면허를 부여하는 정도로 구체적인 것이든 그 하한선에서 시작하여 계속 확장시켜 나가는 것이 중요하다.

또한 전략이 잘 작동되지 않을 경우에는 그 전략을 변경하거나 아예 빠져나오는 것을 준비해야 한다. 이민자에게 유효한 운전면허를 부여하는 최선의 방법은 지방 입법가들에게 로비를 하는 것은 아닐 것이다. 그보다는 이민자들이 더 많이 투표하도록 등록하게 해

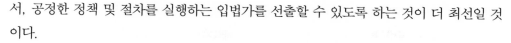

서, 공정한 정책 및 절차를 실행하는 입법가를 선출할 수 있도록 하는 것이 더 최선일 것이다.

전략이 무엇이든 간에 옹호자와 옹호조직은 직원, 자원봉사자, 지지자의 노고에 감사해야 한다. 그리고 전략의 성과를 정기적으로 평가해야 한다. 옹호 활동은 다른 서비스와는 다르게 평가되어야 함을 기억하라. 당신의 옹호 이야기가 보조금 사용 보고서이든, 연간 보고서나 기사, 뉴스레터, 기타 출판물이든 간에 이를 이야기할 때에는 점증적인 과정을 포함시키는 것이 중요하다. 당신의 노력을 뒷받침할 수 있는 양적 데이터가 없더라도, 당신이 핵심 사무실에서 만들어 낸 연줄, 교육 및 봉사활동 노력, 자원봉사 본부의 양적 증가, 로비, 선거 활동 등은 모두 당신이 법안을 통과시키거나 다른 구체적인 목표를 달성시키기 위해 하는 노력만큼이나 똑같이 중요하다.

다음에 이어지는 부분에서는 옹호조직의 유형과 이러한 조직이 참여할 수 있는 특정 옹호 활동들이 무엇인지에 대해 논의할 것이다.

6. 옹호조직의 유형

변화를 만들어 낼 수 있는 옹호조직으로 세금을 면제받는 여러 가지 유형의 비영리조직이 있다. 「내국세입법」 501조의 (c) 항목에는 서로 다른 26개 유형의 비영리조직 목록이 나열되어 있다. 가장 흔한 유형의 조직, 즉 사회복지사가 가장 쉽게 채용되는 유형의 비영리조직 중 몇 가지를 아래에서 간단하게 설명하도록 한다.

1) 공공자선단체

비영리조직의 가장 흔한 유형은 501조 (c)(3) 항목의 공공자선단체다. 공공자선단체는 「세법」 규정과 관련 규제를 받는 종교, 과학, 문학, 기타 자선활동에 종사하는 집단으로 정의된다. 501조 (c)(3) 항목의 공공자선단체로 잘 알려진 예로는 전국라라자위원회(the National Council of La Raza), 미국가족계획연맹(Planned Parenthood), 사랑의집짓기(Habitat for Humanity), 유나이티드웨이(the United Way), 미국적십자(the American Red cross) 등이 있다.

501조 (c)(3) 항목의 공공자선단체에 해당할 경우 많은 혜택이 있다. 그 한 가지로 501조 (c)(3) 항목의 공공자선단체는 세금이 면제되는데, 이는 대부분의 연방세금을 납부하지 않는다는 의미다. 부가적으로 501조 (c)(3) 항목의 공공자선단체에 대한 기부는 소득공제를 받을 수 있으며, 기부자는 명세서를 작성하는 경우 조정 후 총소득의 50%까지 소득공제를 받을 수 있다. 그러므로 보통 사람들은 다른 세금이 면제되는 조직보다도 501조 (c)(3) 항목의 공공자선단체에 기부하려고 하는 편이다.

때로는 공공자선단체가 민간 재단이나 가끔 공공 재단으로 불리기도 하는 지역사회 재단과 같은 다른 공공자선단체로부터 보조금을 받아 자신들의 사업에 사용하기도 한다. 이러한 보조금은 공공자선단체의 기금 마련에서 큰 비중을 차지할 수 있다. 501조 (c)(3) 항목의 자선단체들에 자원이나 기금을 주는 것과 관련한 규칙들이 무엇인지 이해하는 것은 중요하기 때문에, 조직에서 작성하는 보조금 신청서에는 누구를 대상으로 신청하고, 제공받을 수 있는 기금의 형태가 무엇인지 적도록 한다. 공공자선단체는 일반적으로 옹호 활동에 관여할 수 있고, 심지어 어떤 한도 내에서는 로비를 할 수도 있다. 또한 공공자선단체는 비정파적 선거 관련 활동에 관여할 수 있지만, 반드시 특정 후보자를 공개적으로 지지할 필요는 없다. 이러한 규칙들은 이어지는 부분에서 좀 더 자세하게 논의할 것이다.

2) 민간 재단

민간 재단은 501조 (c)(3) 항목에서 규정하는 또 다른 형태의 조직이다. 공공자선단체가 다양한 재정적 자원에 의해 지원받는다면, 민간 재단은 일반적으로 단일한 재원으로부터 기금을 마련한다. 예를 들어, 많은 민간 재단(예: 메리 레이놀즈 배브콕 재단(the Mary Reynolds Babcock Foundation, 게이츠 재단(the Gates Foundation), 로버트 우드 존슨 재단(the Robert Wood Johnson Foundation))이 가족이나 기업에 의해 설립되었다. 또한 민간 재단은 보통 기부보다는 투자 소득에서 계속 기금을 전입받아 운영된다.

민간 재단은 단일한 재원으로부터 기금을 마련하기 때문에 의회에서는 민간 재단이 세금 면제 지위를 남용할 잠재적 가능성이 더욱 커지고 있다고 밝혔다. 그 결과로 민간 재단은 501조 (c)(3) 항목의 공공자선단체보다 엄격한 규정을 적용받는 대상이 되고, 보조금을 전입할 때에도 특별 규정을 따라야 한다. 민간 재단은 매년 순투자 자산의 특정 비율을 자선 목적으로 사용해야 한다. 이러한 민간 재단에 대해 법정 전입금(mandatory payout)을 도입한 것은 이러한 세금이 면제되는 조직들이 본래의 자선 목적으로 운영되도록 보장하기 위한 것이다.

3) 기타 옹호조직

501조 (c)(3) 항목의 공공자선단체와 민간 재단이 비영리조직의 가장 흔한 형태인 반면에, 세금이 면제되는 다른 유형의 비영리조직도 있는데 이는 정책 변화에 대한 강력한 수단이다. 501조 (c)(4) 항목의 조직들은 사회복지조직으로, 501조 (c)(3) 항목의 조직들과 마찬가지로 세금이 면제되어 연방정부에 대해 어떤 소득세도 납부하지 않는다. 하지만 501조 (c)(4) 항목의 기관들에 대한 기부는 소득 공제가 되지 않고, 민간 재단으로부터 보조금을 전입받지 않는다.[2] 이러한 사회복지조직의 예로는 시에라클럽(자연환경보호단체), 인권운동(HRC) 등이 있다.

501조 (c)(4) 항목의 조직은 공공자선단체에 비해 세금 혜택을 적게 받기 때문에 관여할 수 있는 활동의 형태도 제한을 덜 받는다. 공공자선단체와 달리 501조 (c)(4) 항목의 조직들은 로비 활동을 제한 없이 할 수 있다(로비 활동은 다음 장에서 논의할 것이다). 심지어 501조 (c)(4) 항목의 조직은 활동이 사실상 조직에 부수적인 것이라면 공직의 후보자를 지지하거나 반대하는 정파적 정치 활동에 일부 참여할 수 있다. 그러한 이유로 501조 (c)(4) 항목에 해당하는 조직은 정파적 정치 활동 참여가 주목적이 될 수는 없다.[3]

기타 다른 조직으로 501조 (c)(5) 항목의 노동조합과 501조 (c)(6) 항목의 동업조합이 있는데, 이들은 501조 (c)(4) 항목의 사회복지조직과 같은 규정을 따른다. 사회복지조직과 마찬가지로 노동조합과 동업조합 또한 사실상 그 활동이 조직의 주목적이 아니라 부수적인 것이라면 정파적 정치 활동에 관여할 수 있다.[4] 501조 (c)(4), (c)(5), (c)(6) 항목에 의해 정파적 정치 활동에 관여할 수 있는 조직은 주와 연방의 선거법을 주의하여 준수해야 한다.[5]

예를 들어, 전미사회복지사협회(NASW)는 501조 (c)(6) 항목의 동업조합이고, NASW는 무제한의 로비 활동뿐만 아니라 몇 가지 부수적인 정파적 정치 활동을 할 수 있다.

마지막으로 연방정부에 등록된 정치적 위원회들과 같이 「세법」 527 조항에 의거하여 조직된 세금 면제 조직이 있는데, 이들은 보통 후보자나 정당 선거라는 단일 목적 때문에 설립된다. 527 조항은 정당, 후보 위원회, 연방정부에 등록된 정치적 위원회 등의 모든 정치적 조직에 적용이 된다. 527 조항의 조직들은 「세법」 규정의 제한을 전혀 받지 않고 정파적 정치 활동에 참여할 수 있다.

이 장의 나머지 부분에서는 거시 수준의 옹호 노력에 대해 살펴볼 것이며, 이는 다양한 옹호조직에 의해 수행된다.

7. 정당 선거 관련 활동

연방 「세법」하에서, 비영리조직의 가장 흔한 형태인 501조 (c)(3) 항목의 공공자선단체는 어떤 정당의 정치적 활동에도 참여할 수 없다. 특히 이러한 조직 및 그 구성원은 절대로 공직 후보자를 지지하거나 반대하는 어떤 활동에도 참여할 수 없다[6](이러한 조직의 직원, 자원봉사자, 이사회 구성원들은 조직의 주요 직책에서 혹은 조직을 대표하는 것이 아니라 개인 자격으로 활동하는 경우에는 특정 후보자나 정당을 지지하거나 반대할 수 있다. 달리 말하면 공공자선단체와 관계가 있거나 종사하고 있는 개인이 정파적 정치 활동에 관여하고 싶다면, 근무 시간 외나 개인적 휴가를 활용해야 한다. 조직이 이러한 문제에 대한 정책을 미리 준비하여 개인적인 정치 활동에 대해 조직의 이메일, 전화, 다른 자원을 사용하지 못하도록 금지하는 것은 좋은 관행으로 볼 수 있다).

공공자선단체는 정당이 아닌 선거 관련 활동에는 제한 없이 참여할 수 있다.[7] 이러한 활동에는 이슈 옹호, 유권자 교육 및 등록, 예상표 획득 활동, 후보자 교육 등이 있다.[8]

일반적으로 이러한 활동은 사실상 비정파적인 것으로 본다. 그러나 2004년 선거 이전에, 국세청은 501조 (c)(3) 항목의 공공자선단체에 의한 정당의 선거 관련 활동 혐의를 조사하는 정치활동준수계획(the Political Activities Compliance Initiative: PACI)이라는 새로운 프로그램을 시작했다. PACI의 조사 결과 몇몇 조직의 세금 면제 지위가 박탈되었는데, 여전히 국세청이 허용하는 비정파적 활동의 기준이 무엇인지 아는 것은 대단히 중요하다.[9] 국세청은 '사실과 상황' 검사를 사용한다. 예를 들면, 공공자선단체가 후보자 토론회를 준비하려고 할 때 국세청은 토론회 그 자체뿐만 아니라, 토론회가 일반 대중 모두에게 개방되는 것인지 특정 청중에게만 맞춰져 있는지, 초청된 후보자는 누구이고, 중재자는 누구인지, 토론회가 언제 어디서 개최되는지 등의 토론회를 둘러싼 상황까지 고려해서 조사한다. 그러므로 501조 (c)(3) 항목의 공공자선단체는 이러한 정치적 활동을 준

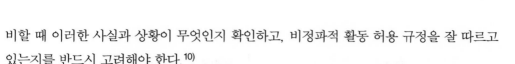

비할 때 이러한 사실과 상황이 무엇인지 확인하고, 비정파적 활동 허용 규정을 잘 따르고 있는지를 반드시 고려해야 한다.[10]

1) 이슈 옹호

이슈 옹호는 비정파적인 선거 관련 활동의 한 가지 예다. 예를 들어, 미국이주법재단은 대중이 이민 쟁점을 더 많이 알게 하도록 촉진하는 일련의 공공서비스 광고를 내놓았다. 광고 중 하나에 다음과 같은 내용이 있다.

> 이민은 미국 노동자에게 좋은 것입니다. 대부분의 미국인과 이민자는 같은 직업을 두고 경쟁하지 않기 때문입니다. 미국의 노동 인구는 점점 고령화되고 학력은 높아지는데, 기꺼이 저학력 직업을 얻으려 하고 또 실제 그렇게 하는 사람들은 소수에 불과합니다. 이주 노동자들은 미국인들이 더 고학력이 되고 고훈련을 받으려 함에 따라 발생하는 일자리의 빈틈을 채우게 되는데, 그들은 주로 시설 관리인, 식당 종업원, 건설 노동자, 농업 노동자와 같은 직업을 얻게 됩니다. 동시에 이민자는 해마다 새로운 사업을 시작하고 주거 및 식품 구입에 많은 현금을 사용하고 있는데, 이는 이민자 또한 미국인과 마찬가지로 새로운 직업 창출에 기여한다는 뜻입니다. 미국 경제는 공학 기술, 의료, 컴퓨터 공학과 같은 영역에서 고도로 숙련된 이민자가 제공하는 혁신과 창의성으로부터 헤아릴 수 없는 많은 혜택을 얻고 있습니다. 미국은 이민자의 나라이기도 하고, 국가의 법에 의해 우리는 가족과 기업, 더 나아가 미국에 유익한 이민자 체계를 만들 의무가 있습니다. 이민 개혁에 관해 좀 더 자세히 알고 싶다면 다음 사이트를 방문하세요. (http://www.ailf.org/psa/)

이러한 광고는 누구나 받아들일 수 있는 비정파적 쟁점 옹호의 한 가지 실례다.

501조 (c)(3) 항목에서 허용하고 있는 선거 관련 쟁점 옹호는 반드시 사실상 비정파적이어야 하고 조직의 목적과 관련한 쟁점에 초점을 맞춘 것이어야 한다. 쟁점 옹호는 절대로 후보자나 정당과 관련하여 조직되어서는 안 되고, 어떠한 옹호 표현이나 암호와 같은 말을 포함해서는 안 되며(예를 들면, "진보적인 후보자에게 투표하세요."), '합리적인 사람이라면 명백히 알아볼 수 있는 특정 후보자의 선거에 찬성하거나 반대하는 식으로 해석될

수 있는 내용'을 포함해서는 안 된다.[11]

의사소통이 정파적으로 비춰질 수 있는 몇 가지 요소는 다음과 같다. ① 진술에 특정 후보자를 알아보도록 하는 내용이 있는 경우 ② 진술에 후보의 입장이나 활동을 찬성하거나 반대하는 표현이 있는 경우 ③ 진술에 선거가 언급되어 있거나 우연히 선거와 일치하게 되는 경우[12] ④ 진술이 특정 선거의 유권자를 대상으로 하거나, 쟁점이 후보자를 구별하게 하는 경우다. 501조 (c)(3) 항목의 조직이 자신들의 쟁점에 관한 광고를 할 때, 어떤 입장이나 선호를 수용하거나 표명하지 않으며, 특정 후보자나 정당을 지지하거나 반대하지 않는다는 부인 내용을 포함시키는 것은 절대로 나쁜 생각이 아니다.

2) 유권자 교육

많은 공공자선단체가 활동을 활발하게 늘리고 있는 또 다른 영역이 유권자 교육이다. 특정 대의명분에 전념하는 독립체로서의 501조 (c)(3) 항목에 해당하는 조직은 흔히 대중을 교육할 자원을 가지고 있으며, 쟁점을 선거의 전면에 등장시킨다. 공공자선단체들은 후보자 질문지를 발행하고 유권자 지침을 만들어 내며 토론회나 포럼을 주최하고, 심지어 후보자를 주최한 행사장에 등장시켜서 유권자 교육에 관여할 수 있다. 쟁점 옹호와 함께 이러한 활동은 공공자선단체에게 일반적으로 용인되는 비정파적 선거 활동으로, 공공자선단체는 자신들이 운영할 수 있는 활동의 한도가 어디까지인지 지침을 명확히 인식해야 한다.

예를 들어, 매사추세츠이민자와난민옹호연합(the Massachusetts Immigrant and Refugee Advocacy Coalition: MIRA)은 유권자 교육 자료를 2만여 명이 넘는 사람들에게 제공했는데, 이민자와 권리 쟁점에 대한 주 전체 옹호 캠페인이다. 또한 501조 (c)(3) 항목의 적용을 받는 평화와정의를위한모임(United for Peace and Justice)은 최근 유권자 지침을 만들고, 자신들의 유권자참여프로젝트를 통해 관계를 맺도록 유도하였다. 유권자 지침은 이라크 전쟁과 그 경제 · 사회 · 정치적 영향에 초점을 맞추고 있다.

3) 후보자 질문지

후보자 질문지는 특정 쟁점에 관한 후보자들의 감정과 신념을 탐색하고 나타내도록 하는 또 다른 유용한 도구다. 후보자 질문지를 준비할 때 공공자선단체는 질문이 광범위한 쟁점을 다루도록 하고, 편향된 질문(질문 그 자체가 특정 대답을 유도하는 질문)이나 약속을 요구하는 질문이 있는 경우 그렇지 않도록 다시 명확하게 만들어야 한다.[13] 예를 들어, 어떤 공공자선단체가 미국에서 출생한 이민자 자녀들의 권리에 초점을 맞추는 경우에는 후보자에게 다음과 같은 질문을 하지는 않을 것이다.

> 뉴베드퍼드에서 있었던 이민자 불시단속이 아동의 강제추방에 심각한 심리적 · 외상적 영향을 주었다는 것에 동의하지 않습니까? 만약 당신이 주지사에 선출된다면, 뉴베드퍼드 지역사회에서 앞으로는 어떠한 불시단속도 하지 않을 것을 약속하겠습니까?

이러한 질문보다는 다음과 같이 질문하는 것이 더 낫다.

> 뉴베드퍼드에서 발생한 불시단속 사건 및 이러한 사건이 미국 태생의 아동 이민자에게 어떤 영향을 끼칠 것인지에 대한 당신의 입장은 무엇입니까? 당신은 우리 지역사회에서 이민자 문제를 다루는 주지사로서 어떤 정책을 개발하겠습니까?

위와 마찬가지로 단체에서는 불시단속, 의료서비스 접근권이나 시민권 등 특정한 한 가지 쟁점에만 초점을 맞추지 않도록 해야 한다. 즉, 시민권, 이민, 경제적 이슈, 의료서비스 접근권, 청소년, 교육 등의 광범위한 쟁점을 모두 포괄하여야 할 것이다.[14]

4) 후보자 토론

501조 (c)(3) 항목의 공공자선단체는 후보자 토론을 생중계하는 방법을 통해 유권자를 교육시키려고 할 수 있다. 다른 활동과 마찬가지로 다음과 같은 규칙들이 반드시 준수되어야 한다. 먼저 자선단체들은 반드시 당선 가능성이 있는 모든 후보자를 초청해야 한다(당선 가능성은 여론조사 자료나 기금 모금액 등의 객관적인 기준에 의해 결정될 수 있다). 그리고 토론에는 편파적이지 않은 진행자(예: 자선단체의 기관장은 진행자가 될 수 없음), 편견이 없는 청중이 있어야 하고, 미리 의도된 맥락이 없어야 한다.[15] 후보자 질문지와 마찬가지로 토론 질문은 광범위한 쟁점을 다루고 사실상 편향되지 않아야 한다.

편견이 없는 청중을 확보하기 위해서는 토론이 학교나 대학교와 같이 모든 사람이 편안하게 참석할 수 있는 장소에서 개최되어야 하고, 일반 대중 모두에게 행사가 공개되어야 하며, 각 후보자에게 동등한 수의 입장권을 분배해야 한다. 토론 그 자체의 절차 또한 물론 공정해야 한다. 만약 중재자가 어느 한 후보에게 2분을 초과한 답변 시간을 주었다면, 다른 후보자에게도 동일한 질문에 대해 동등한 분량의 시간을 주어야 한다.[16]

토론은 강연자를 초청하는 행사와는 다르다. 예를 들어, Al Gore가 대통령 후보이고 501조 (c)(3) 항목에 해당하는 환경단체에서 그를 연례 기부금 마련 오찬에 초청하여 지구 온난화에 관한 연설을 부탁했다고 가정해 보자. 그 단체에서는 공직 선거의 후보자가 아니라 환경 옹호 역할을 맡기기 위해 Gore를 초청한 것이기 때문에, 이러한 경우 또 다른 대통령 후보자를 오찬에 초청할 필요는 없다. 하지만 조직은 행사가 선거와 관련되지 않도록 명확히 해 둘 필요가 있으며, 초청된 후보자가 자신의 입후보와 관련한 발언을 피하도록 해야 한다. 더욱이 행사 일자를 선거 일정에 일부러 맞추거나 우연히 일치해서 오해를 사는 일이 없도록 해야 한다. 행사 일자가 선거 일정에 가까울수록 후보자는 자신의 입후보 때문에 초청된 것으로 비춰질 수 있다.

5) 입법 성과표

입법 성과표는 501조 (c)(3) 항목에서 특정 쟁점에 대해 대중을 교육하는 데 사용할 수 있도록 규정한 다른 수단이다. 입법 성과표는 과거 회기에서 입법가가 어떻게 투표했는지를 추적한 것이다. 예를 들어, 이민자와 노동 쟁점에 관해 501조 (c)(3) 항목에서는 시의회 의원이 노동자 센터의 존속, 불법 노동자를 고용한 사업주에 대한 제재, 강제적 최저임금제도, 근로자 급여 등에 관해 어떻게 투표를 해 왔는지에 초점을 맞추는 입법 성과표를 공표할 수 있다.

입법 성과표를 공표하는 공공자선단체는 선거 일정에 의도적으로 일치하도록 입법 성과표를 발표해서는 안 되고, 그보다는 입법 주기에 맞추어 입법 성과표를 발표해야 한다. 선거가 있었던 가장 첫해에는 입법 성과표를 공표해서는 안 된다. 501조 (c)(3) 항목의 입법 성과표에는 모든 입법가를 포함해야 하지만, 조직에게 중요하거나 논평이 허락되는 경우의 광범위한 쟁점에 관해서 초점을 맞추는 것은 허용될 수 있다.[17]

6) 투표 참여 및 선거인명부 등록 캠페인

2008년 선거가 진행되는 몇 달 동안, 많은 연구자가 대규모의 이민자 및 아동 이민자 인구가 곧 미국의 유권자 자격을 가지게 되고, 이러한 새로운 유권자들이 미래의 선거에 미칠 영향에 대해서 보고하였다. 2006년 6월, 귀화 자격이 있는 950만 명에 육박하는 이민자가 있었는데, 이들이 미국 시민이 되고 투표를 한다. 더욱이 미국 태생의 아동 이민자 100만 명이 2008년 선거에서 18세에 도달하게 될 것이다(Hoyt, 2006). 이러한 통계 수치는 이민자 권리 지역사회에서 새로운 투표 인구를 표적으로 하는 투표 참여 및 선거인명부 등록(GOTV) 캠페인을 낳게 하는 전례 없는 노력에 기름을 끼얹는 격이 되고 있다. 옹호조직들은 이민자에게 투표를 하고 훌륭한 지도자를 선출하도록 교육하고, 조직하고, 권한을 부여하지 않고서는 정부 수준에서의 체계적 변화가 발생할 수 없다는 것을 깨닫고 있다.

예를 들어, 라틴계 및 아랍계 미국인 지역사회에서는 2008년 선거가 그동안 잘 대변되지 못했던 자신들의 유권자에게 초점을 맞추도록 선거인명부 등록 및 투표 참여(registration and Get Out The Vote: GOTV) 캠페인을 진두지휘하고 있다. 그 캠페인은 "Ya Es Hora!(벌써 시간이 다 되었다!)"와 "Yalla Vote!(어서 투표하러 가자!)"다.[18]

501조 (c)(3) 항목의 조직은 등록되지 않은 유권자가 등록하도록 요청할 수 있고, GOTV 캠페인을 통해 여론조사에 참여하도록 할 수 있으나, 이러한 활동이 허용되는 목표가 별도로 정해져 있음을 유념해야 한다. 바로 사람들이 자신의 투표권을 행사하는 것을 촉진하는 것만 가능하다.[19] 캠페인의 메시지는 어떤 특정한 후보자나 정당을 언급해서는 안 되고, 누구에게 투표했고 등록한 정당이 무엇인지 제시해서는 안 된다.

GOTV 캠페인이나 유권자 등록 활동은 비정파적이라는 근거가 있다면 허용된다. 그래서 예를 들어 어떤 집단이 그 장소에 조직의 구성원이 많이 살고 있다는 이유로 북부 캐롤라이나의 오렌지 카운티와 같은 특정 지역을 표적으로 삼을 수는 있지만, 중요한 선거 지역이라는 이유만으로 그곳을 표적으로 삼을 수는 없다. 이와 유사하게 501조 (c)(3) 항목의 조직은 특정한 청중을 표적으로 삼을 수 있는데, 전통적으로 투표율이 낮은 지역의 유권자들을 대상으로 하는 것은 괜찮지만, 특정 후보자를 지지하는 유권자를 대상으로 하는 것은 안 된다.

7) 후보자 교육

501조 (c)(3) 항목의 공공자선단체가 참여할 수 있는 선거 관련 활동의 마지막 영역은 후보자 교육이다. 특정 주제 영역을 전문적으로 다루는 501조 (c)(3) 항목의 조직이 후보자 캠페인에서 나온 특정 쟁점에 관해 정보나 연구, 견해를 요청해서 받는 것은 상당히 흔한 일이다. 후보자에게 자료나 정보를 제공하고 싶어 하는 501조 (c)(3) 항목의 조직은 자신들의 프로그램, 목표, 쟁점, 의제에 관한 정보를 후보자에게 제공할 수 있고, 이미 수집된 정보들도 제공할 수 있다.[20] 후보자들에게 미리 정보를 제공하기를 바라는 조직은 모든 후보자에게 동등하게 정보를 제공하고, 온라인상에서 자원들을 이용 가능하도록 만들어서 모든 후보자가 쉽게 접근할 수 있도록 했는지를 반드시 확인해야 한다.

8. 로비 활동

로비 활동은 옹호기관의 강력한 전략이다. 501(c)(3) 공공자선단체는 생활보호대상자를 위해 옹호할 수 있고 옹호해야 하지만 그들이 관여할 수 있는 로비 활동의 양에는 몇 가지 한계가 있다. 이러한 한계에 대한 더 자세한 정보와 공공자선단체가 이러한 한계를 결정할 수 있는 두 개의 테스트(Insubstantial Part Test 또는 501(h) Expenditure Test)는 공시 서류 14.1과 14.2에서 찾아볼 수 있다.

Exhibit 14.1 Guidelines for 501(c)(3) Public Charities

Public Charities <u>Can</u> Lobby:
Guidelines for 501(c)(3) Public Charities

501(c)(3)s public charities (including public foundations) <u>CAN</u> lobby within the generous limits allowed by federal law. How much lobbying the organization can do depends on which of two sets of rules the organization chooses to fall under -- the "501(h) expenditure test" or the "insubstantial part test." In issuing regulations on lobbying, the Internal Revenue Service stated that, under either test, public charities "may lobby freely" so long as lobbying is within specified limits (*see* Lobbying by Public Charities). Private foundations that lobby create a taxable expenditure for their foundation. Consequently private foundations do not engage in any lobbying activity (*see* Lobbying by Private Foundations, 55 Fed. Reg. 35,579 (June 29, 1990).

<u>Remember These Key Points</u>

▶ Electing to use the 501(h) expenditure test can maximize the organization's lobbying activity.

- The organization only counts lobbying activity that it spends money on. Cost-free activities, such as volunteer time, do not count against the organization's lobbying limits because an organization does not pay its volunteers.

- 501(h) provides a clear dollar limit on the amount of money an electing 501(c)(3) can spend on lobbying. The limits vary depending on the size of the organization's budget. Small organizations that spend less than $500,000 a year can often expend as much as 20% of their budget on lobbying.

- An electing 501(c)(3) may spend up to a quarter of its overall lobbying limit on "grass roots" lobbying (urging the general public to communicate the organization's position on legislation to legislators) or up to the entire amount on "direct" lobbying (telling legislators or their staff to support or oppose legislation or urging the organization's members to do so).

- An electing 501(c)(3) can take advantage of some specific exceptions for activities that otherwise might appear to fit the definition of lobbying. Among these exceptions is a "nonpartisan analysis, study or research" or a substantive report that fully discusses the pros and cons of a legislative proposal.

- A 501(c)(3) may elect the 501(h) expenditure test to govern its lobbying activity by filing the simple Form 5768 once with the IRS.

▶ If the 501(c)(3) has not elected 501(h), it may still lobby as long as its lobbying activities do not become a "substantial" part of the 501(c)(3)'s overall activities.

▶ Working on or contributing to a ballot measure campaign is permissible lobbying activity under these rules. 501(c)(3) organizations are able to engage in a wide range of advocacy regarding these ballot measures, so long as they do not exceed their lobbying limits.

▶ If a 501(c)(3) wishes to engage in more lobbying than is permitted for 501(c)(3) organizations, consider creating an affiliated 501(c)(4) organization. A 501(c)(4) can engage in an unlimited amount of lobbying.

11 Dupont Circle, N.W., 2nd Floor
Washington, D.C. 20036
Phone: 202-822-6070
Fax: 202-822-6068

ALLIANCEFOR**JUSTICE**
www.allianceforjustice.org
advocacy@afj.org
866-NPLOBBY

519 17th Street, Suite 560
Oakland, CA 94612
Phone: 510-444-6070
Fax: 510-444-6078

공시 서류 14-2 501(h) 지출 테스트 선택

선거 관련 활동: 당신이 이 규칙들을 따른다면 당신은 그것을 할 수 있다.

다음의 사례들이 501(c)(3) 항목, 501(c)(4) 항목, 501(c)(6) 항목 중 어디에 허용될 것이라고 생각하는지 판단하기 위해 논의해 보시오.

1. Deport Arnold Not My Homies(DANMH)는 캘리포니아에 있는 비영리기관 이다. DANMH는 투표참여독려(Get Out the Vote: GOTV) 프로그램에서 사용 할 목록을 만듦으로써 유권자 등록 캠페인을 계획하기를 원하고 있다. 그 목록은 등록된 개인의 이름뿐만 아니라 등록된 정당도 기록할 것이다. DANMH는 민주당에 등록한 사람들에게 전화하고, 선거일에 투표에 참여하라고 독려하기 위해 자원봉사자와 직원을 격려하는 방법으로 GOTV 훈련을 주최하기를 희망한다.

2. 어떤 정당 사람들이 등록되었는지 기록하는 것은 501(c)(3) 항목에 허용되는 활동이 아니다. 501(c)(3) 기관은 당파 관계를 알려 주는 선거인 등록 명부를 가지면 안된다. 그들은 선거를 위한 후보자나 정당을 지지 또는 반대할 수 없고, 그들의 활동은 초당파적 활동으로 남겨져야 하기 때문이다.

   그러나 501(c)(4)s와 501(c)(5)s와 501(c)(6)s는 그것이 기관의 전반적인 활동에 사실상 부차적인 것이라면 일부 당파의 정치적 활동에 관여할 수 있기 때문에 활동에 참여할 수 있다.

3. 텍사스 주에 있는 비영리기관인 United We Stand(UWS)는 2008년 8월에 텍사스 오스틴에서 연례회의를 주최하였다. UWS의 회장 Ravi는 대통령뿐만 아니라 어떤 텍사스 하원의원과 상원의원도 2007년에 「통합적이민개혁법」을 통과시키지 못한 점에 대해 매우 속상하였다. Ravi 회장은 UWS 회의의 연설에서 그 법안을 지지하는 데 실패한 대통령과 텍사스 하원 및 상원 의원들을 비난했다. 언급한 하원의원 두 명은 11월 재선거에 출마하려고 한다. 이 연설 전까지 UWS는 앞서 언급한 입

법자 중 누구도 공식적으로 비난한 적이 없다.

501(c)(3)s 항목에 해당하는 조직은 어떠한 당파의 정치적인 활동에 관여할 수 없지만 임기 중인 입법자들을 비판할 수는 있다. 마찬가지로, 501조(c)(3) 항목에 해당하는 조직이 재선거에 출마하지 않는 대통령을 비판할 수도 있다. 여기서 중요한 이슈는 501(c)(3) 항목에 해당하는 조직이 재선거에 출마 중인 두 명의 하원의원을 비판할 수 있느냐다. UWS는 이전에는 입법자를 비판하지 않았는데, 선거 3개월 이내에 그들을 비판하는 것은 마치 UWS가 후보자를 반대하는 것처럼 보일 수 있기 때문이다. 재임자를 비판할 때 고려할 중요한 점은 501(c)(3) 항목에 해당하는 조직이 재임 중인 입법자를 이전에 비판해 왔는지 아닌지에 관한 것이고, 선거와 가까운 시점에 선거와 관련된 비판이 증가되었는지에 관한 것이다. 여기에 정답은 없다. 다만 사실과 상황 그리고 활동이 특정 정파와 관련된 활동으로 보이느냐 아니냐에 관심이 있다.

4. We Hate Immigrants(WHI)는 오클라호마 주에 있는 종교적인 비영리 교회 기관이다. WHI의 목사는 지역사회에 잘 알려져 있다. 주지사 선거 한 달 전, 그 목사는 종교계 구성원들에게 출마에 대해 설명해 주기 위해 주지사 후보자인 Jim을 초대했다. 다른 어떤 후보자도 WHI에 의해 초대되지 않았다. Jim을 소개할 때 목사는 "나는 WHI가 비영리기관임을 알고, 나는 여러분 모두에게 선거일에 어떻게 투표해야 할 것인지 말하지 않겠다. 그러나 확실한 것은 나는 Jim을 위해 투표할 것이다. 그는 우리의 메시지를 이해하고 오클라호마를 위대함으로 이끌 것이기 때문이다."라고 언급했다.

교회와 교회의 보조단체는 501(c)(3) 기관이다. 따라서 교회의 어떤 직원이나 대표가 501(c)(3) 기관에게 허용되지 않는 교회를 대신하는 활동에 참여해서는 안 된다. WHI의 목사가 그의 개인적 능력 안에서 주지사에 출마하는 Jim을 지지할 수는 있으나 그는 교회가 어떤 방법으로든 후보자를 뒷받침한다는 암시를 주는 것 같이 설교하는 동안 또는 설교단에서 아마도 그렇게 하는 것은 원하지 않을 것이다. 그러한 활동은 허용될 수 없다.

5. Bobby는 일리노이 주 상원의원으로 출마하고 있다. 그는 이민자 권리 옹호자이고 모든 이민자, 심지어 불법 체류자도 존엄과 존경으로 대우받아야 할 가치가 있다고 믿는다. 그러나 Bobby의 많은 반대자는 토론이나 공개토론회에서 이민자가 일하려는 미국인의 일을 빼앗고, 범죄율을 높이며, 세금을 내지 않는다고 주장하면서 그를 끊임없이 맹렬하게 비난한다. Bobby는 반대자와 그들의 제멋대로의 무지에 대해 좌절하면서 지역 비영리기관인 Welcome to America(WTA)를 찾는다. 2년 전, WTA는 Bobby의 반대자의 논점을 모두 다루는 이민자 이슈에 관한 몇 가지 실제적인 보고서를 발행했다. 그 보고서의 제목은 「미국인이 원하지 않는 직업: 이민 증가, 범죄율 감소 그리고 이민자와 세금: 신화 대 사실(Jobs Americans Don't Want: Immigration Up, Crime-Rates Down and Immigrants and Taxes: Myth vs. Fact)」이다. Bobby는 WTA가 다음 토론 전에 세 개의 보고서에 있는 연구를 최근 정보로 새롭게 해서 자신이 그의 반대자의 빈약한 주장을 침묵하게 하고 싸울 기회를 가질 수 있을지 질문했다. 지난 2년 동안 많은 것이 변화되었고, 만일 Bobby가 오래된 보고서를 사용한다면, 그의 반대자는 그 보고서의 타당성을 문제 삼을 것이라는 것을 안다. WTA는 보고서들을 갱신할 계획이 없었으며, 그 일을 하기 위해서는 다른 프로젝트의 직원들을 빼내야 한다. 그러나 토론은 지방 텔레비전 방송국에서 방송될 예정이고, 만일 그들이 Bobby에게 정보를 필요한 시간에 제공한다면 그들이 많은 시청자를 교육할 수 있으며, 사람들이 그들의 기관에 관심을 가질 수 있다.

501(c)(3) 기관은 그들의 구성원과 일반 대중에게 중요한 이슈들에 대해 후보자를 교육할 수 있으나 후보자를 위한 정보를 만들어 낼 수는 없다. 예를 들어, WTA는 이민자의 어려움과 이민 인구에 대해 확산되는 반대·증오와 관련해 Bobby와 다른 후보자들을 교육시킬 수 있으나, 후보자 모두가 정보를 이용할 수 있게 해야 한다(그들은 여전히 Bobby를 만날 수 있지만 정보는 웹사이트에 게시하거나 다른 후보자들 역시 쉽게 이용할 수 있어야 한다). 그리고 단순히 후보자가 요청했기 때문에 그들이 이미 만들기를 계획하지 않았던 보고서나 정보를 만들 수는 없다. 그렇게 하는 것은 결국 501(c)(3) 부분의 후보자 캠페인 직원이 되는 것이다.

ALLIANCEfor**JUSTICE**

Electing the 501(h) Expenditure Test

Most 501(c)(3) public charities will benefit from "electing" the 501(h) lobbying expenditure test. The rules that govern lobbying under 501(h) are clearer than those that apply under the "insubstantial" standard.

Step 1 – Complete Form 5768

IRS Form 5768, *Election/Revocation of Election by an Eligible Section 501(c)(3) Organization To Make Expenditures To Influence Legislation*, is the first step in electing to be governed by the 501(h) expenditure test. An organization simply supplies its name, address, and the first tax year to which it wants the election to apply. The form needs to be signed by an authorized officer, usually the president or treasurer. The election applies retroactively to the first day of the fiscal year in which the form is filed and, generally, to all subsequent years. For example, a form filed in December 2006 will bring an organization under section 501(h) from January 1, 2006 forward (assuming the organization operates under the calendar year).

Step 2 – Make a Copy

Make a copy of Form 5768 before mailing it to the IRS because the agency will NOT send a confirmation letter.

Step 3 – Track Lobbying Expenditures

Under 501(h), your organization can spend up to 20% of its first $500,000 exempt purpose budget on direct lobbying. Direct lobbying is defined as any communication, with a legislator, expressing a view about specific legislation. Organizations with budget expenditures over $500,000 should apply the following formula:

20% of the first $500,000
+ 15% of the next $500,000
+ 10% of the next $500,000
+ 5% of the remaining
= the overall lobbying limit

Grassroots lobbying is defined as any communication with the general public, expressing a view about specific legislation, with a call to action. A <u>call to action</u> refers to four different ways the organization asks the public to respond to its message: (1) asking the public to contact their legislators or staffers; (2) providing the address, phone number, website, or other contact information for the legislators; (3) providing a mechanism to contact legislators such as a tear off postcard, petition, letter, or email link to send a message directly to the legislators; or (4) listing the recipient's legislator, the names of legislators voting on a bill, or those undecided or opposed to organization's view on the legislation. An organization that has made the 501(h) election can never spend more than 25% of their overall lobbying limit on grassroots lobbying.

Therefore, a 501(c)(3), that has made the 501(h) election, with an annual budget of $500,000, would have an overall lobbying limit of $100,000 and a grassroots lobbying limit of $25,000.

All public charities, including 501(h) electing charities need to keep track of their lobbying expenditures for their 990 Form and in the event of an IRS audit.

Note: To revoke your organization's 501(h) election, follow steps 1 and 2, filling out the revocation portion of Form 5768 (question 2).

ALLIANCEfor**JUSTICE**

11 Dupont Circle, N.W., 2nd Floor
Washington, D.C. 20036
Phone: 202-822-6070
Fax: 202-822-6068

www.allianceforjustice.org
advocacy@afj.org
866-NPLOBBY

519 17th Street, Suite 560
Oakland, CA 94612
Phone: 510-444-6070
Fax: 510-444-6078

Form **5768**	**Election/Revocation of Election by an Eligible Section 501(c)(3) Organization To Make Expenditures To Influence Legislation**	
(Rev. December 2004)		
Department of the Treasury Internal Revenue Service	(Under Section 501(h) of the Internal Revenue Code)	For IRS Use Only ▶

Name of organization	Employer identification number
Number and street (or P.O. box no., if mail is not delivered to street address)	Room/suite
City, town or post office, and state	ZIP + 4

1 Election—As an eligible organization, we hereby elect to have the provisions of section 501(h) of the Code, relating to expenditures to influence legislation, apply to our tax year ending..and all subsequent tax years until revoked.
(Month, day, and year)

> **Note:** *This election must be signed and postmarked within the first taxable year to which it applies.*

2 Revocation—As an eligible organization, we hereby revoke our election to have the provisions of section 501(h) of the Code, relating to expenditures to influence legislation, apply to our tax year ending...................................
(Month, day, and year)

> **Note:** *This revocation must be signed and postmarked before the first day of the tax year to which it applies.*

Under penalties of perjury, I declare that I am authorized to make this (check applicable box) ▶ ☐ election ☐ revocation on behalf of the above named organization.

(Signature of officer or trustee)	(Type or print name and title)	(Date)

General Instructions

Section references are to the Internal Revenue Code.

Section 501(c)(3) states that an organization exempt under that section will lose its tax-exempt status and its qualification to receive deductible charitable contributions if a substantial part of its activities are carried on to influence legislation. Section 501(h), however, permits certain eligible 501(c)(3) organizations to elect to make limited expenditures to influence legislation. An organization making the election will, however, be subject to an excise tax under section 4911 if it spends more than the amounts permitted by that section. Also, the organization may lose its exempt status if its lobbying expenditures exceed the permitted amounts by more than 50% over a 4-year period. For any tax year in which an election under section 501(h) is in effect, an electing organization must report the actual and permitted amounts of its lobbying expenditures and grass roots expenditures (as defined in section 4911(c)) on its annual return required under section 6033. See Schedule A (Form 990 or Form 990-EZ). Each electing member of an affiliated group must report these amounts for both itself and the affiliated group as a whole.

To make or revoke the election, enter the ending date of the tax year to which the election or revocation applies in item 1 or 2, as applicable, and sign and date the form in the spaces provided.

Eligible Organizations.—A section 501(c)(3) organization is permitted to make the election if it is not a disqualified organization (see below) and is described in:

1. Section 170(b)(1)(A)(ii) (relating to educational institutions),

2. Section 170(b)(1)(A)(iii) (relating to hospitals and medical research organizations),

3. Section 170(b)(1)(A)(iv) (relating to organizations supporting government schools),

4. Section 170(b)(1)(A)(vi) (relating to organizations publicly supported by charitable contributions),

5. Section 509(a)(2) (relating to organizations publicly supported by admissions, sales, etc.), or

6. Section 509(a)(3) (relating to organizations supporting certain types of public charities other than those section 509(a)(3) organizations that support section 501(c)(4), (5), or (6) organizations).

Disqualified Organizations.—The following types of organizations are not permitted to make the election:

a. Section 170(b)(1)(A)(i) organizations (relating to churches),

b. An integrated auxiliary of a church or of a convention or association of churches, or

c. A member of an affiliated group of organizations if one or more members of such group is described in **a** or **b** of this paragraph.

Affiliated Organizations.—Organizations are members of an affiliated group of organizations only if **(1)** the governing instrument of one such organization requires it to be bound by the decisions of the other organization on legislative issues, or **(2)** the governing board of one such organization includes persons (i) who are specifically designated representatives of another such organization or are members of the governing board, officers, or paid executive staff members of such other organization, and (ii) who, by aggregating their votes, have sufficient voting power to cause or prevent action on legislative issues by the first such organization.

For more details, see section 4911 and section 501(h).

Note: *A private foundation (including a private operating foundation) is not an eligible organization.*

Where To File.—Mail Form 5768 to the Internal Revenue Service Center, Ogden, UT 84201-0027.

로비 활동은 연방 세금 코드 규정에 의하면 직접 로비 활동과 풀뿌리 로비 활동의 두 가지 다른 범주로 정의된다.

(연방 세금 이슈들에 추가하여, 주정부와 지방정부 수준에서 로비 활동을 할 때 당신의 지역사회에 존재하는 보고 필요에 관한 규칙과 규정을 알고 있는 것이 중요하다.[21])

1) 직접 로비 활동

직접 로비 활동은 특정한 입법에 대한 관점을 표현하는 입법자와의 의사소통이다.[22] 정의의 요소가 간단해 보이지만 직접 로비 활동이라는 용어와 그것의 구성요소는 몇 가지의 예외를 포함하고 추가적인 설명을 요구한다.

예를 들어, 의사소통은 전화하기나 대화 이상일 수 있다. 그것은 상징이나 리본, 벽돌, 심지어는 케이크와 같은 물리적인 품목을 포함한다. 몇 년 전 미국은퇴자협회(AARP)는 계류 중인 법안 중 Medicare 처방약 계획의 필요에 대해 메시지를 전달하기 위하여 535개의 케이크를 의회에 보냈다. 이때 제안된 입법에 Medicare 처방약 계획을 빠뜨린 것을 상징하기 위해 케이크마다 한 조각을 빼어 놓았다. Medicare 법안을 대표하는 케이크는 많은 방송매체의 주목을 받았고 직접 로비 활동의 효과적인 형태였다.

유사하게, 입법자는 의회의 구성원, 주정부의 입법자, 시의회 구성원, 또는 입법하는 것을 공식화하는 데 참여하는 어떤 다른 개인일 수 있다.[23] 이는 법안을 거부하거나 서명하는 주지사들이나 미국의 대통령도 포함한다.[24] 입법자는 또한 입법에 영향을 주는 능력이 있는 다른 공직자도 포함할 수 있다.[25] 입법하는 것을 공식화하는 데 참여하지 않고, 지방정부 수준에서 정책을 수립하는 사람은 입법자로 고려되지 않는다.[26] 이런 범주는 학교의 이사회 구성원이나 도시를 구획하거나 계획하는 위원회 구성원을 포함한다.[27]

이미 소개된 입법(예를 들면, 이미 이름을 가졌거나 그것에 법안 숫자가 부착된 입법)에 추가하여, 특정 입법은 또한 제안된 입법이나 아직 완전히 발전되지 못한 입법을 포함한다. 특정 입법의 경계선은 폭넓어 보이지만, 그것이 법안으로 고려되어야 하는 것처럼 보이는 많은 대상이 있고, 「세금법」 목적을 위한 입법으로 고려되지 않는 많은 대상이 있다. 예를 들면, 규정, 존재하는 법의 집행, 행정 명령 그리고 소송은 특정 입법으로 고려되지 않는다.[28]

특히 사회복지 커뮤니티와 관련하여 연방정부 수준에서 이 장의 목적을 고려해 볼 때,

규정과 관련한 기관과의 의사소통은 로비 활동이 아니다. 그러므로 그들의 규정과 관련한 미국 보건복지부, 미국 국토안보부 또는 그와 같은 다른 기관들과의 의사소통은 로비활동으로 고려되지 않는다. 따라서 예를 들어 사회보장국의 사업 집행과 관련한 입법자와의 의사소통에서 국토안보부에 의한 'No Match(일치하지 않음)' 편지는 'No Match' 편지가 기관에 의해 제기된 규칙과 관련해 요구되는 것이기 때문에 로비 활동으로 고려되지 않는다.

공공자선단체에 의해 로비 활동 지출을 다루는 세금 코드의 새로운 섹션이 제정되었던 1976년 의회에서 재확인된 것처럼, 501(c)(3) 공공자선단체는 정책 변화를 위해 로비활동을 할 수 있고 또 해야 한다. 더욱이 일부 재단은 신청서에서 제도 변화 또는 옹호를 수행하기를 원한다고 특히 설명하는 비영리기관에만 기금을 준다. 왜냐하면 로비 활동은 세금면제기관과 비영리기관에 제한된 영역의 한 가지이기 때문에 이러한 제한과 관련된 세부사항을 이해하는 것이 중요하다. 섹션 501(c)(3) 기관은 운영되는 각각의 해에 로비활동의 한계를 인식해야 하고, 보고 목적을 위해 이러한 활동 그리고/또는 지출을 추적하는 것을 확실히 해야 한다.

2) 풀뿌리 로비 활동

로비 활동의 다른 범주인 풀뿌리 로비 활동은 직접 로비 활동과 같은 요소들을 많이 공유하지만 두 가지 중요한 차이점이 있다. 풀뿌리 로비 활동은 조치의 요구(call to action)와 함께 특정 입법에 대한 관점을 표현하며[29] 일반 대중과 의사소통하는 것이다(예를 들면, 웹사이트나 광고 게시판을 통해). 조치의 요구는 세금 코드와 규정 안에서 매우 확실하게 나타난다. 조치의 요구는 네 가지의 분명한 유형이 존재하며, 비영리기관이 의사소통을 풀뿌리 로비 활동으로 포함시키기 위해서는 의사소통에서 다음의 네 가지 중 한 가지를 포함해야 한다.[30]

① 일반 대중이 입법자에게 전화하거나 연락하도록 요청하기
② 입법자의 연락 정보 목록 만들기
③ 일반 대중이 입법자와 연락할 수 있는 방법 제공하기
④ 법안에 투표할 한 사람 또는 그 이상의 입법자들을 명확히 확인하기(그 법안에 대한

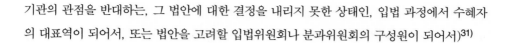

기관의 관점을 반대하는, 그 법안에 대한 결정을 내리지 못한 상태인, 입법 과정에서 수혜자의 대표역이 되어서, 또는 법안을 고려할 입법위원회나 분과위원회의 구성원이 되어서)[31]

비영리기관이 적극적이고 효과적으로 할 수 있는 또 다른 중요한 영역은 투표 방법을 통해서다. 투표 발의(ballot initiative), 헌법 개정(constitutional amendment), 계약 방법(bond measure) 그리고 국민투표(referenda)를 위해 일하는 것은 직접 로비 활동으로 고려되고 공공자선단체에 허용된다.[32] 비록 투표 방법에 대한 관점을 표현하기 위해 일반 대중과 의사소통하는 비영리기관은 풀뿌리 로비 활동처럼 보이지만, 투표 방법의 경우에 있어서 대중으로서의 개개인은 법안을 법으로 투표하는 입법자다. 따라서 투표 방법에 대한 일반 대중과의 의사소통은 직접 로비 활동으로 간주되어야 한다.[33]

3) 사립 재단과 로비 활동

앞서 언급한 것처럼 비영리기관은 그들의 유형에 의존해 로비 활동과 관련된 특별한 규칙을 따라야 한다. 비록 사립 재단을 지배하는 규칙들이 공공자선단체의 규칙들보다 더 엄격하지만 사립 재단도 다르지 않다. 사립 재단의 어떠한 로비 활동 지출도 상당한 세금의 대상이 되고, 사립 재단은 당파적 선거 관련 활동에 참여하는 것이 금지되어 있다. 사립 재단은 연구, 대중 교육, 소송 지원, 공공자선단체의 역량 강화, 또는 입법자 교육과 같은 다른 유형의 옹호 활동에 참여할 수 있고, 드물게 로비 활동에 참여하지만 공직에 출마하는 후보나 정당을 결코 공개적으로 지지하지 않는다.

대부분의 사립 재단은 로비 활동 캠페인을 스스로 수행하지는 않지만 로비 활동을 하는 기관에 기금을 주는 것은 흔히 있는 일이다. 사립 재단은 로비 활동을 위한 보조금을 배정하지 않지만, 사립 재단이 로비 활동에 보조금을 줄 수 있는 일반 지원 보조금과 특별 프로젝트 보조금이라는 두 가지 '안전한 피난처(safe harbor)'가 있다(안전한 피난처란 여기에서는 재단이 과세되는 지출에 직면하지 않고 로비 활동에 참여하는 비영리기관에 보조금을 줄 수 있는 사례를 의미한다).

일반 지원 보조금은 501(c)(3) 공공자선단체의 프로그램과 운영의 일반적 지원을 위해 일괄로 지불하는 보조금이다. 이 일반 지원 보조금은 어떤 목적을 위해서 피수여자에 의해 사용될 수 있다. 특별 프로젝트 보조금은 사립 재단이 501(c)(3) 공공자선단체의 로비 활동에 기금을 줄 수 있는 또 다른 방법이다. 사립 재단은 프로젝트를 위한 피수여자의 예산을 검토할 것이고, 그 후 그 예산의 비(非)로비 활동 부분에 기금을 줄 수 있다.[34]

9. 결 론

이 장에서는 이민자의 권리에 영향을 미치는, 오래 지속되고 체계적인 정책 변화를 위한 옹호 활동 도구에 대해 살펴보았다. 개인, 집단 또는 희망적으로 옹호기관을 통하여 활동하든지 간에 사회복지사는 그들이 서비스를 제공하는 클라이언트와 커뮤니티를 위해서 깨어 있어야 한다. 미국 역사에서 이 시기는 잘 드러나지 않는(underrepresented) 사람들의 목소리가 요구된 또 다른 정의된 기간으로 영원히 기억될 것이다. 사회복지사는 이러한 이민자 권리 운동에 수동적인 참가자가 되면 안 되고, 오히려 변화를 위해 일하는 능동적인 옹호자가 되어야 한다. 이 장을 집필하고 옹호 전략을 가르치는 것의 희망과 도전은 사회복지사가 미시적 옹호 노력을 넘어 거시적인 수준에서 공공 정책에 영향을 주는 방향으로 나아가는 것이다. 그렇게 함으로써 사회복지사는 단지 개별 클라이언트뿐만 아니라 다가오는 미래 세대의 많은 이민자 커뮤니티의 삶에도 영향을 미칠 수 있다. 사회복지사는 정책 변화를 위해 옹호할 수 있고 또 해야만 한다.

10. 사례 연구

1) 로비 활동 또는 옹호

다음 시나리오에 대해 논의하시오. 그들은 501(c)(3), 501(c)(4), 501(c)(6) 어디에 허용되는가?

- Deport Arnold Not Immigrants(DANI)는 캘리포니아에 있는 비영리기관이다. DANI는 투표참여독려(Get Out the Vote: GOTV) 프로그램에서 사용할 목록을 만듦

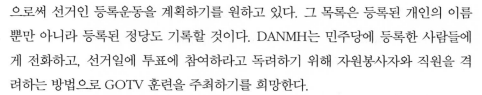

으로써 선거인 등록운동을 계획하기를 원하고 있다. 그 목록은 등록된 개인의 이름뿐만 아니라 등록된 정당도 기록할 것이다. DANMH는 민주당에 등록한 사람들에게 전화하고, 선거일에 투표에 참여하라고 독려하기 위해 자원봉사자와 직원을 격려하는 방법으로 GOTV 훈련을 주최하기를 희망한다.

■ 텍사스 주에 있는 비영리기관인 United We Stand(UWS)는 2008년 8월에 텍사스 오스틴에서 연례회의를 주최하였다. UWS의 회장 Ravi는 2007년에 「통합적이민개혁법」을 통과시키지 못한 점에 대해 매우 속상해하였다. Ravi 회장은 UWS 회의의 연설에서 그 법안을 지지하는 데 실패한 대통령과 텍사스 하원 및 상원 의원들을 비난했다. 언급한 하원의원 두 명은 11월 재선거에 출마하려고 한다. 이 연설 전까지 UWS는 앞서 언급한 입법자 중 누구도 공식적으로 비난한 적이 없다.

■ We Hate Immigrants(WHI)는 오클라호마 주에 있는 종교적인 비영리 교회 기관이다. WHI의 목사는 지역사회에 잘 알려져 있다. 주지사 선거 한 달 전, 그 목사는 종교계 구성원들에게 출마에 대해 설명해 주기 위해 주지사 후보자인 Jim을 초대했다. 다른 어떤 후보자도 WHI에 의해 초대되지 않았다. Jim을 소개할 때 목사는 "나는 WHI가 비영리기관임을 알고, 나는 여러분 모두에게 선거일에 어떻게 투표해야 할 것인지 말하지 않겠다. 그러나 확실한 것은 나는 Jim을 위해 투표할 것이다. 그는 우리의 메시지를 이해하고 오클라호마를 위대함으로 이끌 것이기 때문이다."라고 언급했다.

■ Bobby는 일리노이 주 상원의원으로 출마하고 있다. 그는 이민자 권리 옹호자이고 모든 이민자, 심지어 불법 체류자도 존엄과 존경으로 대우받아야 할 가치가 있다고 믿는다. 그러나 Bobby의 많은 반대자는 토론이나 공개토론회에서 이민자가 일하려는 미국인의 일을 빼앗고, 범죄율을 높이며, 세금을 내지 않는다고 주장하면서 그를 끊임없이 맹렬하게 비난한다. Bobby는 지역 비영리기관인 Welcome to America(WTA)를 찾아갔다. 2년 전, WTA는 이민자 이슈에 관한 몇 가지 실제적인 보고서를 발행했는데 그 보고서의 제목은 「미국인이 원하지 않는 직업: 이민 증가, 범죄율 감소 그리고 이민자와 세금: 신화 대 사실(Jobs Americans Don't Want: Immigration Up, Crime-Rates Down and Immigrants and Taxes: Myth vs. Fact)」이다. Bobby는 WTA가 보고서에 있는 연구를 최근 정보로 새롭게 할 수 있는지, 그래서 다가오는 토론에서 사용할 수 있는지 질문했다. WTA는 보고서들을 갱신할 계획이

없었으며, 그 일을 하기 위해서는 다른 프로젝트의 직원들을 빼내야 한다. 그러나 토론은 지방 텔레비전 방송국에서 방송될 예정이고, 많은 시청자를 교육할 수 있으며, 사람들이 그들의 기관에 관심을 가지게 할 수 있다.

2) 이민자 옹호 실제 시나리오: 당신의 게임 계획은 무엇인가

아래의 각 상황에 대응하기 위한 옹호 계획을 어떻게 발전시킬 것인지 논의하시오. 당신은 누구와 연합해 일하고 있는가? 당신은 행정적 · 입법적 또는 사법적 변화 방법 중 무엇을 선택할 것인가? 시기의 문제, 방송 매체와 지역의 정치적 분위기를 생각하시오. 당신이 501(c)(3) 기관의 옹호자라면 당신의 분석은 변할 것인가? 501(c)(6) 이라면? 학생으로서 당신은 무엇을 할 수 있는가? 사회복지 전문가라면? 지역사회의 일반적인 구성원이라면?

■ 당신은 최근에 당신의 마을에 지방 이민세관단속국(Local Immigration and Customs Enforcement: ICE) 사무소를 개장한다는 프로포절이 있음을 알게 되었다. 경찰서장은 그 프로포절에 호의적이지 않음을 명백히 했다. 시장은 미결정 상태이고, 지역사회도 의견이 갈렸다. 당신에게는 시의회가 프로포절에 투표하기까지 2주일간의 시간이 있다. 그 프로포절이 통과하는 것을 막기 위해 당신은 어떤 옹호 전략을 발전시킬 것인가?

■ 이민 개혁 법안이 연방정부 수준에서 통과되는 것에 실패하였다. 모든 주는 이민자 이슈에 관해 그들 자신의 지방과 주 전체 법령 그리고 정책을 제정하고 있다. 당신의 주 입법부는 고용주가 적절한 신분 증명이나 시민권이 없는 직원을 신고하는 것이 요구되고, 그렇지 않으면 사업면허증을 잃는 상황에 직면한다는 법을 방금 제정하였다. 그 법은 당신의 주에서 이민자 커뮤니티에 반대하는 몇 가지의 가혹한 정책 중 단지 한 가지다. 이민자 집단은 극심한 공포에 빠지고, 이민자 옹호기관은 행동을 위한 전략을 개발할 필요가 있다. 내년은 새로운 주 입법자들을 뽑기 위해 투표할 가능성이 있는 선거의 해다. ACLU, MALDEF 그리고 다른 관련 기관과 같은 국가의 법적 서비스 기관들은 그들의 구성원들과 영향을 받는 유권자를 위하여 시민권 소송을 준비하기를 원하는 지방의 비영리기관들에게 무상지원을 제공하는 것을

제안하였다. 많은 지방 이민자 커뮤니티는 새로운 정책들을 심지어 이해하지도 못하며 그들의 권리를 이해하기 위한 도움이 필요하다. 이러한 이슈들을 다루기 위해 당신은 어떤 옹호 전략이나 전략들을 조직화할 것인가? 당신은 처음에 당신의 에너지를 어디에 초점을 둘 것인가?

11. 이민자 옹호 성공 이야기

다음은 비영리기관의 성공적인 옹호 활동에 대한 실제 이야기다.

1) 테네시이민자및난민권리연합(Tennessee Immigrant and Refugee Rights Coalition)

테네시이민자및난민권리연합(http://www.tnimmigrant.org/)은 주 전체의 이민자와 난민 주도 연합이다. 그 임무는 통합된 목소리를 만들어 가고, 그들의 권리를 변호하며, 그들이 주에 긍정적 기여자로 보이도록 분위기를 형성하기 위해 테네시 전체의 이민자들과 난민들의 역량을 강화하는 것이다. 그 연합이 성취한 것은 다음을 포함한다.

- 이민자가 운전면허증을 따는 것을 증진시키는 법안의 통과를 도왔다. 그 결과 수천 명의 이민자 운전자가 도로 규칙을 배우고 자동차 보험을 획득했다. 그들은 또한 테네시 운전면허증 시험을 추가된 언어들로 번역하는 것을 테네시 안전국으로부터 약속받는 등 훌륭한 이민자 주도 캠페인을 조직화하는 것을 도왔다(2004).
- 공개적으로 일을 간청하는 것을 불법화할 수 있는 내슈빌 시의회에서 제안한 법령을 성공적으로 무효화하기 위해 이민자 일용노동자의 역량을 강화시켰다. 이 법령은 언론의 자유를 억압할 수 있었고 내슈빌 비영리기관이 지역사회에서 일하기 위해 필요한 기금을 모금하는 것을 방지할 수 있었다(2005).
- 내슈빌 시의회의 법안 '영어사용만(English-only)'과 '불법임대(illegal renter)'의 무효화를 도왔다. 이 법안은 내슈빌 지역사회를 분열시킬 수 있었고, 내슈빌 이민자들과 난민들이 새로운 사회에 통합되는 데 더 어려움을 줄 수 있었다(2006~2007).

2) 전국 La Raza 위원회(The National Council of La Raza)

라틴계 시민권 및 옹호 기관인 전국 La Raza 위원회(http://www.nclr.org)는 다음과 같은 것을 성취했다.

- 대가를 치르다: 「미국 어린이에 대한 이민 단속의 영향(Paying the Price: The Impact of Immigration Raids on America's Children)」이라는 제목으로 도시연구소(Urban Institute)와 함께 보고서를 발행했다. 그 보고서는 어린이의 심리적 · 교육적 · 경제적 그리고 사회적 안녕에 대한 이민 단속의 결과를 상술했다.
- 전미라틴계선거및임명공직자연합회(NALEO), 서비스고용인국제노동조합(SEIU), 그리고 Univision for Ya Es Hora ¡ Ciudadanía! 와 공조해 미국 시민권을 신청할 자격이 있는 미국에 살고 있는 800만 명 이상의 영주권자에게 정보를 주고, 교육하고, 동기를 부여하기 위한 전국적인 캠페인을 주도하였다. 더 자세한 정보를 보기 위해서는 www.yaeshora.info를 방문하시오.

3) 아랍계미국인커뮤니티를위한전국네트워크

아랍계미국인커뮤니티를위한전국네트워크(http://www.nnaac.org)는 시민의 권리와 시민의 자유, 이민 정책, 휴먼서비스를 위한 기금과 지원의 증진 그리고 시민 참여를 위한 옹호 활동을 한다. 그 기관은 주민에게 헌신적인 옹호 활동의 원칙 목록을 발전시켜 왔다.

- 우리의 이민 제도를 고쳐라: 우리는 적체된 신청(backlog)을 다루고, 가족 재결합을 증진하고, 정당한 법적 절차(due process)를 보호하고, 시민권을 위한 방법을 제공하고, 이 나라를 위한 이민자들의 공헌을 인정하기 위해 이민개혁이 필요하다.
- 이민자 가족을 학대로부터 보호하라: 우리는 모든 이민자의 기본 권리를 보호하고 회복하려는 시도를 지지하며, 증오 범죄의 쇄도 및 시민의 자유와 권리의 지속적인 침해를 다루는 것을 지지한다.
- 이민자를 위한 휴먼서비스의 접근성을 증가시켜라: 우리는 휴먼서비스 프로그램이

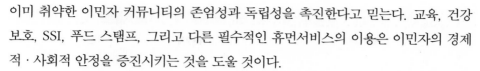

이미 취약한 이민자 커뮤니티의 존엄성과 독립성을 촉진한다고 믿는다. 교육, 건강보호, SSI, 푸드 스탬프, 그리고 다른 필수적인 휴먼서비스의 이용은 이민자의 경제적 · 사회적 안정을 증진시키는 것을 도울 것이다.

■ 이민자의 미국 시민권을 위한 새로운 프로그램을 제공하라: 우리는 신규 이민자에게 질 높은 영어 교육을 제공하고, 시민권을 갖추도록 촉진하고 준비시키며, 미국에서 삶의 질을 증진시키는 기회를 제공함으로써 전체적인 통합을 위해 노력하는 귀화 프로그램을 원한다.

4) 메릴랜드의 CASA

메릴랜드의 CASA(http://www.casademaryland.org)는 저소득 커뮤니티 구성원들을 조직화된 캠페인에 참여하게 하는 지역사회조직과정치활동(Community Organizing and Political Action: COPA) 부서를 두고 있다. 이러한 캠페인들은 저소득 라틴계와 이민자 커뮤니티의 리더십 개발을 격려하며, 사회 변화에 영향을 주고 역량을 증진하기 위해 노력한다. COPA는 방임된 임대 주택의 수리와 안전의 증진, 성인 교육을 위한 기금의 증진, 공공 서비스 외 이민 개혁의 이용 증진과 같은 지역사회 개선을 옹호하기 위한 여성, 노동자 그리고 세입자 위원회를 개발하였다. 지역사회 구성원은 위원회 내에서 리더십 구조를 선출하고, 언론과 대화하는 법, 선출된 공직자와 대화하는 법 그리고 다른 사람을 집단행동에 관여하게 하는 법에 대한 중요한 옹호 활동 훈련을 받는다. CASA는 또한 제도상의 변화를 지원하는 강한 연합을 형성하기 위해서 전미자본가이민자연합회(National Capital Immigrant Coalition)와 다민족으로 구성된 직원을 두고, 믿음에 바탕을 둔 사업을 하는 메릴랜드인의 친구들(Friends of New Marylanders)이라는 조직들과 공조해 일한다.

💬 NOTES

1) 이민자들을 대상으로 통과된 주 제정법의 목록은 also http://207.5.76.88/pub-lic/2718.cfm을 보라.

2) 501조 (c)(3) 항목 외 조직에 대한 민간 재단의 기금은 반드시 '지출 책임(ezpenditure responsibility)'에 따라 행사되어어야 하고, 이는 종종 행정적으로 부담이 되는 절차를 발생시킨다. 이러한 이유 때문에 많은 민간 재단이 501조 (c)(3) 항목 외 조직에 대해 기금을 주지 않는다. 미국 연방 규정 제26조 53.4945-5 조항의 (a)(6)(ⅱ)(b) 부분, 미국 연방 규정 제26조 53.4945-5 조항의 (b) 부분.

3) 501조 (c)(3) 항목의 조직 및 501조 (c) 항목의 타 유형의 조직에 대한 더 많은 정보는 Schadler의 'The Connection: Stagies for Creating and Operating Affiliated 501(c)(3)s, (c)(4)s and Political Organizations'와 아래 제시된 참고문헌을 보라.

4) 미국 연방 규정 제26조 1.501 조항의 (c)(4)-1(a)(2)(ⅱ) 부분; 미국 내국세입청 통고 81-95 조항, 2004~6 조항.

5) 위 조항.

6) 미국 연방 규정 제26조 501 조항의 (c)(3) 부분; 미국 연방 규정 제26조 1.501 조항의 (c)(3)-1(c)(3)(ⅲ) 부분.

7) 미국 연방 규정 제26조 1.501 조항의 (c)(3)-1(c)(3)(ⅲ) 부분.

8) 위 조항.

9) 미국 내국세입청 통고 2007-41 조항; 미국 내국세입청 통고 78-248 조항.

10) 미국 연방 규정 제26조 501 조항의 (c)(3) 부분; 미국 연방 규정 제26조 1.501 조항의 (c)(3)-1(c)(3)(ⅲ) 부분에는 다음과 같이 언급되어 있음. 501 조항의 (c)(3) 조직은 "공직을 위해 출마한 특정 후보에게 찬성거나(혹은 반대하는) 어떤 정치적 캠페인에 참여하거나 개입(성명을 발표하거나 퍼뜨리는 것을 포함해서)해서는" 안 된다.

11) 기술 조언 각서 91-17-001(1990년 9월 5일); 기술 조언 각서 1999-07-021(1998년 5월 20일); 미국 연방 규정 제11조 100.22 조항의 (a) 부분, (b) 부분.

12) 같은 책.

13) 미국 내국세입청 통고 2007-41 조항; 미국 내국세입청 통고 78-248 조항.

14) 위 조항.

15) 미국 내국세입청 통고 2007-41 조항; 미국 내국세입청 통고 86-95 조항; 기술 조언 각서 96-35-003(1996년 4얼 19d일).

16) 위 조항.

17) 미국 내국세입청 통고 80-282 조항.

18) 'Ya Es Hora' GOTV 캠페인에 대한 더 많은 정보를 원한다면 http://www.nclr.org/content/programs/detail/47117/를 보라. 그리고 Yalla Vote 캠페인은 http://aai.3cdn.net/a6fc9f590130f95f6b_xzm6bnarv.pdf를 보라.

19) 미국 내국세입청 통고 2007-41 조항.

20) 비영리에 의한 선거 관련 활동에 대하여 더 많은 정보를 원한다면 Colvin & Finley의 「Rules of the Game: An Election-year Legal Guide for Nonprofit Organizations」와 이 장의 끝에 있는 아래의 추가자료를 보라.

21) 워싱턴 D. C.에 근거를 두고 있는 비영리 옹호 조직인 '정의를 위한 동맹(Alliance for Justice)'은 주의 지원뿐 아니라 연방 규정이 있는데, 웹사이트를 통해서 이용 가능하며, 이를 통해 각 개인은 모든 주에 대한 로비 및 캠페인 재원, 찬반 투표, 유권자 등록 규정을 확인할 수 있다. 더 많은 정보는 www.afj.org를 보라.

22) 26 C.F.R. §56.4911-2(c)(1).

23) 26 C.F.R. §56.4911-2(b)(1)(ⅰ)(A).

24) 26 C.F.R. §56.4911-2(b)(1)(ⅰ)(B).

25) 위 조항.

26) 26 C.F.R. §56.4911-2(d)(4).

27) 위 조항.

28) 26 C.F.R. §56.4911-2(d)(1).

29) 26 C.F.R. §56.4911-2(b)(2).

30) 26 C.F.R. §56.4911-2(b)(2)(iii).

31) 위 조항.

32) 26 C.F.R. §56.4911-2(b)(1)(iii).

33) 위 조항.

34) 26 C.F.R. §53.4945-2(a)(6)(ⅱ).

추가자료

웹사이트

American Civil Liberties Union (ACLU): www.aclu.org

American Friends Service Committee, immigrant's right page: http://afsc.org/immigrants-rights/default.htm

Delete the Border, an online community of movements against borders: http://

deletetheborder.org/node/1473

The Florence Project, a nonprofit legal service organization that provides free legal services to men, women, and children detained by the Immigration and Customs Enforcement (ICE): www.firrp.org

National Council of La Raza (NCLR): www.nclr.org

U.S. Committee for Refugees and Immigrants: www.refugees.org

읽을거리

Alliance for Justice. (n.d.). *Keeping track: Recordkeeping for 501(c)(3) public charities*. Washington, DC: Author.

Alliance for Justice. (2000). *Worry-free lobbying for nonprofits: Electing the 501(h) expenditure test*. Washington, DC: Author. (Available in Spanish [disponible en Español]).

Alliance for Justice. (2004). *Investing in change: A funder's guide to supporting advocacy*. Washington, DC: Author.

Alliance for Justice. (2005). *Build your advocacy grantmaking: An advocacy evaluation and capacity assessment tool*. Washington, DC: Alliance for Justice.

American Civil Liberties Union. (2000, September 8). *The rights of immigrants*. New York: Author. Available at http://www.aclu.org/immigrants/gen/11713 pub20000908.html

American Immigration Law Foundation. (2007, March), *Resource lists: Employer sanctions and "know your rights."* Washington, DC: Author. Available at http://www.ailf.org/lac/sanctions.shtml

American Immigration Lawyers Association. (2007). *Being an advocate: Step-by-Step Guide to practicing grassroots advocacy*. Washington, DC: Author. Available at http://www.aila.org/content/default.aspx?docid=19886

Capps, R., Castenada, R. M., Chaudry, A., & Stantos, R. (2007, October 31). *Paying the price: The impact of immigration raids on America's children*. Washington, DC: National Council de La Raza and Urban Institute. Available at http://www.urban.org/url.cfm?ID=411566

Capps, R., Fix, M., Passel, J., Ost, J., & Perez-Lopez, D. (2003, October 27). *A profile of the low-wage immigrant workforce*. Washington, DC: Urban Insititute. Available at http://www.urban.org/url.cfm?ID=310880

Coalition for Comprehensive Immigration Reform. (n.d.). *Justice for immigrants:*

Learn the issues. Washington, DC: Author. Available at http://www.cirnow. org/file/805.pdf

Coalition for Comprehensive Immigration Reform. (n.d.). *Know your rights: Can an employer fire an employee because the employee participated in an immigration rally?* Washington, DC: Author. Available at http://www.cirnow.org/file/456. pdf

Colvin, G. L., & Finley, L. (1996). *The rules of the game: An election year legal guide for nonprofit organizations*. Washington, DC: Alliance for Justice.

Esbenshade, J. (2007, Summer). *Division and dislocation: Regulating immigration through local housing ordinances*. Washington, DC: American Immigration Law Foundation. Available at http://www.aclu.org/immigrants/gen/ 11713pub20000908.html

Fair Immigration Reform Movement. (n.d.). *Fighting for immigrant justice at the local level: A guide to fighting anti-immigrant ordinances*. Center for Community Change. Washington, DC: Author. Available at http://www.fairimmigration.org/toolkit/

Federal Election Commission guidance at http://www.fec.gov/info/publications. html

Harmon, G., Ladd, J., & Evans, E. (1995). *Being a player: A guide to the IRS lobbying regulations for advocacy charities*. Washington, DC: Alliance for Justice.

Internal Revenue Service. (n.d.). *IRS revenue ruling 2004-6*. Author. Available at http://www.irs.gov/irb/2004-04_IRB/ar10html

Internal Revenue Service. (1997). *Lobbying issues*. Washington, DC: Author. Available at http://www.irs.gov/pub/irs-tege/topic-p.pdf

Internal Revenue Service. (2002). *Election year issues*. Washington, DC: Author. Available at http://www.irs.gov/pub/irstege/topic102.pdf

Internal Revenue Service. (2003). *Political campaign and lobbying activities of IRC 501(c)(4), (c)(5) and (c)(6) Organizations*. Washington, DC: Author. Available at http://www.irs.gov/pub/irstege/eotopic103.pdf

National Association of Social Workers. *Immigration Policy Toolkit*. Includes policy statements, fack sheets, and other advocacy materials. Available at http:// www.socialworkers.org/diversity/ImmigrationToolkit.pdf

National Council of La Raza. (2007). *Legislative advocacy for community-based organizations: An NCLR toolkit*. Washington, DC: Author. Available at http://www.

nclr.org/content/publications/detail/49474/

National Immigration Forum. (2005). *Immigration basics 2005*. Washington, DC: Author. Available at http://www.immigrationforum.org/documents/Publications/ImmigrationBasics2005.pdf

Rumbaut, R. G., & Ewing, W. A. (2007, Spring). *The myth of immigrant criminality and the paradox of assimilation: Incarceration rates among native and foreign-born men*. Chicago: Immigration Policy Center. Available at http://www.ailf.org/ipc/special_report/sr_022107.pdf

Schadler, H. (2006). *The connections: Strategies for creating and operating affiliated 501(c)(3)s, 501(c)(4)s, and political organizations*. Washington, DC: Alliance for Justice.

📖 참고문헌

Gillam, C. (2007, November 1). U. S. states turning up the heat on illegal immigrants. *Reuters*. Available at http://www.reuters.com/article/domesticNews/idUSN0118499720071101?feedType=RS

Grant, H. M., & Crutchfield, L. (2007, October). *Forced for good: The six practices of high impact nonprofits*. San Francisco: Jossey-Bass.

Hoyt, J., & Tsao, F. (2006, June 29). *Today we march, tomorrow we vote: The untapped power of immigrant voters*. Chicago, IL: Illinois Coalition for Immigrant and Refugee Rights. Available at http://www.icirr.org/index_files/tomorrowwevote.pdf

Matos, K. (2007, August 8). *Local immigration ordinances: The result of federal inaction on comprehensive reform*. Speech to the Center for American Progress, New Haven, CT.

McKinley, J. (2007, November 14). ID cards for residents pass vote in California. *New York Times*. Available at http://www.nytimes.com/2007/11/15/us/15frisco.html

Medina, J. (2007, June 8). Arrests of 31 in U.S. sweep bring fear in New Haven. *New York Times*. Available at http://www.nytimes.com/2007/06/08/nyregion/08haven.html

Powell, M., & Garcia, M. (2006, August 22). Pa. city puts illegal immigrants on notice. "They must leave," mayor of Hazleton says after signing tough new law. *Washington Post*, A03. Available at http://www.washingtonpost.com/wpdyn/content/article/2006/08/21/AR2006082101484html

Schultz, J. (2003). *The democracy owners' manual: A practical guide to changing the world*. New Brunswick, NJ: Rutgers University Press.

에필로그

Elaine Congress and Fernando Chang-Muy

이 책은 에필로그와 함께 마무리하지만 미국 이민의 이야기는 계속될 것이다. 이 책의 편집을 마무리하면서, 우리는 법의 변화가 이민자와 난민에게 계속 영향을 미치게 될 것을 알고 있다. 이것은 일반적인 미국 법 체계의 일부이며 특히 「이민법」에 해당한다. 사실 「이민과국적법」은 1952년에 처음 제정되었고 의회는 이를 계속 수정해 왔다. 이는 특히 선거가 있는 해에는 더욱 그랬다. 2008년 11월 이후 「이민법」은 여전히 더 수정되어 왔고 이는 우리 클라이언트들에게 영향을 미쳤다. 지속적으로 변동하는 법적 환경으로 인해 사회복지사는 이민자들에게 파급 효과가 있는 정책 및 법에 대한 최신 정보를 갖춰야만 한다. 이는 이민자 옹호 웹사이트(이 책의 각 장에 제시한 추가자로 부분에 포함되어 있음)뿐 아니라 신문과 TV 매체들에 주의를 기울여 얻을 수 있다.

공동 편저자 중 Elaine Congress는 이민자 이슈와 그에 대한 옹호를 집중적으로 다룰 수 있는 전미사회복지사협회의 다양성계획위원장(Presidential Diversity Initiative)을 역임하였다. 여기서 제시하는 활용 가능한 자료들은 전미사회복지사협회 웹사이트(www.naswdc.org)에서 이용할 수 있다. 이들은 이민에 대한 최근 정보를 지속적으로 제공해 줄 것이다.

이제 우리는 미국 이민에 영향을 미치며 또한 앞으로 미치게 될 이슈들에 대해 생각해 보고자 한다.

세계화

교통, 의사소통, 정보 기술의 발전은 세계화를 선도해 왔다. 그 결과 이민이 증가하고 사람들은 이 나라에서 저 나라로(주로 가난한 나라에서 좀 더 부유한 나라로) 이동하고 있다. 미국은 앞으로도 전 세계 빈곤국으로부터 가난한 이민자들을 받게 될 것이다.

멕시코나 중앙아메리카와 남아메리카로부터 오는 이민자들—특히 불법 이민자들—이 육로로 국경을 넘는 것이 어려워지면서 비행기를 통한 이용이 증가하였는데(물론 비행도 어렵기는 마찬가지다. 항공사가 여권과 비자가 유효한지를 확인하고, 그렇지 않을 경우에는 허가가 나지 않기 때문이다), 이로 인하여 이민이 신속하고 비교적 덜 힘들어졌으며 가족에게 응급상황이나 축하해야 할 일이 있을 시에는 더 자주 집에 돌아갈 수 있게 되었다. 이러한 흐름은 국가 간 이동도 증가시키고 있다. 두 국가에 적을 두고 자주 왕래하면서 살고 있는 양쪽 문화의 이민자도 많아지고 있다.

어떤 이민자들은 자주 왔다 갔다 여행을 할 수 있지만, 또 다른 이들은 정치적이거나 종교적인 난민 또는 불법 이주자로서 한 쪽으로 이주한 사람들이다. 그런데 이들이 '고향에 다시 갈 수 없다' 해도 고국에 남아 있는 사람들과 재정적인 관계는 계속 유지할 수 있는 경우가 종종 있다는 사실은 흥미롭다. 금요일 오후에 사람들로 분비는 통신(전보) 사무소에 들르는 이유가 오로지 두고 온 가족에게 돈이 잘 전달되었는지를 확인하기 위해서인 경우도 있다. 이런 개인적 송금은 비공식적이고 개인적인 차원에서 원조하는 것이지만, 거대하고 지속적인 기금이나 대출을 통해 돕지 못하는 개발도상국과의 괴리를 메우는 것이기도 하다.

기후 변화

기후 변화의 결과는 최근 미디어의 주요 주제로 다뤄지는 암울한 이슈다. 부유한 국가들이 뿜어 대는 많은 가스는 기후 변화를 통해 가난한 국가들에 결정적인 영향을 미친다. 농업에 의존해 오던 사람들은 가뭄과 홍수로 더 이상 작물을 기를 수 없게 되었다. 생계 수단을 상실하게 된 사람들은 이민길에 오르고 있다.

UN, 여러 국가의 정부, 비정부기구(NGO) 공동체는 빈곤국 국민들이 파국적 가난 때문에 고국을 떠나지 않도록 수많은 지역사회 및 사회 개발 프로젝트를 해 왔다. 그러나 지역사회 개선 프로젝트 중에는 댐 건설이나 숲 개발과 같이 역설적으로 전 세계의 많은 빈민으로부터 최소한의 생계를 빼앗아 이들이 살아남기 위하여 고국을 떠나 미국이나 다른 선진국으로 이민 가게 하는 정반대의 결과를 가져온 것들도 있다.

이민자 중에서도 원주민들은 가장 취약한 경우가 많다. 원주민들은 전 세계적으로 70개국에 살고 있는데 이곳들은 가장 멀고 접근이 어려운 지역들이다. 기후 변화와 지역 개발 프로젝트는 이들이 살던 곳이 아닌 곳으로 가도록 하고 있다. 이민 자체가 모든 이주자에게 스트레스를 주는 것이긴 하지만 원주민들은 대지와 특별한 관계를 맺고 살아왔기 때문에 새로 거주지를 찾는 것이 특히 고통스럽다. 미국에서는 멕시코, 중미, 남미에서 온 원주민들을 많이 보게 되었다. 원주민들은 그들의 존재를 규정하던 땅으로부터 분리되었을 뿐 아니라 그 나라 말도 못하고 미국의 대도시와는 사뭇 다른 시골에서 오게 되기 때문에 여러 가지 도전을 경험하고는 한다. 이런 현상은 사회서비스기관에 적용되어야 하며, 따라서 이중 언어, 이중 문화의 사회복지사와 안내 자료를 통해 서비스의 접근성을 확보해야 한다.

기술

기술은 전 세계 사람들이 소통하는 방식을 혁신적으로 바꿔 놓고 있다. 시골의 외딴 지역에 사는 사람조차 이제는 인터넷을 통해 연결된다. 소통의 증진이 이주에 어떻게 영향을 미치고 있는가? 우선, 예전에는 고립되어 자기가 사는 마을 외의 도시나 국가에 대해 잘 몰랐던 사람들이 이제는 기술의 발전에 의해 전 세계 다른 지역에서 사는 삶의 가능성을 쉽게 알 수 있게 되면서 이민이 증가하고 있다.

둘째, 이메일 대화를 통해 이민자들은 고향에 있는 친지 및 친구들과 계속적인 접촉을 할 수 있다. 개발도상국에서 편지나 제한적인 우편을 통해 의사소통이 이뤄지던 때에는 한번 떠나면 두고 온 가족과 영원히 헤어지게 되는 경우도 종종 있었다. 그러나 매일, 즉각적으로 의사소통이 일어나는 지금은 가족들이 바다와 대륙을 건너 친밀한 유대를 유지할 수 있다. 보통 모든 가족이 다 함께 이민하지 않는다는 사실에 비춰 볼 때 이것은 매우 중요하다. 남자나 여자 한쪽이 또는 이들이 같이 미국에 먼저 와서 일을 하면서 두고 온 자녀를 재정적으로 지원하는 일은 흔히 있다. 비록 자녀들은 헤어짐과 상실의 문제로 힘들겠지만 그래도 자주 이메일과 전화로 소통할 수 있기 때문에 국경을 넘어 가족 결속력이 유지될 수 있다. 또한 이메일과 전화 통화는 미국에서 이민자로 산 경험에 대한 정보를 모국의 친지와 친구들에게 나누는 데 사용된다. 이렇게 잦은 소통을 하다 보면 남아 있던 사람들이 이민에 대해 생각해 보게 되기도 한다.

이민 정책

이민은 현대 정치적 담론 중에 가장 논란이 많은 영역 중 하나다. 개방적인 이민 정책을 미국 태생의 근로자들을 위협하는 것으로 바라보는 사람들과 미국의 안녕은 값싼 이주 노동자들이 지속적으로 공급되는 데 의존하고 있다고 보는 사람들 간에는 매우 다양한 견해차가 있다. 우리가 관심을 기울이는 것은 불법적으로 입국하려 하거나 비자 만료 기간 이후에 거주한 이유로 체포되어 감금된 사람들에 대한 인권 탄압 부분이다. 또한 현재의 반테러리즘 현상에서 많은 이민자(합법적이거나 불법적이거나)를 안전과 안보의 위협 요인으로 보고 따라서 다른 사람들이 누리는 기본적인 시민으로서의 권리와 정치적 권리를 부정하는 데에는 문제가 있다고 본다.

1장에서 논의했듯이 미국의 정책은 경제적 추세에 따라 자주 변경되어 왔다. 값싼 노동력이 필요하고 경제적 번영을 누릴 때는 「이민법」을 완화하는 것을 볼 수 있다. 그러나 실업이 증가하고 국가가 재정적 어려움에 당면하면 새로운 이민자를 배제하는 법과 규칙을 강화해 왔다. 최근에는 경제적 위기에 더하여 테러리즘과 국가안보에 대한 화두로 인해 이질적으로 인식되는 사람에 대해 한층 더 배제하려는 경향이 나타나고 있다. 제한적인 이민 정책을 바라볼 때 우리는 인종주의적 렌즈를 통해 바라볼 수 있어야 한다. 역사적으로 미국인들은 인종혐오주의적인 태도를 보였고, 특히 자신들보다 피부색이 짙은 이민자들에게는 더욱 그러하였다. 이런 문제들에 대하여 각 주와 지방정부는 제한을 가하는 접근을 채택하려 하고 있다. 예를 들어, 영어만 사용하도록 하는 법이나 임대주, 경찰, 주 교통부를 국토안보의 연방 부서로 전환하는 법을 제정하려고 시도한다.

미국에서 일어나는 일이 독특한 것은 아니다. 전 세계의 많은 나라가 거대한 이민의 흐름을 경험하고 있다. 미국은 항상 다양함이 존재해 왔지만, 어떤 나라들은 전통적으로 매우 동질적이었는데 최근에 다양성이 증가하고 있다. 모든 나라가 좀 더 다양해지고 다문화적이 되면서 국가 간 소통이나 여행이 빈번해지면, 국경은 모호해지고 궁극적으로 경계 없는 세계가 될 것이라는 예측도 나오고 있다. 미국에서는 이런 흐름의 시초를 목격하고 있다. 사회복지사는 다양한 이민자를 이해하고 이들과 효과적으로 일하도록 교육을 받기 때문에 이러한 무대의 중요한 위치에 있다고 하겠다.

이민과 사회복지교육

미국 학생들에게 이민에 대해 가르치는 것은 새로운 일이 아니다. 비록 우리가 이민자의 문화적 다양성을 논의하는 방식은 달라졌다고 해도 말이다. 한 세대 전에는 학교에서 미국으로 이민 온 사람들은 동화되어야 한다고 배웠고, 당시에는 '용광로'라는 용어가 빈번히 사용되었다. 오늘날 학생들은 '모자이크', 즉 이민자들이 이중 문화를 보유하는 것의 중요성에 대해, 그리고 오래된 미국인들(그들의 조상도 예전에는 이민자였던)이 이런 다양성을 포용해야 한다는 것에 대해 배운다. 다시 말하지만 교통과 통신의 발달은 이민자들이 두 문화—모국와 미국의 문화—에 보다 확고히 뿌리를 갖고 있을 수 있도록 해 주고 있다.

특히 사회복지학과 학생들은 이민에 대해 무엇을 배우며 이에 대한 사회복지교육의 미래 방향은 어디가 되어야 할까? 사회복지교육의 주요 초점은 취약하고 주변으로 밀려난 사람들과 일하도록 학생들을 준비시키는 것이다. 미국사회복지교육협의회(CSWE)에서 정한 최근의 교육 방침과 인증 기준(Educational Policy and Accreditation Standards: EPAS)에 따르면 이민자라는 지위는 차별과 편견의 원인으로 관찰되기 때문에 이들에 대해 학생들을 교육할 필요가 있다고 한다.

사회복지사들은 시카고에서 Jane Adams가 인보관을 운영하던 이래로 항상 이민자들과 함께 일해 왔다. 그러나 초기에 이민자에 대한 관심은 부족과 문제에 초점을 둔 것이었다. 이에 비해 현대의 사회복지실천은 강점 관점과 클라이언트 임파워먼트의 중요성을 강조하고 있다. 이런 주제들은 이민자에 대한 사회복지실천 연구들과 밀접하게 관련되어 있다. 따라서 사회복지사들은 교육을 통해 이민자 클라이언트들을 무기력한 희생자로 바라보지 않도록 배워야 한다. 그 대신 이민자들이 미국에 갖고 오는 많은 강점을 인식하고 이 복잡한 환경 속에서 살아남을 수 있게 강점들을 계속 활용해 가도록 교육받아야 한다.

초기 이민자에 대한 교육은 각기 다른 출신 집단들을 일반화해서 다뤘지만, 현재 사회복지교육에서는 이민자의 다양성을 강조하고 있다. 사회복지사들이 이민자 클라이언트를 하나의 단위로 된 인구집단으로 바라보기보다는 개별화하도록 가르쳐야 한다. 이제는 같은 나라에서 온 이민자들 사이에서도 계급, 교육, 이민 경험, 성격 특성에 따라 다양성이 나타난다고 생각한다. 이민자와 그 가족을 개별화하는 것은 이민자와 효과적으로 일하는 전문적 실천의 중요한 열쇠다.

또한 이민자에 대한 사회복지의 초점이 미국 내 이민자만을 바라보던 것에서 양 국가 간의 접근으로 이동하였다. 21세기 학생들은 더 이상 여러 선배가 그랬듯이 고정적인 거주 개념을 갖고 있지 않다. 이들은 이민자들과 일하는 사회복지실천이 성공적이 되기 위해서는 이민자들이 미국에서 경험한 것뿐 아니라 이주 전의 경험과 모국과의 지속적인 유대에 대해 알아야 한다는 것을 보고 느끼고 있다. 따라서 많은 학생이 클라이언트가 어디에서 왔는지를 더 잘 이해하기 위하여 수학여행에 참여한다. 예를 들어, 뉴욕 시 사회복지교육협력단 이민아동복지협회 프로젝트에서는 학생들에게 매년 가나로 수학여행을 가서 서아프리카 국가들로부터 오는 클라이언트들의 이민 전 경험을 더 잘 이해할 수 있는 기회를 제공하고 있다. 그리고 사회복지 대학 및 대학원에서는 정보력을 갖춘 전문가 양성을 위하여 교육의 지평을 넓혀 학생들에게 해외 인턴십을 제공하는 경우도 증가하고 있다.

전 지구적 서비스에 관심이 있는 현대의 사회복지학과 학생들은 이민자들이 항상 전통적인 기관으로 찾아올 것이라고 기대하지 않는다. 이민자 클라이언트와 더 친밀하게 일하는 데서 지역사회를 넘어선 지역과 전 지구적 차원의 존재의 중요성을 깨닫고 있다. 그들은 전통적인 경계로부터 자유로운 사회복지를 보고 있다.

이민자와 일하기 위한 준비는 사회복지교육에서 시작된다. 앞에서 언급했듯이 미국 사회복지교육협의회의 최근 교육 방침과 인증 기준(EPAS)을 보면, 사회복지교육자들에게 이민자 지위가 차별의 사유가 될 수 있다는 점을 가르치도록 하는 등 긍정적인 진전이 관찰되고 있다. 또한 사회복지대학들, 특히 도시 지역 대학들은 이민자에 대한 정책 및 실천 코스를 커리큘럼에 포함시키는 경우가 늘어나고 있다.

여기에 대해 몇 가지 관심을 기울일 부분이 있다. 실천 코스에서는 이민자 클라이언트들과 일하는 가장 효과적인 방법을 가르쳐야 하는데, 전통적인 정신분석이론이나 다른 사람들에게 효과가 입증된 새로운 인지행동방법들이 이민자 가족들에게는 가장 유용한 방법이 아닐 수도 있다. 문제와 가족력에 초점을 두고 있는 개인 심리치료는 원가족과 유대를 맺고 있으면서 현재의 사회경제적 문제들과 씨름하고 있는 이민자 클라이언트에게 별 도움이 안 될 수 있다. 트라우마를 경험한 클라이언트에 대한 증거 기반의 최신 기법을 사용할 때에도 사회복지사는 그에 앞서 이 방법들이 이민자 집단에도 평가가 이루어진 것인지를 확인할 필요가 있다. 대신 관계 형성에 초점을 두는 것, 클라이언트가 제시하는 문제를 다루는 것 그리고 법적이고 정책적인 맥락을 이해하는 것이 이민자 클라이언트와 일하는 데서 가장 효과적인 방법이라고 할 수 있다.

사회복지대학들에 특별히 선별된 이민자 및 난민 과정이 개설되는 것은 긍정적이지만 학생 중 일부만이 이 과정을 선택하면 나머지 다수의 학생은 이민자 및 난민에 대한 사회복지실천교육을 못 받는 것이 된다. 그러나 모두는 아니라 해도 많은 사회복지사가 그들이 일하는 동안 어느 시점에나 도시에서든 지방에서든 이민자들과 일하게 될 가능성은 점차 증가하고 있다. 이민자들은 도시 지역뿐 아니라 미국 전역의 곳곳에 정착하고 있다.

필수 과정이든 선택 과정이든 사회복지교육자들은 학생들에게 이민자와 일하는 법을 가르칠 때 직접 실천뿐 아니라 지역사회 자원을 활용하고 클라이언트에게 영향을 미치는 정책과 법을 이해해야 할 필요성도 반드시 가르쳐야 한다. 다른 인구집단보다도 이민자들에 대해 학습할 때 학생들은 C. Wright Mills가 언급한 '사적인 문제와 공적인 이슈'라는 말의 관련성을 알 수 있도록 배워야 한다. 또한 이민자에 대한 직접적 실천을 공부하는 학생들은 다음에 나오는 매체를 알아 두고 전미사회복지사협회를 통해 조직된 권익 옹호 노력과 이민자 권리 증진을 위한 이민자 옹호집단에 참여함으로써 도움을 받을 수 있다.

사회복지교육의 주된 구성요소에는 사회서비스기관에서 슈퍼비전을 받는 현장실습 2년이 포함된다(최소 900시간). 따라서 학생들은 이 경험을 통해 이민자들과 일하는 것에 대해 배우는 중요한 기회를 부여받게 된다. 여러 현장실습에서 현장지도자는 학생들이 이민자와 난민 가족들과 일하기 위한 정책·법·사회복지실천 차원의 관점을 정립하도록 도울 수 있다.

이민자에 대한 사회복지실천

사회복지사들은 모든 영역에서 실천 역할을 수행할 때 이민자를 인식하고 이들과 더 잘 일할 수 있도록 도움을 주는 지식과 기술을 활용할 수 있다. 이민자에 대한 직접적인 서비스는 정신건강, 보건, 아동복지, 약물 남용, 교육, 사회서비스 영역에서 수행된다. 사실상 미국 내 사회서비스기관 중 담당 사례에서 이민자 클라이언트가 단 한 명도 없는 경우는 거의 없을 것이다. 클라이언트의 출신국, 이동 경험, 이민 후 삶의 상황을 포함하는 연속선상에서 이민자의 경험을 이해하는 것은 이들과 효과적으로 일하기 위해 중요하다.

더 나아가 이민자 클라이언트와 그 가족의 복지에 부정적으로 계속 영향을 미치는 사회 정의의 이슈를 규명하는 것은 필수적이다.

직접서비스 실천가는 상담 서비스를 제공하기 위하여 이민자의 삶과 관련된 정책 및 법적 맥락을 이해할 것이 요구된다. 우리는 이 책이 이런 부분에서 필요한 내용을 제공해 줄 수 있기를 희망한다. 정책의 내용을 아는 것이 필요하지만, 이민자들과 효과적으로 일하기에는 늘 충분하지 않다. 사회복지사는 개인적으로도 자신의 클라이언트를 위해 옹호해야 하지만 클라이언트의 권리를 위하여 더 큰 조직, 공동체, 법적 차원에서 옹호하는 법을 배워야 한다. 또한 사회복지사들은 클라이언트를 돕고 적절히 의뢰하는 데 필요한 실질적인 지역사회 자원을 숙지하고 있어야 한다.

사회서비스조직과 이민자

이민자에게 필요한 서비스들은 정신건강, 보건, 아동복지, 사회서비스, 약물 남용, 교육, 가족 서비스 등과 같은 다양한 기관에서 제공된다. 이런 기관들이 모든 이민자에게 이용 가능하고 친절한 서비스를 만들어 가기 위하여 할 수 있는 일은 많이 있다.

우선, 이 기관들은 전문적으로 교육을 받은 이중 언어와 이중 문화적 배경을 가진 직원을 고용할 필요가 있다. 이민자 클라이언트에게 효과적인 서비스를 제공하기 위해서는 대리 통역자보다는 기관 지원 통역자를 통하거나 정 안 되면 이민자의 자녀와라도 이야기하는 것이 중요하다. 숙련되지 않은 통역자를 고용하면 다음 예에서처럼 관계를 형성하거나 클라이언트에 대한 주요 내용을 이해하는 데 어려움을 겪게 된다. 한 사회복지학과 학생은 기관 비서가 통역을 해 주었는데 그녀가 이민자 클라이언트에게 어떠냐고 질문하고 그 클라이언트가 10분간 답변했다고 보고하였다. 그런데 통역은 "잘 지낸다고 말하네요."라고 전하는 것이었다. 분명히 그 통역에는 뭔가 빠진 것이 있었다.

이중 언어가 발달한 자녀를 통하는 것 또한 다음의 몇 가지 이유로 권장할 것은 못 된다. 첫째, 자녀들이 듣기에 적절하지 않은 가족 및 개인 이슈에 노출될 수 있다. 둘째, 가족 체계의 일부로서 자녀의 통역은 항상 정확하지는 않을 수도 있다. 마지막으로 중요한 것은, 자녀들이 가족의 사회서비스나 의료 문제를 돕기 위하여 학교를 벗어나기도 한다는 것이다. 실제로 가족 통역자를 부적절하게 이용한 극단적인 사례가 있는데, 부인과 문제가 재발한 어머니와 병원에 동행한 10대 소년에게 어머니의 질병에 대해 통역하라고 이후로 시도 때도 없이 계속 불러 댄 경우였다. 불행하지만 이건 정말 있었던 일이다.

사회복지 행정가들은 이중 언어 및 이중 문화 직원의 고용을 통해 다양성을 살피는 것 외에도 자원봉사자와 이사진 구성에 다양성을 장려할 수 있다.

이에 더하여 사회복지 행정가들은 기관의 접근성도 살펴야 한다. 정말 유용한 프로그램과 전문가들도 만약 이민자들이 그 장소를 찾지 못하고 환영받지 못한다면 도움이 되지 못할 것이다. 최근에 나(Elaine Congress)는 이민자들에게 서비스를 주는 것에 자부심을 갖고 있는 한 지역사회 기관에서 발표를 했다. 기관은 도심의 어마어마한 콘크리트 건물들 사이에 있었다. 그 블록을 두 번이나 돌고 나서야 겨우 눈에 띈 것이 영어식으로 쓴 기관의 명함이었는데(기관은 아직도 간판 없이 있을 것이다), 그마저 작은 격자창이 있는 문 옆에 땅으로부터 1미터 80센티 정도 높이에 부착되어 있었다. 출입구를 발견하고 문을 열자(여기서도 문제가 있었는데 처음에 나는 이 문이 잠겨 있다고 생각했다), 긴 복도가 책상까지 이어졌고 거기에는 유니폼을 입은 경비가 앉아 있었다. 이곳을 찾는 데 겪었던 어려움을 감안해 보면, 이민자들이 얼마나 손쉽게 기관을 찾을 수 있을지 또는 이 기관이 그들과 가족에게 도움을 제공할 수 있는 기관으로 보일지에 의구심이 든다. 행정가들은 접근성을 확보하기 위하여 웹사이트 신호에서부터 마케팅과 기술에 대한 모든 측면에서 기관을 점검해야 한다.

마지막으로 사회서비스 행정가들은 이민자 가족에게 서비스를 제공하기 위한 정책을 재점검해야 할 필요가 있다. 이민자, 특히 불법 이민자들의 혜택을 축소하기 위하여 많은 사회서비스기관이 클라이언트의 유형에 제한을 두고 있는 것을 볼 수 있다. 직접서비스를 하든 행정을 하든 모든 사회복지사는 차별과 싸우며 이민자 지위에 상관없이 클라이언트에게 서비스를 제공하기 위하여 일할 윤리적 책임이 있다.

정부가 불법 이민자들을 위한 지원을 해 주지 않을 것이라 하더라도, 사회복지 행정가는 윤리적으로 적어도 이 사람들에 대한 무료 서비스를 좀 제공할 수 있도록 준비해야 하며 필요하다면 대안적인 서비스를 연결해 줄 수 있어야 한다.

그러나 이민자의 복지 증진을 위한 행정적 사회복지는 기관 내에서 끝나는 것은 아니다. 기관장들은 주와 국가적 차원에서 보다 평등한 이민자 법과 정책을 위해 옹호하는 주요 역할을 수행해야 한다. 윤리적 책임성에 더하여, 만약 기관이 연방정부의 기금을 받고 있다면, 국적에 따라 차별하지 않고 서비스를 이용할 수 있도록 하는 것은 1964년 「시민권법(Civil Right Act)」하의 의무를 이행하는 것이다.

찾아보기

Tanya Broder, JD.는 캘리포니아 오클랜드에 있는 전미이민법센터(National Immigrant Law Center)의 캘리포니아 오피스 공공 혜택 정책 디렉터다. Ms. Broder는 연방정부, 주정부, 지방정부가 1996년 통과된 「복지법」과 「이민법」을 실행해 오고 있는 방법들을 분석하는 데 주요 관심을 두고 있다. 그녀는 논문과 정책분석서를 써 오고 있고, 기술지원을 제공하며, 소송 상담을 하고, 법적·사회적 서비스 제공자, 입법 보좌진, 지역사회 기반 기관들에 훈련을 제공하고 있다. 1996년 NILC에 들어오기 전에 그녀는 북부캘리포니아이민자권리연맹(Northern California Coalition for Immigrant Right)의 정책분석가로 일했고, 오클랜드에 있는 앨러미다 카운티 법률구조협회(Legal Aid Society of Alameda County)의 변호사로 일했다. Ms. Broder는 예일 대학교 법학대학에서 법학 박사학위(Juris Doctor, JD)를 취득했다.

Patricia Brownell, PhD. LMSW는 포드햄 대학교 사회복지대학원(Fordham University Graduate School of Social Service, GSSS)의 부교수다. 그녀는 뉴욕 시 인적자원관리청(New York City Human Resources Administration)에서 26년 동안 공무원으로 일한 뒤 1995년에 포드햄 대학교 교수진이 되었다. Brownell 박사는 30년 이상 가정폭력, 노인, 공공복지, 사회복지법 분야에 관심을 가지고 활발하게 활동하고 있다. 그녀는 John A. Hartford Foundation의 Faculty Scholar이고, 세계노인학대방지망(International Network for the Prevention of Elder Abuse: INPEA)의 UN 대표로 일하고 있으며, 전미사회복지사협회 뉴욕 시 지부 회장이다. 최근 출간한 책으로는 M. Joanna Mellor와 공동편집자로 참여한 *Elder Abuse and Mistreatment: Policy, Practice, and Research*(2006)가 있다.

Alina Das는 변호사이면서 뉴욕 대학교 법학전문대학원 이민자 권리 클리닉을 운영하는 겸임교수다. 그녀는 추방과 감금의 위험에 직면한 이민자의 권리를 옹호하고, 지역사회 단체들이 이민자 권리 옹호 캠페인을 벌이는 것을 지지하기 위해 이민자 클리닉에서 학생들과 함께 일하고 있다. 이민자 권리 클리닉에 합류하기 전에 그녀는 소로스(Soros) 대법관 기금의 수혜자였으며, 뉴욕 주 소재 이민자 옹호 프로젝트 협회의 변호사였고, 형사 기소와 유죄 판결을 받은 이민자와 관련된 이슈에 대한 소송 및 대변을 위해 일하였다. 또한 이민자 옹호 프로젝트에 가담하기 이전에는 미국 연방 제1항소심 Kermit V. Lipez 판사의 법률보조원(law clerk)으로도 일한 경험이 있다. 그녀는 하버드 대학교, 뉴욕 대학교 와그너 공공 서비스 대학원, 뉴욕 대학교 법학대학원을 졸업하였다.

Robin Creswick Fenley, LCSW는 노인전문요양시설, 주간보호센터, 정신건강시설, 홈케어, 노인 학대, 정부기관 등 다양한 노인 관련 분야에서 20년 이상 일해 오고 있다. 포드햄 대학교의 박사 후보자이고 시간강사인 Ms. Fenley는 장기보호 이슈의 지속을 위한 훈련 커리큘럼을 개발하였고, 이 주제에 관해 전국적으로 발표를 해 오고 있다.

Betty Garcia, PhD, LCSW는 샌디에이고 캘리포니아 주립대학교에서 사회사업학 석사학위를 취득하고, 보스턴 대학교에서 심리학 박사학위를 취득하였으며, 현재 프레즈노 캘리포니아 주립대학교 사회복지교육학과의 교수로 재직 중이다. Garcia 박사는 교도소 및 지역사회 정신보건 영역에서 집단치료, 개별치료, 아동 성학대 평가 및 치료를 포함해서 20년이 넘는 실무 경험을 가지고 있다. Garcia 박사의 주요 교육 관심영역은 개인, 부부, 집단, 가족치료 및 공공 정신보건 실천이론 분야다. 그녀는 문화적 유능성 및 전문가 간 협조 분야의 자격증 프로그램을 만들기도 하였다. Garcia 박사는 사회복지교육협의회, 전미사회복지사협회, Affilia 학술지의 위원을 역임하였고, 전미사회복지사협회의 인종다양성 위원회를 이끌기도 하였다.

Carmen Ortiz Hendricks는 1980년부터 뉴욕 시립대학교 사회사업대학 Huter College의 강사로 있었으며, 2005년부터 예시바 대학교 Wurzweiler 사회사업학교의 부학장이자 교수로 재직 중이다.

Hendricks 박사는 Jeanne Finch, Cheryl Franks와 함께 『가르치기 위한 배움-배우기 위한 가르침: 사회복지현장실습교육 가이드(*Learning to Teach-Teaching to Learn: A Guide to Social Work Field Education*)』(Council on Social Work Press, 2005)의 주 집필자다. 또한 Rowena Fong, R. McRoy와 함께 『아동복지, 물질남용 그리고 가족폭력의 교차: 문화적 역량 접근(*Intersecting Child Welfare, Substance Abuse and Family Violence: Cultur-*

*ally Competent Approaches)』(CSWE Press, 2006)의 공동 편저자이기도 하다. 그녀의 최근 CSWE 저서는 『사회복지교육자로서 여성유색인: 강점과 생존(*Women of Color as Social Work Educators: Strengths and Survival*)』(H. Vakalahi, S. Starks, and C. Ortiz Hendricks 지음)이다.

Hendricks 박사는 전미사회복지사협회(NASW)의 '인종 및 민족적 다양성 국제 위원회' 회원으로서 '문화적으로 유능한 사회복지실천을 위한 기준' 설립에 기여하였고, 1996년부터 1998년까지는 NASW 뉴욕지부 회장을 역임하였으며, 2001년에는 지부가 수여하는 봉사상을 수상하였다. 또한 2001년부터 현재까지 뉴욕 시 NASW 지부 라틴계 사회복지 업무추진팀 창립회원으로 활동 중이다.

Marielena Hincapié는 전미이민법센터(National Immigration Law Center: NILC) 로스앤젤레스 지부의 프로그램 디렉터이며 변호사다. 전미이민법센터(NILC)의 프로그램 디렉터로서 Hincapié는 기관의 고용, 공공수혜, 이민 관련 일을 관리하며, 이주 노동자의 권리를 보호하고 향상하는 일을 전담하고 있다. 그녀는 자신의 법률적 경력을 이주 노동자, 특히 불법 노동자의 권리보호 및 향상을 위해 헌신하고 있다. 그녀는 논문과 정책 분석에 대해 집필하고, 기술적 지원을 제공하며, 법 및 사회서비스 제공자들과 노동조합, 지역사회에 기반을 둔 기관들을 훈련시키고 있다. 또한 그녀는 지역사회와 노동단체의 노력을 지원할 뿐 아니라, 저임금 노동자의 노동 조건을 향상하고 조직된 지역사회의 연합을 강화하기 위해 법적 지식을 활용하고 있다. 전미이민법센터(NILC)에 들어오기 전에 그녀는 샌프란시스코 고용법리 센터의 법률구조협회에서 이주 노동자의 권리 프로젝트를 설립하여 일하였다. Hincapié는 노스이스턴 대학교 법학대학원에서 법학 박사학위를 받았다.

Denise Michltka는 고문과 전쟁 외상의 생존자들에게 법의학과 치료적 서비스를 제공해 온 15년 경력의 임상심리학자다. 그녀는 전쟁의 외상 및 고문과 관련된 불안장애 분야에서 수많은 논문을 썼으며, 특히 전쟁과 고문 경험으로 야기된 외상을 포함하여 많은 사례에서 전문가 증인으로 증언을 하기도 하였다.

Michltka 박사는 고문 생존자를 위한 자유센터의 센터장으로 근무하고 있다. 이 센터는 고문 피해자의 치유를 전문으로 하는 비영리기관으로, 망명자에 대한 정신건강을 비롯하여 문화적 인식과 이슈에 대한 법, 의료, 사회서비스 전문가를 양성하고 있다.

Victoria Neilson은 레즈비언, 게이, 양성애자, 성전환자, HIV 보유자들의 이민평등권을 위해 투쟁하는 전국 기구인 Immigration Equality의 법률 담당 책임자다. Immigration Equality는 LGBT와 HIV 보유 이민자와 망명 신청자들에게 법률 조언을 제공하고 그들을 대변하면서 차별적인 이민 정책의 말소를 위해 노력하는 기관이다.

Len Rieser는 필라델피아와 피츠버그에 사무소를 두고 있는 주 단위의 옹호조직인 교육법센터(Education Law Center: ELC)의 공동책임자다. ELC는 펜실베이니아 공공교육체계의 질과 형평성 문제에 관심을 갖고 있으며, 특히 빈곤아동, 유색아동, 장애아동 그리고 문화적으로나 언어적으로 다양한 아동에 초점을 두고 있다. Rieser는 1982년부터 법률사무소에 재직 중이며, 그 이전에는 미국 법무부의 시민권 부서에서 변호사로 활동하였다. 1976년에 시카고 대학교 법학과를 졸업하였다.

Jennifer Rose, JD는 마노아 소재 하와이 대학교 총장실에서 성평등 전문가로 재직하면서 학생, 직원, 교수들을 대상으로 학교 내 성희롱, 성폭력, 스토킹과 관련된 훈련과 지원을 제공하고 있다. 이전에는 하와이의 가정폭력정보센터 및 법률 핫라인의 소장으로 재직하였다.

그녀는 지난 10년 동안 하와이에서 여성에 대한 폭력 이슈를 다루어 왔고, 특히 가정폭력과 이주민 권리 보장을 연결하는 일에 힘써 왔다. 현재 하와이 대학교의 윌리엄 리처드슨 법과대학 겸임교수로 가족법을 강의하고 있다.

Jennifer Rose는 가정폭력예방기금의 미국령 내에서 가정 및 성폭력과 인신매매를 다루는 능력을 확보하기 위해 기술적 지원을 하는 프로젝트를 도와주면서 이민 여성에 대한 폭력 근절을 위한 전미네트워크와 아시아태평양가정폭력기구의 자문위원으로 활동하고 있다. 그녀는 1994년에 UCLA에서 법학 박사학위를 취득하였고 이후 지난 17년간 여성에 대한 폭력 관련 운동에 참여해 왔다.

Jasmeet Kaur Sidhu는 정의연대(Alliance for Justice: AFJ)의 선임변호사다. Jasmeet는 AFJ의 이민옹호 비영리단체를 통하여 교육훈련, 기술적 지원, 옹호이슈에 대한 지도를 제공하기 위해서 많은 이민자 권익단체와 함께 활동하고 있다. AFJ에 합류하기 전에 Jasmeet는 리치먼드에 있는 Williams Mullen 법률사무소에 소속되어 활동하였고, 그 이전에도 뉴욕 시의 다양한 법률사무소에서 활동한 경력을 가지고 있다. 소속변호사로 활동할 때 Jasmeet는 버지니아 주 리치먼드 히스패닉 상공회의소와 연계하여 다양한 무료 법률서비스를 제공하였고, 뉴욕의 Human Right First의 자원봉사 변호사로서 정치적 망명을 원하는 사람들을 대변하였다. Jasmeet는 채플힐에 있는 노스캐롤라이나 대학교 법학대학원을 2002년에 졸업하였다. 법대에 입학하기 전에 Jasmeet는 워싱턴 D.C.의 국제사면위원회 비서로 있으면서 다양한 국제 캠페인과 입법 프로그램에 관여하였다. 듀크 대학교에서 학사학위를 받고 채플힐에 있는 노스캐롤라이나 대학교에서 법학 박사학위를 취득하였다.

Sarah Blair Smith, MSW는 1974년에 웰즐리 칼리지에서 예술사(Art History) 학사학위를 받았고, 1997년에 몬머스 대학교에서 초등교육 전공으로 석사학위를 받았으며, 2008년에는 펜실베이니아 대학교에서 사회복지학 석사학위를 취득하였다. 펜실베이니아 대학교에서 수학할 때 그녀의 전공분야는 건강관리였고, 현장실습은 필라델피아 아동병원 신생아집중치료실 및 펜실베이니아 대학병원의 산부인과에서 수행하였다. Sarah는 2007년 여름에는 펜실베이니아 대학병원 심장병동의 사회복지사였는데, 현재는 같은 병원의 심장질환 및 심장이식 팀과 함께 일하는 사회복지사로 활동하고 있다.

Rachel B. Tiven은 레즈비언, 게이, 양성애자, 성전환자, HIV 보유자들의 이민평등권을 위해 투쟁하는 전국 기구인 Immigration Equality의 최고 책임자다. Immigration Equality는 LGBT와 HIV 보유 이민자와 망명 신청자들에게 법률 조언을 제공하고 그들을 대변하면서 차별적인 이민 정책의 말소를 위해 노력하는 기관이다.

Sujata Warrier는 뉴욕 주 가정폭력예방국의 뉴욕 시 프로그램 소장으로 보건, 경찰, 민·형사 검찰, 사회서비스 등 다양한 분야의 전문가들에게 가정폭력 관련 이슈의 교육·훈련 및 기술적 지원을 제공하고 있으며 학대받는 이민 여성을 위한 주정부 차원의 법적, 정책적 이슈에 대한 도움도 지원하고 있다.

그녀는 뉴저지 소재의 혁신적인 동남아시아 여성 기구인 마나비에서도 일을 계속하고 있으며 컬럼비아 대학교 강간위기센터, 아시아태평양가정폭력기구, 이민 여성에 대한 폭력 근절을 위한 전미네트워크 등 다양한 기관에 서비스를 제공하고 있다. 또한 가정폭력예방기금의 10개 주 전미보건계획과 전미사법기구의 교수요원으로도 활동하고 있다.

Fernando Chang-Muy(법학 박사)는 펜실베이니아 대학교 법학대학원에서 Thomas O'Boyle 법학 교수로 재직하며 난민법과 정책을 가르치고 있다. 또한 사회정책실천대학원, 고위경영자 교육과정에서 이민과 사회복지, 조직 효과성에 대해 가르치고 있으며 주로 전략기획, 이사회 지배구조, 자원개발 등에 초점을 두고 있다.

그는 법조계, 난민캠프운영, 자선기구 등에서의 경험을 바탕으로, 정부기구, 지역 혹은 전국단위의 자선기구, 사회복지기구, 문화 단체 등에 자문을 하고 있다. 조직 차원의 효과성과 관련한 그의 전문영역으로는 전략기획, 이사회 지배구조, 자원개발, 인적자원개발, 회의와 과정의 원활화 등이 있다. 최근에는 UN-UNAIDS, 펜실베이니아 주 정부 노년국, 필라델피아 시의 법률 및 건강국 등과도 함께 일하고 있다. 또한 그는 Hispanics in Philanthropy의 지부장으로 일하면서 전국적으로 약 5,000만 달러 이상의 라틴계 비영리기관 지원금의 증가를 이끌어 내기도 하였다. Philadelphia Foundation의 전직 프로그램 기획관이었으며, Open Society Institute로부터의 대응자금을 통해 이민자와 난민들을 위한 서비스와 권익 옹호를 제공하는 비영리기관을 지원하는 것을 목적으로 하는 Emma Lazarus Collaborative의 전직 책임자였다. 또한 그는 고문 희생자를 대상으로 서비스와 권익옹호를 제공하는 기구인 Liberty Center for Survivors of Torture의 설립책임자였다. 필라델피아 변호사 협회 산하 국제인권협의회 전직 공동의장이었으며, Swarthmore College의 전직 부학장이자 기회균등 감독관으로 재직하면서 국제 인권을 강의하였다.

1988년부터 1993년까지 UN 산하의 UN High Commissioner for Refugees(UNHCR)와 World Health Organization(WHO)에서 법률 감독관으로 일하며 Global Program on AIDS의 인권감독관 역할을 수행하였다. UN에서 일하기 전에는 필라델피아 무료법률상담소의 전담변호사로 일하면서 동남아시아 난민 프로젝트 책임자로 활약하였고 필라델피아의 저소득층을 대상으로 다양한 무료 법률을 지원하는 일에 많은 노력을 기울였다.

그는 로욜라 대학교(학사), 조지타운 대학교(석사), 안티오크 대학교(박사)에서 교육을 받았으며, 하버드 대학교 법과대학원의 교섭 프로그램을 이수하였다. 그는 1982~1983년에 하버드 대학교를 통해 의회에서 인권에 헌신한 법학대학원 졸업생에게 수여하는 Reginald Heber Smith Fellowship(Reggie)을 받았으며, 1990년에는 영국으로부터 21st century Trust Fellowship을, 2002년에는 리더십과 인권옹호의 공적으로 Michael Greenberg GALLOP 상을 수상하였다. 그리고 2007년에는 필라델피아 라틴계 변호사 협회로부터 La Justicia 상을 받았고, El Concilio and Multicultural Affairs Congress로부터 Delaware Valley의 가장 영향력 있는 라틴인 상을 받기도 하였다. 2008년 7월에는 필라델피아 시장 Michael Nutter에 의해 Philadelphia Human Relations Commission 이사로 임명되었다.

Elaine P. Congress(사회복지학 박사)는 미국의 포드햄 대학교 사회서비스대학원의 정교수 겸 부학장으로 재직하고 있다. 그녀는 세계사회복지사연맹(IFSW)의 국제연합팀의 일원으로 UN International Decade of the World's Indigenous Peoples의 NGO위원회 기획위원과 이주에 관한 NGO위원회 실행위원으로 봉사하고 있다. 또한 IFSW 상설 윤리위원회의 북미대표로 활동하고 있기도 하다.

Congress 박사는 NASW 뉴욕 시 지부 회장을 역임하였으며, 현재는 NASW 전국이사회의 위원으로 활동하고 있고, NASW의 Presidential Diversity Initiative Committee on Immigration에 위촉되었다. 또한 뉴욕 시립대학교 사회복지대학원과 New York City Administration for Children's Service(ACS)와 함께 진행하고 있는 New York Community Trust-funded immigration project의 공동 연구자이기도 하다.

Congress 박사는 문화적 다양성과 사회복지 윤리 분야에서 많은 저술 활동을 수행하여 왔다. 주요 저서로 Springer Publishing Company에서 출간한 두 종류의 *Multicultural Perspectives in Working With Families*를 비롯하여, Wadsworth Publishing Company에서 영어와 한국어로 출간한 *Social Work Values and Ethics*, Council on Social Work Education(CSWE)에서 출간한 *Teaching Social Work Values and Ethics: A Cultural Source* 등이 있다. 또한 학술지 *Crisis Intervention and Time Limited Treatment*의 문화적 다양성에 관한 특집호의 편집자로 활동하기도 하였다.

Congress 박사는 문화적 다양성, 이민자, 사회복지윤리, 교육 등의 분야에서 수많은 논문과 책을 저술하였다. 최근에는 미국사회복지사 윤리강령을 호주와 한국의 윤리강령과 비교분석하는 논문, 보건영역에서의 이민자 가족을 대상으로 한 사회복지실천, 도시의 학교에서 이민자 아동을 대상으로 한 집단 실천 활동에 관한 논문들을 발표하였다. 아울러 *Journal of Immigrant and Refugee Studies*, *Journal of Social Work Values and Ethics*, *Journal of Multicultural Social Work*, *Journal of Social Work Education*, *Families in Society*, *Social Work* 등 다양한 학술지의 편집위원으로 활동하고 있다.

　Congress 박사는 이민자를 대상으로 사회복지 활동을 시작하였다. 브루클린 소재의 지역정신건강센터에서 현장 실천가, 중간관리자, 행정가로 활동하며 주로 멕시코와 카리브 해 그리고 중남미로부터 이주한 라틴계 이민자들을 위해 일하였다. 그녀는 이러한 라틴계 이주민들과의 경험을 통해 실천가들이 다양한 배경을 가진 가족들을 개별화하는 데 크게 도움을 얻을 수 있는 Culturagram을 개발하기도 하였다.

　Congress 박사는 브라운 대학교에서 우등으로 학사학위(BA)를 받았으며, 특히 미국사회 과목에서의 탁월한 성취를 통해 Elisha Benjamin Andrews 장학생으로 선발되었다. 이후 예일 대학교에서 교육학 석사학위를, New School for Social Research에서 심리학 석사학위를 취득하였다. 사회복지 분야에서는 컬럼비아 대학교에서 사회복지학 석사학위를, 뉴욕 시립대학교에서 사회복지학 박사학위를 취득하였다.

역자 소개

김욱(Kim, Wook)
Fordham University Graduate School of Social Service 사회복지학 박사(Ph.D.)
현 경기대학교 사회과학대학 사회복지학과 교수

최명민(Choi, Myungmin)
이화여자대학교 사회복지학 박사
현 백석대학교 사회복지학부 교수

강선경(Kang, Sunkyung)
Columbia University School of Social Work 사회복지학 박사(Ph.D.)
현 서강대학교 신학대학원 사회복지학과 교수

신혜종(Shin, Heajong)
Florida State University Graduate School of Social Work 사회복지학 박사(Ph.D.)
현 순천향대학교 사회과학대학 사회복지학과 교수

김기덕(Kim, Giduk)
Arizona State University Graduate School of Social Work 사회복지학 박사(Ph.D.)
현 순천향대학교 사회과학대학 사회복지학과 교수

강상경(Kahng Sangkyoung)
University of Michigan Joint Doctoral Program in Social Work & Social Science
　　사회복지학 · 심리학 박사(Ph.D.)
현 서울대학교 사회복지학과 교수

이민자와 난민을 위한 사회복지:
법적 이슈, 실천기술, 권익옹호

Social Work with Immigrants and Refugees:
Legal Issues, Clinical Skills, and Advocacy

2015년 4월 20일 1판 1쇄 인쇄
2015년 4월 30일 1판 1쇄 발행

엮은이 • Fernando Chang-Muy · Elaine P. Congress
옮긴이 • 김욱 · 최명민 · 강선경 · 신혜종 · 김기덕 · 강상경
펴낸이 • 김진환
펴낸곳 • (주) **학지사**

　　　　　121-838 서울특별시 마포구 양화로 15길 20 마인드월드빌딩
대표전화 • 02)330-5114　　　팩스 • 02)324-2345
등록번호 • 제313-2006-000265호

홈페이지 • http://www.hakjisa.co.kr
커뮤니티 • http://cafe.naver.com/hakjisa

ISBN 978-89-997-0674-5 93330

Korean Translation Copyright ⓒ 2015 by hakjisa Publisher, Inc.

정가 18,000원

인터넷 학술논문 원문 서비스 **뉴논문** www.newnonmun.com

이 도서의 국립중앙도서관 출판시도서목록(CIP)은 서지정보유통지
원시스템 홈페이지(http://seoji.nl.go.kr)와 국가자료공동목록시스템
(http://www.nl.go.kr/kolisnet)에서 이용하실 수 있습니다.
(CIP제어번호: CIP2015010511)